문답과 판례로 풀어 본

새로운 임대차 3법

계약갱신청구권 · 전월세상한제 · 임대차신고제

편저 : 이창범

법문북스

문답과 판례로 풀어 본

새로운 임대차 3법

계약갱신청구권 · 전월세상한제 · 임대차신고제

편저 : 이창범

법문북스

▎머리말

　최근 주택시장의 불안정 속에 전세에서 월세로의 전환이 빨라지고
주택 임대료가 상승함에 따라 임차가구의 주거 불안과 주거비 부담이
가중되고 있고, 이에 따른 분쟁이 심해지고 있는 실정입니다. 임차인
들은 이를 극복하기 위해서 과도하게 은행대출을 받거나 전월세를 끼
고서 주택을 구입하다보니 현행법으로는 안정적인 주거를 보장하기에
충분하지 아니하다는 지적이 있었습니다.

　이에 임차인의 계약갱신요구권을 보장하여 현행 2년에서 4년으로
임대차 보장기간을 연장하고, 계약갱신 시 차임이나 보증금의 증액청
구는 약정한 차임이나 보증금의 20분의 1의 금액을 초과하지 못하도
록 제한하려는 것을 주요 내용으로 하는 임대차 3법을 개정하여 2020
년 7월 31일부터 시행하게 되었습니다.

　아울러 주택임대차와 관련된 주요 업무를 부동산 정책 소관부처인
국토교통부와 공동으로 관할하도록 하여 주택 임대차 제도 마련 시 부
동산 정책과 연계하여 탄력적으로 대응하도록 하였으며, 현재 대한법
률구조공단 지부에 설치하도록 한 주택임대차분쟁조정위원회를 한국토
지주택공사 및 한국감정원의 지사 또는 사무소에도 설치할 수 있도록
하여 주택임대차로 인한 임대차분쟁을 법원에 소송을 제기치 않아도
간편하게 처리토록 하였습니다.

　이 책에서는 이러한 부동산임대차 3법의 개정내용에 따라서 발생하
는 분쟁사례들을 대법원의 판례, 법제처의 생활법령과 대한법률구조공
단의 상담사례들과 주택임대차분쟁조정위원회의 분쟁조정사례들을 묶

어 해설과 사례를 문답식으로 관련 서식과 함께 수록하여 누구나 쉽게 이해할 수 있도록 편집하였습니다.

이러한 자료들은 대법원과 법제처의 생활법령, 대한법률구조공단의 상담사례와 서식 및 주택임대차분쟁조정위원회의 분쟁조정사례 등을 참고하였으며, 이를 종합적으로 정리·분석하여 일목요연하게 편집하였습니다. 여기에 수록된 사례들은 개인의 법률문제 해결에 도움을 주고자 게재하였음으로 참고자료로 활용하시기 바랍니다.

이 책이 임대차 3법이 개정되어 이를 잘 이해치 못해서 분쟁을 하고 있는 임대인이나 임차인 모든 분들에게 큰 도움이 되리라 믿으며, 열악한 출판시장임에도 불구하고 흔쾌히 출간에 응해 주신 법문북스 김현호 대표에게 감사를 드립니다.

2020. 9.
편저자

목 차

임대차3법(계약갱신청구권, 전월세상한제, 임대차신고제)이 이렇게 바뀌었습니다.

제1장 주택임대차란 무엇입니까?

제1절 타인 주택은 어떤 방법으로 이용하나요?

제2절 주택임대차법은 누구에게 적용되나요?

제3절 주택임대차보호법의 주요내용은?

제2장 주택임대차계약은 어떻게 체결하나요?

제1절 주택임대차계약시 확인해야 할 것은 무엇이 있나요?

제2절 전·월세

제3절 보증금 보호

제2절 당사자의 권리·의무

제3절 임대차 승계

제4절 임대차계약의 갱신

제4장 임대차가 종료되면 어떤 조치를 해야 하나요?

제1절 주택임대차계약의 종료

부록

임대차3법(계약갱신청구권, 전월세상한제, 임대차신고제)이 이렇게 바뀌었습니다.

1. 계약갱신청구권 도입

① 계약갱신청구권은 임차인이 희망하는 경우 1회 계약 갱신을 청구할 수 있는 권리로, 임차인의 안심거주기간이 2년 더 늘어납니다.

② 계약 갱신시 임대료 상한도 5% 범위 내로 제한되어 임차인들이 임대료 인상 등으로 인한 걱정을 어느 정도 벗어날 수 있습니다. 또한 이번 개정법은 임대인과 임차인간의 관계를 보다 균형 잡힌 권리관계로 재정립하였습니다.

③ 임차인은 희망하면 인차 거주기간을 연장할 수 있지만, 집주인이 임대차 계약갱신 시점에 해당 주택에서 직접 거주하기를 원한다면 아무런 제약없이 거주할 수 있도록 하였습니다.

④ 임대인은 임차인이 임대차 기간이 끝나기 6개월 전부터 1개월 전까지 계약갱신을 요구하는 경우 정당한 사유 없이 거절하지 못하도록 하였습니다. 그러나 다음 각 호의 어느 하나에 해당하는 경우에는 그러하지 아니합니다.

   ㉮ 임차인이 2기의 차임액에 해당하는 금액에 이르도록 차임을 연체한 사실이 있는 경우

   ㉯ 임차인이 거짓이나 그 밖의 부정한 방법으로 임차한 경우

   ㉰ 서로 합의하여 임대인이 임차인에게 상당한 보상을 제공한 경우

   ㉱ 임차인이 임대인의 동의 없이 목적 주택의 전부 또는 일부를 전대(轉貸)한 경우

   ㉲ 임차인이 임차한 주택의 전부 또는 일부를 고의나 중대한 과실로 파손한 경우

   ㉳ 임차한 주택의 전부 또는 일부가 멸실되어 임대차의 목적을 달

성하지 못할 경우

㉑ 임대인이 다음 각 목의 어느 하나에 해당하는 사유로 목적 주택의 전부 또는 대부분을 철거하거나 재건축하기 위하여 목적 주택의 점유를 회복할 필요가 있는 경우

    ⓐ 임대차계약 체결 당시 공사시기 및 소요기간 등을 포함한 철거 또는 재건축 계획을 임차인에게 구체적으로 고지하고 그 계획에 따르는 경우

    ⓑ 건물이 노후·훼손 또는 일부 멸실되는 등 안전사고의 우려가 있는 경우

    ⓒ 다른 법령에 따라 철거 또는 재건축이 이루어지는 경우

㉒ 임대인(임대인의 직계존속·직계비속을 포함한다)이 목적 주택에 실제 거주하려는 경우

㉓ 그 밖에 임차인이 임차인으로서의 의무를 현저히 위반하거나 임대차를 계속하기 어려운 중대한 사유가 있는 경우

⑤ 그런데 2020년 12월 10일 이후 최초로 체결하거나 갱신된 계약은 6개월 전부터 2개월 전까지의 기간에 계약갱신을 청구를 할 수 있습니다.

⑥ 임차인은 계약갱신청구권을 1회에 한하여 행사할 수 있도록 하며, 갱신되는 임대차의 존속기간은 2년으로 봅니다.

2. 직접거주 갱신거절에 대한 손해배상

① 임대인이 실 거주를 이유로 갱신을 거절했으면서도, 임차인이 요구한 갱신기간 동안 정당한 사유 없이 제3자에게 목적 주택을 임대한 경우 임대인은 갱신거절로 인하여 임차인이 입은 손해를 배상하도록 하였습니다.

② 허위의 갱신 거절 시 손해배상액 산정

㉮ 임대인과 임차인 간 손해배상 예정액

㉯ "1."이 없는 경우 법정 손해배상 예정액 중 가장 큰 금액

    ⓐ 갱신 거절 당시 월단위 임대료(전세금은 전액 월세로 전

환, 법정 전환율 4% 적용) 3개월분에 해당하는 금액
    ⓑ 「임대인이 새로운 임차인에게 임대하여 얻은 월 단위 임대료-갱신 거절 당시 월 단위 임대료」의 2년분에 해당하는 금액
    ⓒ 갱신거절로 인해 임차인이 입은 손해액

3. 전월세 상한제

① 전월세상한제는 계약 갱신 시 임대료 상한을 5% 범위 내로 제한하여 임차인들이 임대료 급등으로 인한 부담을 줄였습니다.

② 전월세상한제에 따라 임대료 증액상한을 5%로 하되, 지자체가 지역 임대차 시장 여건 등을 고려하여 조례로 달리 정할 수 있도록 했습니다.

③ 이번 개정 법률안에 포함된 전월세상한제는 현재 임대인과 임차인이 계약한 종전 임대료를 기준으로 임대료의 상한을 정하도록 되어 있습니다.

4. 분쟁조정위원회 확대 설치

대한법률구조공단과 함께, LH 및 한국감정원에도 분쟁조정위원회를 설치하도록 하였습니다.

5. 주택임대차보호법 공동소관

주택임대차 표준계약서를 법무부 장관이 국토부 장관과 협의하는 등 향후 공동소관하기로 하였습니다.

6. 임대차 신고제

① 임대차신고제는 전월세 계약 시 임대차 계약 정보를 신고하도록 하여 임차인에게 시의성 있는 시세 정보를 제공하는 제도입니다.

② 임대차신고제에 따라 전월세 계약 시 30일 이내에 주택 소재지 관

청에 임대차 계약 정보를 신고해야 합니다. 임대차 신고제로 임대차 실거래 정보를 취합하여 임차인에게 제공합니다.

③ 임대차 3법 중 하나인 임대차 신고제도는 국토부의 당초 계획대로 2021년 6월에 시행될 예정입니다.

■ 임차인은 언제부터 임대인에게 계약갱신요구를 할 수 있나요?

Q. 임차인은 언제부터 임대인에게 계약갱신요구를 할 수 있나요?

A. 계약갱신청구권이란 임차인이 희망하는 경우 1회에 한해 2년 계약갱신을 청구할 수 있는 권리입니다. 이 권리는 2020년 7월 31일부터 기존·신규 계약에 모두 적용됩니다. 임대차 기간이 끝나기 6개월 전부터 1개월 전까지 기간에 계약갱신을 청구할 수 있습니다. 그런데 2020년 12월 10일 이후 최초로 체결하거나 갱신된 계약은 6개월 전부터 2개월 전까지 기간에 계약갱신을 청구할 수 있습니다.

■ 임차인에게 총 몇 회의 갱신요구권이 부여되나요?

Q. 임차인에게 총 몇 회의 갱신요구권이 부여되나요?

A. 갱신요구권은 1회에 한하여 행사 가능하며, 2년 보장됩니다.

■ 묵시적 갱신도 갱신요구권 행사로 보나요?

Q. 묵시적 갱신도 갱신요구권 행사로 보나요?

A. 그렇지 않습니다. 갱신요구권 행사는 개정 법률에 따른 계약갱신요구권 행사의 명확한 의사표시를 하는 경우로 한정됩니다.

※ 관련사례

임차인 甲과 임대인 乙이 2017년 9월부터 2019년 9월까지 최초 전세계약을 맺었고, 묵시적으로 2019년 9월부터 2021년 9월까지 갱신된 경우에도, 임차인 甲은 임대인 乙에 대하여 계약갱신요구권 행사가 가능합니다. 갱신요구권은 1회에 한하여 행사 가능하며, 2년이 보장됩니다.

■ 법 시행 시 계약기간이 남아있으면 모두 갱신 요구 할 수 있나요?

Q. 법 시행 시 계약기간이 남아있으면 모두 갱신요구 할 수 있나요?

A. 가능합니다. 기존 계약의 연수에 상관없이 1회 2년의 갱신권이 부여됩니다. 다만, 계약기간이 1개월 이상 남아있어야 합니다. 그런데 2020년 12월 10일 이후 최초로 체결하거나 갱신된 계약은 2개월 이상 계약기간이 남아있어야 합니다.

■ 세입자가 나가기로 하고 보증금 일부를 돌려받은 후에도 계약갱신 청구가 가능한가요?

Q. 세입자가 나가기로 하고 보증금 일부를 돌려받은 후에도 계약갱신 청구가 가능한가요?

A. 보증금의 일부를 돌려받았다고 하더라고 임차인의 지위를 유지하고 있다면 임대차 기간이 끝나기 6개월 전부터 1개월 전까지 기간에 청구 가능합니다.
  - 주택임대차보호법 제4조 ② 임대차기간이 끝난 경우에도 임차인이 보증금을 반환받을 때까지는 임대차관계가 존속되는 것으로 봅니다.

■ 법 시행 이후에 계약기간이 만료되는 경우에, 임대인이 계약만료 6개월 전부터 1개월 전까지 기간에 갱신을 거절하고, 법 시행 전에 제3자와 새로운 임대차 계약을 맺은 경우에도 임차인이 계약갱신요구권을 행사할 수 있나요?

Q. 법 시행 이후에 계약기간이 만료되는 경우에, 임대인이 계약만료 6개월 전부터 1개월 전까지 기간에 갱신을 거절하고, 법 시행 전에 제3자와 새로운 임대차 계약을 맺은 경우에도 임차인이 계약갱신요구권을 행사할 수 있나요?

A. 불가능합니다. 이번 개정 법률은 존속중인 계약에도 계약갱신요구권을 부여하되 법적안정성을 위해 제3자와 계약이 이미 체결된 경우에는 예외적으로 갱신요구권을 부여하지 않는 부칙 적용례를 두고 있습니다. 다만, 임대인은 법 시행 이전에 제3자와 계약을 체결했다는 사실을 명시적으로 입증(계약금 수령 입증, 계약서 등)할 수 있어야합니다. 임대인이 법 시행 이후에 제3자와 계약을 체결한 경우에는 계약갱신요구권이 부여되며, 임대인이 제3자와의 계약체결을 이유로 임차인의 계약갱신 요구를 거절할 수 없습니다.

■ 법 시행 이후에 계약기간이 만료되는 경우에, 임대인이 계약만료 6개월 전부터 1개월 전까지 기간에 임차인에 대해 갱신거절만 한 경우, 계약갱신요구를 할 수 있나요?

Q. 법 시행 이후에 계약기간이 만료되는 경우에, 임대인이 계약만료 6개월 전부터 1개월 전까지 기간에 임차인에 대해 갱신거절만 한 경우, 계약갱신요구를 할 수 있나요?

A. 가능합니다.

■ 법 시행 이후에 계약기간이 만료되는 경우에, 임대인이 계약만료 6개월 전부터 1개월 전까지 기간에 임차인과 합의를 통해 이미 계약을 갱신한 경우에도, 개정 법률(5% 임대료 증액상한 적용)에 따른 계약갱신요구를 할 수 있나요?

Q. 법 시행 이후에 계약기간이 만료되는 경우에, 임대인이 계약만료 6개월 전부터 1개월 전까지 기간에 임차인과 합의를 통해 이미 계약을 갱신한 경우에도, 개정 법률(5% 임대료 증액상한 적용)에 따른 계약갱신요구를 할 수 있나요?

A. 가능합니다. 다만, 임차인은 임대인과 갱신한 계약을 유지하고, 해당 계약의 계약기간 만료 시점에 계약갱신요구권을 행사할 수 있습니다.

  ※ 관련사례
    임차인 甲과 임대인 乙이 2018년 9월부터 2020년 9월까지 최초 전세계약을 맺었고, 2020년 6월에 상호간 합의로 2020년 9월부터 2022년 9월까지 갱신을 실시하면서 임대료 8% 증액
    - 임차인 甲은 2020년 8월(계약종료 1개월전)에 계약갱신요구권을 행사하여 5% 미만으로 임대료 조정하거나,
    - 8% 증액한 기존 임대차 계약관계를 유지하면서 계약기간 만료 시점인 2022년 7월(계약종료 2개월전)에 임대인 乙에 대한 계약갱신요구권의 행사가 가능합니다.

■ 계약갱신청구권 행사 시 임차인은 무조건 2년을 거주해야 하나요?

Q. 계약갱신청구권 행사 시 임차인은 무조건 2년을 거주해야 하나요?

A. 그렇지 않습니다. 임차인은 언제든지 임대인에게 계약해지를 통지할 수 있으며, 임대인이 통지 받은 날부터 3개월 지나야 효력이 발생합니다. 임차인은 계약해지를 통보하더라도 계약만료 전이라면 3개월간 임대료를 납부해야 합니다.

■ 계약갱신하면서 임대료가 올라 전세대출을 늘릴 예정인데, 집주인의 동의를 받아야 하나요?

Q. 계약갱신하면서 임대료가 올라 전세대출을 늘릴 예정인데, 집주인의 동의를 받아야 하나요?

A. 주택도시보증공사 등 보증기관에서 전세대출보증을 받은 경우 임대인의 동의가 반드시 필요한 것은 아닙니다. 대출실행 시 대출기관은 임대인에게 임대차계약의 존부 및 허위 여부 등을 확인하지만 이는 임대인의 동의를 구하는 절차는 아닙니다.

■ 법 시행 이후 계약기간이 만료되어 새로운 세입자와 계약을 했는데, 기존 세입자가 계약갱신을 요구할 수 있나요?

Q. 법 시행 이후 계약기간이 만료되어 새로운 세입자와 계약을 했는데, 기존 세입자가 계약갱신을 요구할 수 있나요?

A. ① 법 시행 전 제3자와 계약을 이미 체결한 경우, 예외적으로 임차인에게 갱신요구권을 부여하지 않습니다. 다만, 임대인이 법 시행 이전에 제3자와 계약 체결 사실을 계약금 수령 입증, 계약서 등으로 입증할 수 있어야 합니다.

② 법 시행 후 임대인이 제3자와의 계약체결을 이유로 임차인의 계약갱신요구를 거절할 수 없습니다.

■ 임대인이 매도하려는 목적으로 갱신 거절이 가능한가요?

Q. 임대인이 매도하려는 목적으로 갱신 거절이 가능한가요?

A. 불가능합니다. 임차인의 갱신요구에 대한 거절은 주택임대차보호법상 갱신거절 사유에 포함되어 있는 경우에만 가능합니다.

■ 임대인이 갱신을 거절할 수 있는 경우에는 어떤 것들이 있나요?

Q. 임대인이 갱신을 거절할 수 있는 경우에는 어떤 것들이 있나요?

A. 임대인이 갱신을 거절할 수 있는 규정 및 사례는 다음과 같습니다.

① 1호 임차인이 2기의 차임액에 해당하는 금액에 이르도록 차임을 연체한 사실이 있는 경우

※ **사례1**
임차인이 1, 2월분 월세를 연속하여 연체한 경우

※ **사례2**
1월 연체 후 2, 3월에 지급 하였다가 4월에 다시 연체한 경우

② 임차인이 거짓이나 그 밖의 부정한 방법으로 임차한 경우

※ **사례1**
임차인이 허위의 신분(이름, 주민번호 등)으로 계약한 경우

※ **사례2**
주택 본래 용도가 아닌 불법영업장 등의 목적으로 임차한 경우

③ 서로 합의하여 임대인이 임차인에게 상당한 보상을 제공한 경우

※ **사례**
임대인이 임차인에게 소정의 보상(이사비 등)을 실제 제공한 경우. 다만, 실제 제공하지 않거나 합의되지 않은 일방적인 보상은 제외

④ 임차인이 임대인의 동의 없이 목적 주택의 전부 또는 일부를 전대(轉貸)한 경우

※ **사례**
임대인의 동의 없이 전대하여 타인으로 하여금 목적 주택을 사용·수익하게 한 경우

⑤ 임차인이 임차한 주택의 전부 또는 일부를 고의나 중대한 과실로 파손한 경우

※ **사례1**
임차주택의 전부 또는 일부를 임대인 동의 없이 무단 증·개축 또는 개조하거나 고의로 파손한 경우

※ **사례2**
임차인의 중과실(화기 방치 등)로 인한 화재로 주택이 파손된 경우

⑥ 임차한 주택의 전부 또는 일부가 멸실되어 임대차의 목적을 달성하지 못할 경우

※ **사례**
주택의 전부 또는 일부가 멸실되어 주거기능 상실

⑦ 임대인이 다음 각 목의 어느 하나에 해당하는 사유로 목적 주택의 전부 또는 대부분을 철거하거나 재건축하기 위하여 목적 주택의 점유를 회복할 필요가 있는 경우

　　가. 임대차계약 체결 당시 공사시기 및 소요기간 등을 포함한 철거 또는 재건축 계획을 임차인에게 구체적으로 고지하고 그 계획에 따르는 경우

　　나. 주택이 노후·훼손 또는 일부 멸실되는 등 안전사고의 우려가 있는 경우

　　다. 다른 법령에 따라 철거 또는 재건축이 이루어지는 경우

⑧ 임대인(임대인의 직계존속, 직계비속을 포함한다)이 목적 주택에 실제 거주하려는 경우

⑨ 그 밖에 임차인이 임차인으로서의 의무를 현저히 위반하거나 임대차를 계속하기 어려운 중대한 사유가 있는 경우

※ **사례1**
임대인 동의 없이 인테리어 공사를 하거나 원상회복이 불가능한 정도로 인테리어 공사를 한 경우

※ **사례2**
1호부터 8호까지 이외에 임차인의 임대차를 지속할 수 없는 경우

■ 임대인이 목적 주택에 실제 거주하려고 하려면 어떻게 해야 하나요?

Q. 임대인이 목적 주택에 실제 거주하려고 하려면 어떻게 해야 하나요?

A. 임차인에게 계약만료 6개월 전부터 1개월 전까지 기간에 직접 거주 필요성을 통보하고 입주할 수 있습니다.

■ 임대인이 직접 거주를 이유로 갱신을 거절한 후, 해당 주택을 공실로 남길 경우 손해배상책임 여부는 어떻게 되나요?

Q. 임대인이 직접 거주를 이유로 갱신을 거절한 후, 해당 주택을 공실로 남길 경우 손해배상책임 여부는 어떻게 되나요?

A. 개정 주택임대차보호법에서 임대인의 실거주 의무는 없습니다. 다만, 임대인이 직접 거주를 목적으로 임차인의 갱신을 거절했으나 임차인이 요청한 갱신기간 동안 제3자에게 임대를 하는 경우 기존 임차인은 임대인에 대해 손해배상을 청구할 수 있습니다.

■ 임대인의 직접 거주 사유가 허위인 경우에는 어떻게 하나요?

Q. 임대인의 직접 거주 사유가 허위인 경우에는 어떻게 하나요?

A. 임차인은 개정 법률에 따라 손해배상을 청구 할 수 있습니다.
   ※ 허위의 갱신 거절 시 손해배상액 산정
   가. 임대인과 임차인 간 손해배상 예정액
   나. "(1)"이 없는 경우 법정 손해배상 예정액 중 가장 큰 금액
      ① 갱신 거절 당시 월단위 임대료(전세금은 전액 월세로 전환, 법정 전환율 4% 적용) 3개월분에 해당하는 금액
      ② 『임대인이 새로운 임차인에게 임대하여 얻은 월단위 임대료 - 갱신 거절 당시 월단위 임대료』의 2년분에 해당하는 금액
      ③ 갱신거절로 인해 임차인이 입은 손해액

■ 임차인이 허위로 갱신을 거절해서 피해가 발생하지는 않을까요?

Q. 임차인이 허위로 갱신을 거절해서 피해가 발생하지는 않을까요?

A. 이번 계약갱신청구권 도입 시 임대인과 임차인의 균형 잡힌 관계를 만들기 위해 임대인이 직접 거주를 희망할 경우 갱신을 거절할 수 있도록 하였습니다. 다만, 일부 이를 악용하여 임차인을 내보내는 것을 방지하기 위해, 임차인이 요구한 갱신기간 동안 임대인이 제3자에게 임대한 사실이 발견되면 임대인에게 손해배상을 청구할 수 있도록 했습니다. 정부는 임차인들이 허위의 갱신거절로 인해 피해를 보지 않도록, 임대인의 직접 거주를 이유로 계약의 갱신을 거절당한 임차인이 계약갱신을 요구한 기간 동안 기존 임차거주 주택에 제3자가 임대 거주했는지 여부 등 임대차 정보를 열람할 수 있도록 하여 손해배상제도의 실효성을 높일 것입니다.

※ [현행] 임대인, 임차인, 소유자, 금융기관 등→ [개선] 갱신거절 임차인 추가

■ 개정 주택임대차보호법 시행으로 임대인의 재산권이 침해되지는 않나요?

Q. 개정 주택임대차보호법 시행으로 임대인의 재산권이 침해되지는 않나요?

A. 계약갱신청구권제도가 시행되어 임대인이 자신의 주택을 매도할 수 없게 되었다는 것은 사실과 다릅니다. 임대인이 임대를 놓은 상황에서 주택을 제3자(매수인)에게 매도하는 것에 아무런 문제가 없으며, 기존 임대인과 임차인의 임대차 계약이 제3자(매수인)에게 승계된다는 것은 이미 주지의 사실입니다. 개정 전 주택임대차보호법 하에서도 임차인의 거주기간이 남아있는 경우 주택매도를 이유로 임차인을 내보낼 수 없었으며, 새로운 임대인이 매입한 주택에 입주를 원하는 경우 임차인의 잔여 거주기간을 모두 보장하고 난 후 매수한 주택에 입주할 수 있었던 만큼, 계약갱신청구권 도입으로 인해 달라지는 것은 없습니다. 한편, 토지거래허가구역 내에서 주택을 처분하려면 실거주자에게만 매도해야 하기 때문에 계약갱신청구권 도입으로 주택 처분이 어려워 졌다는 주장도 있으나, 계약갱신청구권이 시행되어도 임대인이 해당 주택에 실제 거주하려는 경우 등에 한하여 계약갱신의 거절이 가능하므로 달라지는 것은 없습니다.

■ 임대료 상한 제한(5% 이내)은 언제 적용되나요?

Q. 임대료 상한 제한(5% 이내)은 언제 적용되나요?

A. 임대료 제한은 존속중인 계약에서 임대료를 증액하거나 계약갱신청구권을 행사하는 경우에만 적용합니다.

■ 임대인이 요구하면 5%를 무조건 올려주어야 하나요?

Q. 임대인이 요구하면 5%를 무조건 올려주어야 하나요?

A. 그렇지 않습니다. 5%는 임대료를 증액할 수 있는 상한 일 뿐이고 임대인과 임차인은 그 범위 내에서 얼마든지 협의를 통해 임대료를 정할 수 있습니다.

■ 갱신 시 임대료 상한 5%의 의미는 1년에 5% 제한인가요? 무조건 5%를 올려야한다는 것인가요?

Q. 갱신 시 임대료 상한 5%의 의미는 1년에 5% 제한인가요? 무조건 5%를 올려야한다는 것인가요?

A. 갱신 시 임대료 상한은 갱신 시점 기준 임대료의 5%가 상한이며, 5%이내에서 협의하여 정해지는 것이므로, 무조건 5%를 올리도록 한 것은 아닙니다.

■ **지자체가 5% 이내에서 조례로 달리 정할 수 있는데, 지역별로 달라지는 임대료 상한은 언제 마련되나요?**

Q. 지자체가 5% 이내에서 조례로 달리 정할 수 있는데, 지역별로 달라지는 임대료 상한은 언제 마련되나요?

A. 지자체가 별도로 정하지 않으면 5% 이내가 적용되며, 지자체가 별도로 5% 이내에서 설정 가능합니다. 이번 주택임대차보호법 개정안에서 일률적으로 전국 5%를 우선 시행하고, 추후 필요시 지자체가 5% 이내의 범위에서 정하도록 한 것은 전월세시장의 신속한 안정을 위해서입니다. 지자체 별 임대료 상한율은 지자체 별로 충분히 검토하여 가급적 통일된 시기에 시행되도록 할 것입니다. 지자체 별 임대료 상한율은 지자체 별로 충분히 검토하여 가급적 통일된 시기에 시행되도록 할 것입니다. 이번 주택임대차보호법 개정안에서 일률적으로 전국 5%를 우선 시행하고, 추후 필요시 지자체가 5% 이내의 범위에서 정하도록 한 것은 전월세시장의 신속한 안정을 위해서입니다. 지자체는 관할 구역별 주택수급 상황, 전월세 시장의 여건을 고려하여 필요한 경우 전국 기준보다 낮은 상한율을 적용할 수 있으며, 이를 위해 면밀한 검토가 필요한 것이 사실입니다. 다만, 모든 지역별 기준을 세세히 정하여 입법하기에는 지나치게 장기간이 소요되므로 전국적 기준을 우선 수립하고, 지역별 기준을 추후 설정하여 시장의 안정을 도모한 것입니다. 정부와 지자체는 지역별 상한 적용방안을 구체적으로 논의할 것이며, 시장의 혼란을 방지하기 위해 조례상 시행시기 및 적용례를 통일하는 방안을 검토 중입니다.

■ 계약갱신청구권 행사 시 전세를 월세로 전환이 가능한가요?

Q. 계약갱신청구권 행사 시 전세를 월세로 전환이 가능한가요?

A. 개정 법률 상 갱신되는 임대차는 전 임대차와 동일한 조건으로 다시 계약된 것으로 보므로 전세를 월세로 전환은 임차인 동의가 없는 한 곤란합니다. 다만, 동의에 의해 전환하는 경우에도 주택임대차보호법 제7조의2에 따른 법정 전환율이 적용됩니다.

  - (법정 전환율) 보증금의 전부 또는 일부를 월 단위 차임으로 전환하는 경우에는 "10%"와 "기준금리(現 0.5%)+3.5%" 중 낮은 비율을 적용합니다.

  ※ **사례** 계약갱신청구권 행사 시 전세를 월세로 전환 예시

     (전세 5억원) → 보증금 3억원 월세 67만원 또는 보증금 2억원 월세 100만원

■ 계약갱신청구권 제도가 도입되는 경우, 임차인이 거주하고 있는 주택은 매도할 수 없나요?

Q. 계약갱신청구권 제도가 도입되는 경우, 임차인이 거주하고 있는 주택은 매도할 수 없나요?

A. 그렇지 않습니다. 임차 중인 주택의 매도는 임차인이 거주하고 있어도 아무런 영향 없이 가능합니다.

■ 법 시행 이전에 임대인이 바뀌고, 기존 임차인이 계약만료 6개월 전부터 1개월 전까지 기간에 계약갱신 요구가 가능한가요?

Q. 법 시행 이전에 임대인이 바뀌고, 기존 임차인이 계약만료 6개월 전부터 1개월 전까지 기간에 계약갱신 요구가 가능한가요?

A. 가능합니다.

■ 법 시행 이전에 임대인이 바뀌고, 바뀐 임대인이 직접거주를 희망하는 경우, 기존 임차인의 계약갱신요구를 거절할 수 있나요?

Q. 법 시행 이전에 임대인이 바뀌고, 바뀐 임대인이 직접거주를 희망하는 경우, 기존 임차인의 계약갱신요구를 거절할 수 있나요?

A. 가능합니다. 다만, 계약만료 6개월 전부터 1개월 전까지 기간에 갱신 거절의 의사표시를 해야 합니다.

■ 전월세상한제 언제부터 적용되나요?

Q. 전월세상한제 언제부터 적용되나요?

A. 전월세상한제란 계약갱신 시 임대료의 증액 상한을 5% 이내로 제한하는 제도로 2020년 7월 31일부터 적용됩니다. 임대료 제한은 존속중인 계약에서 종전 임대료를 기준으로 임대료를 증액하거나 계약갱신청구권을 행사하는 경우에만 적용됩니다.

■ 2020년 9월 30일에 만료되는 임대차계약의 경우 언제까지 계약갱신 요구권을 행사할 수 있는지요?

Q. 2020년 9월 30일에 만료되는 임대차계약의 경우 언제까지 계약갱신 요구권을 행사할 수 있는지요?

A. 계약만료일이 2020년 9월 30일인 경우 1개월전인 2020년 8월 30일 0시(2020.8.29.일 24시) 전까지 임대인에게 계약갱신의 의사가 도달해야 합니다.

■ 지자체가 조례로 임대료 상한을 5% 보다 낮추면, 존속중인 계약에도 모두 소급 적용되는지요?

Q. 지자체가 조례로 임대료 상한을 5% 보다 낮추면, 존속중인 계약에도 모두 소급 적용되는지요?

A. 지자체가 조례로 임대료 상한을 정하는 경우, 조례에서 정하는 부칙에 따라 적용범위가 결정됩니다.

■ 임대차법 시행당시 이미 한 주택에서 4년 이상 임차거주 중인데, 계약갱신요구권을 행사할 수 있나요?

Q. 임대차법 시행당시 이미 한 주택에서 4년 이상 임차거주 중인데, 계약갱신요구권을 행사할 수 있나요?

A. 행사할 수 있습니다. 개정법률은 최대 4년의 주거를 보장하는 내용이 아니고, 1회에 한하여 기존의 계약을 2년 연장할 수 있도록 갱신요구권을 부여하는 것입니다. 따라서 연장계약, 묵시적 갱신 등의 사유로 이미 4년 이상 거주한 경우라도 현재의 임대차계약 만료 6개월 전부터 1개월 전까지 갱신을 요구할 수 있습니다.

제1장

주택임대차란 무엇입니까?

제1장 주택임대차란 무엇입니까?

제1절 타인 주택은 어떤 방법으로 이용하나요?

1. 타인 주택의 이용 형태

다른 사람의 주택을 이용하는 방법에는 일반적으로 다음과 같이 네 가지의 형태로 구분할 수 있습니다(민법 제303조 및 제618조 참조).

구분	내 용	법률상 의미
전세권	전세금을 주고, 전세권 등기를 하고 다른 사람의 주택을 이용하는 방법	전세권
전세 (미등기 전세)	전세금을 주고 차임을 주지 않으나, 등기를 하지 않고 다른 사람의 주택을 이용하는 방법	임대차
반전세 또는 월 세	보증금을 주고, 차임도 매월 지급하여 다른 사람의 주택을 이용하는 방법	임대차
사글세	임차기간 동안의 차임 전부를 미리 지급하고 다른 사람의 주택을 이용하는 방법	임대차

2. 전세권과 임대차

2-1. 전세권

"전세권"이란 전세금을 지급하고 타인의 부동산을 점유하여 그 부동산의 용도에 좇아 사용·수익하며, 그 부동산 전부에 대해 후순위권리자 기타 채권자보다 전세금을 우선변제를 받을 수 있는 권리를 말합니다(민법 제303조).

2-2. 임대차

① "임대차"란 당사자 일방이 상대방에게 목적물을 사용, 수익하게 할 것을 약정하고 상대방이 이에 대해 차임을 지급할 것을 약정을 말하는데, 흔히 「민법」에 따른 전세권 설정등기 없이 행하는

일반적인 형태인 전세계약 및 월세계약이 여기에 포함됩니다(제618조 참조).

② 특히, 주거용건물의 전부 또는 일부의 임대차를 주택임대차라고 하여 우리 법은 「주택임대차보호법」에 따라 임차인에 대하여 특별한 보호를 하고 있습니다(제2조).

③ 그 결과 대부분의 실제 주택임대차거래에서는 「주택임대차보호법」에 따라 임대차계약을 체결하고 있습니다.

2-3. 전세권과 임대차의 비교

구 분	전 세 권	임 대 차
성질	물권	채권
등기 여부	필수	선택적
사용대가의 지급 방법	전세금 지급 (「민법」 제303조제1항)	보증금 또는 월차임 지급 (「민법」 제618조)
양도 및 전대 가능 여부	임대인의 동의 없이 가능 (「민법」 제306조)	임대인의 동의가 필요 (「민법」 제629조)

2-4. 주택임대차와 일반임대차와 차이

구 분	주 택 임 대 차	일 반 임 대 차
법의 적용	주택임대차보호법의 적용을 받음	민법 중 임대차의 규정이 적용
보증금의 회수	○소액보증금: 최우선변제 ○나머지: 확정일자부여로 우선변제권 획득	채권이므로 전혀 대항력이 없음 (등기하지 않은 경우)
목적물의 매매	새주인에게 그대로 인수인계됨 - 매매는 임대차를 깨뜨리지 못한다	새주인에게 인수인계되지 않음 (새주인과 다시 계약해야 됨) - 매매는 임대차를 깨뜨린다

적용대상	주택 및 주거용건물만 해당 (미등기, 무허가건물, 당해토지도 포함)	주거용 건물 제외
기한없는 임대차의 기간 (묵시의갱신)	2년 자동연장 (임차인이 원할 경우 3개월전 통고로 해지, 임대인은 해지불가)	당사자의 사전통고로 계약이 해지됨 (임대인: 6개월 전, 임차인: 1개월 전 해지통고)
양도 및 전대	소유자의 동의 없는 양도 및 전대는 소유자에게 대항할 수 없으나 동의를 한 경우에 양도는 합법적으로 새로운 임차인에게 인계되면서 전임차인은 빠지게 되나 전대의 경우는 전차인이 있어도 임차인은 그대로 소유자 즉 임대 인과의 관계가 그대로 유지됨	
소부문 전대	소유자의 동의 없이도 소부분 전대는 가능 (전대: 임차인이 다시 세를 주는 것) (소부분: 절반이하의 부분을 말함)	
최저계약 기간	2년	1년

3. 「주택임대차보호법」의 우선 적용 등

① 주택의 임대차관계에 대해서는 「주택임대차보호법」의 규정이 우선
적으로 적용되고, 「주택임대차보호법」에 규정되어 있지 않은 사항
에 대해서는 「민법」의 임대차규정이 적용됩니다(주택임대차보호법
제1조 및 제2조 참조).

② 주택임대차계약도 계약이므로 계약당사자에 의해 자유롭게 그 내
용을 정할 수 있습니다. 그러나 「주택임대차보호법」에 위반한 약
정으로 임차인에게 불리한 것은 그 효력이 없습니다(주택임대차보
호법 제10조).

■ 다른 사람의 주택을 이용하는 방법은 어떠한 것들이 있나요?

Q. 다른 사람의 주택을 이용하는 방법은 어떠한 것들이 있나요?

A. 다른 사람의 주택을 이용하는 방법에는 일반적으로 다음과 같이 네 가지의 형태로 구분할 수 있습니다.

① 전세권: 전세금을 주고, 전세권 등기를 하고 다른 사람의 주택을 이용하는 방법

② 전세(미등기 전세): 전세금을 주고 차임을 주지 않으나, 등기를 하지 않고 다른 사람의 주택을 이용하는 방법

③ 반전세 또는 월세: 보증금을 주고, 차임도 매월 지급하여 다른 사람의 주택을 이용하는 방법

④ 사글세: 임차기간 동안의 차임 전부를 미리 지급하고 다른 사람의 주택을 이용하는 방법

제2절 주택임대차법은 누구에게 적용되나요?

1. 주택임대차보호법의 의미

① 주택의 임대차는 임대인이 임차인에게 주택을 사용·수익하게 하고, 임차인이 이에 대한 대가로서 차임을 지급한다는 점에 합의가 있으면 성립됩니다(민법 제618조).

② 그러나 민법에 따른 임대차계약의 규정으로는 경제적 약자인 임차인의 권리를 보호하기 어려운 면이 많았고, 이를 보완하기 위해 민법의 특별법으로 주택임대차보호법이 제정되었습니다(제1조).

③ 주택임대차는 당사자간 합의에 의해 성립되는 계약임에도 불구하고, 주택임대차보호법을 위반하여 임차인에게 불리한 것은 효력이 없습니다(제10조).

④ '임차인에게 불리한 것은 효력이 없다'는 것은 주택임대차보호법 규정에 위반되는 당사자의 약정을 모두 무효라고 할 것은 아니고, 그 규정에 위반하는 약정이라도 임차인에게 불리하지 않은 것은 유효합니다(대법원 1995.10.12. 선고 95다22283 판결).

2. 주택임대차보호법의 보호 대상

2-1. 자연인

주택임대차보호법은 자연인인 국민의 주거생활의 안정을 보장함을 목적으로 하기 때문에, 그 보호 대상은 원칙적으로 대한민국의 국적을 가진 사람입니다(제1조).

2-2. 외국인 및 재외동포

① 주택임대차보호법의 보호 대상은 대한민국 국적을 가진 자연인이므로, 외국인은 원칙적으로 주택임대차보호법의 보호 대상이 될 수 없습니다(제1조). 그러나 주택을 임차한 외국인이 전입신고에 준하는 체류지 변경신고를 했다면 예외적으로 주택임대차보호법

의 보호 대상이 됩니다(출입국관리법 제88조의2 제2항 및 서울민사지방법원 1993.12.16. 선고 93가합73367 제11부 판결: 확정).

② 재외동포가 장기체류하면서 주택을 임대차하는 때에는 주택임대차보호법의 보호대상이 됩니다. 이를 위해 재외동포는 국내에 거소를 정하여 지방출입국·외국인관서의 장에게 신고를 하고, 국내거소가 변경되는 경우에는 새로운 거소를 관할하는 시·군·구(자치구가 아닌 구 포함) 또는 읍·면·동의 장이나 지방출입국·외국인관서의 장에게 14일 이내에 신고해야 합니다(재외동포의 출입국과 법적 지위에 관한 법률 제6조제1항 및 제2항).

③ "재외동포"란 ⓐ대한민국의 국민으로서 외국의 영주권을 취득한 사람 또는 영주할 목적으로 외국에 거주하고 있는 사람, ⓑ 대한민국의 국적을 보유하였던 사람(대한민국정부 수립 전에 국외로 이주한 동포 포함)으로서 외국국적을 취득한 사람 또는 ⓒ 부모의 일방 또는 조부모의 일방이 대한민국의 국적을 보유하였던 사람으로서 외국국적을 취득한 사람을 말합니다(재외동포의 출입국과 법적 지위에 관한 법률 제2조).

■ 재외동포도 주택임대차보호법의 보호를 받을 수 있는지요?

Q. 저는 외국으로 이주하여 외국국적을 취득한 한국동포입니다. 최근 사업상 국내에 입국, 장기 체류하게 되어 거주할 주택을 임차하였는데, 주민등록이 없어 재외동포의 출입국과 법적 지위에 관한 법률에 의한 국내거소 신고를 임차주택 소재지 지변으로 하였습니다. 저도 주택임대차보호법의 보호를 받을 수 있는지요?

A. 주택임대차보호법의 입법목적에 관하여 같은 법 제1조는 "이 법은 주거용건물의 임대차에 관하여 민법에 대한 특례를 규정함으로써 국민의 주거생활의 안정을 보장함을 목적으로 한다."라고 규정하고 있고, 같은 법 제3조 제1항에서 "임대차는 그 등기가 없는 경우에도 주택의 인도와 주민등록을 마친 때에는 그 다음날부터 제3자에 대하여 대항할 수 있다. 이 경우 전입신고를 한 때에 주민등록이 된 것으로 본다."라고 규정하고 있습니다. 여기서 귀하는 국민이 아닌 외국인이므로 주택임대차보호법의 보호대상이 될 수 있는지 문제됩니다. 그런데 재외동포의 출입국과 법적 지위에 관한 법률 제2조는 "재외동포란 ①대한민국의 국민으로서 외국의 영주권을 취득한 자 또는 영주할 목적으로 외국에 거주하고 있는 자(재외국민)와 ②대한민국의 국적을 보유하였던 자(대한민국정부 수립 이전에 국외로 이주한 동포를 포함) 또는 그 직계비속으로서 외국국적을 취득한 자 중 대통령령이 정하는 자(외국국적동포)를 말하고", 같은 법 제3조는 "재외국민과 출입국관리법 제10조의 규정에 의한 체류자격 중 재외동포체류자격을 가진 외국국적동포의 대한민국에서의 출입국과 대한민국 안에서의 법적 지위에 관하여 적용된다."라고 규정하면서, 재외동포의 국내거소 신고에 관하여는 같은 법 제6조 제1항과 제2항은 "①재외동포체류자격으로 입국한 외국국적동포는 이 법을 적용 받기 위하여 필요한 경우에는 대한민국 안에 거소를 정하여 그 거소를 관할하는 지방출입국·외국인관서의 장에게 국내거소 신고를 할 수 있다. ②제1항에 따라 신고한 국내거소를 이전한 때에는 14일 이내에 그 사실을 신거소(新居所)가 소재한 시·군·구의 장이나 신거소를 관할하는 지방출입국·외국인관서의 장에게 신고하

여야 한다."라고 규정하고 있습니다.

또 같은 법 제7조(국내거소 신고증 발급 등) 제1항과 제2항은 "①지방출입국·외국인관서의 장은 제6조에 다라 국내거소 신고를 한 외국국적동포에게 국내거소 신고번호를 부여하고, 외국국적동포 국내거소 신고증을 발급한다. ②국내거소신고증에는 국내거소 신고번호·성명·성별·생년월일·국적·거주국과 대한민국 안의 거소 등을 기재한다."라고 규정하고 있습니다. 그리고 같은 법 제10조(출입국과 체류) 제4항에서는 "대한민국 안의 거소를 신고하거나 그 이전신고를 한 외국국적동포에 대하여는 출입국관리법 제31조에 따른 외국인등록과 같은 법 제36조에 따른 체류지 변경신고를 한 것으로 본다."라고 규정하고 있습니다. 또한, 출입국관리법 제88조의2(외국인등록증 등과 주민등록증 등의 관계) 제2항에 의하면, "이 법에 따른 외국인등록과 체류지 변경신고는 주민등록과 전입신고를 갈음한다."고 규정하고 있습니다. 따라서 귀하가 위 주택을 임차하여 인도받아 거주하면서 재외동포의 출입국과 법적 지위에 관한 법률 」에 의한 국내거소신고를 위 임차주택소재지 지번으로 하였다면 주택임대차보호법에 의한 보호를 받을 수 있을 것으로 보입니다.

※ 관련판례

외국인이 주택을 임차하여 출입국관리법에 의한 체류지 변경신고를 하였다면 거래의 안전을 위하여 임차권의 존재를 제3자가 명백히 인식할 수 있는 공시의 방법으로 마련된 주택임대차보호법 제3조 제1항 소정의 주민등록을 마쳤다고 보아야 한다(서울민사지방법원 1993.12.16. 선고 93가합73367 제11부 판결: 확정).

2-3. 법인

① 법인은 특별한 사정이 없는 한 주택임대차보호법의 보호를 받지 못합니다.

② 법인이 주택임대차보호법의 보호를 받기 위해 주민등록을 자신의 명의로 할 수 없을 뿐만 아니라, 사원 명의의 주민등록으로 대항력을 갖추어도 이를 법인의 주민등록으로 인정할 수 없기 때문입니다(대법원 1997.7.11. 선고 96다7236 판결).

③ 예외적으로, 한국토지주택공사와 주택사업을 목적으로 설립된 지방공사는 주택임대차보호법의 보호대상이 됩니다(제3조제2항 후단 및 시행령 제2조).

④ 또한, 중소기업기본법 제2조에 따른 중소기업에 해당하는 법인이 소속 직원의 주거용으로 주택을 임차한 후 그 법인이 선정한 직원이 해당 주택을 인도받고 주민등록을 마쳤을 때에는 그 다음 날부터 제3자에 대하여 효력이 생깁니다. 임대차가 끝나기 전에 그 직원이 변경된 경우에는 그 법인이 선정한 새로운 직원이 주택을 인도받고 주민등록을 마친 다음 날부터 제3자에 대하여 효력이 생깁니다(제3조제3항).

■ 직원 숙소로 회사가 임차한 주택도 주택임대차보호법이 적용되는 지요?

Q. ○○주식회사는 회사직원들의 기숙사용으로 아파트를 임차하여 직원들이 거주하도록 하였으나(임대차계약서상 임차인은 ○○회사임), ○○회사는 주민등록이 없으므로 그 주택에 거주하는 직원들의 주민등록만 전입신고 하도록 해두었고 확정일자를 받았는데, 이 경우에도 대항력 및 우선변제권 등이 인정되는지요?

A. 사례와 같이 법인이 직원 등의 관사로 사용하기 위한 주택임대차 관련하여 주택임대차보호법 제3조 3항에서는 "중소기업기본법 제2조에 따른 중소기업에 해당하는 법인이 소속 직원의 주거용으로 주택을 임차한 후 그 법인이 선정한 직원이 해당 주택을 인도받고 주민등록을 마쳤을 때에는 제1항(대항력)을 준용한다. 임대차가 끝나기 전에 그 직원이 변경된 경우에는 그 법인이 선정한 새로운 직원이 주택을 인도받고 주민등록을 마친 다음 날부터 제삼자에 대하여 효력이 생긴다."고 규정하고 있습니다. 또 동법 제3조의2(보증금의 회수) 제2항에서는 "제3조제1항·제2항 또는 제3항의 대항요건과 임대차계약증서(제3조제2항 및 제3항의 경우에는 법인과 임대인 사이의 임대차계약증서를 말한다)상의 확정일자를 갖춘 임차인은 민사집행법에 따른 경매 또는 국세징수법에 따른 공매를 할 때에 임차주택(대지를 포함한다)의 환가대금에서 후순위권리자나 그 밖의 채권자보다 우선하여 보증금을 변제받을 권리가 있다." 고 각 규정하고 있습니다. 따라서 ○○주식회사가 중소기업기본법이 정한 중소기업에 해당한다면 회사가 선정한 직원의 주민등록 및 확정일자를 받는다면 대항력과 우선변제권이 인정될 수 있을 것으로 보입니다.

※관련판례1

주택임대차보호법 제3조 제1항, 제2항의 규정에 의하면, 주택의 임차인은 건물에 입주하고 주민등록을 함으로써 제3자에 대하여 대항력을 갖추게 되고, 대항력이 구비된 후에 임차 건물이 양도된 경우 양수인은 임대인의 지위를 승계한 것으로 본다고 하고 있으며, 이 경우 임차보증금반환채무는 임대인의 지위를 승계한 양수인에게 이전되고 양도인의 채무는 소멸하는 것으로 해석할 것이나, 법인에게 주택을 임대한 경우에는 법인은 주택임대차보호법 제3조 제1항 소정의 대항요건의 하나인 주민등록을 구비할 수 없으므로 임대인이 위 임대주택을 양도하더라도 그 양수인이 주택임대차보호법에 의하여 임대인의 지위를 당연히 승계하는 것이 아니고 따라서 임대인의 임차보증금반환채무를 면책시키기로 하는 당사자들 사이의 특약이 있다는 등의 특별한 사정이 없는 한 임대인의 법인에 대한 임차보증금반환채무는 소멸하지 아니한다(대법원 2003.7.25. 선고 2003다2918 판결).

※ 관련판례2

주택 임차인이 주택임대차보호법 제3조의2 제1항 소정의 우선변제권을 주장하기 위하여는 같은 법 제3조 제1항 소정의 대항요건과 임대차계약증서상의 확정일자를 갖추어야 하고, 그 대항요건은 주택의 인도와 주민등록을 마친 때에 구비된다 할 것인바, 같은 법 제1조는 "이 법은 주거용 건물의 임대차에 관하여 민법에 대한 특례를 규정함으로써 국민의 주거생활의 안정을 보장함을 목적으로 한다."라고 규정하고 있어 위법이 자연인인 서민들의 주거생활의 안정을 보호하려는 취지에서 제정된 것이지 법인을 그 보호 대상으로 삼고 있다고는 할 수 없는 점, 법인은 애당초 같은 법 제3조 제1항 소정의 대항요건의 하나인 주민등록을 구비할 수 없는 점 등에 비추어 보면, 법인의 직원이 주민등록을 마쳤다 하여 이를 법인의 주민등록으로 볼 수는 없으므로, 법인이 임차주택을 인도받고 임대차계약서상의 확정일자를 구비하였다 하더라도 우선변제권을 주장할 수는 없다(대법원 1997.7.11. 선고 96다7236 판결).

3. 주택임대차보호법의 적용 범위

3-1. 주택의 임대차

① 주택임대차보호법은 주택, 즉 주거용 건물의 전부 또는 일부에 대해 임대차하는 경우에 적용되고, 그 임차주택의 일부를 주거 외의 목적으로 사용하는 경우에도 적용됩니다(제2조).

② 주거용 건물에 해당되는지 여부는 임대차 목적물의 공부상의 표시만을 기준으로 하는 것은 아니고, 그 실제 용도에 따라서 합목적적으로 판단합니다(대법원 1996.3.12. 선고 95다51953 판결).

③ 예를 들어, 임차인의 점유부분 중 영업용 휴게실 설비로 예정된 홀 1칸이 있지만, 그 절반가량이 주거용으로 쓰이는 방 2칸, 부엌 1칸, 화장실 1칸, 살림용 창고 1칸, 복도로 되어 있고, 그 홀마저 각방의 생활공간으로 쓰이고 있는 경우에는 주거용 건물로 주택임대차보호법이 적용됩니다(대법원 1987.8.25. 선고 87다카793 판결). 그러나 여관의 방 하나를 내실로 사용하는 경우(대법원 1987.4.28. 선고 86다카2407 판결) 등 비주거용 건물에 주거의 목적으로 소부분을 사용하는 경우에는 주택임대차보호법의 보호대상에서 제외될 수도 있습니다.

④ 「주거용 건물」여부의 판단 시기는 임대차계약을 체결하는 때를 기준으로 합니다.

⑤ 임대차계약 체결 당시에는 주거용 건물부분이 존재하지 아니하였는데 임차인이 그 후 임의로 주거용으로 개조한 경우에는 주택임대차보호법의 적용대상이 되지 않습니다(대법원 1986.1.21. 선고 85다카1367 판결).

⑥ 주거용 건물이면 무허가 건물이나 미등기 건물을 주거를 목적으로 임대차 하는 경우에도 주택임대차보호법이 적용됩니다(대법원 1987.3.24. 선고 86다카164 판결). 다만, 무허가 건물이 철거되는 경우에는 보증금을 돌려받기 힘들어지므로 주의할 필요가 있습니다.

■ 옥탑방을 주거용으로 임차한 경우 주택임대차보호법이 적용되는지요?

Q. 저는 다가구주택의 소위 옥탑이라고 하는 곳에 보증금 1,700만원에 전세를 살고 있습니다. 이 옥탑은 원래 옥상에 물탱크를 설치할 자리에 지은 건물로서 건축물관리대장이나 부동산등기부상에 나타나지 않고 있습니다. 저는 주민등록전입신고를 하고 확정일자를 받아두었는데, 현재 이 주택에 대해 경매가 진행 중입니다. 어떤 사람은 옥탑은 불법건축물이므로 주택임대차보호법상의 보호를 받지 못한다고 하는데 사실인지요?

A. 주택임대차보호법 제2조는 "이 법은 주거용 건물의 전부 또는 일부의 임대차에 관하여 이를 적용한다."라고 규정하고 있습니다. 그리고 관할관청으로부터 허가를 받지 아니하고 건축한 무허가건물이나, 건축허가를 받았으나 사용승인을 받지 못한 건물 또는 미등기건물에도 주택임대차보호법이 적용될 수 있는지에 관하여, 판례는 "주택임대차보호법은 주택의 임대차에 관하여 민법에 대한 특례를 규정함으로써 국민의 주거생활의 안정을 보장함을 목적으로 하고 있고, 주택의 전부 또는 일부의 임대차에 관하여 적용된다고 규정하고 있을 뿐 임차주택이 관할관청의 허가를 받은 건물인지, 등기를 마친 건물인지 아닌지를 구별하고 있지 아니하므로, 어느 건물이 국민의 주거생활의 용도로 사용되는 주택에 해당하는 이상 비록 그 건물에 관하여 아직 등기를 마치지 아니하였거나 등기가 이루어질 수 없는 사정이 있다고 하더라도 다른 특별한 규정이 없는 한 같은 법의 적용대상이 된다."라고 하였습니다(대법원 2007.6.21. 선고 2004다26133 전원합의체 판결). 따라서 위 옥탑방이 불법건축물로서 행정기관에 의해 철거될 수도 있는 것은 별론으로 하고, 위 옥탑은 위 건물의 일부 또는 경우에 따라서는 건물의 종물로서 경매절차에서 건물과 같이 매각될 것이므로(서울지법 1998.4.29. 선고 98나1163 판결), 귀하가 임차할 당시 주거용으로서의 형태가 실질적으로 갖추어져 있었고 귀하가 주거용으로 임차하여 사용하였다면 귀하는 주택임대차보호법에 의한 보호를 받을 수 있을 것으로 보입니다.

※관련판례1

구 주택임대차보호법(1981.3.5. 법률 제3379호) 제2조가 정하는 주거용건물인지의 여부는 공부상의 표시에 불구하고 그 실지용도에 따라서 가려져야 하고 또한 한 건물의 비주거용 부분과 주거용부분이 함께 임대차의 목적이 되어 각기 그 용도에 따라 사용되는 경우 그 주거용부분에 관하여 위 법이 적용되느냐의 여부는 구체적인 경우에 따라 합목적적으로 결정하여야 한다(대법원 1987.8.25. 선고 87다카793 판결).

※관련판례2

구 주택임대차보호법(1981.3.5. 법률 제3379호) 제2조 소정의 주거용 건물이란 공부상의 표시에 불구하고 그 실지용도에 따라서 정하여야 하고 또한 한 건물의 비주거용 부분과 아울러 주거용부분이 함께 임대차의 목적이 되어 각기 그 용도에 따라 사용되는 경우 그 주거용 부분에 관하여 본법이 적용되느냐의 여부는 구체적인 경우에 따라 합목적적으로 결정하여야 하며, 더욱 위 주택임대차보호법이 적용되려면 먼저 임대차계약 체결당시를 기준으로 하여 그 건물의 구조상 주거용 또는 그와 겸용될 정도의 건물의 형태가 실질적으로 갖추어져 있어야 하고, 만일 그 당시에는 주거용 건물부분이 존재하지 아니하였는데 임차인이 그 후 임의로 주거용으로 개조하였다면 임대인이 그 개조를 승낙하였다는 등의 특별한 사정이 없는 한 위 법의 적용은 있을 수 없다(대법원 1986.1.21. 선고 85다카1367 판결).

■ 임차주택의 일부를 점포로 사용한 경우에도 주택임대차보호법이 적용되는지요?

Q. 저는 전세금 3,500만원에 조그마한 점포가 딸린 주택을 임차하여 입주와 동시에 전입신고를 마치고, 가족과 그곳에 살면서 장사를 하고 있습니다. 그런데 얼마 뒤 집주인은 은행에서 돈을 차용하고 근저당권을 설정했습니다. 저의 경우 임차주택의 일부에 점포가 있기 때문에 나중에 근저당이 실행되어 경매에 들어가 주택의 소유자가 바뀌는 날에는 주택임대차보호법의 보호를 받지 못한다는 이야기가 있는데, 정말 보호를 받을 수 없는지요?

A. 주택임대차보호법 제2조는 "이 법은 주거용 건물의 전부 또는 일부의 임대차에 관하여 이를 적용한다. 그 임차주택의 일부가 주거 외의 목적으로 사용되는 경우에도 또한 같다."라고 규정하고 있습니다. 이와 관련하여 판례는 "주택임대차보호법 제2조 소정의 주거용 건물에 해당하는지 여부는 임대차목적물의 공부상의 표시만을 기준으로 할 것이 아니라 그 실지용도에 따라서 정하여야 하고, 건물의 일부가 임대차의 목적이 되어 주거용과 비주거용으로 겸용되는 경우에는 구체적인 경우에 따라 그 임대차의 목적, 전체건물과 임대차목적물의 구조와 형태 및 임차인의 임대차목적물 이용관계 그리고 임차인이 그 곳에서 일상생활을 영위하는지 여부 등을 아울러 합목적적으로 결정하여야 한다."라고 하였습니다(대법원 1996.3. 12. 선고 95다51953 판결). 그리고 여기에서 주거용 건물과 비주거용 건물의 구분은 일반적으로 사실상의 용도를 기준으로 하고 있으므로, 주거용 건물은 그것이 사회통념상 건물로 인정하기에 충분한 요건을 구비하고 주거용으로 사용되고 있는 것이면, 공부(건축물관리대장 등)상 용도란에 '주거용'으로 기재되어 있지 않더라도 주택임대차보호법의 적용을 받게 된다고 보고 있습니다. 또한 판례는 "1층이 공부상으로는 소매점으로 표시되어 있으나 실제로 그 면적의 절반은 방 2칸으로, 나머지 절반은 소매점 등 영업을 하기 위한 홀로 이루어져 있고, 임차인이 이를 임차하여 가족들과 함께 거주하면서 음식점영업을 하며 방 부분은 영업시에는 손님을 받는 곳으

로 사용하고, 그 때 외에는 주거용으로 사용하여 왔다면, 위 건물은 주택임대차보호법의 보호대상인 주거용 건물에 해당한다."라고 한 사례가 있으며(대법원 1996.5.31. 선고 96다5971 판결), 또한 "건물이 공부상으로는 단층 작업소 및 근린생활시설로 표시되어 있으나, 실제로 甲은 주거 및 인쇄소경영 목적으로, 乙은 주거 및 슈퍼마켓 경영 목적으로 임차하여 가족들과 함께 입주하여 그곳에서 일상생활을 영위하는 한편, 인쇄소 또는 슈퍼마켓을 경영하고 있으며, 甲의 경우는 주거용으로 사용되는 부분이 비주거용으로 사용되는 부분보다 넓고, 乙의 경우는 비주거용으로 사용되는 부분이 더 넓기는 하지만 주거용으로 사용되는 부분도 상당한 면적이고, 위 각 부분이 甲과 乙의 '유일한 주거'인 경우 주택임대차보호법 제2조 후문에서 정한 주거용 건물로 볼 것이다."라고 하였습니다(대법원 1995.3.10. 선고 94다52522 판결). 그러나 "방 2개와 주방이 딸린 다방이 영업용으로서 비주거용 건물이라고 보여지고, 설사 그 중 방 및 다방의 주방을 주거목적에 사용한다고 하더라도 이는 어디까지나 다방의 영업에 부수적인 것으로서 그러한 주거목적 사용은 비주거용 건물의 일부가 주거목적으로 사용되는 것일 뿐, 주택임대차보호법 제2조 후문에서 말하는 '주거용 건물의 일부가 주거 외의 목적으로 사용되는 경우'에 해당한다고 볼 수 없다."라고 하였습니다(대법원 1996.3.12. 선고 95다51953 판결). 참고로 판례는 "구 주택임대차보호법(1981.3.5. 법률 제3379호) 제2조 소정의 주거용 건물이란 공부상의 표시에 불구하고 그 실지용도에 따라서 정하여야 하고 또한 한 건물의 비주거용 부분과 아울러 주거용 부분이 함께 임대차의 목적이 되어 각기 그 용도에 따라 사용되는 경우 그 주거용 부분에 관하여 본법이 적용되느냐의 여부는 구체적인 경우에 따라 합목적적으로 결정하여야 하며, 더욱이 위 주택임대차보호법이 적용되려면 먼저 임대차계약 체결당시를 기준으로 하여 그 건물의 구조상 주거용 또는 그와 겸용될 정도의 건물의 형태가 실질적으로 갖추어져 있어야 하고, 만일 그 당시에는 주거용 건물부분이 존재하지 아니하였는데 임차인이 그 후 임의로 주거용으로 개조하였다면 임대인이 그 개조를 승낙하였다는 등의 특별한 사정이 없는 한 위 법의 적용은 있을 수 없다."라고 하였습니다(대법원 1986.1.21. 선고 85다카1367 판결) 따라서 귀하의 경우에는 사안의 내용으로 보아 주택에 딸린 가게에서 소규모 영업을 하는 것으로 보여지고, 그곳이 귀하의 유일한 주거라면, 이는 주택임대차보호법 제2조 후단에 해당하여 같은 법의 보호대상이 될 수 있다고 할 수 있을 듯합니다.

※관련판례

임차주택의 일부가 주거외의 목적으로 사용되는 경우에도 주택임대차보호법 제2조의 규정에 의하여 그 법률의 적용을 받는 주거용 건물에 포함되나 주거생활의 안정을 보장하기 위한 입법의 목적에 비추어 거꾸로 비주거용 건물에 주거의 목적으로 일부를 사용하는 경우에는 동법 제2조가 말하고 있는 일부라는 범위를 벗어나 이를 주거용 건물이라 할 수 없고 이러한 건물은 위 법률의 보호대상에서 제외된다(대법원 1987.4.28. 선고 86다카2407 판결).

■ 동의 받은 전대차의 경우 전차인이 전입신고를 하지 않았을 때 주택임대차보호법의 보호를 받을 수 있는지요?

Q. 甲은 乙로부터 주택을 임차하여 거주하다가 직장이전문제로 乙의 동의를 받아 丙에게 위 주택을 전대하였으나, 甲은 주민등록을 퇴거하지 않았고 丙도 위 임차주택의 소재지에 주민등록전입신고를 하지 않았습니다. 그런데 甲이 위 임차주택을 전대한 이후에 근저당권이 설정되고 그 근저당권에 기한 경매가 개시된 상태입니다. 이러한 경우 甲은 주택임대차보호법에 의한 보호를 받을 수 있는지요?

A. 임대인의 동의를 받은 주택임차권의 전대에 관하여 판례는 "주택임차인이 임차주택을 직접 점유하여 거주하지 않고 간접 점유하여 자신의 주민등록을 이전하지 아니한 경우라 하더라도, 임대인의 승낙을 받아 임차주택을 전대하고 그 전차인이 주택을 인도받아 자신의 주민등록을 마친 때에는 그 때로부터 임차인은 제3자에 대하여 대항력을 가진다."라고 하였습니다(대법원 1994.6.24. 선고 94다3155 판결, 1995.6.5.자 94마2134 결정). 그러나 위 사안의 경우에는 임대인의 동의를 받아 임차주택을 전대하였으나, 위 판례와 같이 전차인 즉, 직접점유자의 주민등록이 전입신고 된 것이 아니고, 전대인인 귀하 즉, 간접점유자의 주민등록이 전입신고 된 채로 있었던 경우이므로, 그러한 경우에도 귀하의 주택임차권이 보호될 수 있을 것인지 문제됩니다. 그런데 간접점유자인 임차인이 주택임대차보호법 소정의 대항력을 취득하기 위한 요건에 관한 판례를 보면, "주택임대차보호법 제3조 제1항 소정의 대항력은 임차인이 당해 주택에 거주하면서 이를 직접 점유하는 경우뿐만 아니라 타인의 점유를 매개로 하여 이를 간접 점유하는 경우에도 인정될 수 있을 것이나, 그 경우 당해 주택에 실제로 거주하지 아니하는 간접점유자인 임차인은 주민등록의 대상이 되는 '당해 주택에 주소 또는 거소를 가진 자(주민등록법 제6조 제1항)'가 아니어서 그 자의 주민등록은 주민등록법 소정의 적법한 주민등록이라고 할 수 없고, 따라서 간접점유자에 불과한 임차인 자신의 주민등록으로는 대항력의 요건을 적법하게 갖추었다고 할 수 없으며, 임차인과의 점유매개관계에 기하

여 당해 주택에 실제로 거주하는 직접점유자가 자신의 주민등록을 마친 경우에 한하여 비로소 그 임차인의 임대차가 제3자에 대하여 적법하게 대항력을 취득할 수 있다고 할 것이다."라고 하였습니다 (대법원 2001.1.19. 선고 2000다55645 판결, 2007.11.29. 선고 2005다64255 판결). 따라서 위 사안의 경우 甲은 비록 임대인 乙의 동의를 받아 丙에게 전대하였지만, 甲에게 전차주택을 인도받은 직접점유자인 丙이 주민등록법상의 전입신고기간 내에 전입신고를 하지 않았다면 甲이 취득하였던 대항력을 상실하였다고 보입니다.

■ 토지분할로 지번 변경된 후에도 주민등록상 주소변경을 하지 않은 경우에 주택임대차보호법의 보호를 받을 수 있는지요?

Q. 저는 주택을 임차하여 입주와 주민등록전입신고를 마친 후, 임차주택이 소재한 대지가 분할되면서 지번이 변경되어 두 차례에 걸쳐 계약을 갱신하면서 갱신된 임대차계약서에는 새로운 지번을 표시하였으나 주민등록상 주소는 위 주택에 대한 경매개시결정 기입등기가 된 후에야 변경하였습니다. 그런데 저의 종전 주소에는 다른 건물이 존재하고 있었으며, 위 경매는 저의 최초의 주민등록전입신고 후에 위 주택에 설정된 근저당권에 기한 경매였습니다. 이러한 경우 저는 주택임대차보호법상의 보호를 받을 수 있는지요?

A. 주택임대차보호법 제3조 제1항은 "임대차는 그 등기가 없는 경우에도 임차인이 주택의 인도와 주민등록을 마친 때에는 그 익일부터 제3자에 대하여 효력이 생긴다. 이 경우 전입신고를 한 때에 주민등록이 된 것으로 본다."라고 규정하고 있고, 같은 법 제3조의2 제2항은 "제3조 제1항 또는 제2항의 대항요건과 임대차계약증서(제3조 제2항의 경우에는 법인과 임대인 사이의 임대차계약증서를 말한다)상의 확정일자를 갖춘 임차인은 민사집행법에 의한 경매 또는 국세징수법에 의한 공매시 임차주택(대지를 포함한다)의 환가대금에서 후순위권리자 기타 채권자보다 우선하여 보증금을 변제 받을 권리가 있다."라고 규정하고 있습니다. 그런데 주택임대차보호법 제3조 제1항 소정의 대항요건으로서의 주민등록의 유효여부에 관한 판단기준에 관하여 판례는 "주택임대차보호법 제3조 제1항에서 주택의 인도와 더불어 대항력의 요건으로 규정하고 있는 주민등록은 거래의 안전을 위하여 임대차의 존재를 제3자가 명백히 인식할 수 있게 하는 공시방법으로 마련된 것이라고 볼 것이므로, 주민등록이 어떤 임대차를 공시하는 효력이 있는가의 여부는 일반 사회통념상 그 주민등록으로 당해 임대차건물에 임차인이 주소 또는 거소를 가진 자로 등록되어 있는지를 인식할 수 있는가의 여부에 따라 결정된다."라고 하였으며, 위 사안과 유사한 경우에 관하여 "주택을 임차하여 적법한 전입신고를 마친 후에 그 대지가 분할됨으로써 주택

의 지번이 변경되자 갱신된 임대차계약서에는 새로운 지번을 표시하였으나 주민등록상 주소는 주택에 대한 경매개시결정 기입등기가 경료된 후에야 변경한 경우, 임차인은 주택에 대한 유효한 공시방법인 주민등록을 갖추었다고 볼 수 없어 경락인에게 대항할 수 없다."라고 하였습니다(대법원 2000.4.21. 선고 2000다1549 등 판결).

따라서 위 사안에 있어서 귀하는 대지의 분할로 지번이 변경되기 전 변경전의 지번을 주소로 전입신고를 하였지만, 대지의 분할로 지번이 변경된 후 두 차례에 걸쳐 계약을 갱신하면서도 주민등록은 종전 주민등록을 그대로 유지하고 있었으므로, 변경전의 지번을 주소로 한 주민등록은 위 주택에 대한 임대차에 대한 유효한 공시방법으로서의 효력이 인정되지 않고, 귀하의 주택임차권도 위 근저당권에 대한 우선변제권이 인정될 수 없으며, 경매절차의 매수인에 대한 대항력도 인정되지 않을 것으로 보입니다.

■ 같은 담장 내 3필지 토지 중 임차주택 부지가 아닌 지번으로 전입한 경우에 주택임대차보호법의 보호를 받을 수 있는지요?

Q. 저는 주택을 임차하여 입주하고 주민등록전입신고를 필한 후 확정일자까지 받아 두고 거주하던 중 위 주택이 경매개시 되었습니다. 그런데 위 주택의 부지는 같은 담장 내에 3필지의 토지가 있고 그 중 1필 지상에만 주택이 건축되어 있었는데, 제가 주민등록전입신고를 한 지번은 공교롭게도 위 3필지의 토지 중 건물이 없는 토지의 지번이었는바, 이 경우 저는 주택임대차보호법에 의한 보호를 받을 수 있는지요?

A. 주택임대차의 대항력에 관하여 주택임대차보호법 제3조 제1항은 "임대차는 그 등기가 없는 경우에도 임차인이 주택의 인도와 주민등록을 마친 때에는 그 익일부터 제3자에 대하여 효력이 생긴다. 이 경우 전입신고를 한 때에 주민등록이 된 것으로 본다."라고 규정하고 있고, 주택임차보증금의 확정일자에 의한 우선변제권에 관하여 같은 법 제3조의2 제2항은 "제3조 제1항 또는 제2항의 대항요건과 임대차계약증서(제3조 제2항의 경우에는 법인과 임대인 사이의 임대차계약증서를 말한다)상의 확정일자를 갖춘 임차인은 민사집행법에 의한 경매 또는 국세징수법에 의한 공매시 임차주택(대지를 포함한다)의 환가대금에서 후순위권리자 기타 채권자보다 우선하여 보증금을 변제 받을 권리가 있다."라고 규정하고 있습니다. 그러므로 주택의 인도(입주)와 주민등록의 전입은 주택임대차보호법 상의 모든 보호에 있어서 필수적입니다. 그런데 주택임대차보호법 상 임대차의 대항요건인 주민등록의 유효 여부에 대한 판단기준에 관하여 판례는 "주택임대차보호법 제3조 제1항에서 주택의 인도와 더불어 임대차의 대항력 발생요건으로 규정하고 있는 주민등록은 거래의 안전을 위하여 임대차의 존재를 제3자가 명백히 인식할 수 있게 하는 공시방법으로 마련된 것이라고 볼 것이므로, 주민등록이 어떤 임대차를 공시하는 효력이 있는가의 여부는 일반사회의 통념상 그 주민등록으로써 임차인이 당해 임대차건물에 주소 또는 거소를 가진 자로 등록되어 있음을 인식할 수 있는지의 여부에 따라 결

정된다."라고 하면서 "임차주택의 부지를 비롯한 세 필의 토지가 같은 담장 안에 있고 그 지상에 임차주택 이외에는 다른 건물이 건립되어 있지 않다 하더라도 임차인이 임차주택의 부지가 아닌 인접한 다른 토지의 지번으로 주민등록을 마쳤다면 유효한 공시방법으로 볼 수 없다."라고 하였습니다(대법원 2001.4.24. 선고 2000다44799 판결). 따라서 위 사안에서 귀하는 비록 같은 담장 내에 있는 토지의 지번이지만 건물이 없는 토지의 지번으로 주민등록이 전입되어 있었으므로, 주택임대차보호법에 의한 보호를 받을 수 없을 것으로 보입니다.

3-2. 미등기 전세

주택임대차보호법은 전세권등기를 하지 않은 전세계약(미등기 전세)에
도 적용됩니다(제12조).

■ 미등기 또는 무허가 건물도 주택임대차보호법의 보호를 받을 수 있을까요?

Q. 저는 저렴한 임대료에 관할 관청으로부터 허가를 받았으나 아직 등
기가 되지 않은 다세대주택의 한 주택을 임차하였습니다. 이런 경
우에도 주택임대차보호법의 보호를 받을 수 있나요?

A. 주택임대차보호법은 주택의 임대차에 관하여 민법에 대한 특례를
규정함으로써 국민의 주거생활의 안정을 보장함을 목적으로 하고
있고, 주택의 전부 또는 일부의 임대차에 관하여 적용된다고 규정
하고 있을 뿐 임차주택이 관할관청의 허가를 받은 건물인지, 등기
를 마친 건물인지 아닌지를 구별하고 있지 않으므로, 어느 건물이
국민의 주거생활의 용도로 사용되는 주택에 해당하는 이상 비록 그
건물에 관하여 아직 등기를 마치지 않았거나 등기가 이루어질 수
없는 사정이 있다고 하더라도 다른 특별한 규정이 없는 한 주택임
대차보호법의 적용대상이 됩니다(대법원 2007.6.21. 선고 2004다26133
전원합의체 판결). 따라서 귀하는 주택임대차보호법의 보호를 받을 수
있습니다.

※관련판례

주택임대차보호법의 목적과 동법 제3조 제2항의 규정에 비추어
볼 때, 건물이 미등기인 관계로 그 건물에 대하여 아직 소유권
이전등기를 경료하지는 못하였지만 그 건물에 대하여 사실상 소
유자로서의 권리를 행사하고 있는 자는 전소유자로부터 위 건물
의 일부를 임차한 자에 대한 관계에서는 위 사실상 소유자가 동
법 제3조 제2항 소정의 주택의 양수인으로서 임대인의 지위를
승계하였다고 볼 수 있다(대법원 1987.3.24. 선고 86다카164 판결).

■ 미등기주택을 임차한 경우에도 주택임대차보호법이 적용되는지요?

Q. 저는 아직 등기가 되어 있지 않으나, 건축을 완공하고 가사용 승인을 받은 신축주택을 임차하려고 합니다. 미등기주택의 임차인도 주택임대차보호법상의 보호를 받을 수 있는지요?

A. 주택임대차보호법은 주거용 건물 즉, 주택의 임대차 및 미등기 전세계약에 한하여 적용됩니다. 주거용 건물이란 사회통념상 건물로 인정하기에 충분한 요건을 구비하고 주거용으로 사용하고 있는 것을 말하며, 시청이나 구청 등에 구비되어 있는 건축물대장의 용도란에 '주거용'으로 기재되어 있지 않더라도 같은 법의 적용을 받게 됩니다. 따라서 공부상 공장용 건물이나 창고용 건물이라도 건물의 내부구조를 주거용으로 사실상 변경한 경우에는 주택이라고 보아야 할 것입니다. 또한, 관할관청으로부터 허가를 받지 아니하고 건축한 무허가건물이나, 건축허가를 받았으나 사용승인을 받지 못한 건물 또는 미등기건물에도 주택임대차보호법이 적용될 수 있는지에 관하여, 판례는 "주택임대차보호법은 주택의 임대차에 관하여 민법에 대한 특례를 규정함으로써 국민의 주거생활의 안정을 보장함을 목적으로 하고 있고, 주택의 전부 또는 일부의 임대차에 관하여 적용된다고 규정하고 있을 뿐 임차주택이 관할관청의 허가를 받은 건물인지, 등기를 마친 건물인지 아닌지를 구별하고 있지 아니하므로, 어느 건물이 국민의 주거생활의 용도로 사용되는 주택에 해당하는 이상 비록 그 건물에 관하여 아직 등기를 마치지 아니하였거나 등기가 이루어질 수 없는 사정이 있다고 하더라도 다른 특별한 규정이 없는 한 같은 법의 적용대상이 된다."라고 하였습니다(대법원 2007.6.21. 선고 2004다26133 전원합의체 판결).

또한, 같은 판례에서 미등기건물의 임차인이 임차건물의 대지만 경매될 경우 우선변제권을 행사할 수 있는지에 관하여, "대항요건 및 확정일자를 갖춘 임차인과 소액임차인에게 우선변제권을 인정한 주택임대차보호법 제3조의2 및 제8조가 미등기 주택을 달리 취급하는 특별한 규정을 두고 있지 아니하므로, 대항요건 및 확정일자를 갖춘 임차인과 소액임차인의 임차주택 대지에 대한 우선변제권에 관한 법리는 임차주택이 미등기인 경우에도 그대로 적용된다. 이와 달리 임차주택의 등기 여부에 따라 그 우선변제권의 인정 여부를 달리 해석하는 것은 합리적 이유나 근거 없이 그 적용대상을 축소하거나 제한하는 것이 되어 부당하고, 민법과 달리 임차권의 등기 없이도 대항력과 우선변제권을 인정하는 같은 법의 취지에 비추어 타당하지 아니하다. 다만, 소액임차인의 우선변제권에 관한 같은 법 제8조 제1항이 그 후문에서 '이 경우 임차인은 주택에 대한 경매신청의 등기 전에' 대항요건을 갖추어야 한다고 규정하고 있으나, 이는 소액보증금을 배당받을 목적으로 배당절차에 임박하여 가장 임차인을 급조하는 등의 폐단을 방지하기 위하여 소액임차인의 대항요건의 구비시기를 제한하는 취지이지, 반드시 임차주택과 대지를 함께 경매하여 임차주택 자체에 경매신청의 등기가 되어야 한다거나 임차주택에 경매신청의 등기가 가능한 경우로 제한하는 취지는 아니라 할 것이다. 대지에 대한 경매신청의 등기 전에 위 대항요건을 갖추도록 하면 입법 취지를 충분히 달성할 수 있으므로, 위 규정이 미등기 주택의 경우에 소액임차인의 대지에 관한 우선변제권을 배제하는 규정에 해당한다고 볼 수 없다."라고 하였습니다(대법원 2007.6.21. 선고 2004다26133 전원합의체 판결). 따라서 대항요건 및 확정일자를 갖춘 임차인과 소액임차인은 (미등기)임차주택과 그 대지가 함께 경매될 경우뿐만 아니라 (미등기)임차주택과 별도로 그 대지만이 경매될 경우에도 그 대지의 환가대금에 대하여 우선변제권을 행사할 수 있습니다(대법원 1996.6.14. 선고 96다7595 판결, 1999.7.23. 선고 99다25532 판결 등 참조). 그런데 미등기건물의 경우 등기사항증명서를 열람할 수 없어 소유자가 누구인지 명확하지 않은 문제점이 있으며, 무허가건물이 행정상의 이유로 철거될 경우 불이익을 당할 염려가 있고, 계약기간이 만료된 후 새로이 입주할 임차인이 나타나지 않을 가능성도 높아 임차보증금을 쉽게 반환받지 못할 수 있는 등의 불이익을 당할 염려가 있으니 주의할 필요가 있습니다.

3-3. 민법에 따른 임대차 등기

주택임대차보호법은 주택에 대해 민법에 따라 임대차등기를 한 경우 주택의 임대차에 인정되는 대항력과 우선변제권에 관한 규정이 준용됩니다(제3조의4 제1항).

4. 주택임대차보호법의 적용 제외

일시 사용을 위한 임대차임이 명백한 경우에는 주택임대차보호법이 적용되지 않습니다(제11조). 예를 들어, 숙박업을 경영하는 자가 투숙객과 체결하는 숙박계약은 일시 사용을 위한 임대차이므로 주택임대차보호법이 적용되지 않습니다(대법원 1994.1.28. 선고 93다43590 판결).

제3절 주택임대차보호법의 주요내용은?

1. 대항력

임대차는 그 등기가 없더라도, 임차인이 ① 주택의 인도와 ② 주민등록을 마친 때에는 그 다음 날부터 제3자, 즉 임차주택의 양수인, 임대할 권리를 승계한 사람, 그 밖에 임차주택에 관해 이해관계를 가지고 있는 사람에게 임대차의 내용을 주장할 수 있는 대항력이 생깁니다(제3조 제1항).

2. 우선변제권

① 임차인은 대항요건(주택의 인도 및 전입신고)과 임대차계약증서상의 확정일자를 갖춘 경우에는 임차주택이 경매 또는 공매되는 경우 임차주택의 환가대금에서 후순위권리자나 그 밖의 채권자보다 우선하여 보증금을 변제받을 권리인 우선변제권을 취득합니다(제3조의2 제2항).

② 임차권은 채권이므로 원칙적으로는 담보권자가 우선배당을 받을 후 배당금이 남으면 채권자들과 그 채권금액에 비례해 배당을 받게 되지만, 주택임차인은 대항력을 갖추고, 임대차계약증서에 확정일자를 받으면, 확정일자일을 기준으로 담보권자와 선후를 따져서 후순위의 담보권자보다 우선하여 배당을 받을 수 있도록 하고 있습니다.

■ 주택신축 중 토지에 근저당권이 설정된 경우 주택임차권가 불이익을 당할 염려가 없는지요?

Q. 저는 甲소유 신축주택을 전세보증금 4,500만원에 임차하여 입주와 주민등록전입신고 및 확정일자를 받아 두었습니다. 그런데 위 주택의 신축 중 대지에 채권최고액 8,000만원인 乙의 근저당권이 설정되었는바, 이 경우 주택임차인인 제가 불이익을 당할 염려가 없는지요?

A. 민법 제365조는 "토지를 목적으로 저당권을 설정한 후 그 설정자가 그 토지에 건물을 건축한 때에는 저당권자는 토지와 함께 그 건물에 대하여도 경매를 청구할 수 있다."라고 규정하고 있는데, 건물신축 중 대지에 근저당권이 설정된 경우 근저당권자가 건물까지 일괄매각신청을 할 수 있는지 문제됩니다. 이에 관하여 판례는 "민법 제365조는 저당권설정자가 저당권을 설정한 후 저당목적물인 토지상에 건물을 축조함으로써 저당권의 실행이 곤란하여지거나 저당목적물의 담보가치의 하락을 방지하고자 함에 그 규정취지가 있다고 할 것이므로, 저당권설정 당시에 건물의 존재가 예측되고 또한 당시 사회경제적 관점에서 그 가치의 유지를 도모할 정도로 건물의 축조가 진행되어 있는 경우에는 위 규정은 적용되지 아니한다."라고 하였습니다(대법원 1987.4.28. 선고 86다카2856 판결).

그렇다면 위 사안에 있어서도 乙의 근저당권이 설정될 당시 위 주택의 신축공사가 어느 정도 진행되고 있었는지에 따라서 乙이 위 주택을 대지와 함께 일괄경매신청 할 수 있는지 정해질 것으로 보입니다. 그런데 乙이 위 대지와 주택을 일괄경매신청 할 수 있는 경우라고 하여도 乙은 대지에만 근저당권설정 하였으므로 주택의 매각대금에 대해서는 우선권이 없으며, 또 다른 우선권자가 없다면 귀하는 대지의 매각대금에서는 위 근저당권보다 후순위로 배당을 받을 것이지만 주택의 매각대금에 대해서는 제1순위로 배당 받을 수 있을 것이고, 위 경매절차에서 배당 받지 못한 임차보증금이 있을 경우에는 경매절차의 매수인에게 대항력을 주장하여 보증금을 반환 받을 때까지 위 주택에 계속 거주할 수 있을 것입니다. 그러나 乙이 대지만을 경매신청 하여 건물과 분리되어 매각된다면 대지와 건물의 소유자가 달라지므로 이 때 건물소유자인 甲이 토지소유자에 대하여 법정지상권을 취득할 수 있느냐 그렇지 못하는가에 따라 귀하의 주택임차권이 보호받을 수 있느냐의 여부가 결정될 것입니다. 민법 제366조는 "저당물의 경매로 인하여 토지와 그 지상건물이 다른 소유자에 속한 경우에는 토지소유자는 건물소유자에 대하여 지상권을 설정한 것으로 본다. 그러나 지료는 당사자의 청구에 의하여 법원이 이를 정한다."라고 규정하고 있고, 판례는 "건물 없는 토지에 저당권이 설정된 후 저당권설정자가 그 위에 건물을 건축하였다가 담보권의 실행을 위한 경매절차에서 경매로 인하여 그 토지와 지상건물이 소유자를 달리하였을 경우에는, 민법 제366조의 법정지상권이 인정되지 아니할 뿐만 아니라 관습법상의 법정지상권도 인정되지 아니한다."라고 하였습니다(대법원 1995.12.11.자 95마1262 결정). 그러므로 민법 제366조에 의한 법정지상권은 저당권설정 당시부터 저당권의 목적이 되는 토지 위에 건물이 존재할 경우에 한하여 인정된다 할 것입니다. 그러나 또 다른 판례는 "민법 제366조 소정의 법정지상권은 저당권설정 당시 동일인의 소유에 속하던 토지와 건물이 경매로 인하여 양자의 소유자가 다르게 된 때에 건물의 소유자를 위하여 발생하는 것으로서, 토지에 관하여 저당권이 설정될 당시 그 지상에 건물이 위 토지소유자에 의하여 건축 중이었고, 그것이 사회관념상 독립된 건물로 볼 수 있는 정도에 이르지 않았다 하더라도 건물의 규모, 종류가 외형상 예상할 수 있는 정도까지 건축이 진전되어 있는 경우에는 저당권자는 완성될 건물을 예상할 수 있으므로 법정지상권을 인정하여도 불측의 손해를 입는 것이 아니며, 사회경제적으로도 건물을 유지할 필요가 인정되기 때문에 법정지상권의 성립을 인정함이 상당하고, 법정지상권을 취득할 지위에 있는 자에 대하여 토지소유자가 소유권에 기하여 건물의 철거를 구함은 신의성실의 원칙상 허용될 수 없다."라고 하였습니다(대법원 1992.6.12. 선고 92다7221 판결, 2004.2.13. 선고 2003다29043 판결, 2004.6.11. 선고 2004다13533 판결).

따라서 위 사안의 경우에도 甲의 신축건물이 위 판례와 같은 정도의 건축이 진행된 상태에서 乙이 대지상에 근저당권을 설정하였다면, 甲은 위 주택에 관한 법정지상권을 취득하게 될 것이므로 위 주택은 철거될 염려가 없고, 따라서 귀하의 주택임차권도 보호받을 것입니다. 그러나 乙의 저당권설정이 그 이전에 설정되었다면 甲의 위 주택은 철거될 운명에 있으므로 귀하의 주택임차권도 보호받기 어려울 것으로 보입니다.

3. 임대차 존속기간의 보장

① 주택의 임대차 존속기간은 최저 2년입니다. 따라서 임대차 기간을 정하지 않았거나 2년 미만으로 정한 때에도 최소한 2년의 임대차 기간은 보장됩니다. 다만, 임차인은 2년 미만으로 정한 기간이 유효함을 주장할 수 있습니다(제4조 제1항).

② 계약이 갱신된 경우에도 임대차의 존속기간은 2년이며, 계약이 갱신되는 경우에도 임차인은 언제든지 임대인에게 계약해지를 통지할 수 있습니다(제6조 제2항).

③ 임차인은 임대인에게 주택임대차계약을 해지하겠다는 의사를 통지하고, 임대인이 그 통지를 받은 날로부터 3개월이 지나면 계약해지의 효과는 발생합니다(제6조의2 제2항).

4. 계약갱신청구권

① 임대인은 임차인이 임대차기간이 끝나기 전 일정 기간 중에 계약갱신을 요구할 경우 정당한 사유 없이 거절하지 못하도록 하고, 임차인은 계약갱신요구권을 1회에 한하여 행사할 수 있도록 하며, 갱신되는 임대차의 존속기간은 2년으로 봅니다(제6조의3제1항 및 제2항).

② 임대인은 임차인이 임대차 기간이 끝나기 6개월 전부터 1개월 전까지 계약갱신을 요구하는 경우 정당한 사유 없이 거절하지 못하도록 하였습니다. 그러나 다음 각 호의 어느 하나에 해당하는 경우에는 그러하지 아니합니다.

㉮ 임차인이 2기의 차임액에 해당하는 금액에 이르도록 차임을 연체한 사실이 있는 경우

㉯ 임차인이 거짓이나 그 밖의 부정한 방법으로 임차한 경우

㉰ 서로 합의하여 임대인이 임차인에게 상당한 보상을 제공한 경우

㉱ 임차인이 임대인의 동의 없이 목적 주택의 전부 또는 일부를 전대(轉貸)한 경우

ⓜ 임차인이 임차한 주택의 전부 또는 일부를 고의나 중대한 과실로 파손한 경우

ⓑ 임차한 주택의 전부 또는 일부가 멸실되어 임대차의 목적을 달성하지 못할 경우

ⓢ 임대인이 다음 각 목의 어느 하나에 해당하는 사유로 목적 주택의 전부 또는 대부분을 철거하거나 재건축하기 위하여 목적 주택의 점유를 회복할 필요가 있는 경우

  ⓐ 임대차계약 체결 당시 공사시기 및 소요기간 등을 포함한 철거 또는 재건축 계획을 임차인에게 구체적으로 고지하고 그 계획에 따르는 경우

  ⓑ 건물이 노후·훼손 또는 일부 멸실되는 등 안전사고의 우려가 있는 경우

  ⓒ 다른 법령에 따라 철거 또는 재건축이 이루어지는 경우

ⓐ 임대인(임대인의 직계존속·직계비속을 포함한다)이 목적 주택에 실제 거주하려는 경우

ⓩ 그 밖에 임차인이 임차인으로서의 의무를 현저히 위반하거나 임대차를 계속하기 어려운 중대한 사유가 있는 경우

③ 그런데 2020년 12월 10일 이후 최초로 체결하거나 갱신된 계약은 6개월 전부터 2개월 전까지의 기간에 계약갱신을 청구를 할 수 있습니다.

④ 임차인은 계약갱신청구권을 1회에 한하여 행사할 수 있도록 하며, 갱신되는 임대차의 존속기간은 2년으로 봅니다.

5. 직접거주 갱신거절에 대한 손해배상

① 임대인이 실 거주를 이유로 갱신을 거절했으면서도, 임차인이 요구한 갱신기간 동안 정당한 사유 없이 제3자에게 목적 주택을 임대한 경우 임대인은 갱신거절로 인하여 임차인이 입은 손해를 배상하도록 하였습니다.

② 허위의 갱신 거절 시 손해배상액 산정

㉮ 임대인과 임차인 간 손해배상 예정액

㉯ "1."이 없는 경우 법정 손해배상 예정액 중 가장 큰 금액

ⓐ 갱신 거절 당시 월단위 임대료(전세금은 전액 월세로 전환, 법정 전환율 4% 적용) 3개월분에 해당하는 금액

ⓑ 「임대인이 새로운 임차인에게 임대하여 얻은 월단위 임대료- 갱신 거절 당시 월단위 임대료」의 2년분에 해당하는 금액

ⓒ 갱신거절로 인해 임차인이 입은 손해액

6. 전월세 상한제

① 전월세상한제는 계약 갱신시 임대료 상한을 5% 범위 내로 제한하여 임차인들이 임대료 급등으로 인한 부담을 줄였습니다.

② 전월세상한제에 따라 임대료 증액상한을 5%로 하되, 지자체가 지역 임대차 시장 여건 등을 고려하여 조례로 달리 정할 수 있도록 했습니다.

③ 이번 개정 법률안에 포함된 전월세상한제는 현재 임대인과 임차인이 계약한 종전 임대료를 기준으로 임대료의 상한을 정하도록 되어 있습니다.

7. 소액임차인의 최우선변제권의 인정

① 임차인은 임차보증금이 소액인 경우에는 경매신청 등기 전까지 주택의 인도와 주민등록을 마치면, 확정일자를 받지 않은 경우에도 보증금 중 일정액을 다른 담보물권자보다 우선하여 변제받을 수 있습니다(제8조 제1항).

② 보증금이 다음 금액 이하인 임차인은 우선변제를 받을 수 있습니다(시행령 제11조제 1항).

㉮ 서울특별시: 1억 1천만원

㉯ 「수도권정비계획법」에 따른 과밀억제권역(서울특별시 제외), 세종특별자치시, 용인시 및 화성시: 1억원

ⓒ 광역시(「수도권정비계획법」에 따른 과밀억제권역에 포함된 지역과 군지역 제외), 안산시, 김포시, 광주시, 파주시: 6천만원

ⓓ 그 밖의 지역: 5천만원

④ 보증금 중 다음 이하 금액 이하를 우선변제 받을 수 있습니다(시행령 제10조 제1항).

ⓐ 서울특별시: 3천 700만원

ⓑ 「수도권정비계획법」에 따른 과밀억제권역(서울특별시 제외), 세종특별자치시, 용인시 및 화성시: 3천 400만원

ⓒ 광역시(「수도권정비계획법」에 따른 과밀억제권역에 포함된 지역과 군지역 제외), 안산시, 김포시, 광주시 및 파주시: 2천만원

ⓓ 그 밖의 지역: 1천 700만원

8. 임차권등기명령제도

① 임차인은 임대차가 끝난 후 보증금을 반환받지 못한 경우 임차 주택의 소재지를 관할하는 법원에 단독으로 임차권등기명령을 신청할 수 있도록 하였습니다(제3조의3 제1항).

② 임차인은 임차권등기명령의 집행에 따른 임차권등기를 마치면 대항력과 우선변제권을 취득하며, 임차권등기 전에 이미 대항력이나 우선변제권을 취득한 임차인의 경우에는 그 대항력과 우선변제권이 그대로 유지되며, 임차권등기 이후에 대항요건을 상실하더라도 이미 취득한 대항력이나 우선변제권을 상실하지 않습니다(제3조의3 제5항).

[서식]주택임차권등기명령신청서(아파트를 임차한 경우)

주택임차권등기명령신청

신 청 인(임차인) ○ ○ ○(111111-1111111)
　　○○시 ○○구 ○○로 ○○(우편번호 : ○○○○○)
피신청인(임대인) ○ ○ ○(111111-1111111)
　　○○시 ○○구 ○○로 ○○(우편번호 : ○○○○○)

신 청 취 지

　별지목록 기재 건물에 관하여 아래와 같은 주택임차권등기를 명한다.
라는 결정을 구합니다.

아　　　래

　　1. 임대차계약일자: 20○○년 ○월 ○○일
　　2. 임차보증금액: 금　　원, 차임 : 금　　원
　　3. 주민등록일자: 20○○년 ○월 ○○일
　　4. 점유개시일자: 20○○년 ○월 ○○일
　　5. 확 정 일 자: 20○○년 ○월 ○○일

신 청 이 유

　신청인은 피신청인 소유 별지목록 기재 건물에 대하여 신청취지 기재
와 같이 임차한 후 임차기한이 만료하였으나 피신청인이 임차보증금을
반환하지 않아 부득이 임차권 등기명령을 구함

첨 부 서 류

　　1. 건물등기사항증명서　　　　　　　　　1통
　　1. 주민등록등본　　　　　　　　　　　　1통
　　1. 임대차계약증서 사본　　　　　　　　　1통

20○○년 ○월 ○일

신청인 ○○○ (서명 또는 날인)

○○ **지방법원 귀중**

[별 지]

부동산의 표시

1동 건물의 표시

○○시 ○○구 ○○동 ○○ (우편번호 ○○○○○)

[도로명주소] ○○시 ○○구 ○○로 ○○

철근콘크리트조 슬래브지붕 6층 아파트

제3층 제302호

1층 201㎡

2층 260㎡

3층 260㎡

4층 260㎡

5층 260㎡

6층 260㎡

지층 238㎡

전유부분의 건물표시

제3층 제302호

철근콘크리트조

59㎡

대지권의 목적인 토지의 표시

○○시 ○○구 ○○동 ○○ (우편번호 ○○○○○)

대 1861.5㎡, 대 1909.9㎡

대지권의 표시

소유대지권

대지권비율 3771.4분의 37.67. 끝.

9. 차임 증액 또는 보증금의 월차임으로 전환의 경우 제한

① 당사자는 약정한 차임이나 보증금이 임차주택에 관한 조세, 공과
금, 그 밖의 부담의 증감이나 경제사정의 변동으로 인하여 적절하
지 않게 된 때에는 장래에 대해 그 증감을 청구할 수 있습니다.
이 경우 증액청구는 임대차계약 또는 약정한 차임이나 보증금의
증액이 있은 후 1년 이내에는 하지 못합니다.

② ①에 따른 증액청구는 약정한 차임이나 보증금의 20분의 1의 금액
을 초과하지 못합니다. 다만, 특별시·광역시·특별자치시·도 및
특별자치도는 관할 구역 내의 지역별 임대차 시장 여건 등을 고려
하여 본문의 범위에서 증액청구의 상한을 조례로 달리 정할 수 있
습니다.

■ 재계약시에도 주택임대차보증금의 증액제한규정이 적용되는지요?

Q. 저는 주택을 전세보증금 3,000만원에 임차하여 2년의 계약기간이 만료되었습니다. 그런데 집주인은 위 주택의 보증금을 500만원 증액해 주어야 재계약을 체결해주겠다고 합니다. 이 경우 주택임대차보호법상의 증액제한규정이 적용될 수 없는지요?

A. 주택임대차보호법 제7조는 ① 당사자는 약정한 차임이나 보증금이 임차주택에 관한 조세, 공과금, 그 밖의 부담의 증감이나 경제사정의 변동으로 인하여 적절하지 않게 된 때에는 장래에 대해 그 증감을 청구할 수 있습니다. 이 경우 증액청구는 임대차계약 또는 약정한 차임이나 보증금의 증액이 있은 후 1년 이내에는 하지 못한다. ② 제1항에 따른 증액청구는 약정한 차임이나 보증금의 20분의 1의 금액을 초과하지 못한다. 다만, 특별시·광역시·특별자치시·도 및 특별자치도는 관할 구역 내의 지역별 임대차 시장 여건 등을 고려하여 본문의 범위에서 증액청구의 상한을 조례로 달리 정할 수 있다." 라고 규정하고 있습니다. 따라서 주택임대차보호법 제7조의 증액제한규정이 적용됨으로 집주인의 500만원 증액요구를 거절할 수 있습니다.

※관련판례

주택임대차보호법 제3조 제1항이 인도와 주민등록을 갖춘 다음 날부터 대항력이 발생한다고 규정한 것은 인도나 주민등록이 등기와 달리 간이한 공시 방법이어서 인도 및 주민등록과 제3자 명의의 등기가 같은 날 이루어진 경우에 그 선후관계를 밝혀 선순위 권리자를 정하는 것이 사실상 곤란한 데다가, 제3자가 인도와 주민등록을 마친 임차인이 없음을 확인하고 등기까지 경료하였음에도 그 후 같은 날 임차인이 인도와 주민등록을 마침으로 인하여 입을 수 있는 불측의 피해를 방지하기 위하여 임차인보다 등기를 경료한 권리자를 우선시키고자 하는 취지이고, 같은 법 제3조의2 제1항에 규정된 우선변제적 효력은 대항력과 마찬가지로 주택임차권의 제3자에 대한 물권적 효력으로서 임차인과 제3자 사이의 우선순위를 대항력과 달리 규율하여야 할 합리적인 근거도 없으므로, 법 제3조의2 제1항에 규정된 확정일자를 입주 및 주민등록일과 같은 날 또는 그 이전에 갖춘 경우에는 우선변제적 효력은 대항력과 마찬가지로 인도와 주민등록을 마친 다음날을 기준으로 발생한다(대법원 1997.12.12. 선고 97다22393 판결).

10. 주택임대차분쟁조정위원회의 설치

주택임대차와 관련된 분쟁을 심의·조정하기 위하여 대통령령으로 정하는 바에 따라 「법률구조법」 제8조에 따른 대한법률구조공단의 지부, 「한국토지주택공사법」에 따른 한국토지주택공사의 지사 또는 사무소 및 「한국감정원법」에 따른 한국감정원의 지사 또는 사무소에 주택임대차분쟁조정위원회)를 둘 수 있습니다. 특별시·광역시·특별자치시·도 및 특별자치도는 그 지방자치단체의 실정을 고려하여 조정위원회를 둘 수 있습니다.

11. 주택임대차표준계약서의 우선 사용

주택임대차계약을 서면으로 체결할 때에는 법무부장관이 국토교통부장관과 협의하여 정하는 주택임대차표준계약서를 우선적으로 사용하도록 하였습니다. 그러나만, 당사자가 다른 서식을 사용하기로 합의한 경우에는 예외를 인정합니다(제30조).

[서식]주택임대차분쟁조정신청서

주택임대차분쟁조정신청서			
※뒤쪽의 작성방법을 읽고 작성하시기 바랍니다.			
사건번호 20 년 주택조정 제 호		접수일	처리기간 60일 이내 (30일 연장가능)
신 청 인	성명		생년월일 (법인번호)
	주소	(전화번호:) (휴대전화번호:) (전자우편주소:)	
	송달 장소		
대표자 또는 대리인	성명		생년월일 (법인번호)
	주소	(전화번호:) (휴대전화번호:) (전자우편주소:)	
피신청인	성명		생년월일 (법인번호)
	주소	(전화번호:) (휴대전화번호:)	
신청의 취지(신청금액)		(산정근거)	
신청의 이유 (분쟁의 내용)		(필요시 뒤쪽이나 별지를 사용할 수 있습니다)	
증거서류 또는 증거물			
「주택임대차보호법」 제21조제1항, 같은 법 시행령 제30조제1항에 따라 위 와 같이 조정을 신청합니다.			
년 월 일			
신청인		(서명 또는 인)	
대한법률구조공단 지부 주택임대차분쟁조정위원회 귀중			

※ 주택임대차분쟁조정절차에 관한 안내

1. 조정 절차

○ **조정 신청 및 신청 각하**

조정위원회의 심의·조정사항에 관한 주택임대차분쟁의 당사자는 해당 주택이 소재하는 공단 조정위원회에 분쟁의 조정을 신청할 수 있습니다. (주택임대차보호법」제21조 제1항) 그러나 조정위원회의 위원장은 다음 각 호의 어느 하나에 해당하는 경우에는 신청을 각하하고, 그 사유를 신청인에게 통지합니다(같은 법 제21조 제3항).

① 이미 해당 분쟁조정사항에 대하여 법원에 소가 제기되거나 조정신청이 있은 후 소가 제기된 경우

② 이미 해당 분쟁조정사항에 대하여 「민사조정법」에 따른 조정이 신청된 경우나 조정신청이 있은 후 같은 법에 따른 조정이 신청된 경우

③ 이미 해당 분쟁조정사항에 대하여 주택임대차보호법에 따른 조정위원회에 조정이 신청된 경우나 조정신청이 있은 후 조정이 성립된 경우

④ 조정신청 자체로 주택임대차에 관한 분쟁이 아님이 명백한 경우

⑤ 피신청인이 조정절차에 응하지 아니한다는 의사를 통지하거나 조정신청서를 송달받은 날부터 7일 이내에 아무런 의사를 통지하지 아니한 경우

⑥ 신청인이 정당한 사유 없이 조사에 응하지 아니하거나 2회 이상 출석요구에 응하지 아니한 경우

○ **조정 개시(「주택임대차보호법」제22조 제1항, 제2항)**

조정위원회의 위원장이 조정신청을 접수하면 피신청인에게 조정신청서를 송달하고, 조정신청서를 송달받은 피신청인이 조정에 응하고자 하는 의사를 조정위원회에 통지하면 조정절차가 개시됩니다.

○ **조사 등(「주택임대차보호법」제24조, 제25조)**

조정위원회는 조정을 위하여 필요하다고 인정하는 경우 신청인, 피신청인, 분쟁관련 이해관계인 또는 참고인에게 출석하여 진술하게 하거나 조정에 필요한 자료나 물건 등을 제출하도록 요구할 수 있습니다.

분쟁대상에 대하여 감정기관에 감정의뢰할 수 있습니다. 감정결과는 조정을 하기 위한 객관적 자료로 조정결과와 다를 수도 있습니다.

조정위원회는 해당 분쟁이 그 성질상 조정을 하기에 적당하지 아니하다고 인정하거나 당사자가 부당한 목적으로 조정을 신청한 것으로 인정할 때에는 조정을 하지 아니하는 결정을 할 수 있고, 그 결정을 당사자에게 통지하여야 합니다.

○ 조정의 성립(「주택임대차보호법」제26조, 제27조)

조정위원회가 조정안을 작성한 경우에는 그 조정안을 지체 없이 각 당사자에게 통지하여야 합니다. 조정안을 통지받은 당사자가 통지받은 날부터 7일 이내에 수락의 의사를 서면으로 표시하지 아니한 경우에는 조정을 거부한 것으로 봅니다. 반면, 각 당사자가 조정안을 수락한 경우에는 조정안과 동일한 내용의 합의가 성립된 것으로 봅니다.

합의가 성립한 경우 조정위원회위원장은 조정안의 내용을 조정서로 작성하고, 각 당사자 간에 금전, 그 밖의 대체물의 지급 또는 부동산의 인도에 관하여 강제집행을 승낙하는 취지의 합의가 있는 경우에는 조정위원회위원장은 그 내용을 조정서에 기재합니다. 조정위원회는 조정절차가 종료되면 그 결과를 당사자에게 통지하고, 작성된 조정서 정본을 당사자에게 교부 또는 송달합니다.

○ 처리기간(「주택임대차보호법」제23조)

조정위원회는 분쟁의 조정신청을 받은 날부터 60일 이내에 그 분쟁조정을 마쳐야 합니다. 다만, 부득이한 사정이 있는 경우에는 조정위원회의 의결을 거쳐 30일의 범위에서 그 기간을 연장할 수 있고, 연장할 경우 기간 연장의 사유와 그 밖에 기간 연장에 관한 사항을 당사자에게 통보합니다. 보정요구를 받은 날로부터 보정이 이르기까지의 기간 및 감정절차에 소요된 기간은 위의 분쟁조정 처리기간에 산입되지 않습니다.

2. 조정의 효력(「주택임대차보호법」제26, 27조)

성립된 조정은 조정서와 동일한 내용의 민사상 합의로서의 효력을 가지며, 강제집행을 승낙하는 취지의 내용이 기재된 조정서의 정본은 「민사집행법」제56조에도 불구하고 집행력 있는 집행권원과 같은 효력을 인정하고 있어, 그 실효성을 담보하고 있습니다.

3. 조정비용 부담(「주택임대차보호법 시행령」제33조)

조정을 신청하는 자는 조정 목적의 값(조정신청금액과 유사)에 따라 10,000원~100,000원의 수수료를 내야 합니다. (다만, 소액임차인, 기초생활수급자, 독립유공자, 국가유공자, 고엽제후유증환자등, 참전유공자, 5·18민주유공자, 특수임무유공자, 의상자등, 한부모가족지원법 지원대상자와 기준 중

위소득 125%이하의 사람은 수수료를 면제받을 수 있습니다.)
- 수수료는 「주택임대차보호법 시행령」 제33조제3항에 해당하는 경우 환급을 청구할 수 있습니다.
- 감정 등을 의뢰하는 경우 그 비용은 신청인이 부담할 수 있습니다. 「주택임대차보호법」제21조제2항, 같은 법 시행령 제31조에 따라 임대차분쟁 조정 절차 및 조정의 효력 등에 대하여 위와 같은 사항을 안내하여 드립니다.

년 월 일
확인인   (서명 또는 인)

대한법률구조공단   지부 주택임대차분쟁조정위원장 (인)

[사례]차임 연체에 따른 지연손해금(임대차계약의 불이행 등에 따른 손해배상청구에 관한 분쟁) 차임 연체에 따른 지연손해금(임대차계약의 불이행 등에 따른 손해배상청구에 관한 분쟁)

(사안) 임대차 계약이 종료되어 임차인은 임대인에게 주택을 반환하였으나, 임대인은 보증금에서 미납된 3개월 분의 차임과 이에 대한 지연이자를 공제한 후 남은 돈을 임차인에게 반환함.

◎ 신청인(임차인) 의견: 임차인은 보증금에서 자신이 미납한 총 3개월 분 차임의 공제하고 반환한 것은 인정하지만, 위 연체 차임에 대하여 임대인 임의로 연 15%의 지연이 자율을 적용한 것은 부당하거나, 적어도 너무 과도함.

◎ 피신청인(임대인) 의견: 이 사건 임대차 계약 기간 중 임차인은 별도의 통지도 없이 총 3차례나 차임을 연체하였고, 위 지연이자율에 대하여는 사전에 피신청인에게 통지하고 적용한 것이므로 합리적인 이유가 있음.

(쟁점) 임대차보증금이 연체 차임을 상회하는 경우 임차인이 차임 연체에 대한 지연손해배상금을 지급할 의무가 있는지, 있다면 그 발생시기와 종기 및 이율

○ 관련 규정
  • 민법 제379조(법정이율) 이자있는 채권의 이율은 다른 법률의 규정이나 당사자의 약정이 없으면 연 5분으로 한다.

○ 관련 판례
  • 임차인이 임대차 계약을 체결할 당시 임대인에게 지급한 임대차보증금으로 연체차임 등 임대차관계에서 발생하는 임차인의 모든 채무가 담보된다하여 임차인이 그 보증금의 존재를 이유로 차임의 지급을 거절하거나 그 연체에 따른 채무불이행 책임을 면할 수는 없다(대법원 1994.9.9. 선고 94다4417 판결 참조).

- 부동산 임대차에 있어서 수수된 보증금은 차임채무, 목적물의 멸실·훼손 등으로 인한 손해배상채무 등 임대차에 따른 임차인의 모든 채무를 담보하는 것으로서 그 피담보채무 상당액은 임대차관계의 종료 후 목적물이 반환될 때에 특별한 사정이 없는 한 별도의 의사표시 없이 보증금에서 당연히 공제되는데(대법원 1999.12.7. 선고 99다50729 판결 등 참조), 보증금에 의하여 담보되는 채권에는 연체차임 및 그에 대한 지연손해금도 포함된다고 할 것이다. 한편 차임지급채무는 그 지급에 확정된 기일이 있는 경우에는 그 지급기일 다음 날부터 지체책임이 발생하고 보증금에서 공제되었을 때 비로소 그 채무 및 그에 따른 지체책임이 소멸되는 것이므로, 연체차임에 대한 지연손해금의 발생종기는 다른 특별한 사정이 없는 한 임대차계약의 해지 시가 아니라 목적물이 반환되는 때라고 할 것이다(대법원 2014.2.27 선고 2009다39233 판결)
- 이 사건 임대차 계약의 특약사항 제1조에서는 "임차인은 보증금과 차임·사용료·보험금·청소비 및 기타 부과금의 지급을 지연하는 때에는 해당 부서에 부과되는 할증금액과 계약기간에 해당하는 임대인이 지정하는 일반적으로 판결 시 정하는 법정이자를 가산한다"고 정하고 있으나, 여기서 말하는 '일반적으로 판결 시 정하는 법정이자'가 '소송촉진 등에 관한 특례법'에서 정한 연 20%의 이율이라는 점을 인정할 증거가 없고, 오히려 위 이율은 민법에서 정한 연 5%의 법정이율을 의미한다고 봄이 상당하다(춘천지법 강릉지원 2009.4.24. 선고 2008나2606 판결).

○ 조정 결과
- 조정주문

신청인과 피신청인은 2016.1.13. 이 사건 주택에 관하여 양자 간에 체결한 임대차 계약이 2018.1.29. 종료되었음을 확인한다. 피신청인은 2018.3.31. 까지 신청인에게 450,000원(미반환 보증금)을 지급한다.

- 조정실익

관련 규정과 판례를 들어, 임차인은 임대인에게 연체한 차임의 각 지급기일 다음날부터 임차인이 임대인에게 이 사건 주택을 반환한 날까지 연 5% 민법상 소정의 법정이율에 의한 지연손해금을 지급할 의무가 있고, 위 지연손해금은 임대차 보증금에서 당연히 공제되는 것임을 충분히 설명하고 설득하여, 임대인이 임의로 공제한 연 5%의 비율에 의한 지연손해금을 초과하는 부분에 대하여는 임차인에게 반환하되, 그 이행기를 피신청인의 요청에 따라 일정 부분 유예해 주는 것으로 원만하게 합의함.

[사례]위약금의 법률적 성질(임대차계약의 불이행 등에 따른 손해배상청구에 관한 분쟁)

(사안) 임차인과 임대인은 임대차계약 당시 '임차인이 계약 기간 만료전 계약해지 시 차임 한 달분(45만원)을 위약금으로 할 수 있다'는 특약사항을 임대차계약서에 기재함. 그런데 임대차계약 기간 중 임차인의 사정으로 임대차계약을 해지하고 주택을 명도하였고, 일주일 뒤 당해 주택에 새로운 임차인이 입주하였음

◎ 신청인(임차인) 의견: 임차인이 계약기간 중 임대차계약을 해지하였으나 곧바로 새로운 임차인이 입주하여 임대인에게 손해가 없으므로 차임 한 달분을 위약금으로 지급할 수 없음

◎ 피신청인(임대인) 의견: 임대차계약 당시 특약사항으로 위약금 약정을 하였으므로 임차인은 차임 한 달분을 지급할 의무가 있음

(쟁점) A는 위 특약사항을 근거로 위약금을 청구할 수 있는지
○ 관련 규정
  • 민법 제398조(배상액의 예정)
    ① 당사자는 채무불이행에 관한 손해배상액을 예정할 수 있다.
    ② 손해배상의 예정액이 부당히 과다한 경우에는 법원은 적당히 감액할 수 있다.
    ③ 손해배상액의 예정은 이행의 청구나 계약의 해제에 영향을 미치지 아니한다.
    ④ 위약금의 약정은 손해배상액의 예정으로 추정한다.
○ 관련 판례
  • 예정배상액을 구하기 위하여 채무내용에 좋은 이행이 없었다는 사실의 증명이 있으면 되고, 손해발생의 사실 및 실제의 손해액을 증명하여야 하는 것은 아니다.(대법원 2009.2.26. 2007다19501판결, 대법원 2000.12.8. 2000다50350판결 참조)

- 손해배상의 예정액이 부당히 과다한 경우란 채권자와 채무자의 지위, 계약의 목적 및 내용, 손해배상액을 예정한 동기, 채무액에 대한 예정액의 비율, 예상손해액의 크기, 당시의 거래관행, 실제의 손해액 등 모든 사정을 참작하여 사회관념에 비추어 예정액의 지급이 경제적 약자의 지위에 있는 채무자에게 부당한 압박을 가하여 공정성을 잃는 결과를 초래한다고 인정되는 경우를 뜻하고, 손해배상의 예정액이 부당하게 과다한지 여부 내지 그에 대한 적당한 감액의 범위를 판단함에 있어서 법원은 구체적으로 판단을 하는 때, 즉 사실심의 변론종결시를 기준으로 하여 그 사이에 발생한 위와 같은 모든 사정을 종합적으로 고려하여야 하고 손해가 없다든가 손해액이 예정액보다 적다는 것만으로는 부족하다.(대법원 1993.1.15. 82다36212판결, 대법원 2008.11.13. 2008다46906판결)

○ 조정결과
  - 조정주문(임대인은 위약금 45만원 중 10만원을 임차인에게 반환하기로 함)
    1. 피신청인은 2018.1.20.까지 신청인에게 100,000원을 지급한다.
    2. 신청인과 피신청인은, 이 사건 신청원인과 관련하여 향후 서로에 대하여 일체의 재판상, 재판외 청구 또는 이의 제기를 하지 아니한다.
  - 조정실익
    의견 대립이 심하여 당사자가 소송을 고려하였으나 조정을 통해 당사자를 설득하여 합의점을 도출함.

[사례]묵시적 갱신과 보증금의 증액(차임 또는 보증금의 증감에 관한 분쟁)

(사안) 임대인은 임차인에게 임차기간 만료시까지 20일이 남지 않은 상황에서 채권적 전세계약을 월차임 지급의 임대차계약으로 변경하지 아니하면 채권적 전세계약을 갱신하지 아니한다는 내용의 문자를 보냈으나 임차인은 채권적 전세계약이 묵시적 갱신되었음을 주장함.

◎ 신청인(임차인) 의견: 채권적 전세계약이 묵시적 갱신되어 전 임대차와 동일한 조건으로 다시 임대차한 것으로 보아야 하므로 임대인은 보증금의 증액을 주장할 수 없음.

◎ 피신청인(임대인) 의견: 설령 채권적 전세계약이 묵시적 갱신되었더라도 보증금의 증액을 청구할 수 있으므로 보증금이 증액되어야 함.

(쟁점) A는 전세보증금의 증액을 주장할 수 있는지 여부

○ 관련 규정

• 주택임대차보호법 제6조(계약의 갱신) ① 임대인이 임대차기간이 끝나기 6개월 전부터 1개월 전까지의 기간에 임차인에게 갱신거절(更新拒絶)의 통지를 하지 아니하거나 계약조건을 변경하지 아니하면 갱신하지 아니한다는 뜻의 통지를 하지 아니한 경우에는 그 기간이 끝난 때에 전 임대차와 동일한 조건으로 다시 임대차한 것으로 본다. 임차인이 임대차기간이 끝나기 1개월 전까지 통지하지 아니한 경우에도 또한 같다. ② 제1항의 경우 임대차의 존속기간은 2년으로 본다.

• 주택임대차보호법 제7조(차임 등의 증감청구권) 당사자는 약정한 차임이나 보증금이 임차주택에 관한 조세, 공과금, 그 밖의 부담의 증감이나 경제사정의 변동으로 인하여 적절하지 아니하게 된 때에는 장래에 대하여 그 증감을 청구할 수 있다. 다만, 증액의 경우에는 대통령령으로 정하는 기준에 따른 비율을 초과하지 못한다.

○ 관련 판례
 • 주택임대차보호법 제7조에서 "약정한 차임 또는 보증금
   이 임차주택에 관한 조세·공과금 기타 부담의 증감이나
   경제사정의 변동으로 인하여 상당하지 아니하게 된 때
   에는 당사자는 장래에 대하여 그 증감을 청구할 수 있
   다. 그러나 증액의 경우에는 대통령령이 정하는 기준에
   따른 비율을 초과하지 못한다."고 정하고 있기는 하나,
   위 규정은 임대차계약의 존속중 당사자 일방이 약정한
   차임 등의 증감을 청구한 때에 한하여 적용되고, 임대
   차계약이 종료된 후 재계약을 하거나 또는 임대차계약
   종료 전이라도 당사자의 합의로 차임 등이 증액된 경우
   에는 적용되지 않음(대법원 2002.6.28. 선고 2002다23482 판
   결 참조).
○ 조정결과
 • 조정주문
   임대인과 임차인은, 상호 합의에 의해 보증금 72,000,000
   원에서 3,600,000원{보증금 (72,000,000원)의 1/20에 해
   당하는 금원}을 가산하여 75,600,000원으로 증액한다.
 • 조정실익
   채권적 전세계약이 묵시적 갱신되었다 하더라도 약정한
   전세보증금이 경제적 사정의 변동으로 인하여 상당하지
   아니하게 된 때에는 임대인은 보증금의 증액을 청구할
   수 있고 실제로 임차인이 거주하고 있는 지역의 전세 시
   세가 상승하여 경제적 사정의 변동이 있음을 알려줌으로
   써 임차인이 임대인의 보증금 증액 주장을 수용하도록
   하였고 합의에 의한 보증금이 증액되는 경우 주택임대차
   보호법 제7조의 대통령령이 정하는 기준을 초과할 수
   있으나 주택임대차보호법 제7조의 대통령령이 정하는
   기준만큼 증액하도록 임대인을 설득하여 임차인과 임대
   인은 상호 합의하에 보증금을 증액하였음.

[사례]기간 연장 합의 후 보증금 증액 요구(차임 또는 보증금의 증감에 관한 분쟁)

(사안) 임차인과 임대인은 기간 1년(2015.8.29.부터 2016.8.29.까지), 보증금 300만원, 월차임 25만원으로 임대차계약을 체결한 후 1년이 지났을 무렵(2016.8.초순경)에 쌍방의 합의로 기간을 연장하고(연장기간은 정하지 않음) 월차임을 30만원으로 증액하였음. 다시 1년이 지난 후(2017.8.7.)에 임대인이 월차임을 40만원으로 증액하거나 2017.9.29.자로 이 사건 임대차계약을 종료하자고 주장하는 상황임.

◎ 신청인(임차인) 의견: 1년 전에 법정 한도를 초과하여 차임을 증액하였는데 다시 증액하는 것은 부당하므로 이를 받아들일 수 없음. 이 사건 임대차계약은 묵시적으로 갱신되어 그 기간이 2019.8.29.까지이므로 계약을 종료하자는 피신청인의 주장을 받아들일 수 없음

◎ 피신청인(임대인) 의견: 이 사건 주택의 인근 거래시세를 감안할 때 이 사건 임대차계약의 차임을 증액하는 것이 타당함. 이 사건 임대차계약의 기간이 묵시적으로 갱신되었다 하여도 그 만료일은 2018.8.29.까지로 보는 것이 타당함

(쟁점) A는 차임의 증액을 거부하고 이 사건 임대차계약의 기간이 2019.8.29.까지라고 주장할 수 있는지

○ 관련 규정

• 주택임대차보호법 제7조(차임 등의 증감청구권) 당사자는 약정한 차임이나 보증금이 임차주택에 관한 조세, 공과금, 그 밖의 부담의 증감이나 경제사정의 변동으로 인하여 적절하지 아니하게 된 때에는 장래에 대하여 그 증감을 청구할 수 있다. 다만, 증액의 경우에는 대통령령으로 정하는 기준에 따른 비율을 초과하지 못한다.

• 주택임대차보호법시행령 제8조(차임 등 증액청구의 기준 등) ① 법 제7조에 따른 차임이나 보증금(이하 "차임등"

이라 한다)의 증액청구는 약정한 차임등의 20분의 1의 금액을 초과하지 못한다. ② 제1항에 따른 증액청구는 임대차계약 또는 약정한 차임등의 증액이 있은 후 1년 이내에는 하지 못한다.

- 주택임대차보호법 제6조(계약의 갱신) ① 임대인이 임대차기간이 끝나기 6개월 전부터 1개월 전까지의 기간에 임차인에게 갱신거절(更新拒絶)의 통지를 하지 아니하거나 계약조건을 변경하지 아니하면 갱신하지 아니한다는 뜻의 통지를 하지 아니한 경우에는 그 기간이 끝난 때에 전 임대차와 동일한 조건으로 다시 임대차한 것으로 본다. 임차인이 임대차기간이 끝나기 1개월 전까지 통지하지 아니한 경우에도 또한 같다. ② 제1항의 경우 임대차의 존속기간은 2년으로 본다.

○ 관련 판례

- 주택임대차보호법 제7조는 약정한 차임 또는 보증금이 그 후의 사정변경으로 인하여 상당하지 아니하게 된 때에는 당사자는 장래에 대하여 그 증감을 청구할 수 있고, 증액의 경우에는 대통령령이 정하는 기준에 따른 비율을 초과하지 못한다고 규정하고 있으므로, 위 규정은 임대차계약의 존속중 당사자 일방이 약정한 차임등의 증감을 청구한 때에 한하여 적용되고, 임대차계약이 종료된 후 재계약을 하거나 또는 임대차계약 종료 전이라도 당사자의 합의로 차임 등이 증액된 경우에는 적용되지 않는 것이다.(대법원 1993.12.7. 선고 93다30532 판결)

- 주택임대차보호법 제6조 제1항에 따라 임대차계약이 묵시적으로 갱신되면 그 임대차기간은 같은 법 제6조 제2항, 제4조 제1항에 따라 2년으로 된다.(대법원 2002.9.24, 선고, 2002다41633, 판결)

○ 조정결과
 • 조정주문
  1. 신청인과 피신청인이 세종시 ○○동 ○○○(도로명 주소 : ○○○대로 ○○○) ○○○○ 제○층 제 ○○○호에 관하여 2015.8.29. 체결한 임대차계약의 기간을 2019.2.28. 까지로 연장한다.
  2. 제1항의 임대차계약의 보증금을 2017.9.29.부터 400만원으로 하며, 신청인은 증액된 보증금 100만원을 2017.9.29.까지 피신청인에게 지급한다.
  3. 제1항의 임대차계약의 월차임을 2017.8.29.부터 32만원, 지급시기를 매월 29일(선불)로 한다.
  4. 제3항과 관련하여 신청인은 피신청인에게 2017.8.29. 에 지급하였어야 할 32만원 중 이미 지 급한 30만원을 공제한 2만원을 2017.9.29.까지 지급한다.
  5. 제3항의 월차임은 2019.2.28.까지 증액하지 아니한다.
  6. 신청인은 나머지 신청을 포기한다.

 • 조정실익(당사자의 대립되는 견해를 조정을 통하여 상호 양보 하에 분쟁 종결하였다는 취지 고려하여 기재)
  1. 보증금과 차임의 증액한도는 일방 당사자가 증액청구권을 행사한 경우에 적용 되는 것이며, 쌍방의 합의로 증액하는 경우에는 적용되지 않는데 이 사건 주택 의 인근 거래시세를 감안할 때 증액의 사유가 있음이 인정됨
  2. 주택임대차계약이 묵시적으로 갱신된 경우 연장된 기간은 2년으로 간주되는데, 이 사건 임대차계약처럼 최초의 계약기간이 2년 미만으로 정해지고, 그 기간이 만료될 무렵 계약기간의 연장에 대하여는 쌍방이 동의하면서도 연장 기간에 대 해서는 별도의 합의가 없었던 경우 최초의 계약기간의 만료일을 언제로 볼 것 인지(계약의 시작일로부터 계약서상의 기간인 1년과 단기임대차의 2년의 제 규정에 따른 2년 중 어느 기간

이 경과한 시점을 만료일로 볼 것인지가 문제됨)가 불명확함

3. 따라서 계약기간의 만료일을 합의가 이루어지는 시점을 기준으로 1년 6개월 후로 정하고, 보증금과 차임은 법정한도를 초과하여 증액하되, 주변의 시세보다는 다소 저렴한 수준으로 하기로 합의가 이루어짐.

[사례]보증금 증액 요구와 묵시적 갱신(차임 또는 보증금의 증감에 관한 분쟁)

(사안) 임차인과 임대인은 2013.10. 임대차계약을 체결하였고, 위 계약은 2015.10. 묵시적으로 갱신되었음. B는 2017.11. A에게 차임을 300,000원 증액할 것을 요구하였음.

◎ 신청인(임차인) 의견: 임대차계약이 2017.10. 이미 재차 묵시적으로 갱신되었으므로, 임대인이 일방적으로 차임을 증액할 수는 없음.

◎ 피신청인(임대인) 의견: 임대인은 2017.9.부터 차임 증액을 요구하였으나 임차인이 만남을 회피하여 같은 해 11.에야 직접 만나 이를 논의할 수 있었던 것이므로 실제로는 9.에 이미 증액 요구를 한 것인바 묵시적 갱신은 이루어지지 않았음. 따라서 차임을 증액하여 재계약을 체결할 수 있음.

(쟁점) 임대차계약이 이전 조건과 동일하게 묵시적으로 갱신되었다고 볼 수 있는지

○ 관련 규정

• 주택임대차보호법 제6조(계약의 갱신)

1. 임대인이 임대차기간이 끝나기 6개월 전부터 1개월 전까지의 기간에 임차인에게 갱신거절의 통지를 하지 아니하거나 계약조건을 변경하지 아니하면 갱신하지 아니한다는 뜻의 통지를 하지 아니한 경우에는 그 기간이 끝난 때에 전 임대차와 동일한 조건으로 다시 임대차한 것으로 본다. 임차인이 임대차기간이 끝나기 1개월 전까지 통지하지 아니한 경우에도 또한 같다.

• 주택임대차보호법 제7조(차임 등의 증감청구권) 당사자는 약정한 차임이나 보증금이 임차주택에 관한 조세, 공과금, 그 밖의 부담의 증감이나 경제사정의 변동으로 인하여 적절하지 아니하게 된 때에는 장래에 대하여 그 증감을 청구할 수 있다. 다만, 증액의 경우에는 대통령

령으로 정하는 기준에 따른 비율을 초과하지 못한다.
○ 관련 판례
- 구 주택임대차보호법(1999.1.21. 법률 제5641호로 개정되기 전의 것, 이하 같다) 제4조 제1항에 "기간의 정함이 없거나 기간을 2년 미만으로 정한 임대차는 그 기간을 2년으로 본다."라고 규정하고 있고, 같은 법 제6조 제1항에 "임대인이 임대차기간 만료 전 6월부터 1월까지에 임차인에 대하여 갱신거절의 통지 또는 조건을 변경하지 아니하면 갱신하지 아니한다는 뜻의 통지를 하지 아니한 경우에는 그 기간이 만료된 때에 전임대차와 동일한 조건으로 다시 임대차한 것으로 본다. 이 경우에 임대차의 존속기간은 그 정함이 없는 것으로 본다."라고 규정하고 있다. 따라서 위 법 제6조 제1항에 따라 임대차계약이 묵시적으로 갱신되면 그 임대차기간은 같은 법 제4조 제1항에 따라 2년으로 된다. (중략) 위 사실관계를 앞서 본 법리에 비추어 보면, 원고와 피고 사이에 이 ○○아파트에 관한 임대차계약은 유효하게 성립하였고, 그 임대차기간은 구 주택임대차보호법 제4조 제1항에 따라 2년으로 되어 묵시적으로 갱신되어 오다가 만료일이 2006.6.14.로 되었으며, 위 만료일로부터 1개월 내인 2006.5.25.자 피고의 해지 통지는 구 주택임대차보호법 제6조 제1항에 위배되어 효력이 없으므로 위 임대차계약은 2006.6.15. 이후에도 종전과 동일한 조건으로 2년간 갱신된 것으로 보아야 할 것이다(대법원 2012.1.27 선고 2010다59660 판결 참조).
○ 조정결과
- 조정주문
  당사자 사이에서 원만히 합의가 이루어져 신청인이 조정신청을 취하함(화해취하)

- 조정실익

피신청인이 2017.9. 신청인에게 차임을 증액하지 않으면 계약을 갱신하지 않는다는 뜻을 통지하였는지 여부, 만일 통지하였다면 그 통지가 정확히 어느 시점에 이루어졌는지(계약기간 만료 1개월 전까지 이루어졌는지)에 관하여 양 당사자의 주장이 크게 대립하였다. 그러나 조정 과정에서 신청인이 2018.10.까지 목적물에 거주하고 싶다는 의사를 밝혔고 피신청인도 그때까지라면 차임을 증액하지 않겠다고 하여, 2018.10.까지 차임의 증액 없이 임대차계약을 유지하기로 양 당사자 간의 화해가 이루어져 신청인이 조정신청을 취하하였다.

[사례]임대차 계약이 묵시적 갱신된 경우 그 기간 및 중도 해지 가부(임대차 기간에 관한 분쟁)

(사안) 임차인과 임대인은 2015.2.10. 이 사건 주택에 관하여 보증금 10,000,000원, 차임 월 700,000원, 기간 2015.2.26.부터 2016.2.25. 까지 1년으로 하는 임대차 계약을 체결함. 이 사건 임대차 계약은 당사자 간 별도의 의사표시 없이 존속되었고, 위 계약 체결일로부터 약 2년 4개월이 지난 2017.6.20. 임차인은 임대인에게 이 사건 임대차 계약의 해지를 통지함.

◎ 신청인(임차인) 의견: 이 사건 임대차 계약은 임대차 계약 시작일로부터 2년이 되는 2016.2.26. 묵시적으로 갱신되었으므로, 임차인은 언제든지 위 계약을 해지할 수 있음.

◎ 피신청인(임대인) 의견: 이 사건 임대차 계약의 존속기간은 2016.2.26. 묵시적 갱신된 날로부터 2년이므로, 임차인이 중도에 해지할 수 없음.

(쟁점) 임대차 계약이 묵시적 갱신된 경우 그 기간 및 중도 해지 가부

○ 관련 규정

• 주택임대차보호법 제6조(계약의 갱신) ①임대인이 임대차 기간이 끝나기 6개월 전부터 1개월 전까지의 기간에 임차인에게 갱신거절의 통지를 하지 아니하거나 계약조건을 변경하지 아니하면 갱신하지 아니한다는 뜻의 통지를 하지 아니한 경우에는 그 기간이 끝난 때에 전 임대차와 동일한 조건으로 다시 임대차한 것으로 본다. 임차인이 임대차 기간이 끝나기 1개월 전까지 통지하지 아니한 경우에도 또한 같다. ②제1항의 경우 임대차의 존속기간은 2년으로 본다.제6조의2(묵시적 갱신의 경우 계약의 해지) ①제6조제1항에 따라 계약이 갱신된 경우 같은 조 제2항에도 불구하고 임차인은 언제든지 임대인

에게 계약해지를 통지할 수 있다.②제1항에 따른 해지
는 임대인이 그 통지를 받은 날부터 3개월이 지나면 그
효력이 발생한다.
○ 관련 판례
  • 주택임대차보호법 제6조 제1항에 따라 임대차 계약이 묵
    시적으로 갱신되면 그 임대차 기간은 같은 법 제6조 제2
    항, 제4조 제1항에 따라 2년으로 된다(대법원 1992.1.17. 선
    고 91다25017 판결).
  • 이 사건 임대차 계약은 묵시적으로 갱신된 뒤 2년의
    임대차 기간이 만료되지 아니하였고, 임대인인 원고
    가 위 임대차 기간의 만료 이전에 이 사건 임대차 계약
    의 해지통고를 하였다고 하더라도 그 효력이 없다(대법
    원 2002.9.24 선고 2002다41633 판결).
○ 조정 결과
  • 조정주문
    신청인과 피신청인은 이 사건 주택에 관하여 체결된 임
    대차 계약이 2017.9.19. 종료되었음을 확인한다. 피신청
    인은 2017.12.31. 까지 신청인에게 10,000,000원을 지
    급하되, 만일 이를 지체할 경우 2018.1.1. 부터 다 갚는
    날까지 연 15%의 비율에 의한 돈을 가산하여 지급한다.
  • 조정실익
    임대차 계약이 묵시적 갱신된 경우 임대인은 2년의 기간
    에 구속되어 중도에 해지할 수 없으나, 임차인의 경우 주
    택임대차보호법 제6조의2 제1항에 의하여 언제든지 계약
    해지를 통지할 수 있는 것이고, 위 해지 통지의 효력은
    임대인이 그 통지를 받은 날로부터 3개월이 지난 때 발생
    한다는 판례와 관련 법규 등을 양 당사자에게 충분히 설
    명하여, 이 사건 임대차 계약이 임차인이 계약해지를 통
    지한 날로부터 3개월이 지난 2017.9.19. 이미 종료되었다
    는 점을 상호 확인하도록 함. 다만, 임대인의 보증금반환

채무 변제 자력을 고려하여 임차인을 설득한 결과, 위 이행기를 2017.12.31. 까지로 유예하여 주되, 이행을 독려하기 위하여 위 이행기 다음날부터는 연 15%의 비율에 의한 지연손해금을 가산하기로 하는 합의안을 도출함.

[사례]미지급 공과금에 대한 임대차 계약 해지

(사안) 2년여 간 임차인이 월차임 및 공과금을 지급하지 아니하여 임대인이 임대차계약을 해지하고자 하였으나 임차인이 연락이 되지 않는 상황.

◎ 신청인(임대인) 의견: 임대인이 2년여 분에 달라고 연락하였으나, 임차인이 연락이 되지 않아 임대차계약을 종료하고 밀린 차임을 지급받기를 원함.

◎ 피신청인(임차인) 의견: 현재 자금사정이 좋지 않아 밀린 월세 400만원가량을 일시금으로 지급하기 어려움.

(쟁점) 임대인에게 계약해지권이 발생하였는지 여부

○ 관련 규정
  • 민법 제640조(차임연체와 해지) 건물 기타 공작물의 임대차에는 임차인의 차임연체액이 2기의 차임액에 달하는 때에는 임대인은 계약을 해지할 수 있다.

○ 조정결과
  • 조정주문
    1. 신청인과 피신청인은, 당사자 간 2014.6.6.자 충남 ○○시 ○○동 282-○○ 지상의 주택 ○㎡에 대한 임대차계약에 관하여 2017.8.25. 종료되었음을 확인한다.
    2. 피신청인은 신청인에게 2017.11.1.부터 2020.2.29까지 매월 말일 150,000원씩 지급한다.
    3. 신청인은 나머지 신청을 포기한다.

  • 조정실익
    - 임대인은 조정을 통해 적은 비용과 시간으로 임차주택을 반환받을 수 있었음.
    - 임차인은 연체차임을 일시금으로 지급할 수 있는 경제적 여건이 되지 않았는바 조정을 통해 임대인과 합의하여 이를 정기금으로 지급하게 됨.

[사례]1년 계약기간 후 임대차기간 종료 여부(임대차 기간에 관한 분쟁)

(사안) 임차인과 임대인이 임대차기간을 1년으로 한 임대차계약을 체결한 후(1차임대차계약) 그 기간 만료 전 다시 기간을 1년으로 한 임대차계약을 체결하였음.(2차 임대차계약) 임대인은 임차인에게 1차 임대차계약을 기준으로 하면 임대차기간이 종료되었으므로, 계약기간만료를 이유로 월세 전환 또는 주택명도를 요구한 상황임.

◎ 신청인(임차인) 의견: 1차 임대차계약기간 만료 전 2차임대차계약을 체결하였으므로 2차임대차계약을 기준으로 주임법 제4조제1항에 의해 2년이 보장됨

◎ 피신청인(임대인) 의견: 1차 임대차계약을 기준으로 주임법 제4조제1항에 의해 2년 경과시 임대차기간은 종료됨

(쟁점) A는 2차임대차계약을 기준으로 주임법상 임대차기간 2년을 보장 받을 수 있는지

○ 관련 규정

• 주택임대차보호법 제4조(임대차기간 등) ①기간을 정하지 아니하거나 2년 미만으로 정한 임대차는 그 기간을 2년으로 본다. 다만, 임차인은 2년 미만으로 정한 기간이 유효함을 주장할 수 있다.

○ 관련 판례

• 임차인이 주택임대차보호법 제4조 제1항의 적용을 배제하고 2년 미만으로 정한 임대차기간의 만료를 주장할 수 있는 것은 임차인 스스로 그 약정 임대차 기간이 만료되어 임대차가 종료되었음을 이유로 그 종료에 터잡은 임차보증금 반환채권 등의 권리를 행사하는 경우에 한정되고, 임차인이 2년 미만의 약정 임대차기간이 만료되고 다시 임대차가 묵시적으로 갱신되었다는 이유로 새로운 2년간의 임대차의 존속을 주장하는 경우까지 주택임대차보호법이 보장하고 있는 기간보다 짧은 약정

임대차기간을 주장할 수는 없다. (대법원 1996.4.26. 선고 96다5551, 5568판결 참조)
○ 조정결과
  • 조정주문(신청인은 2차임대차계약을 기준으로 2년의 임대차기간을 보장받고 피신청인은 보증금 700만원을 증액하는 것으로 조정 성립)
    1. 신청인과 피신청인은 별지 목록 주택에 관한 2015.10.31 임대차계약에도 불구하고 신청인과 피신청인의 임대차계약이 2018.11.8. 종료됨을 확인한다.
    2. 신청인과 피신청인은 제1항 기재 주택에 관한 2016.9.13자 임대차계약의 임대차보증금을 7,000,000원 증액하기로 합의한다.
    3. 신청인은 2017.11.9.까지 피신청인에게 제2항 기재금원을 지급한다.
    4. 신청인은 나머지 신청을 포기한다.
    5. 신청인과 피신청인은 주택임대차보호법 제26조 제4항에 따라, 위 제3항에 관한 강제집행을 할 수 있음을 상호 승낙한다.
  • 조정실익
    임차인은 원하는 기간까지 거주할 수 있고 임대인은 보증금을 증액하여 양당사자 모두 만족할 만한 합의점을 도출함

[사례]기간을 정하지 아니한 임대차계약(임대차 기간에 관한 분쟁)

(사안) 임대인과 임차인은 임대차계약 당시 계약기간을 정하지 아니하고 임대차계약을 체결하였고 임차인은 임대차 목적물을 인도받고 전입신고를 하고 같은 날 임대차계약서에 확정일자를 받음. 임대차 계약이 체결된 지 2년이 경과된 후 임대차 목적물의 소유자가 변경되었고, 새로운 소유자는 임대차기간이 종료되었음을 이유로 임차인에게 퇴거를 요구하는 상황임.

◎ 신청인(임차인) 의견: 기간을 정하지 아니한 임대차계약은 2년이며, 전 소유자인 임대인A와 사이에 갱신거절 등의 의사를 표시한 바 없어 묵시적 갱신이 되어 다시 임대차 기간이 2년이 되었고 새로운 소유자 C는 여전히 임대차계약상 계약기간을 준수하여야 한다는 의견임.

◎ 피신청인(변경된 소유자) 의견: 전 소유자인 임대인 A와 사이에 임대차계약은 2년으로 종료되었고 새로운 소유자인 자신에게는 묵시적 갱신을 이유로 임대차계약기간의 존속을 주장할 수 없다는 의견임.

(쟁점) 임차인은 임대차계약 당시 기존 소유자와의 묵시적 갱신을 이유로 조정신청의 피신청인인 새로운 소유자에게 임대차계약기간의 존속을 주장할 수 있는지

○ 관련 규정

• 주택임대차보호법 제4조(임대차기간 등) ①기간을 정하지 아니하거나 2년 미만으로 정한 임대차는 그 기간을 2년으로 본다. 다만, 임차인은 2년 미만으로 정한 기간이 유효함을 주장할 수 있다.

• 주택임대차보호법 제6조(계약의 갱신) ①임대인이 임대차기간이 끝나기 6개월 전부터 1개월 전까지의 기간에 임차인에게 갱신거절(更新拒絶)의 통지를 하지 아니하거나 계약조건을 변경하지 아니하면 갱신하지 아니한다는 뜻의 통지를 하지 아니한 경우에는 그 기간이 끝난

때에 전 임대차와 동일한 조건으로 다시 임대차한 것으로 본다. 임차인이 임대차기간이 끝나기 1개월 전까지 통지하지 아니한 경우에도 또한 같다. ②제1항의 경우 임대차의 존속기간은 2년으로 본다. 주택임대차보호법 제3조(대항력 등) ③임대차는 그 등기(登記)가 없는 경우에도 임차인(賃借人)이 주택의 인도(引渡)와 주민등록을 마친 때에는 그 다음 날부터 제삼자에 대하여 효력이 생긴다. 이 경우 전입신고를 한 때에 주민등록이 된 것으로 본다. ④임차주택의 양수인(讓受人)(그 밖에 임대할 권리를 승계한 자를 포함한다)은 임대인(賃貸人)의 지위를 승계한 것으로 본다.

○ 관련 판례
- 주택임대차보호법 제6조 제1항에 따라 임대차계약이 묵시적으로 갱신되면 그 임대차기간은 같은 법 제6조 제2항, 제4조 제1항에 따라 2년으로 된다 (대법원 1992.1.17. 선고 91다25017 판결 참조).
- 주택임대차보호법 제3조 제3항은 같은 조 제1항이 정한 대항요건을 갖춘 임대차의 목적이 된 임대주택(이하 '임대주택'은 주택임대차보호법의 적용대상인 임대주택을 가리킨다)의 양수인은 임대인의 지위를 승계한 것으로 본다고 규정하고 있는바, 이는 법률상의 당연승계 규정으로 보아야 하므로, 임대주택이 양도된 경우에 양수인은 주택의 소유권과 결합하여 임대인의 임대차 계약상의 권리·의무 일체를 그대로 승계하며, 그 결과 양수인이 임대차보증금반환채무를 면책적으로 인수하고, 양도인은 임대차관계에서 탈퇴하여 임차인에 대한 임대차보증금반환채무를 면하게 된다(대법원 2013.1.17. 선고 2011다49523 전원합의체 판결 참조).

○ 조정결과
  • 조정주문
  신청인과 피신청인(변경된 소유자) 양자간의 이 사건 임대차 목적물에 관한 임대차계약이 2017.○.○.부로 종료(해지)되었음을 확인한다. 신청인과 피신청인은, 이 사건 임대차계약의 종료(해지)와 관련하여 피신청인이 신청인에게 지급할 손해배상금(이사비용 등)은 400,000원임을 상호 확인한다.
  • 조정실익
  임대인(임대차계약 당시 소유자)와 임차인 사이에 계약기간을 정하지 아니하고 임대차계약을 체결한 경우 임대차기간은 2년이 되며, 2년이 경과된 경우 묵시적 갱신으로 다시 2년의 임대차계약이 됨을 피신청인에게 설명하였음. 또한 변경된 소유자에게 당해 임대차 목적물의 소유권을 취득함으로써 임대인의 의무를 승계한다는 내용의 주택임대차보호법의 내용을 안내하여, 피신청인은 임차인과 임대차계약을 종료시키기 위해 합의해지의 방법을 선택하고 임차인에게 이사비용으로 금원을 지급하기로 협의하여 원만하게 분쟁이 종결됨.

[사례]계약기간을 2년 미만으로 정한 임대차의 기간(임대차 기간에 관한 분쟁)

(사안) 임차인과 임대인이 2017.3.27. 임대차계약(보증금 200만 원, 월차임 25만원) 체결 당시 작성한 계약서 중에서 임차인이 보관하고 있는 계약서에는 임대차기간이 기재되지 않았으며, 임대인이 보관하고 있는 계약서에는 1년(2017.3.27. 부터 2018.3.27.까지)으로 기재되어 있음. 2017.8.2. 임차인이 이 사건 임대차계약의 해지의사를 통지하고 2017.8.27. 피신청인에게 주택을 인도하였으나 임대인은 이를 받아들일 수 없다고 주장함.

◎ 신청인(임차인) 의견: 이 사건 임대차계약은 기간의 정함이 없는 임대차계약임. 민법 제635조에 따라 신청인의 해지의사 통지가 있는 날로부터 1개월이 지난 후에 이 사건 임대차계약은 종료됨.

◎ 피신청인(임대인) 의견: 이 사건 임대차계약의 기간은 1년임. 신청인의 주장처럼 이 사건 임대차계약이 기간의 정함이 없었다고 인정되는 경우에도 그 종료일은 신청인의 해지의사 통지가 있는 날로부터 3개월이 지난 후임

(쟁점) 이 사건 임대차계약의 기간은 언제까지이며, 임차인은 이 사건 임대차계약을 일방적으로 중도 해지할 수 있는지

○ 관련 규정

• 주택임대차보호법 제4조(임대차기간 등) ①기간을 정하지 아니하거나 2년 미만으로 정한 임대차는 그 기간을 2년으로 본다. 다만, 임차인은 2년 미만으로 정한 기간이 유효함을 주장할 수 있다.

• 민법 제635조(기간의 약정없는 임대차의 해지통고) ①임대차기간의 약정이 없는 때에는 당사자는 언제든지 계약해지의 통고를 할 수 있다. ②상대방이 전항의 통고를 받은 날로부터 다음 각호의 기간이 경과하면 해지의 효력이 생긴다. 1. 토지, 건물 기타 공작물에 대하여는

임대인이 해지를 통고한 경우에는 6월, 임차인이 해지를 통고한 경우에는 1월

- 주택임대차보호법 제6조의2(묵시적 갱신의 경우 계약의 해지) ①제6조제1항에 따라 계약이 갱신된 경우 같은 조 제2항에도 불구하고 임차인은 언제든지 임대인에게 계약해지(契約解止)를 통지할 수 있다. ②제1항에 따른 해지는 임대인이 그 통지를 받은 날부터 3개월이 지나면 그 효력이 발생한다.

○ 관련 판례

이를 직접적으로 다룬 판례는 없으며 다음과 같은 견해들이 있음(이하 내용들은 주택임대차보호법 주석서 온주에서 인용)

- 주택임대차보호법 제4조 제1항은 임차인의 보호를 위한 규정이므로, 기간의 정함이 없는 경우에 임차인이 그 유효를 주장하는 경우 굳이 이를 거부할 이유가 없어, 민법 제635조 제1항 및 제2항 제1호에 의하여 임차인이 임대인에게 임대차계약의 해지의사를 통보한 후 1개월이 경과하면 임대차계약은 해지되어 종료된다고 보는 견해
- 주택임대차보호법 제6조의2를 유추적용하여 임차인의 해지권을 인정하되 그 효력발생시기는 임차인이 해지의사를 통보한 후 3개월이 경과하여야 한다는 견해

○ 조정결과

- 조정주문

  1. 신청인과 피신청인이 2017.3.27. 대전 ○○구 ○○동 ○○○-○○(도로명 주소: ○○대로 ○○○번길 ○○) 다가구주택 중 ○○○호에 관하여 체결한 임대차계약이 2017.11.2. 종료되었음을 확인한다.
  2. 피신청인은 신청인에게 2018.1.31.까지 145만원을 지급한다. 만일 피신청인이 이를 이행하지 아니하는 경우 피신청인은 2018.2.1.부터 다 갚는 날까지 미지급액에 연 5%의 비율로 계산한 지연손해금을 가

산하여 신청인에게 지급한다.
3. 신청인은 나머지 신청을 포기한다.
4. 피신청인은 위 제2항에 대하여 주택임대차보호법 제26조 제4항에 의해 강제집행할 수 있음을 승낙한다.
- 조정실익(당사자의 대립되는 견해를 조정을 통하여 상호 양보 하에 분쟁 종결하였다는 취지 고려하여 기재)
  1. 이 사건은 당사자가 가진 계약서의 내용이 서로 달라서 소송으로 진행될 경우 어느 계약서의 내용대로 계약기간이 인정될지 예측하기 어려움
  2. 신청인의 주장대로 기간의 정함이 없는 계약으로 인정될 경우에는 신청인의 일방적인 중도해지권 인정 여부 및 그 효력의 발생시기에 대한 판례가 없어서 소송결과를 예측하기 어려움
  3. 따라서 이와 같은 불확실성을 해소하고 소송절차에서 소모되는 시간과 비용의 절감을 위해 쌍방이 조금씩 양보하여 이 사건 분쟁을 조정절차에서 종결하는 것이 서로에게 유리하다는 점을 신청인과 피신청인이 모두 수긍하였고 이에 위 주문과 같은 내용의 합의가 이루어짐
  4. 신청인은 보증금에서 1개월간의 차임 공제를, 피신청인은 12개월간의 차임 공제를 각 주장하였으나, 해지통지일로부터 3개월이 경과한 시점까지 차임을 공제하는 내용으로 합의가 이루어졌으며, 이는 쌍방 모두에게 불리한 내용이라고 할 수 없음

[사례]보증금 잔존하는 경우에도 차임 연체로 인한 해지 가부(보증금 또는 임차주택의 반환에 관한 분쟁)

(사안) 임차인과 임대인은 2016.1. 이 사건 주택에 관하여 보증금 2,000,000원, 차임 월 330,000원, 기간 2016.2.1. 부터 2017.1.31. 까지 1년으로 하는 임대차 계약을 체결함. 이 사건 임대차 계약은 당사자 간 별도의 의사표시 없이 존속되고 있었고, 임차인은 2017.8.부터 차임을 연체하고 있음. 임대인은 2기 이상의 차임 연체를 이유로 임차인에게 이 사건 임대차 계약의 해지를 통지하고, 이 사건 주택의 인도 및 인도완료일까지의 차임 지급을 청구함.

◎ 신청인(임대인) 의견: 신청인은 피신청인의 2기 이상의 차임 연체를 이유로 이 사건 임대차 계약을 즉시 해지할 수 있고, 피신청인에게 주택의 인도 및 인도완료일까지의 차임 지급을 구할 수 있음.

◎ 피신청인(임차인) 의견: 월 차임을 2기 이상 연체하고 있다는 사실은 인정하나, 연체 차임의 합계액은 보증금 2,000,000원에 미치지 못하므로, 보증금이 잔존하고 있는 한 신청인은 이 사건 임대차 계약을 해지할 수 없음.

(쟁점) 연체 차임을 상회하는 보증금이 잔존하고 있는 경우에도 임대인은 2기 이상의 차임 연체를 이유로 언제든지 계약 해지를 주장할 수 있는지

○ 관련 규정
  • 민법 제640조(차임연체와 해지) 건물 기타 공작물의 임대차에는 임차인의 차임연체액이 2기의 차임액에 달하는 때에는 임대인은 계약을 해지할 수 있다.

○ 관련 판례
  • 임대차보증금으로 연체 차임 등 임대차 관계에서 발생하는 피고의 모든 채무가 담보된다 하여 피고가 그 보증금의 존재를 이유로 차임의 지급을 거절하거

나 그 연체에 따른 채무불이행 책임을 면할 수는 없다(대법원 1994.9.9 선고 94다4417 판결).

- 민법이 특히 차임의 연체액이 2기의 차임액에 달하면 임대인이 임대차계약의 해지를 할 수 있는 것으로 규정한 취지는 다른 여러가지 규정을 통하여 임차인을 강력하게 보호하는 반면에 임차인에게도 성실한 차임지급 의무를 이행할 것을 요구하는 것으로 생각되므로 민법 640조에 의한 임대차 계약해지의 경우에는 계약일반의 해지의 경우와는 달리 임대인의 최고절차가 필요없다(대법원 1962.10.11 선고 62다496 판결).

○ 조정 결과
- 조정주문
  신청인과 피신청인은 이 사건 주택에 관하여 양자 간에 체결된 임대차 계약을 2018.1.31. 종료하기로 합의한다. 피신청인은 2018.1.31. 신청인에게 제1항 기재 주택을 인도한다.
- 조정실익
  임차인의 2기 이상의 차임 연체가 있을 경우, 임대인은 별도의 최고 절차 없이 즉시 계약을 해지할 수 있는 것이고, 이는 이 사건의 경우와 같이 연체 차임을 상회하는 임차보증금이 잔존하고 있다고 하더라도 같다는 점을 확인함. 다만 이 사건의 경우 임대차 계약 종료일이 얼마 남지 않았으므로 임대차 계약을 중도에 해지할 필요성이 크지 않은 것으로 판단되어 신청인을 설득한 결과 이 사건 임대차 계약을 중도에 해지하지 않고 당초 계약 만료일인 2018.1.31. 까지 유지하기로 하고, 위 날짜에 피신청인은 신청인으로부터 임대차 보증금에서 그간의 미납 월 차임 및 인도 완료일까지의 월 차임, 관리비 등을 공제하고 남은 잔액을 반환받음과 동시에 신청인에게 이 사건 부동산을 인도하도록 하는 합의안을 도출함.

[사례]보증금에서 공제할 연체차임 액수에 관한 분쟁 (보증금 또는 임차주택의 반환에 관한 분쟁)

(사안) 임차인이 사망하자 임차인의 상속인들이 임대인에게 임대차보증금 2000만원의 반환을 청구함. 이에 임대인은 망인 생전에 구두로 차임지급약정을 하였으나 망인이 이를 지급하지 않았으므로 보증금에서 연체차임 등으로 600만원을 공제하겠다는 이유로 보증금 반환에 불응함. 임대인은 차임약정 사실을 입증할 만한 증거가 없는 상황임.

◎ 신청인(임차인) 의견: 임차인이 사망하였으므로 임대인은 임차인의 상속인들에게 임대차보증금을 반환하여야 하고, 망인과 임대인간 차임 지급 약정이 있었다는 증거가 없으므로 그 금액을 임대차보증금에서 공제할 수 없음

◎ 피신청인(임대인) 의견: 망인과 차임을 지급받기로 구두로 약정하였으나 망인이 사망시까지 한 번도 이를 지급하지 아니하였으므로 보증금에서 연체차임을 공제하고자 함

(쟁점) 임대인이 차임을 보증금에서 공제하고 지급할 수 있는지 (연체차임 발생원 인에 관한 주장·증명책임의 소재)

○ 관련 규정
  • 민법 제618조(임대차의 의의) 임대차는 당사자일방이 상대방에게 목적물을 사용, 수익하게 할 것을 약정하고 상대방이 이에 대하여 차임을 지급할 것을 약정함으로써 그 효력이 생긴다.

○ 관련 판례
  • 임대차계약의 경우 임대차보증금에서 그 피담보채무 등을 공제하려면 임대인으로서는 그 피담보채무인 연체차임, 연체관리비 등을 임대차보증금에서 공제하여야 한다는 주장을 하여야 하고 나아가 그 임대차보증금에서 공제될 차임채권, 관리비채권 등의 발생원인에 관하여 주장·입증을 하여야 하는 것이며, 다만 그 발생한 채권이 변제 등의 이유로 소멸하였는지에 관하여는 임차인이 주

장·입증책임을 부담한다.(대법원 2005.9.28. 선고 2005다
8323 판결 참조)
○ 조정 결과
  • 조정주문(보증금에서 공제할 금액을 상호 양보하여 130만
    원으로 정하고, 나머지 보증금을 약정기한 내에 반환하기
    로 함)
    1. 피신청인은 2017.10.31.까지 신청인으로부터 별지 목
       록 기재 건물 중 제2층 29㎡를 인도받음과 동시에 신
       청인에게 18,700,000원을 지급한다.
    2. 신청인은 2017.10.31.까지 피신청인으로부터 18,700,000
       원을 지급받음과 동시에 피신청인에게 제1항 기재 건
       물을 인도한다. 단, 신청인은 망인의 유류품등을 모
       두 깨끗하게 청소한 상태로 인도한다.
    3. 신청인은 나머지 신청을 포기한다.
    4. 신청인과 피신청인은 주택임대차보호법 제26조 제4
       항에 따라, 위 제1,2항에 관한 강제집행을 할 수 있
       음을 상호 승낙한다.
  • 조정실익
    불필요한 소송을 방지하고 분쟁을 빠르게 해결하여 상
    호 만족하는 결과를 얻음.

■ 차임 미지급으로 인한 임대차 계약 해지(보증금 또는 임차주택의 반환에 관한 분쟁)

(사안) 임대인은 임차인이 월차임 및 공과금을 2년여 간 지급하지 아니하여 임대차계약을 해지하고자 하였으나 임차인과 연락이 되지 않는 상황임.

◎ 신청인(임대인) 의견: 임대인은 임차인의 사정을 고려하여 차임지급이 늦어져도 기다렸으나 밀린 차임이 2년여분에 달하고 임차인과 연락이 되지 않아 임대차계약을 종료하고 밀린 차임을 지급받기를 원함.

◎ 피신청인(임차인) 의견: 현재 임차주택에서 거주하지 않고 있는 상황이어서 짐만 정리하면 되나 자금사정이 좋지 않아 밀린 월세 400만원가량을 일시금으로 지급하기 어려움.

(쟁점) 임대인에게 계약해지권이 발생하였는지 여부

○ 관련 규정
  • 민법 제640조(차임연체와 해지) 건물 기타 공작물의 임대차에는 임차인의 차임연체액이 2기의 차임액에 달하는 때에는 임대인은 계약을 해지할 수 있다.

○ 조정결과
  • 조정주문
    1. 신청인과 피신청인은, 당사자 간 2014.6.6.자 충남 ○○시 ○○동 282-○○ 지상의 주택 ○㎡에 대한 임대차계약에 관하여 2017.8.25. 종료되었음을 확인한다.
    2. 피신청인은 신청인에게 2017.11.1.부터 2020.2.29까지 매월 말일 150,000원씩 지급한다.
    3. 신청인은 나머지 신청을 포기한다.
    4. 피신청인은 위 제2항에 대하여 주택임대차보호법 제26조 제4항에 따라 강제 집행할 수 있음을 승낙한다.

- 조정실익
  - 임대인은 임차인이 차임을 연체하고 연락이 두절되는 경우에도 임대주택에 함부로 들어갈 수 없고 소송을 통해서 임차주택을 반환받을 수밖에 없었는데 조정을 통해 적은 비용과 시간으로 임차주택을 반환받을 수 있었음.
  - 임차인은 연체차임이 400만 원에 달하였으나 일시금으로 지급할 수 있는 경제적 여건이 되지 않았는바 조정을 통해 임대인과 합의하여 이를 정기금으로 지급할 수 있게 되었음.

제2장

주택임대차계약은
어떻게 체결하나요?

제2장 주택임대차계약은 어떻게 체결하나요?

제1절 주택임대차계약시 확인해야 할 것은 무엇이 있나요?

1. 계약 전 확인 사항

1-1. 등기부의 확인 등

① 임대차계약 전 부동산등기부를 확인하고 부동산 소유자가 누구인지, 계약자가 집주인과 일치하는지를 확인해야 합니다.

② 계약 만료 후 임차보증금의 원활한 회수를 위하여 목적 부동산의 권리관계를 반드시 확인해야 합니다.

1-2. 계약 당사자 본인 확인

① 임대차계약의 당사자는 임대인과 임차인입니다. 임대인은 임대주택의 소유자인 경우가 보통이나, 임대주택에 대한 처분권이 있거나 적법한 임대권한을 가진 사람도 임대인이 될 수 있습니다(대법원 1999.4.23. 선고 98다49753 판결).

② 주택의 소유자와 계약을 체결하는 경우에는 소유자의 주민등록증으로 등기부상 소유자의 인적사항과 일치하는지를 확인해야 합니다.

③ 주택 소유자의 대리인과 임대차계약을 체결하는 경우에는 위임장과 인감증명서를 반드시 요구해야 합니다.

2. 부동산등기부 확인

2-1. 부동산등기부의 개념

① 「부동산등기부」란 토지나 건물과 같은 부동산의 표시와 부동산의 권리관계의 득실변경에 관한 사항을 적는 공적 장부를 말합니다.

② 부동산의 표시: 부동산의 소재, 지번, 지목, 구조, 면적 등에 관한 현황을 말합니다.

③ 부동산에 관한 권리관계: 소유권, 지상권, 지역권, 전세권, 저당권, 권

리질권, 채권담보권, 임차권 등의 설정, 보존, 이전, 변경, 처분의 제한, 소멸 등을 말합니다(부동산등기법 제3조).

2-2. 등기부 및 등기사항증명서

① 「등기부」란 전산정보처리조직에 의해 입력·처리된 등기정보자료를 대법원규칙으로 정하는 바에 따라 편성된 해당 등기소에 비치되어 있는 토지·건물의 등기를 하는 공부를 말하며, 등기부는 토지등기부와 건물등기부로 구분됩니다(부동산등기법 제2조 제1호 및 제14조 제1항).

② 「등기사항증명서」란 등기부에 기록되어 있는 사항을 증명하는 서류를 의미합니다(부동산등기법 제19조 제1항).

2-3. 등기부의 열람 또는 등기사항증명서의 발급

① 등기부의 열람

다음의 방법을 통해 누구든지 수수료를 내고 등기기록의 열람을 청구할 수 있습니다. 다만, 등기기록의 부속서류는 이해관계 있는 부분만 열람을 청구할 수 있습니다(부동산등기법 제19조, 부동산등기규칙 제31조, 등기사항증명서 등 수수료규칙 제3조, 인터넷에 의한 등기기록의 열람 등에 관한 업무처리지침 제2조 및 제4조).

열람방법	열람가능시간	수수료
등기소 방문 (관할 제한 없음)	업무시간 내	등기기록 또는 사건에 관한 서류마다 1200원
대법원 인터넷등기소 (http://www.iros.go.kr)	365일 24시간	등기기록마다 700원

② 등기사항증명서의 발급

다음의 방법을 통해 누구든지 수수료를 내고 등기사항증명서의 발급을 청구할 수 있습니다(부동산등기법 제19조 제1항, 부동산등기규칙 제27조, 등기사항증명서 등 수수료규칙 제2조, 인터넷에 의한 등기기록의 열람 등에 관한 업무처리지침 제2조 및 제4조).

열람방법	열람가능시간	수수료
등기소 방문 (관할 제한 없음)	업무시간 내	1통에 1200원

무인발급기의 이용	지방자치단체별 서비스 시간 다름	1통에 1000원
대법원 인터넷등기소 (http://www.iros.go.kr)	365일 24시간	1통에 1000원

2-4. 등기부의 구성 및 확인사항

등기부에는 표제부, 갑구(甲區), 을구(乙區)가 있습니다(부동산등기법 제15조 제2항).

2-4-1. 표제부

① 토지등기기록의 표제부에는 표시번호란, 접수란, 소재지번란, 지목란, 면적란, 등기원인 및 기타 사항란이 있습니다(부동산등기규칙 제13조 제1항).

② 건물등기기록의 표제부에는 표시번호란, 접수란, 소재지번 및 건물번호란, 건물내역란, 등기원인 및 기타사항란이 있습니다.

③ 표제부에서 확인해야 할 사항

  1) 표제부의 지번이 임차하려는 주택의 번지수와 일치하는지를 확인해야 합니다.

  2) 아파트, 연립주택, 다세대주택 등 집합건물의 경우에는 표제부에 나와 있는 동, 호수가 임차하려는 주택의 동, 호수와 일치하는지를 확인해야 합니다.

  3) 잘못된 지번 또는 잘못된 동, 호수로 임대차계약을 하면 주택임대차보호법의 보호를 받을 수 없는 문제가 생깁니다. 예를 들어, 등기부에는 2층 202호라고 표시되어 있는데, 현관문에는 302호라고 표시된 다세대주택을 임대하면서 현관문의 호수 302호라고 임대차계약을 체결하고, 전입신고도 계약서상의 표시대로 302호로 전입신고를 한 경우에는 임차인은 갖추어야할 대항력의 요건인 올바른 주민등록을 갖추지 못했으므로, 주택임대차보호법의 보호를 받을 수 없습니다.

2-4-2. 갑구와 을구

① 갑구와 을구에는 순위번호란, 등기목적란, 접수란, 등기원인란, 권리자 및 기타사항란이 있습니다(부동산등기규칙 제13조 제2항).

② 갑구에는 소유권의 변동과 가등기, 압류등기, 가압류등기, 경매개시 결정 등기, 소유자의 처분을 금지하는 가처분등기 등이 기재되어 있습니다.

③ 갑구에서 확인해야 할 사항

1) 임대차계약은 등기부상의 소유자와 체결해야 하므로, 먼저 부동산 소유자의 이름, 주소, 주민등록번호 등 인적사항을 확인해야 합니다. 실제로 매매 중에 있는 아파트의 임대차계약을 체결한 후 그 매매계약이 해제된 때에는 매수 예정인은 임대권한이 소멸되므로 그 임대차계약은 무효로 됩니다.

2) 단독주택을 임차하는 경우에는 토지등기부등본과 건물등기부등본을 비교해서 토지소유자와 건물소유자가 같은 사람인지를 확인해야 합니다.

3) 압류, 가압류, 가처분, 가등기 등이 되어 있지 않는지를 확인해서, 이러한 등기가 되어 있는 주택은 피해야 합니다.

◇ 압류 또는 가압류 이후에 주택을 임차한 임차인은 압류된 주택이 경매에 들어가면 일반채권자와 채권액에 따라 평등하게 배당을 받을 수 있을 뿐이고, 주택임대차보호법에 따른 우선변제를 받을 수 없게 됩니다.

◇ 가처분 등기 이후에 주택을 임차한 임차인은 가처분권리자가 소송에 승소하면 가처분 등기 이후에 행해진 모든 행위는 효력이 없으므로 보호받을 수 없게 됩니다.

◇ 가등기 이후에 주택을 임차한 임차인은 가등기에 기한 본등기가 이루어지면 본등기 권리자에게 임대차를 주장할 수 없으므로 보호를 받을 수 없게 됩니다.

④ 을구에는 소유권 이외의 권리인 저당권, 전세권 등이 기재되며, 저당권, 전세권 등의 설정 및 변경, 이전, 말소등기도 기재되어 있습니다.

⑤ 을구에서 확인해야 할 사항

1) 저당권이나 전세권이 등기되어 있는지 확인해서, 저당권이나 전세권이 많이 설정되어 있다면 그런 주택은 피해야 합니다.

◇ 저당권이나 전세권이 설정된 후 주택을 임차한 임차인은 저당권자나 전세권자 보다 후순위 권리자로 됩니다. 따라서 주택이 경매되면 저당권자나 전세권자가 배당받고 난 나머지 금액에 대해서만 배당받을 수 있기 때문에 임차보증금을 돌려받기 어려워집니다.

◇ 또한, 임차권등기를 마친 주택을 후에 임차하여 주택을 인도받고 주민등록 및 확정일자를 갖추었다고 하더라도 우선변제를 받을 수 없습니다.

2) 근저당 설정금액이나 전세금이 주택의 시가보다 적다고해서 안심해서는 안 됩니다.

3) 지상권이나 지역권이 설정되어 있는지 확인해야 합니다.

◇ 지상권, 지역권은 토지의 이용관계를 목적으로 설정되어 있는 권리로서 부동산 일부분에도 성립할 수 있고, 동일 부동산의 같은 부분에 중복하여 성립할 수도 있으므로 주의해야 합니다.

⑤ 등기부에서 확인할 수 없는 권리관계도 있으므로 등기부를 열람하는 것 외에 상가건물을 직접 방문하여 상가건물의 권리관계를 확인할 필요가 있습니다. 예를 들어, 주택에 관한 채권을 가진 자가 그 채권을 변제받을 때까지 주택을 유치하는 유치권 등은 등기부를 통해 확인할 수 없습니다.

3. 등기된 권리의 순위

① 같은 부동산에 관해 등기한 권리의 순위는 법률에 다른 규정이 없으면 등기한 순서에 따릅니다(부동산등기법 제4조 제1항).

② 등기의 순서는 등기기록 중 같은 구에서 한 등기 상호간에는 순위번호에 따르고, 다른 구에서 한 등기 상호간에는 접수번호에 따릅

니다(부동산등기법 제4조 제2항). 따라서 같은 갑구나 을구 내에서는 그 순위번호로 등기의 우열을 가리고, 갑구와 을구 사이에서는 접수번호에 따라 등기의 우열을 가리게 됩니다.

③ 부기등기(附記登記)의 순위는 주등기(主登記)의 순위에 따릅니다. 다만, 같은 주등기에 관한 부기등기 상호간의 순위는 그 등기 순서에 따릅니다(부동산등기법 제5조).

■ 담보가 등기된 주택을 임차하면 보호받을 수 있는지요?

Q. 저는 주택을 임차하려고 등기부를 열람해보았더니 소유권이전등기 청구권가등기가 되어 있었습니다. 집주인에게 물어보니 위 가등기 는 2,000만원을 차용하고 그 담보를 위하여 설정한 것이라고 합니 다. 제가 위 주택을 임차하면 보호받을 수 있는지요?

A. 소유권이전등기청구권의 가등기에는 ①진정한 매매예약으로 인한 소 유권이전등기청구권보전의 가등기가 있고, ②채권의 담보의 목적으 로 경료된 담보가등기가 있습니다. 그런데 위 가등기가 ①의 경우 (소유권이전등기청구권 보전의 가등기)라면, 주택임차인이 주택임대 차보호법상의 대항력을 갖추기 이전에 소유권이전등기청구권보전의 가등기가 설정되어 있을 경우에는 그러한 가등기에 기한 본등기가 되면 「부동산등기법」 제91조가 "가등기에 의한 본등기(本登記)를 한 경우 본등기의 순위는 가등기의 순위에 따른다."라고 규정하고 있으 므로. 그 본등기의 순위는 가등기의 순위로 되어 가등기 후에 대항 력을 갖춘 주택임차권보다 선순위가 되므로 그 주택임차인은 본등 기를 경료한 자에게 대항하지 못합니다. 한편 위 가등기가 ②의 경 우(담보목적 가등기)라면, 주택임차인이 주택임대차보호법상의 대항 력을 갖추기 이전에 담보가등기가 설정된 경우에는 「가등기담보등 에관한법률」 제12조 제1항이 "담보가등기권자는 그 선택에 따라 제 3조에 따른 담보권을 실행하거나 목적부동산의 경매를 청구할 수 있다. 이 경우 경매에 관하여는 담보가등기권리를 저당권으로 본 다."라고 규정하고 있어 담보가등기권자가 경매를 신청할 수도 있 고, 같은 법에 의하여 담보권을 실행하여 청산절차를 거쳐 그 가등 기에 기한 본등기를 할 수도 있습니다. 담보목적부동산의 경매를 청구한 경우에는 가등기 후에 대항요건을 갖춘 주택임차인은 그 경 매절차에서 당해 주택을 매수한 매수인에게 대항할 수 없을 것입니 다(다만 대항요건과 확정일자를 갖춘 경우나 소액임차인에 해당된 다면 그 경매절차에서 배당요구를 신청하여 배당 받아야 할 것입니 다). 가등기담보등에관한법률 제3조에 따른 담보권을 실행하는 경 우에는 목적부동산의 가액에서 자기의 채권액(담보가등기보다 선순

위 담보권자의 채권액을 포함, 여기에는 소액임차인의 우선변제채권도 포함될 것임)을 공제한 청산금을 채무자 등에게 지급하여야 하나(제4조 제1항), 담보가등기 후에 등기된 저당권자, 전세권자 및 담보가등기권리자(제2조 제5호)는 채권의 명세와 증서를 위 채권자에게 제시·교부하여 자기의 채권을 지급 받아야 합니다(제5조 제1항, 제2항). 그런데 가등기담보등에관한법률은 후순위권리자의 정의에 확정일자를 갖춘 우선변제권이 인정되는 주택임차인은 명시하지 않고 있으나(같은 법 제2조 제5호), 이러한 주택임차인도 위 후순위권리자에 포함되는 것으로 해석되어 우선변제권을 행사할 수 있어야 할 것으로 보입니다. 한편, 그러한 우선변제권은 없고 담보가등기 후에 대항력만 갖춘 주택임차인의 경우에는 원칙적으로 담보가등기권리자에게 대항력을 행사할 수 없지만(대법원 2001.1.5. 선고 2000다47682 판결), 가등기담보등에관한법률 제5조 제5항이 "담보가등기 후에 대항력 있는 임차권을 취득한 자에게는 청산금의 범위에서 동시이행의 항변권에 관한 「민법」 제536조를 준용한다."라고 규정하고 있으므로, 채무자에게 지급될 청산금이 있을 경우에는 담보가등기채권자에게 동시이행의 항변을 할 수 있을 것으로 보입니다.

■ 공인중개사를 통해 주택임대차계약을 체결하는데, 임차인이 따로 등기부를 확인해야 하나요?

Q. 대학신입생 저는 서울의 대학에 입학하게 되면서, 대학 근처에서 살 집을 얻으려고 합니다. 태어나서 처음으로 임대차계약을 하게 된 저는 공인중개사를 통해 집을 계약하면서, 봐도 복잡한 부동산 등기부는 어차피 공인중개사가 알아서 확인했을 것이라고 생각했습니다. 저는 따로 등기부를 확인할 필요가 있을까요?

A. 등기부는 해당 부동산의 권리관계를 확인하는 기본 중의 기본입니다. 특히 최근 공인중개사의 사기사건도 종종 일어나고 있으므로, 등기부를 스스로 꼭 확인하시길 바랍니다. 부동산등기부에는 토지등기부와 건물등기부가 있으므로, 주택을 임대차계약을 하기 전에 해당 토지등기부와 건물등기부 모두 확인해야 합니다. 또한, 등기부는 임대차계약을 체결할 때 확인하고, 잔금을 치르기 전에도 다시 한 번 확인하는 것이 좋습니다.

4. 확정일자 등 확인

임대차계약을 체결하려는 경우 임대인의 동의를 받아 주택 소재지의 읍·면사무소, 동 주민센터 또는 시(특별시·광역시·특별자치시는 제외하고, 특별자치도는 포함함)·군·구(자치구를 말함)의 출장소, 지방법원 및 그 지원과 등기소 또는 공증인법에 따른 공증인(확정일자부여기관)에 다음의 정보제공을 요청하여 확인할 수 있습니다(주택임대차보호법 제3조의6 제4항 및 동법 시행령 제6조 제2항).

    ① 임대차목적물
    ② 확정일자 부여일
    ③ 차임·보증금
    ④ 임대차기간

5. 임대차계약

5-1. 임대차계약의 당사자 확인 등

① 주택임대차계약을 체결하려는 임차인은 반드시 계약상대방이 임차주택 등기부상의 소유자나 소유자의 대리인임을 확인하고 임대차계약을 체결해야 합니다.

② 임대인은 임대주택의 소유자인 경우가 보통이나, 임대주택에 대한 처분권이 있거나 적법한 임대권한을 가진 사람도 임대인이 될 수 있습니다.

5-2. 소유자

주택의 소유자와 계약을 체결하는 경우에는 소유자의 주민등록증으로 등기부상 소유자의 인적사항과 일치하는지를 확인해야 합니다.

5-3. 공동소유자

주택의 공동소유자 중 일부와 임대차계약을 체결하는 경우에는 공유자 일부의 지분이 과반수 이상인지를 등기부의 갑구에 기재되어 있는 공유자들의 소유권 지분으로 확인해야 합니다. 공유 주택의 임대행위는 공유물의 관리행위에 해당하고, 공유물의 관리에 관한 사항은 지분의 과반수로 결정하도록 하고 있기 때문입니다(민법 제265조).

※ 관련판례

공유자가 공유물을 타인에게 임대하는 것과 같은 행위는 공유물의 관리행위라 할 것이고 공유자의 한사람이 불법점거자에게 대하여 명도나 인도를 청구하는 것은 공유물의 보존행위라 할 것이며 공유물의 관리 행위는 공유자의 지분의 과반수로써 결정함이 「민법」 제265조(구 「민법」 제252조)의 규정에 의하여 분명하다 할 것이다(대법원 1962.4.4. 선고 62다1 판결).

5-4. 명의수탁자

① 주택의 명의수탁자와 임대차계약을 체결하는 경우에는 명의수탁자가 등기부상의 소유자와 동일한가를 확인해야 합니다.

② 명의수탁자는 명의신탁의 법리에 따라 대외적으로 적법한 소유자로 인정되고, 그가 행한 신탁 목적물에 대한 처분 및 관리행위는 유효하기 때문입니다. 그리고, 명의신탁자가 명의신탁 해지를 원인으로 소유권이전등기를 마친 후 주택의 반환을 요구해도 임차인은 그 요구에 따를 필요가 없습니다. 명의신탁자는 명의수탁자의 지위를 승계한 것으로 보므로, 임차인은 임차권을 주장할 수 있습니다(대법원 1999.4.23. 선고 98다49753 판결).

③ 「명의신탁」이란 소유 관계를 공시하도록 되어 있는 재산에 대하여 소유자 명의를 실소유자가 아닌 다른 사람 이름으로 해놓는 것을 말합니다. 명의신탁이 된 재산의 소유관계는 신탁자와 수탁자 사이에서는 소유권이 그대로 신탁자에게 있지만, 대외관계 또는 제3자에 대한 관계에서는 소유권이 수탁자에게 이전·귀속됩니다.

■ 주택임대차계약을 체결하고 주민등록 이전과 함께 이사를 하여 거주하고 있는데 진짜 집주인이 따로 있다면 어떻게 해야 하나요?

Q. 저는 두 달 전에 주택임대차계약을 체결하고 주민등록 이전과 함께 이사를 하여 거주하고 있습니다. 그런데 갑자기 어떤 사람이 '이 집은 명의신탁된 것으로 진짜 주인은 나다'라며 이사갈 것을 요구하고 있습니다. 어떻게 해야 하나요?

A. 건물을 인도(이사)받은 상태이고, 그 주소로 주민등록을 완료한 경우에는 크게 걱정할 필요가 없습니다. 해당 주택의 등기부상의 소유자인 명의수탁자는 대외적으로 적법한 소유자로 인정되고, 그가 행한 주택에 대한 처분 및 관리행위는 유효하기 때문입니다. 설사 명의신탁자(진짜 주인)가 명의신탁을 해지하고 소유권이전등기를 마친 후 주택의 반환을 요구해도 임차인은 그 요구에 따를 필요가 없습니다. 왜냐하면, 이 경우 명의신탁자는 명의수탁자의 지위를 승계한 것으로 보기 때문입니다. 명의신탁이란 소유관계를 공시(公示)하도록 되어 있는 재산에 대하여 소유자 명의를 진짜 소유자가 아닌 다른 사람 이름으로 해놓는 것을 말합니다. 명의신탁이 된 재산의 소유관계는 신탁자(진짜 소유자)와 수탁자 사이에서는 소유권이 그대로 신탁자에게 있지만, 대외관계 또는 제3자에 대한 관계에서는 소유권이 수탁자(가짜 소유자)에게 있습니다. 명의수탁자와의 임대차 계약 체결은 주택의 명의수탁자와 임대차계약을 체결하는 경우에는 명의수탁자가 등기부상의 소유자와 동일한지만 확인하면 됩니다. 명의수탁자는 명의신탁의 법리에 따라 대외적으로 적법한 소유자로 인정되고, 그가 행한 신탁 목적물에 대한 처분 및 관리행위는 유효하기 때문입니다.

※ 관련판례
주택임대차보호법이 적용되는 임대차는 반드시 임차인과 주택의 소유자인 임대인 사이에 임대차계약이 체결된 경우에 한정된다고 할 수는 없고, 주택의 소유자는 아니지만 주택에 관하여 적법하게 임대차계약을 체결할 수 있는 권한(적법한 임대권한)을 가진 명의신탁자 사이에 임대차계약이 체결된 경우도 포함된다고 할 것이고, 이 경우 임차인은 등기부상 주택의 소유자인 명의수탁자에 대한 관계에서도 적법한 임대차임을 주장할 수 있는 반면 명의수탁자는 임차인에 대하여 그 소유자임을 내세워 명도를 구할 수 없다(대법원 1999.4.23. 선고 98다49753 판결).

■ 명의신탁자와 주택임대차계약을 한 경우의 임차인은 보호를 받을 수 없는지요?

Q. 저는 실계소유자(명의신탁자)가 甲이고 등기부상 소유자(명의수탁자)가 乙인 아파트를 실계소유자인 甲과 주택임대차계약을 체결하였습니다. 그런데 주위에서는 명의신탁의 경우에는 명의수탁자에게 소유권한이 있어 명의신탁자와 계약을 하면 집에서 쫓겨날 위험도 있고 나중에 주택임대차보호법상의 보호를 받지 못한다는 이야기를 주위사람들한테 들었는데 그런 경우 저는 보호를 받을 수 없는지요?

A. 부동산 실권리자명의 등기에 관한 법률 제4조는 명의신탁약정의 효력에 대하여 "①명의신탁약정은 무효로 한다. ②명의신탁약정에 따라 행하여진 등기에 의한 부동산에 관한 물권변동은 무효로 한다. 다만, 부동산에 관한 물권을 취득하기 위한 계약에서 명의수탁자가 그 일방당사자가 되고 그 타방당사자는 명의신탁약정이 있다는 사실을 알지 못한 경우에는 그러하지 아니하다. ③제1항 및 제2항의 무효는 제3자에게 대항하지 못한다."라고 규정하고 있습니다. 또한 판례는 "주택임대차보호법이 적용되는 임대차는 반드시 임차인과 주택의 소유자인 임대인 사이에 임대차계약이 체결된 경우에 한정된다고 할 수는 없고, 주택의 소유자는 아니지만 주택에 관하여 적법하게 임대차계약을 체결할 수 있는 권한(적법한 임대권한)을 가진 명의신탁자 사이에 임대차계약이 체결된 경우도 포함된다고 할 것이고, 이 경우 임차인은 등기부상 주택의 소유자인 명의수탁자에 대한 관계에서도 적법한 임대차임을 주장할 수 있는 반면 명의수탁자는 임차인에 대하여 그 소유자임을 내세워 명도를 구할 수 없다."고 하면서 "주택의 명의신탁자가 임대차계약을 체결한 후 명의수탁자가 명의신탁자로부터 주택을 임대할 권리를 포함하여 주택에 대한 처분권한을 종국적으로 이전받는 경우에 임차인이 주택의 인도와 주민등록을 마친 이상 명의수탁자는 주택임대차보호법 제3조 제2항(현행 주택임대차보호법 제3조 제4항)의 규정에 의하여 임차인과의 관계에서 그 주택의 양수인으로서 임대인의 지위를 승계하였다고 보아야 한다."라고 하였습니다(대법원 1999.4.23.선고 98다49753

판결). 따라서 귀하와 임대차계약을 체결한 명의신탁자 甲은 주택의 소유자는 아니지만 주택에 관하여 적법하게 임대차계약을 체결할 수 있는 권한(적법한 임대권한)을 가진 자라고 할 것이므로 명의수탁자인 乙에게 대항할 수 있다 할 것입니다.

※ 관련판례

주택의 명의신탁자가 임대차계약을 체결한 후 명의수탁자가 명의신탁자로부터 주택을 임대할 권리를 포함하여 주택에 대한 처분권한을 종국적으로 이전받는 경우에 임차인이 주택의 인도와 주민등록을 마친 이상 명의수탁자는 「주택임대차보호법」 제3조제2항의 규정에 의하여 임차인과의 관계에서 그 주택의 양수인으로서 임대인의 지위를 승계하였다고 보아야 한다(대법원 1999.4.23. 선고 98다49753 판결).

5-5. 대리인

① 주택 소유자의 대리인과 임대차계약을 체결하는 경우에는 위임장과 인감증명서를 반드시 요구해야 합니다.

② 위임장에는 부동산의 소재지와 소유자 이름 및 연락처, 계약의 목적, 대리인 이름·주소 및 주민번호, 계약의 모든 사항을 위임한다는 취지가 기재되고 연월일이 기재된 후 위임인(소유자)의 인감이 날인되어 있어야 합니다.

③ 인감증명서는 위임장에 찍힌 위임인(소유자)의 날인 및 임대차계약서에 찍을 날인이 인감증명서의 날인과 동일해야 법적으로 문제가 발생하지 않기 때문에 반드시 인감증명서가 첨부되어야 합니다.

5-6. 주택 소유자의 처와 임대차계약을 체결한 경우

① 그 처가 자신의 대리권을 증명하지 못하는 이상 그 계약의 안전성은 보장되지 않습니다. 부부에게 일상가사대리권이 있다고 하더라도 주택을 임대하는 것은 일상가사에 포함된다고 보지 않기 때문입니다.

② 민법은 부부평등의 원칙에 따라 부부 상호 간에는 일상적인 가사에 관해 서로 대리권이 있다고 규정하고 있습니다(제827조 제1항). 일상적인 가사란 부부의 공동생활에 통상적으로 필요한 식료품 구입, 일용품 구입, 가옥의 월세 지급 등과 같은 의식주에 관한 사무, 교육비·의료비나 자녀 양육비의 지출에 관한 사무 등이 그 범위에 속합니다. 그러나 일상생활비로서 객관적으로 타당한 범위를 넘어선 금전 차용이나 가옥 임대, 부동산 처분 행위 등은 일상적인 가사의 범위에 속하지 않습니다(대법원 1993.9.28. 선고 93다16369 판결).

■ 부인이랑 임대차 계약을 체결해도 괜찮을까요?

Q. 주택 임대차 계약을 체결하려고 하는데, 계약 당일에 주택의 소유자가 바빠서 소유자의 부인이랑 임대차 계약을 체결하라고 합니다. 부인이랑 임대차 계약을 체결해도 괜찮을까요?

A. 주택 소유자의 부인일지라도, 그 부인 자신이 소유자로부터 계약 체결에 관한 위임을 받았다는 것을 증명하지 못하는 이상 그 계약의 안전성은 보장되지 않습니다. 따라서 불가피하게 주택 소유자의 부인과 임대차 계약을 체결해야 하는 경우에는 반드시 소유 주택에 대한 임대차에 관한 위임장과 주택 소유자의 인감증명서를 요구해야 합니다.

◇ 부부의 일상가사대리권

① 부부는 일상적인 가사에 관해 서로가 서로를 대리할 수 있습니다.

② "일상적인 가사"란 부부의 공동생활에 통상적으로 필요한 식료품 구입, 일용품 구입, 가옥의 월세 지급 등과 같은 의식주에 관한 사무, 교육비·의료비나 자녀 양육비의 지출에 관한 사무 등을 말합니다.

③ 그러나 일상생활비로서 객관적으로 타당한 범위를 넘어선 금전 차용이나 가옥 임대, 부동산 처분 행위 등은 일상적인 가사의 범위에 속하지 않습니다.

◇ 계약 당사자 확인(임대인 확인)

① 주택의 소유자와 계약을 체결하는 경우에는 소유자의 주민등록증으로 등기부상 소유자의 인적사항과 일치하는지를 확인해야 합니다.

② 주택 소유자의 대리인과 임대차계약을 체결하는 경우에는, 위임장과 주택 소유자의 인감증명서를 반드시 요구해야 합니다.

③ 위임장에는 부동산의 소재지와 소유자 이름 및 연락처, 계약의 목적, 대리인 이름·주소 및 주민번호, 계약의 모든 사항을 위임한다는 취지가 기재되고 연월일이 기재된 후 위임인(소유자)의 인감이 날인되어 있어야 합니다.

④ 인감증명서에는 위임장에 찍힌 위임인(주택 소유자)의 도장과

임대차 계약서에 찍을 도장이 인감증명서에 찍힌 도장과 동일해야 법적으로 문제가 발생하지 않습니다.

※관련판례

「민법」 제827조제1항의 부부간의 일상가사대리권은 부부가 공동체로서 가정생활상 항시 행하여지는 행위에 한하는 것이므로, 처가 별거하여 외국에 체류 중인 부의 재산을 처분한 행위를 부부간의 일상가사에 속하는 것이라 할 수는 없다(대법원 1993.9.28. 선고 93다16369 판결).

5-7. 전대인(임차인)

① 주택의 소유자나 소유자의 대리인이 아닌 전대인(임차인)과 전대차계약을 체결하려는 경우에는 임대인의 동의 여부를 확인해야 합니다.

② 임대인의 동의 없이 전대차계약을 하였을 때에는 그 계약은 성립하나 전차인은 임차권을 주장할 수 없기 때문에 임대인의 인감증명서가 첨부된 동의서를 받아두는 것이 안전합니다. 따라서 임대인이 주택의 반환을 요구하면, 전차인은 주택을 반환해야 하고, 임대인에게 전대차 보증금의 반환을 청구할 수 없습니다. 다만, 전차인은 전대차계약을 체결한 전대인(임차인)에게 전대차 보증금의 반환을 청구할 수 있습니다.

■ 임대주택법에 위반하여 체결된 임대차계약은 효력이 있는지요?

Q. 저는 국민주택기금에 의한 자금을 지원 받아 건설한 ○○회사 소유 임대아파트를 임차하여 거주하다가 계약기간이 만료되어 재계약을 체결하였는데, ○○회사는 임차료를 인근 임대아파트보다 높게 제시하여 재계약을 체결하였으므로 그러한 임대조건이 관할 지방자치단체에 신고되었는지 확인하였으나 그에 대하여 신고한 사실이 없는바, 이 경우에도 제가 ○○회사와 체결한 위 아파트의 재임차계약은 효력이 있는지요?

A. 법률행위가 벌칙 있는 강행법규에 위반된 경우에 비록 소정의 형벌이 가해질지라도 그 사법상 효력에 관하여는 당해 법규의 정신을 좇아서 결정할 것입니다. 한편 임대주택법이 2015.8.28.에 전부개정되어 민간임대주택에 관한 특별법으로 명칭이 변경되었으며, 임대주택법에 있던 공공임대주택에 관한 규정은 공공주택 특별법으로 이관되었습니다. (구)임대주택법에 위반된 행위가 무효로 되는지에 관하여 판례는 "임대주택법(1996.12.30개정 법률 제5228호) 제15조 등 관계법령의 규정에 의하면, 임대사업자는 임대의무기간이 경과한 후 임대주택을 매각하는 경우에는 매각 당시 무주택자인 임차인에게 우선적으로 매각하여야 한다고 규정하고 있으나, 이러한 경우 위 법령에 위반하여 우선매각대상자가 아닌 제3자에게 이를 매각하였다는 사정만으로는 그 사법상의 효력이 무효로 되는 것은 아니고, 임대주택인 아파트에 대한 임대차계약기간이 종료된 후에 분양계약의 체결을 거절하여 임대인으로부터 그 임대차계약의 해지통보를 받은 임차인은 등기명의인인 제3자의 명도청구를 거절할 수 없다."라고 하였습니다(대법원 1997.6.13. 선고 97다3606 판결, 1999.6.25. 선고 99다6708, 6715 판결). 또한, "임대주택법 및 임대주택법시행령에 의하면 임대사업자가 임대주택에 대한 임대차계약을 체결하는 경우 '임대보증금, 임대료, 임대차계약기간 등'이 기재된 표준임대차계약서를 작성하여야 하고, 위 임대조건에 관한 사항(변경내용 포함)을 관할 시장, 군수 또는 구청장에게 신고하여야 하며(현행법상

은 국가 또는 지방자치단체의 재정으로 건설하거나 국민주택기금에 의한 자금을 지원 받아 건설하여 임대하는 주택의 경우에만 임대조 건신고의무가 있음), 시장, 군수 또는 구청장은 그 신고내용이 인근 의 유사한 임대주택에 비하여 현저히 부당하다고 인정되는 경우나 관계 법령에 부적합하다고 인정되는 경우에는 그 내용의 조정을 권 고할 수 있고, 만일 임대사업자가 임대조건을 신고하지 않는 경우 에는 1년 이하의 징역 또는 1천만원 이하의 벌금형에, 표준임대차 계약서를 작성하지 않고 임대차계약을 체결한 경우에는 500만원 이하의 과태료에 각 처하도록 규정하고 있으나, 임대사업자와 임차 인간에 체결된 임대주택에 대한 임대차계약이 임대주택법(2000.1.12 법률 제6167호) 제16조, 제18조, 임대주택법시행령 제14조 등에 위반되었다고 하더라도 그 사법적 효력까지 부인된다고 할 수는 없 다."라고 하였습니다(대법원 2000.10.10. 선고 2000다32055 등 판결). 따라서 귀하의 경우에도 단순히 ○○회사가 임대조건 등을 신고하 지 않았다는 사유만으로 귀하와 ○○회사의 재계약을 무효라고 할 수는 없을 것으로 보입니다.

5-8. 부동산 개업공인중개사

5-8-1. 공인중개사 사무소

① 주택의 임대차계약을 체결하려는 당사자는 다음의 방법을 통해 시장·군수·구청장에게 등록된 중개사무소에서 계약을 체결하는 것이 안전합니다(공인중개사법 제9조).

    1) 해당 중개사무소 안에 게시되어 있는 중개사무소등록증, 공인중개사자격증 등으로 확인(공인중개사법 제17조, 동법 시행규칙 제10조, 별지 제3호 서식 및 별지 제6호 서식).

    2) 해당 시·군·구청의 중개업무 담당부서에서 개업공인중개사 등록여부와 신분증·등록증 위조 여부를 확인

    3) 온나라 부동산정보통합포털(http://www.onnara.go.kr) 또는 각 지방자치단체의 한국토지정보시스템 등을 통해 확인

② 중개업사무소에 게시된 '보증의 설정 증명서류'를 확인하여 보증보험 또는 공제에 가입했는지를 확인하고 개업공인중개사의 중개를 받은 것이 안전합니다(공인중개사법 시행규칙 제10조).

③ 개업공인중개사는 중개행위에서 고의 또는 과실로 거래당사자에게 재산상의 손해를 발생하게 한 때에는 그 손해를 배상할 책임이 있고, 이를 보장하기 위해 보증보험이나 공제에 가입하도록 하고 있기 때문입니다(공인중개사법 제30조).

5-8-2. 임대인을 대리한 개업공인중개사와 계약을 체결하는 경우 임차인의 주의사항

임대인으로부터 임대차계약을 위임받은 개업공인중개사가 임대인에게는 보증금이 적은 월세계약을 했다고 속이고 임차인의 보증금을 가로채는 등의 사기가 발생할 수도 있습니다. 따라서 임차인은 다음과 같은 주의를 해야 합니다.

① 개업공인중개사가 공인중개사법에 따른 등록한 개업공인중개사인지 확인하고, 공인중개사자격증 또는 중개업등록증과 사진, 신분증 및 얼굴을 대조하여 개업공인중개사의 신분을 확인합니다.

② 개업공인중개사가 소유자로부터 임대차에 관한 대리권을 받았다는 위임장과 인감증명서를 확인하고, 소유자에게 위임 사실·계약조건 등을 확인하여 개업공인중개사의 대리권을 확인합니다.

③ 주변시세보다 크게 싸거나 조건이 좋을 경우에는 일단 조심하고 해당건물의 권리관계, 소유자 등을 직접 꼼꼼히 확인합니다.

5-8-3. 개업공인중개사에게 임대차에 관한 대리권을 주는 경우 임대인의 주의사항

개업공인중개사가 위와 같은 사기행위를 한 경우 임대인에게 무권대리책임 등의 책임이 전가되므로, 개업공인중개사에게 임대차에 관한 권한을 위임하는 경우에는 다음과 같은 점에 주의해야 합니다.

① 개업공인중개사에게 임대차에 관한 포괄적 위임은 자제하고, 개업공인중개사가 임대인의 의사와 다르게 계약을 하지 못하도록 위임사항을 명확히 합니다.

② 위임장과 인감증명서를 주기적으로 변경하여 관리해야 합니다.

③ 임대차계약의 보증금 및 월세를 임차인과 통화 등을 통해 확인하고 월세 및 보증금은 임대인 계좌로 직접 입금 받는 등 개업공인중개사가 보증금을 수령하지 못하도록 조치합니다.

6. 임대차계약서의 작성

① 주택임대차계약은 원칙적으로 계약당사자가 자유롭게 그 내용을 정할 수 있습니다. 그러나 나중에 발생할 수 있는 분쟁을 예방하기 위해서는 임대차계약서를 작성하고 특약사항을 기재할 필요가 있습니다.

② 부동산 중개업소를 통해 임대차계약을 한 경우에는 주택임대차계약서, 중개대상물 확인·설명서, 공제증서를 받아야 합니다.

6-1. 임대차계약의 자유

주택임대차계약은 원칙적으로 계약당사자가 자유롭게 계약기간, 해지

조건 등 그 내용을 정할 수 있고, 반드시 계약서를 작성해야 하는 것도 아닙니다. 그러나 나중에 발생할 수 있는 분쟁을 예방하기 위해서는 임대차계약서를 작성하는 것이 좋습니다.

6-2. 임대차계약서의 작성방법

① 계약당사자가 자유롭게 임대차계약의 내용을 정할 수 있으므로, 임대차계약서에 정해진 양식은 없습니다. 다만, 공인중개사를 통한 주택임대차계약서에는 다음의 사항이 기재됩니다(공인중개사법 제26조 제1항 및 동법 시행령 제22조 제1항).

1) 거래당사자의 인적 사항
2) 물건의 표시
3) 계약일
4) 거래금액·계약금액 및 그 지급일자 등 지급에 관한 사항
5) 물건의 인도일시
6) 권리이전의 내용
7) 계약의 조건이나 기한이 있는 경우에는 그 조건 또는 기한
8) 중개대상물확인·설명서 교부일자
9) 그 밖의 약정내용

② 주택임대차계약서의 정해진 형식은 없지만, 확정일자를 받기 위해서는 임대차계약서가 다음과 같은 요건을 갖추어야 합니다(주택임대차계약증서상의 확정일자 부여 및 임대차 정보제공에 관한 규칙 제3조).

1) 주택임대차계약증서가 임대인·임차인의 인적사항, 임대차 목적물, 임대차 기간, 보증금 등이 적혀 있는 완성된 문서여야 합니다. 주택임대차의 주택과 그 기간 등이 기재되어 있지 않은 영수증 등에 확정일자를 받더라도 우선변제권의 효력은 발생하지 않으므로 주의해야 합니다.
2) 계약당사자(대리인이 계약을 체결한 경우에는 그 대리인을 말함)의 서명 또는 기명날인이 있어야 합니다.
3) 연결되는 글자에 빈 공간이 있는 경우에는 계약당사자가 빈 공간에 직선 또는 사선을 긋고 도장을 찍어 그 부분에 다른

글자가 없음을 표시해야 합니다.

4) 정정한 부분이 있는 경우에는 그 난의 밖이나 끝부분 여백에 정정한 글자 수가 기재되어 있고, 그 부분에 계약당사자의 서명이나 날인이 되어야합니다

5) 계약증서가 두 장 이상인 경우에는 간인(間印)이 있어야 합니다.

6) 확정일자가 부여되어 있지 않아야 합니다. 다만, 이미 확정 일자를 부여받은 계약증서에 새로운 내용을 추가 기재하여 재계약을 한 경우에는 그렇지 않습니다.

③ 부동산(주택)임대차계약서의 예

[서식]주택 임대차표준계약서

> 이 계약서는 법무부에서 국토교통부 서울시및 학계 전문가와 함께 민법,
> 주택임대차보호법, 공인중개사법 등 관계법령에 근거하여 만들었습니다.
> **법의 보호를 받기 위해 【중요확인사항】(별지)을 꼭 확인하시기 바랍니다.**

주택임대차계약서 □보증금 있는 월세
□전세 □월세

> 임대인(   )과 임차인(   )은 아래와 같이 임대차 계약을 체결한다.

[임차주택의 표시]

소재지	(도로명주소)				
토 지	지목		면적		㎡
건 물	구조·용도		면적		㎡
임차할 부분	상세주소가 있는 경우 동층호 정확히 기재		면적		㎡

미납 국세	선순위 확정일자 현황	
□ **없음** (임대인 서명 또는 날인 _____㉑) □ **있음** (중개대상물 확인·설명서 제2쪽 Ⅱ. 개업공인중개사 세부 확인사항 '⑨ 실제 권리관계 또는 공시되지 않은 물건의 권리사항'에 기재)	□ **해당 없음** (임대인 서명 또는 날인_____㉑) □ **해당 있음** (중개대상물 확인·설명서 제2쪽 Ⅱ. 개업공인중개사 세부 확인사항 '⑨ 실제 권리관계 또는 공시되지 않은 물건의 권리사항'에 기재)	확정일자 부여란

유의사항
미납국세 및 선순위 확정일자 현황과 관련하여 개업공인중개사는 임대인에게 자료제출을 요구할 수 있으나, 세무서와 확정일자부여기관에 이를 직접 확인할 법적권한은 없습니다.
※ 미납국세선순위확정일자 현황 확인방법은 "별지"참조

[계약내용]

제1조(보증금과 차임) 위 부동산의 임대차에 관하여 임대인과 임차인은 합의에 의하여 보증금 및 차임을 아래와 같이 지불하기로 한다.

보증금	금 원정(₩)
계약금	금 원정(₩)은 계약시에 지불하고 영수함. 영수자 (인)
중도금	금 원정(₩)은 __년 __월 __일에 지불하며
잔 금	금 원정(₩)은 __년 __월 __일에 지불한다
차임 (월세)	금 원정은 매월 일에 지불한다. (입금계좌:)

제2조(임대차기간) 임대인은 임차주택을 임대차 목적대로 사용·수익할 수 있는 상태로____년 __월 __일까지 임차인에게 인도하고, 임대차기간은 인도일로부터____년 __월 __일까지로 한다.

제3조(입주 전 수리) 임대인과 임차인은 임차주택의 수리가 필요한 시설물 및 비용부담에 관하여 다음과 같이 합의한다.

수리 필요 시설	□없음 □있음(수리할 내용:)
수리 완료 시기	□잔금지급 기일인 _____년 ____월 ____일까지 □기타 ( )
약정한 수리 완료 시기까지 미수리한 경우	□수리비를 임차인이 임대인에게 지급하여야 할 보증금 또는 차임에서 공제 □기타( )

제4조(임차주택의 사용·관리·수선) ① 임차인은 임대인의 동의 없이 임차주택의 구조변경 및 전대나 임차권 양도를 할 수 없으며, 임대차 목적인 주거 이외의 용도로 사용할 수 없다.

② 임대인은 계약 존속 중 임차주택을 사용·수익에 필요한 상태로 유지하여야 하고, 임차인은 임대인이 임차주택의 보존에 필요한 행위를 하는 때 이를 거절하지 못한다.

③ 임대인과 임차인은 계약 존속 중에 발생하는 임차주택의 수리 및 비용부담에 관하여 다음과 같이 합의한다. 다만, 합의되지 아니한 기타 수선비용에 관한 부담은 민법, 판례 기타 관습에 따른다.

임대인 부담	(예컨대, 난방, 상·하수도, 전기시설 등 임차주택의 주요설비에 대한 노후·불량으로 인한 수선은 민법 제623조, 판례상 임대인이 부담하는 것으로 해석됨)

| 임차인
부담 | (예컨대, 임차인의 고의.과실에 기한 파손, 전구 등 통상의 간단한 수선, 소모품 교체 비용은 민법 제623조, 판례상 임차인이 부담하는 것으로 해석됨) |

④ 임차인이 임대인의 부담에 속하는 수선비용을 지출한 때에는 임대인에게 그 상환을 청구할 수 있다.

제5조(계약의 해제) 임차인이 임대인에게 중도금(중도금이 없을 때는 잔금)을 지급하기 전까지, 임대인은 계약금의 배액을 상환하고, 임차인은 계약금을 포기하고 이 계약을 해제할 수 있다.

제6조(채무불이행과 손해배상) 당사자 일방이 채무를 이행하지 아니하는 때에는 상대방은 상당한 기간을 정하여 그 이행을 최고하고 계약을 해제할 수 있으며, 그로 인한 손해배상을 청구할 수 있다. 다만, 채무자가 미리 이행하지 아니할 의사를 표시한 경우의 계약해제는 최고를 요하지 아니한다.

제7조(계약의 해지) ① 임차인은 본인의 과실 없이 임차주택의 일부가 멸실 기타 사유로 인하여 임대차의 목적대로 사용할 수 없는 경우에는 계약을 해지할 수 있다.
② 임대인은 임차인이 2기의 차임액에 달하도록 연체하거나, 제4조 제1항을 위반한 경우 계약을 해지할 수 있다.

제8조(계약의 종료) 임대차계약이 종료된 경우에 임차인은 임차주택을 원래의 상태로 복구하여 임대인에게 반환하고, 이와 동시에 임대인은 보증금을 임차인에게 반환하여야 한다. 다만, 시설물의 노후화나 통상 생길 수 있는 파손 등은 임차인의 원상복구의무에 포함되지 아니한다.

제9조(비용의 정산) ① 임차인은 계약종료 시 공과금과 관리비를 정산하여야 한다.
② 임차인은 이미 납부한 관리비 중 장기수선충당금을 소유자에게 반환 청구할 수 있다. 다만, 관리사무소 등 관리주체가 장기수선충당금을 정산하는 경우에는 그 관리주체에게 청구할 수 있다.

제10조(중개보수 등) 중개보수는 거래 가액의___%인___원(□ 부가가치세 포함 □ 불포함)으로 임대인과 임차인이 각각 부담한다. 다만, 개업공인중개사의 고의 또는 과실로 인하여 중개의뢰인간의 거래행위가 무효·취소 또는 해제된 경우에는 그러하지 아니하다.

제11조(중개대상물확인.설명서 교부) 개업공인중개사는 중개대상물 확인.설명서를 작성하고 업무보증관계증서(공제증서등) 사본을 첨부하여___년_월_일 임대인과 임차인에게 각각 교부한다.

[특약사항]

상세주소가 없는 경우 임차인의 상세주소부여 신청에 대한 소유자 동의여부
(□ 동의 □ 미동의)

> ※ 기타 임차인의 대항력·우선변제권 확보를 위한 사항, 관리비·전기료 납부방
> 법 등 특별히 임대인과 임차인이 약정할 사항이 있으면 기재

- 【대항력과 우선변제권 확보 관련 예시】 "주택을 인도받은 임차인은   년
     월   일까지 주민등록(전입신고)과 주택임대차계약서상확정일자를 받기로 하고,
  임대인은   년   월   일(최소한 임차인의 위 약정일자 이틀 후부터 가능)에
  저당권 등 담보권을 설정할 수 있다"는 등 당사자 사이 합의에 의한 특약 가능

**본 계약을 증명하기 위하여 계약 당사자가 이의 없음을 확인하고 각각 서명.날인 후 임대
인, 임차인, 개업공인중개사는 매 장마다 간인하여, 각각 1통씩 보관한다.**

년 월 일

임대인	주 소						서명 또는 날인 ㊞
	주민 등록번호 (법인 등록번호)			전 화		성 명 (회사명)	
	대 리 인	주 소		주민 등록번호		성 명	
임차인	주 소						서명 또는 날인 ㊞
	주민 등록번호 (법인 등록번호)			전 화		성 명 (회사명)	
	대 리 인	주 소		주민 등록번호		성 명	

중개업사	사무소 소재지				사무소 소재지			
	사무소 명칭				사무소 명칭			
	대 표	서명 및 날인		㉑	대 표	서명 및 날인		㉑
	등록번호		전화		등록번호		전화	
	소속공인 중개사	서명 및 날인		㉑	소속공인 중개사	서명 및 날인		㉑

법무부 MINISTRY OF JUSTICE   국토교통부 Ministry of Land, Infrastructure and Transport

서울특별시

※별 지

> ## 법의 보호를 받기 위한 중요사항
> ## 반드시 확인하세요!

< 계약 체결 시 꼭 확인하세요 >

[당사자 확인/권리순위관계 확인/중개대상물 확인·설명서 확인]

① 신분증·등기사항증명서 등을 통해 당사자 본인이 맞는지, 적법한 임대임차권한이 있는지 확인합니다.

② 대리인과 계약 체결 시 위임장·대리인 신분증을 확인하고, 임대인(또는 임차인)과 직접 통화하여 확인하여야 하며, 보증금은 가급적 임대인 명의 계좌로 직접 송금합니다.

③ 중개대상물 확인·설명서에 누락된 것은 없는지, 그 내용은 어떤지 꼼꼼히 확인하고 서명하여야 합니다.

[대항력 및 우선변제권 확보]

① 임차인이 주택의 인도와 주민등록을 마친 때에는 그 다음날부터 제3자에게 임차권을 주장할 수 있고, 계약서에 확정일자까지 받으면, 후순위 권리자나 그 밖의 채권자에 우선하여 변제받을 수 있습니다.
  - 임차인은 최대한 신속히 ① 주민등록과 ② 확정일자를 받아야 하고, 주택의 점유와 주민등록은 임대차 기간 중 계속 유지하고 있어야 합니다.

② 등기사항증명서, 미납국세, 다가구주택 확정일자 현황 등 반드시 확인하여 선순위 담보권자가 있는지, 있다면 금액이 얼마인지를 확인하고 계약 체결여부를 결정하여야 보증금을 지킬 수 있습니다.
  ※ 미납국세와 확정일자 현황은 임대인의 동의를 받아 임차인이 관할 세무서 또는 관할 주민센터·등기소에서 확인하거나, 임대인이 직접 납세증명원이나 확정일자 현황을 발급받아 확인시켜 줄 수 있습니다.

< 계약기간 중 꼭 확인하세요 >

[차임증액청구]

   계약기간 중이나 묵시적 갱신 시 차임·보증금을 증액하는 경우에는 5%를 초과하지 못하고, 계약체결 또는 약정한 차임 등의 증액이 있은 후 1년 이내에는 하지 못합니다.

[월세 소득공제 안내]

   근로소득이 있는 거주자 또는 「조세특례제한법」 제122조의3 제1항에 따른 성실사업자는 「소득세법」 및 「조세특례제한법」에 따라 월세에 대한 소득공제를 받을 수 있습니다. 근로소득세 연말정산 또는 종합소득세 신고 시 **주민등록표등본, 임대차계약증서 사본 및 임대인에게 월세액을 지급하였음을 증명할 수 있는 서류**를 제출하면 됩니다. 기타 자세한 사항은 국세청 콜센터(국번 없이 126)로 문의하시기 바랍니다.

[묵시적 갱신 등]

① 임대인은 임대차기간이 끝나기 6개월부터 1개월 전까지, 임차인은 1개월 전까지 각 상대방에게 기간을 종료하겠다거나 조건을 변경하여 재계약을 하겠다는 취지의 통지를 하지 않으면 종전 임대차와 동일한 조건으로 자동 갱신됩니다.
② 제1항에 따라 갱신된 임대차의 존속기간은 2년입니다. 이 경우, 임차인은 언제든지 계약을 해지할 수 있지만 임대인은 계약서 제7조의 사유 또는 임차인과의 합의가 있어야 계약을 해지할 수 있습니다.

< 계약종료 시 꼭 확인하세요 >

[보증금액 변경시 확정일자 날인]

   계약기간 중 보증금을 증액하거나, 재계약을 하면서 보증금을 증액한 경우에는 증액된 보증금액에 대한 우선변제권을 확보하기 위하여 반드시 **다시 확정일자**를 받아야 합니다.

[임차권등기명령 신청]

   임대차가 종료된 후에도 보증금이 반환되지 아니한 경우 임차인은 임대인의 동의 없이 임차주택 소재지 관할 법원에서 임차권등기명령을 받아, **등기부에 등재된 것을 확인하고 이사해야** 우선변제 순위를 유지할 수 있습니다. 이때, 임차인은 임차권등기명령 관련 비용을 임대인에게 청구할 수 있습니다.

※ 주택임대차계약시 유의사항

① 계약시 준비사항

계약금(보증금의 10%정도) + 주민등록증 + 도장

* 고액수표인 경우 수표번호, 발행지점, 발행일 등을 수첩에 적어 두면 분실이나 도난시 해당은행에 신속하게 지급정지 요청을 할 수 있는 이점이 있습니다.

② 임대차건물의 권리분석

(1) 주택의 토지 및 건물 등기부 등본을 직접 떼어보고 확인

  ○ 표제부: 임차주택이 맞는지 확인, 토지의 지분면적확인 (가격감정)

  ○ 갑 구: 소유자 이름과 주소확인, 가등기, 압류, 가압류 등 확인

  ○ 을 구: 지상권, 지역권, 전세권, 저당권, 임차권 등 확인

  ○ 가장 좋은 것은 소유권등기 외에 아무것도 물권등기가 없는 것임

  ○ 저당권이 설정된 경우는 경매가 실행될 경우를 가정하여 자기의 보증금 회수가 될 것인지 계산해볼 것(경매시 가격으로 판단)

  ○ 가처분, 가등기, 가압류, 압류, 예고등기 등은 계약을 하지 않는다.(이들 권리에게는 주택임대차가 대항력이 없음)

(2) 토지이용계획 확인원을 떼어 볼 것

  ○ 도시계획상 철거대상 여부확인

  ○ 참고로 토지대장. 가옥대장도 확인(구청에서 발급)

  ○ 미등기·무허가의 주택을 임차하는 경우 대지 소유자를 찾아내어 주택의 세부내용을 파악할 것

  ※ 경매시에는 일반매매보다 가격이 하락되는 것이 보통임

③ 계약시 확인사항 ············ 본인확인(전 임차인도 같이 합석하면 좋다)

(1) 등기부상 본인이 나온 경우 ⇒ 주민등록증으로 본인 확인(통상 중개업자가 함)

(2) 부인이 나온 경우 ⇒ 최소한 권리증은 확인(물론 주민등록증도)

(3) 대리인이 나온 경우 ⇒ 위임장+인감증명서(주민등록증으로 본인 확인)

④ 계약직전 확인사항

(1) 임차주택의 사용부분(계약서상에 정확히 표시)

(2) 계약의 개요

  - 계약금 및 잔금(필요시 중도금)의 금액 및 지급일정

  (통상은 계약금 10%를 지불하고 나머지는 잔금으로 하며 잔금은

주택의 인도와 동시에 지불)
　　　- 임대차 기간
　　(3) 전 임차인의 퇴거일과 자기의 입주일
　　(4) 전 임차인과의 관리비 등 제세공과금 처리문제
　　(5) 시설상태 및 수리여부 확인(벽면 도배포함)
　　(6) 구조변경 및 원상회복문제
　　(7) 위약 및 계약해제사항(계약금의 성격 및 해약조건)
　　(8) 기타 특약사항
　　(9) 중개수수료 문제

⑤ **계약**
　　(1) 계약서의 내용을 읽어보고 이상이 없으면 계약서에 기명 날인한다.
　　(2) 기명·날인한 계약서를 1부 보관한다.
　　(3) 계약금을 주고, 계약금 영수증을 받는다.
　　(4) 잔금(필요시 중도금) 지급일의 시간을 우선 정하고 추후 시간이
　　　　변동되면 연락하기로 한다(집주인과 중개인의 연락처를 반드시
　　　　적어 놓을 것)
　　(5) 중개업자에게 중개물건 확인서를 받고 중개수수료의 1/2를 지불
　　　　한다.

⑥ **중도금** ……… 중도금이 없는 계약은 잔금이 중도금 및 잔금으로 간주된다.
　　(1) 민법 제565조 …… 중도금이 지급되면서 계약은 확정되었다고 볼
　　　　수 있다.

> 당사자의 다른 약정이 없는 한 상대방이 계약의 이행에 착수 할 때까지
> 는 매수인은 계약금을 포기하고 매도인은 계약금의 배액을 변상하고
> 계약을 해제할 수 있다

　　(계약의 이행의 예: 중도금의 지급, 임대주택을 비우는 일 등)
　　(2) 위의 법조문처럼 중도금 혹은 잔금이 지급되기 전까지는 임차인은
　　　　계약금을 포기하고 임대인은 배액을 변상하고 임대차계약을 해제
　　　　할 수 있는데 이때에는 상대방에게 손해배상을 해주지 않아도 된다.

⑦ **잔금처리**
　　계약시 등기부 확인을 하였더라도
　　(1) 전세 계약의 잔금을 지급하는 날 혹은 이사하는 날은 등기부상의
　　　　내용이 계약시와 변동이 없는지 확실히 확인한 후

(2) 잔금을 지불하고 영수증을 받는다. 또한 동시에 주택에 대한 키를 받는다(주택의 시설상태 여부도 확인)

(3) 종전 임차인과(혹은 집주인) 관리비 등 제공과금을 처리한다.

(4) 중개수수료의 1/2을 지불한다.

⑧ **임대차 대항력 구비 조치** ……… 주택임대차보호법의 적용을 받기 위한 대항력 구비요건을 신속하게 준비할 것

(1) 잔금지급 즉시 주민등록 전입신고를 마친다.

(2) 동시에 임대차 계약서상에 확정일자를 부여받는다(공증사무실, 법원, 읍·면·동사무소)

(3) 주민등록신고는 가족전원이 아니더라도 일부만 하여도 상관없음

(4) 집주인이 전세권이나 임차권의 등기를 해주면 즉시 등기를 하는 것이 유리함

(5) 임차인의 지위등급(등급이 높을수록 임차인이 유리합니다)

등급	내 용	비 고
1	전세권이나 임차권 등기	확실한 물권적 효력
2	이사 + 주민등록 + 확정일자 부여	대항력 및 우선변제권 획득
3	이사 + 주민등록	대항력만 획득

※ 임차권을 등기하면 제3자에 대한 대항력만 있으므로 이 경우 주택이 매매 혹은 경매되어도 상관없이 사용·수익할 수 있다 (우선변제권은 없음)

6-3. 계약당사자의 인적사항

① 임대차계약서에 계약 당사자를 표시하는 것은 그 계약에 따른 권리자 및 의무자를 특정하기 위한 것입니다.

② 계약 당사자의 동일성을 인식할 수 있고, 필요한 경우 상호 연락이 가능하도록 그 이름과 주소, 주민등록번호, 전화번호 등을 기재하면 됩니다.

6-4. 거래금액 및 지급일자

① 주택의 임대차계약을 체결하면서 지급하는 거래금액은 보통 계약금, 중도금, 잔금으로 나누어 지급하거나 중도금 없이 잔금을 지급하게 됩니다.

② 계약금은 전체 보증금의 10%를 계약할 때 지급하고, 잔금은 임차주택에 입주하는 날에 지급하는 것으로 기재하는 것이 안전합니다.

6-5. 임대차계약 후 중도금 지급 전 계약해지

① 임차인이 계약 당시 계약금을 지급한 경우, 당사자의 일방이 이행에 착수할 때까지 임차인은 지급한 계약금을 포기하고, 임대인은 받은 계약금의 배액을 상환하여 계약을 해제할 수 있습니다(민법 제565조 참조).

② 계약금은 계약이 체결되었다는 증거금이며, 임대차계약 후 중도금 지급 전 계약해지 시 해약금의 성격을 가집니다. 또한, 계약금을 위약금으로 삼기로 하는 특약이 있으면 손해배상액의 예정의 성질도 가집니다(민법 제565조제1항 및 제398조제4항).

6-6. 임대차의 존속기간

① 임대차 기간은 보통 2년으로 하지만, 반드시 2년으로 기재할 필요는 없습니다.

② 임대차 기간을 1년으로 정한 경우에도 임차인은 1년 후 이사를 가고 싶으면 이사를 가면서 임차보증금을 돌려달라고 할 수도 있고, 계속 살고 싶으면 최소한 2년간은 임차 주택에서 살 수 있습니다

(주택임대차보호법 제4조 제1항). 그러나 기간을 정하지 않았거나 2년 미만으로 정한 임대차는 그 기간을 2년으로 보므로, 임대인은 1년으로 임대차계약을 체결했더라도 1년을 주장할 수 없습니다(동법 제4조 제1항).

③ 2020년 7월 31릴부터는 임대인은 임차인이 임대차기간이 끝나기 전 일정 기간 중에 계약갱신을 요구할 경우 정당한 사유 없이 거절하지 못하도록 하고, 임차인은 계약갱신요구권을 1회에 한하여 행사할 수 있도록 하며, 갱신되는 임대차의 존속기간은 2년으로 보도록 하여 임대인이 원할 경우 최대 4년간 임대차기간을 보장받을 수 있습니다(제6조의3제1항 및 제2항 신설).

■ 주택임차인이 2년 미만으로 약정한 임차기간을 주장할 수 있는
지요?

Q. 저는 해외유학이 1년 이후에 예정되어 있기 때문에 1년 동안만 아
파트를 임차하여 살고 싶은데 주위 사람들 말로는 주택임대차보호
법이 임대차기간을 2년 미만으로 약정하더라도 2년 동안은 살아야
한다고 합니다. 이것이 사실인지요?

A. 임대차기간에 관하여 주택임대차보호법 제4조 제1항은 "기간을 정
하지 아니하거나 기간을 2년 미만으로 정한 임대차는 그 기간을 2
년으로 본다. 다만, 임차인은 2년 미만으로 정한 기간이 유효함을
주장할 수 있다."라고 규정하고 있고, 같은 법 제10조에 의하면
"이 법에 위반된 약정으로서 임차인에게 불리한 것은 그 효력이 없
다."라고 규정하고 있습니다. 이에 관하여 판례도 "기간의 정함이
없거나 기간을 2년 미만으로 정한 임대차는 그 기간을 2년으로 본
다."고 규정하고 있는 구 주택임대차보호법(1999.1.21. 법률 제5641
호로 개정되기 전의 것) 제4조 제1항은, 같은 법 제10조가 "이 법의
규정에 위반된 약정으로서 임차인에게 불리한 것은 그 효력이 없
다."고 규정하고 있는 취지에 비추어 보면 임차인의 보호를 위한
규정이라고 할 것이므로, 위 규정에 위반되는 당사자의 약정을 모
두 무효라고 할 것은 아니고 위 규정에 위반하는 약정이라도 임차
인에게 불리하지 아니한 것은 유효하다고 풀이함이 상당하다 할 것
인바(위 1999.1.21.자 법률개정으로 위 법 제4조 제1항에 "다만, 임차
인은 2년 미만으로 정한 기간이 유효함을 주장할 수 있다."는 명문의 단
서규정이 신설되었다), 임대차기간을 2년 미만으로 정한 임대차의 임
차인이 스스로 그 약정임대차기간이 만료되었음을 이유로 임차보증
금의 반환을 구하는 경우에는 그 약정이 임차인에게 불리하다고 할
수 없으므로, 같은 법 제3조 제1항 소정의 대항요건(주택인도와 주
민등록전입신고)과 임대차계약증서상의 확정일자를 갖춘 임차인으
로서는 그 주택에 관한 저당권자의 신청에 의한 임의경매절차에서
2년 미만의 임대차기간이 만료되어 임대차가 종료되었음을 이유로
그 임차보증금에 관하여 우선변제를 청구할 수 있다."라고 하였습니

다(대법원 2001.9.25. 선고 2000다24078 판결). 그러므로 귀하가 집주인과 합의하여 주택임대차의 기간을 2년 미만의 기간 즉, 1년으로 정하여 임대차계약을 체결한 경우 귀하는 그 약정기일에 임대차가 종료하였음을 주장하여 임차보증금의 반환을 청구할 수 있다 할 것입니다. 반면에 귀하가 주택임대차 계약기간을 1년으로 정하여 계약을 체결하고서도 2년간 거주하겠다고 주장할 경우에는 임대인이 2년 미만의 약정기간 즉, 1년의 기간이 만료되었음을 주장하여 귀하에게 임차주택의 명도를 청구할 수는 없을 것입니다. 따라서 귀하는 사정에 따라 2년 미만으로 정한 약정기간을 주장하거나 또는 「주택임대차보호법」이 보호하고 있는 최소한의 주거안정기간인 2년의 기간 중 어느 하나를 선택하여 주장할 수 있을 것으로 보입니다.

7. 임대차계약의 특약 사항

부동산중개사무소에서 일반적으로 사용하고 있는 임대차계약서에는 특약사항을 기재하는 공간이 있는데, 불리한 조건으로 임대차계약을 하지 않기 위해 다음과 같은 내용의 특약사항을 기재할 필요가 있습니다.

7-1. 임차인이 임차주택을 인도받을 때까지 저당권 등의 권리 설정을 하지 않겠다는 사항

① 주택 임대차계약 후 그 주택에 입주하는 날까지 상당한 기간이 걸리는 경우가 보통이므로, 그 사이에 임대인이 다른 사람에게 근저당권 등을 설정할 수 없도록 하고, 이를 위반하면 임대차계약을 해제하고 손해배상을 받을 수 있도록 약정해 둘 필요가 있습니다.

② 만약, 임차인이 입주하기 전에 근저당권 등의 권리가 설정되게 되면, 임차권은 그 설정된 권리보다 후순위가 되어 임차보증금을 돌려받는데 문제가 생길 수 있기 때문입니다.

7-2. 임차인이 입주하기 전에 발생한 임차주택의 하자는 임대인 이 직접 수리한다는 사항

① 입주 시에 발견하기 어려운 보일러의 고장이나 누수 등의 수리비용의 부담에 대해 서로의 책임범위를 명확히 하기 위해 약정을 해 두는 것이 좋습니다.

② 임차인이 입주하기 전에 발생한 임차주택의 하자는 임대인의 비용으로 수리하고, 입주 일부터 가까운 시일 내에 보일러 등에 고장이 발견된 경우 그 고장은 인도받기 전에 발생된 것으로 추정한다는 문구를 넣어두는 것이 좋습니다.

7-3. 입주 전의 기간에 대한 공과금의 부담에 관한 사항

종전의 임차인이 전기요금, 수도요금 등의 공과금을 내지 않고 이사 가는 경우 임차인이 곤란을 겪게 되는 경우가 있습니다. 이를 방지하기 위해 입주하기 전의 기간에 대한 공과금 미납 부분에 대해서는 임대인이 책임질 수 있도록 약정해 두는 것이 좋습니다.

7-4. 임대차의 중도해지에 관한 사항

① 임대차의 존속기간 중 분양받은 아파트에 입주하는 일이 발생하거나, 전학, 전근 등으로 이사를 할 수 밖에 없는 부득이한 경우에는 계약기간이 남았기 때문에 이사를 하게 되면 임차보증금을 돌려받는데 갈등이 생길 소지가 있습니다.

② 부득이한 사유로 임대차계약을 중도에 해지할 경우에 대비하여, 예를 들어 계약기간 중에 전근 등 부득이한 사유가 있는 경우에는 중도에 임대차계약을 해지할 수 있고, 그 해지의 효력은 임대인이 그 통지를 받은 날부터 1개월이 지나면 발생한다는 약정을 해 둘 필요가 있습니다.

8. 임대차계약 후 받아야 할 서류

8-1. 주택임대차계약서

① 부동산 개업공인중개사는 중개대상물에 관해 중개가 완성되어 작성한 거래계약서를 거래당사자에게 각각 교부해야 합니다.

② 그리고 임대차계약서의 사본을 5년 동안 보존해야 합니다(공인중개사법 제26조 제1항 및 동법 시행령 제22조 제2항).

8-2. 중개대상물 확인·설명서

부동산 개업공인중개사는 거래계약서를 작성하는 때에 중개대상물확인·설명서를 거래당사자에게 교부해야 합니다(공인중개사법 제25조 제3항, 동법 시행령 제21조 제3항 및 동법 시행규칙 별지 제20호서식). 만약, 부동산 개업공인중개사가 중개대상물확인·설명서를 작성해 주지 않거나, 그 작성된 내용이 사실과 다른 때에는 거래당사자는 부동산 개업공인중개사에게 손해배상을 청구할 수 있습니다(동법 제30조).

8-3. 공제증서

공제증서는 부동산 개업공인중개사의 중개사고에 대비하기 위한 손해배상책임 보장에 관한 증서로서, 부동산 개업공인중개사는 거래당사자에게 공제증서를 교부해야 합니다(공인중개사법 제30조 제5항).

[서식]중개대상물 확인·설명서

중개대상물 확인.설명서 (I)								
대상물 건의 표시	토 지	소재지						
		면 적 (㎡)			지목			
	건 물	소재지			건축 년도			
		면 적 (㎡)		구조		용도		방향
권리 관계에 관한 사항	등기부 기재 사항	소유권에 관한 사항			소유권 이외의 권리사항			
		토 지			토 지			
		건 물			건 물			
	실제 권리 관계	토 지						
		건 물						
③ 기타 공시되지 아니한 중요시설, 물건의 소유에 관한사항								
국토이용.도시 계획 및 건축에 관한사항		용도지역. 지구.구역			건폐율	%	용적률	%
		도시계획 시설					거래 규제 사항	
		도시개발 사업, 국토이용 개발계획 수립여부					기타 이용 제한 사항	

⑤ 벽면상태 및 도색 등	벽면상태	□균열부분(있음, 없음) □누수(있음, 없음)		
	외 벽	□깨끗함 □보통임 □도색을 필요로 함 □해당사항 없음		
	내 벽	□깨끗함 □보통임 □도색을 필요로 함 □해당사항 없음		
	도 배	□깨끗함 □보통임 □도배를 필요로 함		
⑥ 내,외부 시설 및 상태	수 도	파손여부	□없음 □있음 ( )개	
		수량	□정상적임 □부족함, 부족한 부분 :	
	전 기	□정상 □교체요함, 교체할 부분 :		
	소 방	소화전	□있음 □ 없음 * 소화전이 있는 위치 :	
		기타	□소화기(개) □비상사다리 □ 비상벨	
	열공급	공급방식	□중앙공급식 □개별공급	
		종류	□도시가스 □기름 □프로판가스 □연탄 □기타	
		시설작동	□정상 □수선요함	
	승강기	□있음(양호, 불량) □없음		
	배 수	주방	□양호 □보통 □불량	
		욕실	□양호 □보통 □불량	
		베란다	□양호 □보통 □불량	
		지하실	□양호 □보통□불량	
	오폐수처리	□양호 □보통 □불량		
	쓰레기처리	□양호 □보통 □불량		
⑦ 환경조건	일조량	□풍부함 □보통임 □풍부하지 못함 * 풍부하지 못한 이유 :		
	소 음	□미미함 □보통임 □심한 편임		
	진 동	□미미함 □보통임 □심한 편임		
	혐오시설 (반경1km이내)	□없음 □있음, 종류 :		
	경 관	□양호함 □보통임 □불량함		

	도로	종 류	(　　)m 접근도로, (　　)m 이면도로	
⑧ 교통, 공공 시설 및 입지 여건		접 근 성	□용이함 □불편함	
	대중교통	버 스	(　　　)정류장 소요시간:	
		지 하 철	(　　　)역 소요시간:	
		기 타		
	주 차 장		□없음 □전용주차시설□공동주차시설□기타	
	교육시설	초등학교	(　　　)학교 소요시간:	
		중 학 교	(　　　)학교 소요시간:	
		고등학교	(　　　)학교 소요시간:	
	공공시설	종 류	(　　) 구청.(　　)동사무소 □기타 :	
		접근성	□용이함 □불편함	
	판매 및 의료시설		□백화점 및 할인매장(　), 소요시간: □종합의료시설(　　), 소요시간:	
⑨ 관리에 관한 사항	경 비 실		□있음 □없음	
	관리주체		□위탁관리 □자치관리 □기타	
⑩ 조세에 관한 사항				
⑪ 대상물건의 상태에 관한 자료요구사항				

부동산중개업법 제17조 및 동법시행령 제22조의 규정에 의하여 위 중개대상물에 대하여 확인, 설명을 하고, 그 서면을 거래당사자 쌍방에게 교부합니다.
년　　　월　　　일

중개 업자	성명:　　　　　　　　　서명 또는 인 사무소명칭: 등록번호: 소재지: 전화번호:	소속 공인 중개사	성명:　　　　　　서명 또는 인

부동산중개업법 제17조 및 동법 시행령 제22조의 규정에 의하여 위 중개대상물에 대하여 중개업자가 작성.교부한 중개대상물확인.설명서를 수령합니다.
년　　　월　　　일

권리 이전 의뢰인	본 인	성명:　　　　　　　　서명 또는 인 주소:
	대 리 인	주민등록번호/외국인등록번호: 전화번호:

권리 취득 의뢰인	본　　인	성명: 주소: 주민등록번호/외국인등록번호: 전화번호:	서명 또는 인
	대 리 인		

기 재 요 령

가. ①번은 등기사항증명서 및 토지.건축물관리대장등본을 확인하여 기재
　　합니다.

나. ②번의 등기부기재사항은 등기사항증명서를 확인하여 기재하고, 실제
　　권리관계는 매도(임대)의뢰인이 고지한 실제권리관계에 관한 사항을
　　기재합니다.

다. ③번은 기타 공부상 공시되지 아니한 중요시설.물건에 관하여　매도
　　(임대) 의뢰인이 고지한 소유에 관한 사항을 기재합니다.

라. ④번은 토지이용계획확인원, 건축물관리대장등본 등 공부기재사항인
　　공적인 사항을 기재합니다.

마. ⑤ ~ ⑨번은 중개대상물에 대하여 중개업자가 조사하거나 매도(임
　　대)의뢰인 또는 관리사무소 등에 확인하여 기재하며, 우측 여백란은
　　특기사항이 있을 경우 기재합니다.

바. ⑩ 번은 중개대상물에 대한 권리를 취득함에 따라 부담하여야 할 조
　　세에 관한 개략적인 사항을 기재합니다

사. ⑪ 번은 부동산중개업자가 중개대상물 확인 또는 설명에 필요하여
　　매도(임대) 의뢰인에게 ⑤ ~ ⑦번 항목중 해당사항에 관한 자료를
　　요구하였으나 불응 한 경우 그러한 사실을 매수(임차)의뢰인에게 설
　　명하고, 이 난에 자료요구 및 불응사실을 기재합니다.

제2절 전·월세

1. 전·월세 실거래가 확인

① 국토교통부에서는 2011년 1월부터 확정일자를 받은 주택을 대상으로 전·월세 가격자료를 제공하고 있습니다. 또한, 2011년 12월부터 아파트 외의 단독주택과 다가구·다세대주택 전·월세 가격자료까지 제공됩니다.

② 전·월세 가격자료는 주택 소재지의 읍사무소, 면사무소, 동 주민센터 또는 시·군·구의 출장소에서 임대차계약서에 확정일자를 받을 때 담당 공무원이 보증금, 임대료, 주택소재지 등 거래정보를 부동산거래관리시스템에 입력하여 수집합니다. 전·월세 가격자료는 확정일자를 부여받을 때 공무원이 수집할 뿐, 임차인이나 부동산 개업공인중개사에게 신고의무가 있는 것은 아닙니다.

③ 주택은 그 특수성이 있습니다. 예를 들어, 같은 단지, 같은 동, 같은 평수의 아파트일지라도 그 각각의 노후 정도, 리모델링 등에 따라 가격이 다릅니다. 또한 거래시점의 부동산 시장의 상황에 따라서도 거래가격이 달라집니다. 따라서 주택의 전·월세의 가격자료가 현재의 거래가격을 알 수 있는 절대적인 기준이 될 수 없습니다. 다만, 지역별 전·월세의 가격자료를 통해 임차인은 대략적인 시세를 알 수 있습니다.

■ 주택 임대차 계약을 체결하려는데, 주변에서 계약기간을 1년으로 하라고 합니다. 어떻게 하는 것이 좋을까요?

Q. 주택 임대차 계약을 체결하려는데, 주변에서 계약기간을 1년으로 하라고 합니다. 어떻게 하는 것이 좋을까요?

A. 계약기간을 1년으로 하시더라도 최소한 2년의 계약기간을 보장받을 수 있습니다. 그리고 임차인은 계약대로 1년의 기간을 주장할 수도 있습니다. 주택 임대차 계약을 체결하는 경우 계약서에 계약 기간을 정하지 않았거나 기간을 2년 미만으로 정했더라도 임차인은 최소한 2년의 기간을 보장받을 수 있습니다. 다만, 임차인은 2년 미만으로 정한 기간이 유효함을 주장할 수 있으므로 만약 계약기간을 1년으로 정했다면, 임차인은 2년 동안 임대차 기간을 보장받으면서도 필요한 경우에는 1년 후에 계약을 해지하고 임대인에게 보증금을 돌려받을 수 있습니다. 그러나 1년의 계약을 하더라도 임대인은 이를 계약의 내용으로 주장할 수 없습니다. 주택임대차보호법 제4조는 편면적 강행규정으로 임차인에게 불리한 것으로 효력이 없기 때문입니다.

2. 부동산 개업공인중개사의 책임 및 중개보수

2-1. 부동산 개업공인중개사의 신의성실 및 비밀누설금지

① 개업공인중개사 및 소속공인중개사는 거래당사자에게 신의와 성실로써 공정하게 중개업무를 수행해야 합니다(공인중개사법 제29조 제1항).

② 부동산 개업공인중개사·소속공인중개사·중개보조원 및 개업공인중개사인 법인의 사원·임원(이하 "개업공인중개사 등"이라 함)은 중개업무로 알게 된 비밀을 누설하지 말아야 하고, 그 업무를 떠난 후에도 누설해서는 안 되며, 이를 위반한 경우에는 1년 이하의 징역 또는 1,000만원이하의 벌금에 처해집니다(동법 제29조 제2항 및 제49조 제1항 제9호).

2-2. 부동산 개업공인중개사의 설명의무

① 부동산 개업공인중개사는 주택임대차계약을 하려는 사람에게 다음의 사항에 대하여 성실·정확하게 설명하고 중개대상물의 토지대장 등본 또는 부동산종합증명서, 등기사항증명서 등 설명의 근거자료를 함께 제시해야 합니다(동법 제25조 제1항 및 동법 시행령 제21조 제1항).

　1) 해당 중개대상물의 상태·입지 및 권리관계

　2) 법령규정에 따른 거래 또는 이용제한 사항

　3) 중개대상물의 종류·소재지·지번·지목·면적·용도·구조 및 건축연도 등 중개대상물에 관한 기본적인 사항

　4) 소유권·전세권·저당권·지상권 및 임차권 등 중개대상물의 권리관계에 관한 사항

　5) 거래예정금액·중개보수 및 실비의 금액과 그 산출내역

　6) 토지이용계획, 공법상의 거래규제 및 이용제한에 관한 사항

　7) 수도·전기·가스·소방·열공급·승강기 및 배수 등 시설물의 상태

　8) 벽면 및 도배의 상태

　9) 일조·소음·진동 등 환경조건

10) 도로 및 대중교통수단과의 연계성, 시장·학교와의 근접성 등 입지조건
11) 중개대상물에 대한 권리를 취득함에 따라 부담하여야 할 조세의 종류 및 세율

② 부동산 개업공인중개사는 확인·설명을 위해 필요한 경우에는 중개대상물의 임대의뢰인에게 해당 중개대상물의 상태에 관한 자료를 요구할 수 있습니다(동법 제25조 제2항).

③ 임대의뢰인이 중개대상물의 상태에 관한 자료요구에 불응한 때에는 그 사실을 임차의뢰인에게 설명하고, 중개대상물확인·설명서에 기재해야 합니다(동법 시행령 제21조2항).

2-3. 중개대상물확인·설명서의 교부·보존 의무

① 부동산 개업공인중개사는 거래계약서를 작성하는 때 중개대상물확인·설명서를 거래당사자에게 교부하고, 그 사본을 3년간 보존해야 합니다(동법 제25조 제3항, 동법 시행령 제21조 제3항, 동법 시행규칙 제16조 제1호 및 별지 제20호서식).

② 중개대상물확인·설명서에는 부동산 개업공인중개사의 서명 및 날인이 있어야 하며, 해당 중개행위를 한 소속공인중개사가 있는 경우에는 소속공인중개사가 함께 서명 및 날인해야 합니다(동법 제25조 제4항).

2-4. 공제증서의 교부 의무

부동산 개업공인중개사는 중개가 완성된 때에는 거래당사자에게 손해배상책임의 보장에 관한 다음의 사항을 설명하고, 관계 증서의 사본을 교부하거나 관계 증서에 관한 전자문서를 제공해야 합니다(동법 제30조 제5항 및 동법 시행령 제24조제1항).

1) 보장금액(법인 개업공인중개사는 2억원 이상, 비법인 개업 공인중개사는 1억원 이상)
2) 보증보험회사, 공제사업을 하는 자, 공탁기관 및 그 소재지
3) 보장기간

2-5. 부동산 개업공인중개사의 손해배상책임

① 부동산 개업공인중개사는 중개행위를 함에 있어 고의나 과실로 거래당사자에게 재산상의 손해를 발생하게 한 경우에는 그 손해를 배상할 책임이 있습니다(동법 제30조 제1항).

② 부동산 개업공인중개사는 자기의 중개사무소를 다른 사람의 중개행위의 장소로 제공함으로써 거래당사자에게 재산상의 손해를 발생하게 한 경우에는 그 손해를 배상할 책임이 있습니다(동법 제30조 제2항).

※ 관련판례

공인중개사가 부동산중개업법 소정의 중개대상물 확인서의 작성 및 그를 통한 설명의무를 전혀 이행하지 않고 등기부등본조차도 제시하지 않았을 뿐만 아니라 당해 부동산은 아무런 법률적 문제가 없으니 자신을 믿고 계약을 체결하라는 잘못된 설명을 하는 등 업무상 주의의무를 현저히 위반함으로써 임차인이 전세금 일부를 반환받지 못하게 되는 손해를 입은 경우, 중개업자는 임차인에게 같은 법 제19조 제1항에 기한 손해배상책임이 있으나, 한편 임차인이 생면 부지의 사람과 비교적 고액의 보증금을 지급하고 전세계약을 체결함에 있어서 나름대로 부동산에 관한 등기부등본을 발급받아 봄으로써 이에 대한 권리관계사항을 미리 조사하는 등으로 손해방지를 위한 대비를 하였어야 함에도 불구하고 공인중개사의 말만을 믿고 섣불리 계약을 체결한 과실이 있다는 이유로 공인중개사의 책임을 70%로 제한한 사례. (1997.10.22선고 96나2019 판결 광주고등법원)

2-6. 부동산 중개보수 및 실비

2-6-1. 중개보수 및 실비 지급

① 중개의뢰인은 중개업무에 관해 부동산 개업공인중개사에게 소정의 보수를 지급해야 합니다. 다만, 부동산 개업공인중개사의 고의 또는 과실로 인하여 중개의뢰인간의 거래행위가 무효·취소 또는 해제된 경우에는 지급하지 않아도 됩니다(공인중개사법 제32조제1항).

② 「중개보수」란 부동산거래로 계약이 체결되어 부동산 개업공인중개사와 중개의뢰인 사이에 수수되는 금액을 말합니다. 거래금액에 따른 일정요율과 한도액 및 지급시기는 지방자치단체의 조례로 규정되어 있습니다(동법 제32조 제3항, 제4항).

③ 중개의뢰인은 부동산 개업공인중개사의 고의 또는 과실로 부동산 거래행위가 무효·취소 또는 해제된 경우에는 중개보수를 지급할 필요가 없으나, 거래당사자의 의사에 따라 해제된 경우에는 중개보수를 지급해야 합니다(동법 제32조 제1항).

④ 중개의뢰인은 부동산 개업공인중개사에게 중개대상물의 권리관계 등의 확인 또는 계약금 등의 반환채무이행보장에 소요된 실비를 줄 수 있습니다(동법 제32조제2항).

⑤ 중개대상물의 소재지와 중개사무소의 소재지가 다른 경우에는 중개사무소의 소재지를 관할하는 시·도의 조례에서 정한 기준에 따라 보수 및 실비를 지급합니다(동법 시행규칙 제20조 제3항).

2-6-2. 중개보수 및 실비의 한도

① 주택(건축물 중 주택의 면적이 2분의 1 이상인 경우도 주택에 포함)임대차에 대한 중개보수의 한도는 거래금액의 1천분의 8 이내입니다(동법 시행규칙 제20조 제1항 및 제6항).

② 실비의 한도는 중개대상물의 권리관계 등의 확인 또는 계약금 등의 반환채무이행 보장에 드는 비용으로 하되, 개업공인중개사가 영수증 등을 첨부하여 매도·임대 그 밖의 권리를 이전하려는 중개의뢰인(계약금 등의 반환채무이행 보장에 소요되는 실비의 경우에는 매수·임차 그 밖의 권리를 취득하려는 중개의뢰인을 말함)에게 청구할 수 있습니다(동법 시행규칙 제20조 제2항).

③ 부동산 개업공인중개사는 중개보수·실비의 요율 및 한도액 표를 해당 중개사무소 안의 보기 쉬운 곳에 게시해야 합니다(동법 제17조, 동법 시행규칙 제10조 제2호).

2-6-3. 한도를 초과한 중개보수 및 실비 수수 금지

① 부동산 개업공인중개사는 사례·증여 그 밖의 어떠한 명목으로도 중개보수 또는 실비의 한도를 초과하여 금품을 받아서는 안 되며, 이를 위반한 때에는 과태료 또는 영업정지나 1년 이하의 징역 또는 1,000만원 이하의 벌금에 처해지게 됩니다(동법 제33조 제3호 및 제49조 제1항 제10호).

② 중개보수는 중개의뢰인 쌍방이 요율 및 한도액 내에서 각각 지급해야 하고, 한도액을 초과하는 때에는 한도액의 범위 내에서 지급하면 됩니다(동법 시행규칙 제20조 제1항).

③ 만약, 개업공인중개사가 수수료 또는 실비의 한도를 초과하여 요구하는 경우에는 그 초과분은 무효이고, 한도를 초과하여 지급한 수수료 또는 실비의 반환을 청구할 수 있습니다(대법원 2007.12.20. 선고 2005다32159 전원합의체 판결).

④ 한도를 초과하는 보수 또는 실비를 요구하는 경우 거래당사자는 초과분에 대해 지급을 거절할 수 있으며, 계속하여 한도 초과 보수 또는 실비를 요구하면 행정관청에 신고할 수 있습니다.

■ 계약 만료 전 이사할 경우, 중개수수료는 누가 부담하는지요?

Q. 저는 세입자이고 현재 전세계약이 1년 정도 남아 있으나 사정상 이 사를 가려합니다. 그런데 임대인이 전세와 매매 둘다 내놨다가 바로 매매가 되었습니다. 집이 매매가 될 경우 계약 만료 전에 이사 하는 것이기 때문에 기존세입자가 매매에 대한 중개수수료의 일부 를 부담해야 하는 것이 맞는지요?

A. 임대차 계약기간 만료 전에 이사를 나가더라도 임차인이 중개보수 를 부담할 법적 의무는 없습니다[서울중앙지방법원 1997.11.12.선 고 97가소315820판결, 법제처 법령해석례(2009.12.24. 국토교통 부) 참조]. 다만, 계약기간 중 임차인의 사정에 의해 임대차계약을 언제든지 해지할 수 있다는 특약이 없는 한 임대인은 임대차 계약 기간 종료시까지 보증금을 돌려줄 의무가 없으므로, 임대차계약기 간 중 임대차계약을 해지하고 보증금을 돌려받고 나오려는 경우 임 대인과의 협의가 필요합니다(민법 제536조 참조).

※관련판례

구 부동산중개업법(2005.7.29. 법률 제7638호 공인중개사의 업무 및 부동산 거래신고에 관한 법률로 전문 개정되기 전의 것)은 부동 산중개업을 건전하게 지도·육성하고 부동산중개 업무를 적절히 규율함으로써 부동산중개업자의 공신력을 높이고 공정한 부동산 거래질서를 확립하여 국민의 재산권 보호에 기여함을 입법목적 으로 하고 있으므로(제1조), 중개수수료의 한도를 정하는 한편 이를 초과하는 수수료를 받지 못하도록 한 같은 법 및 같은 법 시행규칙 등 관련 법령 또는 그 한도를 초과하여 받기로 한 중 개수수료 약정의 효력은 이와 같은 입법목적에 맞추어 해석되어 야 한다. 그뿐 아니라, 중개업자가 구 부동산중개업법 등 관련 법령에 정한 한도를 초과하여 수수료를 받는 행위는 물론 위와 같은 금지규정 위반 행위에 의하여 얻은 중개수수료 상당의 이 득을 그대로 보유하게 하는 것은 투기적·탈법적 거래를 조장하 여 부동산거래질서의 공정성을 해할 우려가 있고, 또한 구 부동산중개업법 등 관련 법령의 주된 규율대상인 부동산의 거래가격이 높고 부동산중개업소의 활용도 또한 높은 실정에 비추어 부동산 중개수수료는 국민 개개인의 재산적 이해관계 및 국민생활의 편의에 미치는 영향이 매우 커 이에 대한 규제가 강하게 요청된다. 그렇다면, 앞서 본 입법목적을 달성하기 위해서는 고액의 수수료를 수령한 부동산 중개업자에게 행정적 제재나 형사적 처벌을 가하는 것만으로는 부족하고 구 부동산중개업법 등 관련 법령에 정한 한도를 초과한 중개수수료 약정에 의한 경제적 이익이 귀속되는 것을 방지하여야 할 필요가 있으므로, 부동산 중개수수료에 관한 위와 같은 규정들은 중개수수료 약정 중 소정의 한도를 초과하는 부분에 대한 사법상의 효력을 제한하는 이른바 강행법규에 해당하고, 따라서 구「부동산중개업법」등 관련 법령에서 정한 한도를 초과하는 부동산 중개수수료 약정은 그 한도를 초과하는 범위 내에서 무효이다(대법원 2007.12.20. 선고 2005다32159 전원합의체 판결).

■ 공인중개사가 이러한 법정수수료를 초과하여 부가가치세를 수령하는 것이 법률의 규정에 위반되는지요?

Q. 공인중개사의 업무 및 부동산 거래신고에 관한 법률 제33조제3호에서 부동산 중개업자는 사례·증여 그 밖의 어떠한 명목으로도 동법 제32조제3항에서 규정하는 수수료를 초과하여 수령하는 것을 금지하고 있는바, 공인중개사가 이러한 법정수수료를 초과하여 부가가치세를 수령하는 것이 공인중개사의 업무 및 부동산 거래신고에 관한 법률 제33조제3호의 규정에 위반되는지요?

A. 공인중개사의 업무 및 부동산 거래신고에 관한 법률 제32조제3항에서 규정하고 있는 법정수수료에는 부가가치세가 포함되지 아니하므로 공인중개사가 법정수수료를 초과하여 부가가치세를 수령하는 것은 동법 제33조제3호의 규정에 위반되지 않습니다.

※관련판례

중개업자인 갑이 자신의 사무소를 을의 중개행위의 장소로 제공하여 을이 그 사무소에서 임대차계약을 중개하면서 거래당사자로부터 종전 임차인에게 임대차보증금의 반환금을 전달하여 달라는 부탁을 받고 금원을 수령한 후 이를 횡령한 경우, 갑은 구「부동산중개업법」(1999.3.31. 법률 제5957호로 개정되기 전의 것) 제19조 제2항에 따라 거래당사자가 입은 손해를 배상할 책임이 있다고 본 원심의 판단을 수긍한 사례(대법원 2000.12.22. 선고 2000다48098 판결)

■ 중개업자가 자필로 서명하지 아니하고 성명이 새겨진 고무인을 찍거나 컴퓨터를 이용하여 성명을 전산으로 출력한 계약서를 사용하는 것이 "서명"에 해당되는지요?

Q. 가. 부동산중개업법 제16조제2항의 규정에 의하면, 중개업자는 중개대상물에 관하여 중개가 완성된 때에는 필요한 사항을 빠뜨리지 아니하고 확인하여 거래계약서를 작성하고 이에 서명·날인하여야 한다고 되어 있는바, 중개업자가 자필로 서명하지 아니하고 성명이 새겨진 고무인을 찍거나 컴퓨터를 이용하여 성명을 전산으로 출력한 계약서를 사용하는 것이 "서명"에 해당되는지요?

나. 부동산중개업법 제16조제2항의 "서명·날인"이 "서명 또는 날인"을 의미하는지요?"서명 및 날인"을 의미하는지요?

A. 가. 질의 가에 대하여

중개업자가 자필로 서명하지 아니하고 성명이 새겨진 고무인을 찍거나 컴퓨터를 이용하여 성명을 전산으로 출력한 계약서를 사용하는 것은 부동산중개업법 제16조제2항의 규정에 의한 "서명"에 해당한다고 볼 수 없습니다.

나. 질의 나에 대하여

부동산중개업법 제16조제2항의 "서명·날인"은 자필서명을 하고 등록된 인장의 날인을 요건으로 하는 것이므로, "서명 및 날인"을 의미한다고 보아야 할 것입니다.

※관련판례

부동산중개업법 제2조제1호는 "중개라 함은 제3조의 규정에 의한 중개대상물에 대하여 거래당사자 간의 매매·교환·임대차 기타 권리의 득실·변경에 관한 행위를 알선하는 것을 말한다."고 규정하고, 같은 법 제19조제1항은 "중개업자가 중개행위를 함에 있어서 고의 또는 과실로 인하여 거래 당사자에게 재산상의 손해를 발생하게 한 때에는 그 손해를 배상할 책임이 있다."고 규정하고 있는바, 여기서 어떠한 행위가 중개행위에 해당하는지 여부는 거래당사자의 보호에 목적을 둔 법 규정의 취지에 비추어 볼 때 중개업자가 진정으로 거래당사자를 위하여 거래를 알선·중개하려는 의사를 갖고 있었느냐고 하는 중개업자의 주관적 의사에 의하여 결정할 것이 아니라 중개업자의 행위를 객관적으로 보아 사회통념상 거래의 알선·중개를 위한 행위라고 인정되는지 여부에 의하여 결정하여야 한다(대법원 2005.10.7. 선고 2005다32197 판결).

3. 전월세자금 대출

3-1. 전월세자금 대출의 종류

① 정부는 무주택 서민층의 주거안정을 위해 서민들의 보금자리 마련에 필요한 자금을 지원해 주고 있습니다. 이를 위해 정부는 주택도시기금을 활용하여 전월세자금을 대출해 주고 있습니다(주택도시기금법 제1조 및 제3조 참조).

② 주택도시기금을 활용한 전월세자금 대출은 다음과 같습니다(주택도시기금 홈페이지-개인상품-주택전세자금대출).

종 류	내 용
버팀목전세자금	근로자 및 서민의 주거안정을 위한 전세자금 대출상품
주거안정월세자금	저소득계층의 주거안정을 위한 월세자금 대출상품

③ 전월세자금 대출의 종류, 대출대상, 대출신청방법, 대출기간 및 대출이자 등에 관한 보다 자세한 내용은 <주택도시기금 홈페이지-주택전세자금대출> 부분에서 확인하실 수 있습니다.

④ 그 밖에 시중은행에서도 전세자금대출 상품을 운용하고 있습니다. 시중은행에서 운용하는 전세자금대출 상품의 종류 및 이율 등 보다 자세한 내용은 해당 은행의 홈페이지에서 확인할 수 있습니다.

제3절 보증금 보호

1. 보증금의 보호

1-1. 대항력

1-1-1. 대항력의 개념 및 요건

① 「대항력」이란 임차인이 제3자, 즉 임차주택의 양수인, 임대할 권리를 승계한 사람, 그 밖에 임차주택에 관해 이해관계를 가지고 있는 사람에게 임대차의 내용을 주장할 수 있는 법률상의 힘을 말합니다(주택임대차보호법 제3조제1항).

② 임대차는 그 등기가 없더라도, 임차인이 주택의 인도와 주민등록
을 마친 때에는 그 다음 날부터 대항력이 생깁니다.

■ 임차주택을 경락받은 임차인의 보증금반환채권이 소멸되는지요?

Q. 저는 1년 전 저당권 등이 설정되어 있지 않은 신축주택을 임차하여 입주와 동시에 주민등록전입신고를 하고 거주하고 있습니다. 그런데 그 이후 설정된 저당권에 기하여 경매가 진행되고 있는바, 만일 제가 위 주택을 위 경매절차에서 매수한다면 확정일자가 늦어 배당 받지 못하게 된 임차보증금의 반환을 집주인에 대하여 청구할 수 있는지요?

A. 주택임대차보호법상 임차인이 입주와 주민등록전입신고라는 대항요건을 갖춘 경우에는 임대기간 중 임차주택의 소유자가 변경되는 경우에도 임대인의 지위가 신 소유자에게 포괄적으로 승계 됨으로써 임차인은 계약기간 동안 그 임차주택에서 쫓겨나지 않고 생활할 수 있고, 계약기간만료 시에는 신소유자에게 보증금반환청구를 할 수 있습니다. 위 사안의 경우 귀하는 위와 같은 대항력을 갖추었고, 선순위 저당권 등이 없었으므로 위 주택이 경매절차에서 매각된다고 하여도 확정일자순위가 늦어 매각대금에서 전세보증금을 배당받지는 못한다고 하더라도 경매절차의 매수인에게 대항력을 행사할 수는 있는 것입니다. 결과적으로 귀하의 전세보증금은 경매절차의 매수인에게 받을 수 있게 되는 것입니다. 그런데 만일 귀하가 위 주택을 경매절차에서 매수한다면 경매절차의 매수인에게 대항할 수 있는 임차인의 지위와 경매절차의 매수인으로서의 지위를 겸유(兼有)하는 것이 되어 이 경우 귀하의 전세보증금반환청구채권은 어떻게 될 것인지 문제됩니다. 이에 관하여 판례는 "주택의 임차인이 제3자에 대한 대항력을 갖춘 후 임차주택의 소유권이 양도되어 그 양수인이 임대인의 지위를 승계 하는 경우에는 임대차보증금의 반환채무도 부동산의 소유권과 결합하여 일체로서 이전하는 것이므로 양도인의 임대인으로서의 지위나 보증금반환채무는 소멸하는 것이고, 대항력을 갖춘 임차인이 양수인이 된 경우라고 하여 달리 볼 이유가 없으므로 대항력을 갖춘 임차인이 당해 주택을 양수한 때에도 임대인의 보증금반환채무는 소멸하고 양수인인 임차인이 임대인의 자신에 대한 보증금반환채무를 인수하게 되어, 결국 임차인의

보증금반환채권은 혼동으로 인하여 소멸하게 된다."라고 하였습니다 (대법원 1996.11.22. 선고 96다38216 판결, 1998.9.25. 선고 97다 28650 판결, 2009.5.28. 선고 2009다15794 판결). 따라서 위 주택 이 경매절차에서 매각된다면 그로써 귀하의 집주인 甲에 대한 전세 보증금반환청구채권은 소멸하고, 대신 귀하는 경매절차의 매수인에 게 귀하의 대항력을 주장하여야 할 것이나, 귀하가 위 주택을 경매 절차에서 매수한다면 대항력을 행사하여 현실적으로 만족 받을 수 있었던 귀하의 전세보증금도 받을 수 없게 된다 할 것입니다.

■ 공사대금조로 임대보증금을 받기로 한 경우 부동산이 제3자에게 임대되지 않았으므로 보증금을 지급해줄 수 없다고 하는 경우 무작정 기다려야만 하는지요?

Q. 저는 건축주와 다세대주택 신축공사 도급계약을 체결하고 공사대금은 준공 후 임대보증금으로 받는 조건으로 12개월 간의 임대차계약서를 교부받았습니다. 당초 도급계약의 내용대로 임대를 시도해 보았으나 입주할 세입자가 나타나지 않아 하는 수 없이 제가 입주하게 되었고, 현재 임대차계약서상의 임차기간이 만료됨에 따라 건축주에게 보증금을 반환해달라고 요구했으나 건축주는 부동산이 제3자에게 임대되지 않았으므로 보증금을 지급해줄 수 없다고 합니다. 저는 무작정 임대될 때까지 기다려야만 하는지요?

A. 귀하는 도급공사대금의 담보조로 임대차계약서를 교부받고 임대가 되지 않는 바람에 귀하가 직접 사용하고 있던 중 임대차계약서상의 기간이 만료된 경우인바, 원칙적으로 공사대금지급을 담보하는 의미로 임대차계약서를 교부한 경우는 그 기간동안 공사대금변제기한을 유예한 것으로 보아야 할 것입니다. 그러나 위 사안의 경우 공사대금을 보증금에 갈음하여 지급한 것으로 볼 수 있으므로 임차기간이 만료되면 임차주택이 타인에게 임대되었는지 여부와 관계없이 건축주는 임차보증금을 지급해야 할 것입니다. 또한, 특약사항에 부동산이 타인에게 임대되지 아니한 경우에는 임차보증금을 지급할 의무가 없다는 내용을 기재했더라도 임대가 무기한으로 지연될 때에는 위 특약사항을 일률적으로 적용한다면 임차인에게 너무 불리한 계약이라 할 것입니다. 따라서 임차계약서의 교부경위 및 취지와 형평성의 원칙에 비추어 위와 같은 특약이 심히 형평성에 반한다면 위 특약은 무효라 할 것이므로 귀하는 건축주에게 부동산을 명도 해주고 임차보증금반환청구를 할 수 있을 것으로 보입니다.

1-1-2. 주택의 인도

① 주택임대차보호법에 따른 대항력을 획득하기 위해서는 '주택의 인도'가 필요합니다(제3조 제1항).

② 「주택의 인도」란 점유의 이전을 말하는데, 주택에 대한 사실상의 지배가 임대인으로부터 임차인에게로 이전하는 것을 말합니다. 즉 임차인이 입주해서 살고 있는 것을 뜻합니다.

1-1-3. 주민등록 및 전입신고

① 주택임대차보호법에 따른 대항력을 획득하기 위해서는 임차인이 주민등록을 마쳐야 하며, 이 경우 전입신고를 한 때에 주민등록을 된 것으로 봅니다(제3조 제1항).

② 전입신고는 하나의 세대에 속하는 자의 전원 또는 그 일부가 거주지를 이동할 때 신거주지의 시장·군수 또는 구청장에게 하는 신고로서, 세대주 등 신고의무자는 새로운 거주지에 전입한 날부터 14일 이내에 전입신고를 해야 합니다(주민등록법 제10조, 제11조 및 제16조 제1항).

③ 대항력을 취득한 임차인이 그 가족과 함께 일시적이나마 주민등록을 다른 곳으로 이전하면 전체적으로나 종국적으로 주민등록을 이탈한 것이므로 대항력은 전출로 인해 소멸되고, 그 후 임차인이 다시 임차주택의 주소로 전입신고를 하였더라도 소멸했던 대항력이 회복되는 것이 아니라 새로운 전입신고를 한 때부터 새로운 대항력을 취득하는 것입니다(대법원 1998.1.23. 선고 97다43468 판결).

④ 대항력을 취득한 임차인이 그 가족과 함께 그 주택에 대한 점유를 계속하고 있으면서 그 가족의 주민등록을 그대로 둔 채 임차인만 주민등록을 일시적으로 옮긴 경우라면, 전체적으로나 종국적으로 주민등록의 이탈이라고 볼 수 없으므로 제3자에 대한 대항력을 상실하지 않습니다(대법원 1996.1.26, 선고, 95다30338 판결).

⑤ 전입신고 시 유의사항

전입신고를 하기 전에 반드시 그 부동산의 등기사항증명서를 발급 받아서 번지, 동, 호수 등을 확인한 후에 전입신고를 해야 기재오류 로 인한 손해를 막을 수 있습니다. 전입신고의 유효성 판단은 임차 인이 전입신고를 한 당시의 번지를 기준으로 하여 판단하기 때문에 부동산의 등기부를 확인해 정확하게 전입신고를 하는 것이 안전합 니다(대법원 1999.12.7. 선고 99다44762 판결).

⑥ 주택임대차보호법의 대항요건을 갖추지 못하여 보호를 받을 수 없 는 경우

1) 전입신고의 번지와 임차주택 등기부의 번지가 다른 경우(대법원 2000.6.9. 선고 2000다8069 판결)

2) 공동주택(아파트, 연립, 다세대주택)의 번지 또는 동·호수를 누 락한 상태로 전입신고를 한 경우(대법원 1995.4.28. 선고 94다 27427 판결)

3) 대문 앞의 호수와 등기부의 호수 확인 없이 대문의 호수로 전 입신고를 한 경우(대법원 1996.4.12.선고 95다55474판결)

⑦ 주택임대차보호법의 대항요건을 갖추지 못하였더라도 보호를 받을 수 있는 경우

1) 전입신고의 당사자는 부동산의 등기부를 확인한 후 제대로 전 입신고를 하였으나, 담당공무원의 착오로 새로운 거주지의 번 지를 틀리게 기재한 경우(대법원 1991.8.13. 선고 91다 18118 판결)

⑧ 신축 중인 주택에 대한 전입신고

신축 중인 주택을 임차하여 준공검사 전에 입주하는 경우, 건물등 기부가 마련되어 있지 않아 대문에 적힌 호수로 전입신고를 하는 경우가 있습니다. 이 경우에는 준공검사 후 건물등기부가 작성되 면, 그 등기사항증명서를 발급받아 동·호수를 다시 확인해야 합니 다. 만약, 신축 중인 연립주택 중 1층 소재 주택의 임차인이 전입 신고를 할 경우 잘못된 현관문의 표시대로 '1층 201호'라고 전입

신고를 마쳤는데, 준공 후 그 주택이 공부상'1층 101호'로 등재되었다면 주택임대차보호법의 대항요건을 갖추고 있지 않기 때문에 보호를 받을 수 없게 됩니다(대법원 1995.8.11. 선고 95다177 판결).

■ 실제 지번이 '산○○번지'인데, '산'자를 누락하여 전입신고한 경우에 주택임대차보호법의 대항요건으로서 유효한지요?

Q. 저는 주택을 임차하여 입주 후 주민등록전입신고를 필하고 확정일자도 받아 두었습니다. 그런데 위 주택에 경매가 개시된 후 알고 보니 위 주택의 실제 지번은 '산 ○○번지'인데, 저의 주민등록은 '산'자가 누락된 ○○번지로 전입신고가 되어 있습니다. 이 경우 저의 주민등록이 주택임대차보호법상 대항요건으로서 유효한지요?

A. 주택임대차의 대항력에 관하여 주택임대차보호법 제3조 제1항은 "임대차는 그 등기가 없는 경우에도 임차인이 주택의 인도와 주민등록을 마친 때에는 그 익일부터 제3자에 대하여 효력이 생긴다. 이 경우 전입신고를 한 때에 주민등록이 된 것으로 본다."라고 규정하고 있고, 주택임차보증금의 확정일자에 의한 우선변제권에 관하여 같은 법 제3조의2 제2항은 "제3조 제1항 또는 제2항의 대항요건과 임대차계약증서(제3조 제2항의 경우에는 법인과 임대인 사이의 임대차계약증서를 말한다)상의 확정일자를 갖춘 임차인은 민사집행법에 의한 경매 또는 국세징수법에 의한 공매시 임차주택(대지를 포함한다)의 환가대금에서 후순위권리자 기타 채권자보다 우선하여 보증금을 변제 받을 권리가 있다."라고 규정하고 있습니다. 그러므로 주택의 인도(입주)와 주민등록의 전입은 주택임대차보호법상의 모든 보호에 있어서 필수적입니다. 그런데 주택임대차보호법 제3조 제1항 소정의 대항요건으로서의 주민등록의 유효 여부에 대한 판단기준에 관하여 판례는 "주택임대차보호법 제3조 제1항에서 주택의 인도와 더불어 대항력의 요건으로 규정하고 있는 주민등록은 거래의 안전을 위하여 임차권의 존재를 제3자가 명백히 인식할 수 있게 하는 공시방법으로 마련된 것이라고 볼 것이므로, 주민등록이 어떤 임대차를 공시하는 효력이 있는가의 여부는 일반 사회통념상 그 주민등록으로 당해 임대차 건물에 임차인이 주소 또는 거소를 가진 자로 등록되어 있는지를 인식할 수 있는가의 여부에 따라 결정된다."라고 하면서(대법원 2003.5.16. 선고 2003다10940 판결), 실제 지번('산 53의6')과 등기부상 지번('산 53')이 다른 경우 "실제

지번인 '산 53의6'이나 등기부상 지번인 '산 53'과 일치하지 아니한 '53의 6'에 등재된 주민등록의 경우 주택 소재지에 주소를 가진 자로 제3자가 인식할 수 없으므로 '53의 6'에 등재된 주민등록은 공시방법으로 유효하지 않기 때문에 주택임대차보호법 제3조 제1항 소정의 대항요건으로서 유효하지 않다."라고 하였습니다(대법원 2000.6.9. 선고 2000다8069 판결). 따라서 위 사안에서 귀하의 주민등록이 실제 지번에서 '산'자가 누락된 경우 일반 사회통념상 그 주민등록으로 위 주택에 귀하가 주소 또는 거소를 가진 자로 등록되어 있는지를 인식할 수 없다고 보아 주택임대차보호법상 대항요건을 갖추지 못하였다고 볼 수 있을 것입니다.

참고로 판례는 "등기부상 동·호수 표시인 '다동 103호'와 불일치한 '라동 103호'로 된 주민등록은 그로써 당해 임대차건물에 임차인들이 주소 또는 거소를 가진 자로 등록되어 있는지를 인식할 수 있다고 보여지지 아니한다고 하여, 위 주민등록이 임대차의 공시방법으로서 유효하다고 할 수 없다."라고도 하였습니다(대법원 1999.4.13. 선고 99다4207 판결).

■ 임차인의 배우자만 주민등록전입이 된 경우에도 대항력 인정되는지요?

Q. 저는 주택임대차계약을 체결하고 처 및 가족들과 함께 입주하였으나, 주민등록은 사업상의 필요에 의하여 다른 곳에 둔 채 처만 주민등록전입신고를 하고, 저와 나머지 가족은 2개월 후에 전입신고를 하였습니다. 그런데 그 사이에 위 주택에 근저당권이 설정되고 지금 근저당권이 실행되어 경매절차가 진행 중에 있습니다. 저는 경매절차의 매수인에게 주택임대차보호법상 대항력을 갖게 되는지요?

A. 주택임대차보호법 제3조 제1항은 "임대차는 그 등기가 없는 경우에도 임차인이 주택의 인도와 주민등록을 마친 때에는 그 다음 날부터 제3자에 대하여 효력이 생긴다. 이 경우 전입신고를 한 때에 주민등록이 된 것으로 본다."라고 규정하고 있으므로, 대항력의 요건인 주택의 인도와 주민등록을 모두 갖추었다면 인도와 주민등록을 마친 다음날부터 대항력이 발생합니다. 그런데 대항요건 중 하나인 주민등록에 관하여, 판례는 "주택임대차보호법 제3조 제1항에서 규정하고 있는 주민등록이라는 대항요건은 임차인 본인뿐만 아니라 그 배우자나 자녀 등 가족의 주민등록을 포함한다."라고 하였습니다 (대법원 1995.6.5.자 94마2134 결정, 1996.1.26. 선고 95다30338 판결, 1998.1.23. 선고 97다43468 판결). 즉, 위 판례는 임차인의 가족을 점유보조자로 보았고, 점유보조자의 주민등록이 전입된 경우에도 대항요건을 갖춘 것으로 인정한 것입니다. 또 주택 임차인이 그 가족과 함께 그 주택에 대한 점유를 계속하고 있으면서 그 가족의 주민등록을 그대로 둔 채 임차인만 주민등록을 일시 다른 곳으로 옮긴 경우라면, 전체적으로나 종국적으로 주민등록의 이탈이라고 볼 수 없는 만큼 임대차의 제3자에 대한 대항력을 상실하지 아니합니다(대법원 1996.1.26. 선고 95다30338 판결).위 사안에서 귀하가 임차한 주택에 실제로 입주를 하였고, 귀하의 가족인 처의 주민등록을 마친 경우에는, 설사 귀하가 주민등록을 마치지 않았다 하더라도 이미 대항요건상의 주민등록을 마친 것이므로 처의 주민등록전입신고 시점을 기준으로 대항력의 발생 시기를 판단하게 됩니다. 따라서 귀하는 근저당권의 실행으로 위 주택을 경매절차에서 매수한 자에 대하여 대항력을 주장할 수 있을 것으로 보입니다.

■ 공무원의 실수로 주민등록이 잘못 기재된 경우에 대항력 있는지요?

Q. 저는 주택을 임차하기로 하고 전세보증금 3,000만원을 지급한 뒤 그 주택에 입주하고 같은 날 전입신고를 마쳤습니다. 그런데 동사무소 직원이 착오로 주민등록표에 새로운 주소의 기재를 잘못하였고, 저는 그 사실을 알지 못하고 있던 중 임차주택에 대한 경매절차가 진행되어 다른 사람이 위 주택을 경매절차에서 매수하였습니다. 이 경우 저는 매수인에게 대항력을 주장할 수 있는지요?

A. 주택임대차보호법 제3조 제1항에서 주택의 인도와 더불어 대항요건으로 규정하고 있는 주민등록은 거래의 안전을 위하여 임차권의 존재를 제3자가 명백히 인식할 수 있는 공시방법으로 마련된 것이고, 주민등록 관계 서류의 주소는 도로명주소의 표기방법으로 기록하되 도로명주소를 사용할 수 없는 경우에는 특별시·광역시·도·특별자치도, 시·군·자치구, 구, 읍·면·동, 리, 지번의 순으로 기록하고, 공동주택의 경우에는 지번 다음에 건축물대장 등에 따른 공동주택의 이름과 동·호수를 특정하여 기재할 것을 「주민등록법 시행령」 제9조 제3항과 제4항에서 규정하고 있고, 판례도 공동주택의 임대차에 있어서의 전입신고는 동·호수의 특정을 요구하고 있습니다(대법원 1996.3.12. 선고 95다46104 판결, 2000.4.7. 선고 99다66212 판결). 다만, 판례는 "임차인이 전입신고를 올바르게(즉, 임차건물 소재지 지번으로) 하였다면 이로써 그 임대차의 대항력이 생기는 것이므로, 설사 담당공무원의 착오로 주민등록표상에 신거주지 지번이 다소 틀리게 ("○○동 545의 5"가 "○○동 545의 2"로) 기재되었다 하여 그 대항력에 영향을 끼칠 수는 없다."라고 하였습니다(대법원 1991.8.13. 선고 91다18118 판결). 따라서 귀하는 동사무소 직원에게 전입신고한 때에 대항요건으로서 주민등록을 갖춘 것이 되고, 그 다음날부터 위 주택에 대한 대항력을 취득하였으므로 경매절차의 매수인에게 위 주택에 대한 대항력을 주장할 수 있을 것으로 보입니다. 참고로 임차인이 착오로 임차건물의 지번과 다른 지번으로 전입신고한 경우에 관하여 판례는 "주택임대차보호법 제3조 제1항에서 주택의 인도와 더불어 대항력의 요건으로 규정하고 있는 주민

등록은 거래의 안전을 위하여 임차권의 존재를 제3자가 명백히 인식할 수 있는 공시방법으로 마련된 것이라고 볼 것이므로, 주민등록이 어떤 임대차를 공시하는 효력이 있는가의 여부는 일반사회 통념상 그 주민등록으로 당해 임대차 건물에 임차인이 주소 또는 거소를 가진 자로 등록되어 있는지를 인식할 수 있는가의 여부에 따라 인정될 것인바, 임차인이 착오로 임대차건물의 지번과 다른 지번에 주민등록(전입신고)을 하였다가 그 후 관계공무원이 직권정정을 하여 실제지번에 맞게 주민등록이 정리되었다면 위 임차인은 주민등록이 정리된 이후에 비로소 대항력을 취득하였다고 할 것이다.”라고 한 바 있습니다(대법원 1987.11.10. 선고 87다카1573 판결, 2003.5.16. 선고 2003다10940 판결). 또한 “주민등록법 및 같은 법 시행령에 따라 주민등록이 직권말소된 경우 대항력이 상실된다고 할 것이지만, 직권말소 후 동법 소정의 이의절차에 따라 그 말소된 주민등록이 회복되거나 동법 시행령 제29조에 의하여 재등록이 이루어짐으로써 주택임차인에게 주민등록을 유지할 의사가 있었다는 것이 명백히 드러난 경우에는 소급하여 그 대항력이 유지된다.”라고 하였습니다(대법원 2002.10.11. 선고 2002다20957 판결).

■ 은행직원의 임대차 조사에서 임차사실을 숨긴 임차인에게 불이익이 없는지요?

Q. 저는 주택을 전세보증금 5,000만원에 계약기간 2년으로 임차하여 입주와 주민등록전입신고를 마치고 거주하던 중, 최근 집주인이 은행으로부터 돈을 빌려야 한다면서 임차권이 있으면 돈을 빌릴 수 없으니 은행직원에게 임대차관계가 없다고 거짓말을 하여 달라고 합니다. 만일 그렇게 한다면 저에게 불이익이 없는지요?

A. 이러한 경우에 대법원은 (1)임차인의 행위의 적극성과 (2)그로 인하여 은행 등이 신뢰를 갖게 되었는지 여부 등을 기준으로 구체적인 사안을 검토하고 있습니다. 즉 은행직원이 근저당권실행의 경매절차와는 아무런 관련도 없이 행한 담보건물에 대한 임대차조사에서 임차인이 그 임차사실을 숨겼으나 그 후의 경매절차에서 임대차관계의 존재를 분명히 한 사안에서 대법원은 "은행이 경매가격을 결정함에 있어서 신뢰를 준 것이라고는 할 수 없는 것이므로, 위와 같이 일시 임대차관계를 숨긴 사실만을 가지고서 은행의 건물명도청구에 대하여 임차인이 주택임대차보호법 제3조 소정의 임차권의 대항력에 기하여야 하는 임차보증금반환과 동시이행의 항변이 신의성실의 원칙에 반하는 것이라고는 볼 수 없다."라고 하였습니다(대법원 1987.1.20. 선고 86다카1852 판결). 그러나 甲이 乙의 소유건물을 보증금 3,400만원에 채권적 전세를 얻어 입주하고 있던 중 乙이 은행에 위 건물을 담보로 제공함에 있어 乙의 부탁으로 은행직원에게 임대차계약을 체결하거나 그 보증금을 지급한 바가 없다고 하고 그와 같은 내용의 각서까지 작성해줌으로써 은행으로 하여금 위 건물에 대한 담보가치를 높게 평가하도록 하여 乙에게 대출하도록 하였고, 은행 또한 위 건물에 대한 경매절차가 끝날 때까지도 乙과 甲사이의 위와 같은 채권적 전세관계를 알지 못했던 사안에서는 "甲이 명도청구에 즈음하여 이를 번복하면서 위 전세금반환을 내세워 그 명도를 거부하는 것은 특단의 사정이 없는 한 금반언 내지 신의칙에 위반된다."라고 하였으며(대법원 1987.11.24. 선고 87다카1708 판결), 근저당권자가 담보로 제공된 건물에 대한 담보

가치를 조사할 당시 대항력을 갖춘 임차인이 그 임대차 사실을 부인하고 임차보증금에 대한 권리주장을 않겠다는 내용의 확인서를 작성해준 사안에서는 "그 후 그 건물에 대한 경매절차에서 이를 번복하여 대항력 있는 임대차의 존재를 주장함과 아울러 근저당권자보다 우선적 지위를 가지는 확정일자부 임차인임을 주장하여 그 임차보증금반환채권에 대한 배당요구를 하는 것은 특별한 사정이 없는 한 금반언 및 신의칙에 위반되어 허용될 수 없다."라고 하였습니다(대법원 1997.6.27. 선고 97다12211 판결, 2000.1.5.자 99마4307 결정).

따라서 귀하가 임대차관계를 숨긴 경우 귀하의 임차권이 보호받지 못하는 경우가 발생할 수 있으므로 은행직원의 임대차관계 조사 시 임대차관계에 관하여 사실대로 밝히는 것이 좋을 것입니다. 참고로 하급심 판례는 "대출 받으려는 집주인의 부탁을 받고 임차인이 임대차보증금을 허위로 확인해주어 아파트의 담보가치를 초과한 금원을 대출해주게 되었고, 이후 경매절차에서 대출금 중 변제받지 못한 부분이 발생한 경우 임차인은 그 손해의 70%를 배상해야 한다."라고 한 바도 있습니다(서울지법 1998.9.23. 선고 98나11702 판결).

1-1-4. 대항력의 발생시기

① 대항력은 임차인이 주택의 인도와 주민등록을 마친 때에 그 다음 날부터 제삼자에 대하여 효력이 생기고, 전입신고를 한 때에 주민등록을 마친 것으로 봅니다(주택임대차보호법 제3조 제1항).

② 여기에서 「그 다음 날부터 제3자에 대하여 효력이 생긴다」라고 함은, 다음 날 오전 0시부터 대항력이 생긴다는 취지입니다(대법원 1999.5.25. 선고 99다9981 판결). 예를 들어, 홍길동이 2011년 12월 1일 임차주택을 임차보증금 1억원에 임차하여 2011년 12월 15일 전입신고를 마쳤다면, 그 다음 날인 2011년 12월 16일 00:00부터 대항력이 생기게 됩니다.

③ 대항력을 취득한 임차인과 주택에 대한 저당권 또는 가압류 등의 권리관계는 그 요건을 갖춘 선후에 따라 결정됩니다.

④ 주택임대차보호법의 보호대상은 원칙적으로 자연인인 국민이므로 법인은 주택임대차보호법의 대항력을 취득하지 못합니다. 그러나 주택도시기금을 재원으로 하여 저소득층 무주택자에게 주거생활 안정을 목적으로 전세임대주택을 지원하는 법인이 주택을 임차한 후 지방자치단체의 장 또는 그 법인이 선정한 입주자가 그 주택을 인도받고 주민등록을 마쳤을 때에는 그 다음 날부터 대항력을 취득합니다(제3조 제2항).

■ 다가구주택 103호를 임대하면서 그냥 지번만 기재하고 전입신고를 하였습니다. 대항력을 취득할 수 있을까요?

Q. 저는 다가구주택의 103호를 임대하면서 그냥 지번만 기재하고 전입신고를 하였습니다. 저는 대항력을 취득할 수 있을까요?

A. 다가구주택은 원래 단독주택으로 건축허가를 받아 건축되고, 건축물관리대장에도 구분소유가 불가능한 건물입니다. 따라서 귀하는 주민등록법 시행령 제9조제3항에 따라 임차인이 위 건물의 일부나 전부를 임차하여 전입신고를 하는 경우 지번만 기재하는 것으로 충분하고, 나아가 그 전유부분의 표시까지 기재할 의무나 필요가 있다고 할 수 없고, 임차인이 실제로 위 건물의 어느 부분을 임차하여 거주하고 있는지 여부의 조사는 단독주택의 경우와 마찬가지로 위 건물에 담보권 등을 설정하려는 이해관계인의 책임 하에 이루어져야 합니다(대법원 2002.3.15. 선고 2001다80204 판결). 다가구주택의 103호를 임대하면서 지번만 기재한 귀하는 대항력을 취득합니다.

■ 전입신고 후 토지 분할로 건물소재지 지번이 변경된 경우에 대항력은 어떻게 해야 하나요?

Q. 저는 甲소유의 다가구주택 가동 301호를 임차보증금 3,500만원에 임차하고 입주하면서 주택소재 지번 가동 301호로 전입신고를 마쳤는데, 전입신고를 할 당시 위 다가구주택에 대한 건축물관리대장 및 등기부가 작성되어 있지 않았습니다. 그 후 甲은 위 다가구주택 부지를 분할하여 乙에게 소유권이전등기를 하여 주고 乙은 변경된 지번으로 위 다가구주택 가동에 대한 소유권보존등기를 마쳤습니다. 그 후 위 다가구주택 가동에 설정된 근저당권의 실행으로 경매절차가 진행되어 丙이 위 다가구주택 가동을 그 경매절차에서 매수하여 대금을 지급하고 소유권을 취득한 경우, 저는 丙에게 위 임대차계약의 대항력을 주장할 수 있는지요?

A. 주택임대차보호법 제3조 제1항은 주택의 인도와 더불어 주민등록을 대항력의 요건으로 규정하고 있습니다. 주민등록을 대항력의 요건으로 규정하고 있는 이유는 거래의 안전을 위하여 임대차의 존재를 제3자가 명백히 인식할 수 있도록 하기 위함이기 때문에 주민등록이 어떤 임대차를 공시하는 효력이 있는가의 여부는 일반사회통념상 그 주민등록으로 당해 임대차건물에 임차인이 주소 또는 거소를 가진 자로 등록되어 있는지를 인식할 수 있는가의 여부에 따라 결정되는 것입니다(대법원 2002.5.10. 선고 2002다1796 판결). 사안과 같이 전입신고 이후 지번이 변경된 경우에 대하여 판례는 "일반사회통념상 그 주민등록으로 당해 임대차건물에 임차인이 주소 또는 거소를 가진 자로 등록되어 있는지를 인식할 수 있는가의 판단은 임차인이 전입신고를 한 당시의 지번을 기준으로 일반사회통념에 따라서 하여야 할 것인바, 전입신고를 할 당시를 기준으로 하여 보면 비록 건축물관리대장 및 등기부가 작성되기 이전이지만 그 전입신고 내용이 실제 건물의 소재지 지번과 정확히 일치하여 일반사회통념상 그 주민등록으로 당해 임대차건물에 임차인이 주소 또는 거소를 가진 자로 등록되어 있다는 것을 충분히 인식할 수 있었으므로, 그 무렵 주택임대차보호법 제3조 제1항에 의하여 대항력을 취

득하였다고 할 것이고, 그 이후 토지분할 등의 사정으로 지번이 변경되었다고 하여 이미 취득한 대항력을 상실한다고 할 수 없음이 분명하다."라고 하였으며(대법원 1999.12.7. 선고 99다44762, 44779 판결), "주택의 인도와 주민등록이라는 임대차의 공시방법은 어디까지나 등기라는 원칙적인 공시방법에 갈음하여 마련된 것이고, 제3자는 주택의 표시에 관한 사항과 주택에 관한 권리관계에 관한 사항을 통상 등기부에 의존하여 파악하고 있으므로, 임대차 공시방법으로서의 주민등록이 등기부상의 주택의 현황과 일치하지 않는다면 원칙적으로 유효한 공시방법이라고 할 수 없으나, 다만 주택의 소유권보존등기가 이루어진 후 토지의 분할 등으로 인하여 지적도, 토지대장, 건축물대장 등의 주택의 지번 표시가 분할 후의 지번으로 등재되어 있으나 등기부에는 여전히 분할 전의 지번으로 등재되어 있는 경우, 임차인이 주민등록을 함에 있어 토지대장 및 건축물대장에 일치하게 주택의 지번과 동·호수를 표시하였다면 설사 그것이 등기부의 기재와 다르다고 하여도 일반의 사회통념상 임차인이 그 지번에 주소를 가진 것으로 제3자가 인식할 수 있다고 봄이 상당하므로 유효한 임대차의 공시방법이 된다."라고 하였습니다(대법원 2001.12.27. 선고 2001다63216 판결). 위와 같은 판례의 입장을 따를 때 사안의 경우 귀하는 丙에 대하여 위 임대차의 대항력을 주장할 수 있습니다.

■ 착오로 다른 지번에 전입하였다가 후에 정정한 경우 대항력 취득 시점은 언제인가요?

Q. 저는 주택을 임차하여 입주한 후 전입신고를 하였으나, 착오로 임차건물의 지번과 다른 지번에 주민등록을 하였다가 그 후 실제 지번에 맞게 주민등록을 고쳤습니다. 이 경우 저는 주택임차권의 대항력은 언제 발생하는지요?

A. 주택임대차보호법 제3조 제1항은 "임대차는 그 등기가 없는 경우에도 임차인이 주택의 인도와 주민등록을 마친 때에는 그 익일부터 제3자에 대하여 효력이 생긴다. 이 경우 전입신고를 한 때에 주민등록이 된 것으로 본다."라고 규정하고 있습니다. 여기서 '제3자에 대하여 효력이 생긴다.'라고 함은 임대인 이외의 자에 대하여도 주택임차인은 그 주택의 임대차관계를 주장할 수 있다는 의미이며, 이것은 결국 임대차기간 중 임대주택의 소유자가 변경되는 경우에도 임대인의 지위가 신소유자에게 포괄적으로 승계되는 것이고, 이에 따라 임차인은 신소유자와의 관계에서도 종전 임대차 계약기간 동안 그 집에서 쫓겨나지 않고 생활할 수 있으며, 계약기간이 만료되면 신소유자에게 임차보증금의 반환을 청구할 수 있다는 것입니다. 그러나 주택임차인이 입주와 전입신고를 하기 전에 그 집에 이미 저당권등기나 가압류·압류등기, 가등기 등이 행하여져 있고, 그 결과로 경매나 가등기에 의한 본등기에 의하여 소유권자가 변경된 경우에는 주택임차권이 소멸되어 신소유자에게 대항할 수 없습니다. 대항력의 요건으로 규정하고 있는 주민등록은 거래의 안전을 위하여 임차권의 존재를 제3자가 명백히 인식할 수 있는 공시방법으로 마련된 것이므로, 주민등록이 어떤 임대차를 공시하는 효력이 있는가의 여부는 일반사회통념상 그 주민등록으로 당해 임대차건물에 임차인이 주소 또는 거소를 가진 자로 등록되어 있는지를 인식할 수 있는가의 여부에 따라 결정된다고 할 것입니다(대법원 2002.10.11. 선고 2002다20957 판결, 2003.5.16. 선고 2003다10940 판결). 따라서 실제 지번과 다른 지번에 주민등록을 한 때에는 임차주택의 임

대차공시방법으로서 유효한 것이라고 할 수 없고, 실제 지번에 주민등록(전입신고)을 한 때에 비로소 대항요건을 갖추었다고 볼 수 있으므로, 귀하의 대항력은 실제 지번에 주민등록(전입신고)을 한 다음날 발생한다고 할 것입니다(대법원 1987.11.10. 선고 87다카1573 판결).

■ 다세대주택의 전입신고 시 동·호수를 기재하지 않은 경우의 대항력은?

Q. 저는 다세대주택을 전세보증금 5,000만원에 임차하여 주민등록전입 신고시 위 다세대주택의 지번만 기재하고, 동·호수는 표시하지 않은 채 거주하고 있습니다. 그러던 중 위 임차주택을 매수한 다른 사람으로부터 위 주택을 명도하라는 요구를 받았는데, 이 경우 저는 매수인에게 주택임차인으로서의 대항력을 주장할 수 있는지요?

A. 주택임대차보호법 제3조 제1항은 "임대차는 등기가 없는 경우에도 임차인이 주택의 인도와 주민등록을 마친 때에는 그 익일부터 제3자에 대하여 효력이 생긴다. 이 경우 전입신고를 한 때에 주민등록이 된 것으로 본다."라고 규정하고 있고, 같은 조 제3항은 "임차주택의 양수인(그 밖에 임대할 권리를 승계한 자를 포함)은 임대인의 지위를 승계한 것으로 본다."라고 규정하고 있습니다. 그리고 다세대주택은 건축법이나 주택법 등 건축관련법상 공동주택에 해당하고, 주민등록법 시행령 제9조 제3항은 "주민등록표 등 주민등록 관계 서류의 주소는 도로명주소법 시행령 제3조에 따른 도로명주소의 표기방법으로 기록한다."라고 규정하고, 같은 조 제4항은 "제3항에도 불구하고 도로명주소법에 따른 도로명주소를 사용할 수 없는 경우에는 특별시·광역시·도·특별자치도, 시·군·자치구, 구(자치구가 아닌 구를 말한다), 읍·면·동(법정동 이름을 말한다), 리(법정리 이름을 말한다), 지번(地番)의 순으로 기록할 수 있다. 이 경우 주택법에 따른 공동주택은 지번 다음에 건축물대장 등에 따른 공동주택의 이름과 동(棟)번호와 호(號)수를 기록한다."라고 규정하여 동 주택의 경우 동·호수까지 기재하여 전입신고 하도록 하고 있습니다.

판례도 "임차인들이 다세대주택의 동·호수 표시 없이 그 부지 중 일부 지번으로만 주민등록을 한 경우, 그 주민등록으로써는 일반사회통념상 그 임차인들이 그 다세대주택의 특정 동·호수에 주소를 가진 것으로 제3자가 인식할 수 없는 것이므로, 임차인들은 그 임차주택에 관한 임대차의 유효한 공시방법을 갖추었다고 볼 수 없고(대법원 1996.2.23. 선고 95다48421 판결), 연립주택 가동 중 1층 102

호에 대한 미등기전세권자가 주소로 연립주택 동·호수 등의 표시 없이 그 지번만을 신고하여 주민등록이 되었다면, 그 주민등록으로 는 일반사회통념상 그 미등기전세권자가 그 연립주택 가동 102호 건물에 주소를 가진 자로 등록되었다고 제3자가 인식할 수 없으므 로, 그 건물에 관한 미등기전세의 유효한 공시방법으로 볼 수 없으 며(대법원 1995.4.28. 선고 94다27427 판결), 신축중인 연립주택 중 1세대를 임차한 자가 주민등록전입신고를 함에 있어서 호수를 기재 하지 않은 채 그 연립주택부지의 지번만으로 전입신고를 하였다가 그 후 위 연립주택에 관하여 준공검사가 이루어지면서 건축물관리 대장이 작성되자 호수를 기재하여 주소정정신고를 하였다면, 임차 인의 최초 전입신고에 따른 주민등록으로는 일반 사회통념상 임차 권자가 세대별로 구분되어 있는 위 연립주택의 특정 호수에 주소를 가진 자로 등록되었다고 제3자가 인식할 수는 없을 것이므로, 그 주민등록은 위 임대차의 공시방법으로서 유효한 것이라고 볼 수 없 다(대법원 2000.4.7. 선고 99다66212 판결, 2002.3.15. 선고 2001다 80204 판결)."라고 하였습니다.

따라서 다세대주택의 경우 대항력을 취득하기 위해서는 주민등록상 그 주택의 지번 및 동·호수까지 기재하여야 하는데, 귀하는 동·호수 를 기재하지 않았으므로 대항요건으로서 주민등록을 갖추었다고 볼 수 없어 매수인에 대하여 임차권을 주장할 수 없을 것으로 보입니다.

■ 연립주택의 전입신고 시 층·호수를 잘못 기재한 경우의 대항력을 취득함에 문제가 없는지요?

Q. 저는 연립주택을 전세보증금 4,000만원에 임차하여 입주와 주민등록을 마쳤으나, 주민등록전입신고 시 현관문에 표시된 대로 1층 202호라고 호수를 기재하였습니다. 그런데 이것은 지하층을 고려하여 202호로 해두었던 것이고, 연립주택의 등기부상은 1층 102호로 등기되어 있었습니다. 이 경우 저는 주택임대차보호법상의 대항력을 취득함에 문제가 없는지요?

A. 주택임대차보호법 제3조 제1항은 "임대차는 등기가 없는 경우에도 임차인이 주택의 인도와 주민등록을 마친 때에는 그 익일부터 제3자에 대하여 효력이 생긴다. 이 경우 전입신고를 한 때에 주민등록이 된 것으로 본다."라고 규정하고 있습니다. 이 경우 대항력의 요건으로 규정하고 있는 주민등록은 거래안전을 위하여 임차권의 존재를 제3자가 명백히 인식할 수 있는 공시방법으로 마련된 것이라고 볼 것이므로, 주민등록이 어떤 임대차를 공시하는 효력이 있는가의 여부는 일반사회통념상 그 주민등록으로 당해 임대차건물에 임차인이 주소 또는 거소를 가진 자로 등록되어 있는지를 인식할 수 있는가의 여부에 따라 인정될 것입니다(대법원 2003.5 16. 선고 2003다10940 판결, 2007.2.8. 선고 2006다70516 판결).

위 사안과 관련하여 판례는 "신축중인 연립주택 중 1층 소재 주택의 임차인이 주민등록 이전시 잘못된 현관문의 표시대로 1층 201호라고 전입신고를 마쳤는데, 준공 후 그 주택이 공부상 1층 101호로 등재된 경우, 주택임대차보호법상의 대항력이 없다."라고 하였습니다(대법원 1995.8.11. 선고 95다177 판결). 따라서 귀하의 주민등록은 그 임차주택에 관한 임대차의 유효한 공시방법을 갖추었다고 볼 수 없으므로, 귀하는 주택임대차보호법상의 대항력을 취득할 수 없을 것으로 보입니다. 참고로 위의 경우와 달리 "임차인이 집합건축물대장의 작성과 소유권보존등기의 경료 전에 연립주택의 1층 101호를 임차하여 현관문상의 표시대로 호수를 101호로 전입신고를 하였고, 그 후 작성된 집합건축물대장상에도 호수가 101호로 기재되었으나 등기부에는 1층 101호로 등재된 경우, 임차인의 주민등록은 임대차의 공시방법으로써 유효하다."라고 본 사례는 있습니다(대법원 2002.5.10. 선고 2002다1796 판결).

■ 다가구주택 전입신고 시 동·호수를 잘못 기재한 경우 경매절차의 매수인에게 대항할 수 없는지요?

Q. 저는 다가구주택의 지층 1호를 임차보증금 4,000만원 계약기간 2년으로 임대차계약을 체결한 후 전입신고 시 건물호수를 지층 1호로 하지 않고 이웃주민들이 부르는 연립 101호로 기재하였습니다. 그런데 위 임차주택은 제가 입주하여 주민등록전입신고를 마친 후 설정된 근저당권에 기하여 현재 담보권실행을 위한 경매절차가 진행 중에 있습니다. 위와 같이 전입신고 시에 동·호수를 잘못 기재한 경우 저는 경매절차의 매수인에게 대항할 수 없는지요?

A. 주택임대차보호법 제3조 제1항은 "임대차는 등기가 없는 경우에도 임차인이 주택의 인도와 주민등록을 마친 때에는 그 익일부터 제3자에 대하여 효력이 생긴다. 이 경우 전입신고를 한 때에 주민등록이 된 것으로 본다."라고 규정하고 있습니다. 이와 관련하여 판례는 "다가구주택은 건축법이나 주택건설촉진법상 이를 공동주택으로 볼 근거가 없어 단독주택으로 구분되며, 단독주택의 경우에 임차인이 건물의 일부나 전부를 임차하고 전입신고를 하는 경우에 지번만 기재하는 것으로 충분하고 위 건물 거주자들이 편의상 구분하여 놓은 호수까지 기재할 의무나 필요가 없으며, 임차인이 실제로 건물의 어느 부분을 임차하여 거주하고 있는지 여부의 조사는 위 건물에 담보권을 설정하려는 이해관계인의 책임하에 이루어져야 할 것이므로 임차인이 지번을 정확하게 기재하여 전입신고를 한 이상 임차인의 공시방법은 유효하고, 그 임차인이 위 건물 중 종전에 임차하고 있던 부분에서 다른 부분으로 옮기면서 그 옮긴 부분으로 다시 전입신고를 하였다고 하더라도 이를 달리 볼 것은 아니다."라고 하였습니다(대법원 1998.1.23. 선고 97다47828 판결, 1999.5.25. 선고 99다8322 판결).

그러므로 구분등기를 하지 않은 다가구용 주택의 주민등록방법은 그 주택의 지번까지만 기재하면 충분하고 다가구주택거주자의 편의상 구분해놓은 호수까지 기재할 의무나 필요가 없으며, 다가구주택 내에서 이사를 하더라도 주민등록전입신고를 다시 할 필요가 없습니다. 사안의 경우 귀하가 임차한 주택이 다가구용 단독주택이므로 임차주택 지번의 기재로서 유효한 주민등록을 마쳤다고 할 것이므로, 귀하는 주택임대차보호법상의 대항력을 갖추었다 할 것이어서 진행 중인 경매절차의 매수인에게 대항할 수 있을 것으로 보입니다.

■ 두 필지 위에 축조된 임차주택을 하나의 지번으로 전입신고한 경우에 대항력을 취득할 수 있는지요?

Q. 저는 다가구용 단독주택의 방 2칸을 임차보증금 5,000만원에 임차하여 입주하고 주민등록전입신고 및 확정일자를 갖추고 거주하던 중 최근 법원으로부터 위 주택이 후순위 근저당권자에 의해 경매신청 되었음을 이유로 권리신고 겸 배당요구신청을 하라는 내용의 통지서를 받았습니다. 이에 甲은 위 주택에 대한 등기사항증명서를 열람해보니 위 임차주택이 같은 번지 2호, 3호의 2필지의 대지상에 축조되어 있었고, 저의 주민등록등본에는 같은 번지 2호로만 전입신고가 되어 있었습니다. 이 경우 저는 주택임대차보호법상의 대항력을 취득할 수 있는지요?

A. 주택임대차보호법 제3조 제1항에서 주택의 인도와 더불어 대항력의 요건으로 규정하고 있는 주민등록은 거래의 안전을 위하여 임대차의 존재를 제3자가 명백히 인식할 수 있게 하는 공시방법으로 마련된 것이라고 볼 것이므로, 주민등록이 어떤 임대차를 공시하는 효력이 있는가의 여부는 일반사회통념상 그 주민등록으로 당해 임대차건물에 임차인이 주소 또는 거소를 가진 자로 등록되어 있는지를 인식할 수 있는가의 여부에 따라 결정된다고 할 것입니다(대법원 2003.5.16. 선고 2003다10940 판결, 2007.2.8. 선고 2006다70516 판결). 그리고 다가구용 단독주택의 경우 건축법이나 주택법상 이를 공동주택으로 볼 근거가 없어 단독주택으로 보아야 하는 이상, 주민등록법 시행령 제9조 제3항 및 제4항에 따라 임차인이 위 건물의 일부나 전부를 임차하여 전입신고를 하는 경우 지번만 기재하는 것으로 충분하고, 나아가 위 건물거주자의 편의상 구분하여 놓은 호수까지 기재할 의무나 필요가 없습니다(대법원 1998.1.23. 선고 97다47828 판결).

한편, 귀하의 경우와 같이 두 필지의 토지 위에 주택이 건축된 경우에 건축법에 의하면 이를 하나의 대지로 보게 되어 있고, 그에 따라 행정관청에는 주민등록표에 1필지의 지번만을 기재하고 있으므로 하나의 지번만 기재하여도 충분하다 할 것입니다. 따라서 귀하의 경우 위 대지 중 하나의 지번을 주민등록표에 기재하였으므로 주택임대차보호법상의 대항력 및 확정일자에 의한 우선변제권을 취득하였다고 할 것입니다.

■ 가족은 남겨둔 채 임차인의 주민등록만 일시 옮긴 경우 대항력은?

Q. 저는 주택을 임차하여 가족과 함께 입주한 후 거주하고 있던 중 처와 자녀들의 주민등록은 그대로 두고 저의 주민등록만 사정상 다른 곳으로 일시 퇴거하였다가 같은 해에 다시 위 임차주택의 주소지로 전입신고를 하였습니다. 그런데 제가 다른 주소지로 퇴거한 사이에 위 임차주택이 경매되어 소유자가 바뀌는 경우 대항력이 있는지요?

A. 주택임대차보호법상의 대항력을 갖추는 시기는 임차인이 임차한 주택에 입주를 하고 주민등록을 마친 다음 날부터 입니다(같은 법 제3조 제1항). 위 사안과 관련하여 판례는 "주택임대차보호법 제3조 제1항에서 규정하고 있는 주민등록이라는 대항요건은 임차인 본인뿐만 아니라 그 배우자나 자녀 등 가족의 주민등록을 포함하므로 주택임차인이 그 가족과 함께 그 주택에 대한 점유를 계속하고 있으면서 그 가족의 주민등록을 그대로 둔 채 임차인만 주민등록을 일시 다른 곳으로 옮긴 경우라면, 전체적으로나 종국적으로 주민등록의 이탈이라고 볼 수 없는 만큼, 임대차의 제3자에 대한 대항력을 상실하지 아니한다."라고 하였습니다(대법원 1996. 1. 26. 선고 95다30338 판결). 다만, 판례는 "주택의 임차인이 그 주택의 소재지로 전입신고를 마치고 그 주택에 입주함으로써 일단 임차권의 대항력을 취득한 후 어떤 이유에서든지 그 가족과 함께 일시적이나마 다른 곳으로 주민등록을 이전하였다면 이는 전체적으로나 종국적으로 주민등록의 이탈이라고 볼 수 있으므로 그 대항력은 그 전출 당시 이미 대항요건의 상실로 소멸되는 것이고, 그 후 그 임차인이 얼마 있지 않아 다시 원래의 주소지로 주민등록을 재전입하였다 하더라도 이로써 소멸되었던 대항력이 당초에 소급하여 회복되는 것이 아니라 그 재전입한 때부터 그와는 동일성이 없는 새로운 대항력이 재차 발생하는 것이다."라고 하였습니다(대법원 1998.1.23. 선고 97다43468 판결).

그러므로 귀하가 임차한 주택에 실제로 입주를 하였고, 주민등록까지 마친 경우에는 가족의 주민등록을 그대로 둔 채 임차인인 귀하만 주민등록을 일시 다른 곳으로 옮겼다면 주민등록의 이탈이라고 볼 수 없으므로 처음 주민등록을 마친 다음 날부터 대항력을 취득한다고 할 것입니다. 따라서 귀하는 위 임차주택을 경매절차에서 매수한 사람에 대하여도 여전히 대항력을 주장할 수 있을 것으로 보입니다.

■ 임차인이 주민등록을 일시 옮겼다가 재전입한 경우 대항력은?

Q. 저는 1년 전 甲소유의 주택에 관하여 전세보증금 3,500만원에 전세기간 2년으로 하는 임대차계약을 체결하고 입주한 후 가족들과 함께 그 주택의 소재지로 주민등록전입신고를 마쳤습니다. 그 후 저는 자녀의 교육문제로 저를 포함한 가족전체의 주민등록을 학교 부근 친지의 집으로 이전하였다가 그로부터 3개월 후 다시 위 주택의 주소지로 전입신고를 한 적이 있었습니다. 그런데 최근 법원으로부터 위 주택에 대한 경매통지서가 송달되었기에 저는 위 임차주택의 부동산등기사항증명서를 확인해 보았더니 제가 일시 주민등록을 옮겼던 사이에 甲의 채권자 乙이 근저당권을 설정한 사실을 알게 되었습니다. 그 후 위 주택이 丙에게 경매절차에서 매각되었고, 丙은 저에게 위 임차주택의 명도를 요구하고 있습니다. 이 경우 저는 丙에게 계약기간까지의 거주와 전세보증금반환을 주장할 수 있는지요?

A. 위 사안과 관련하여 주택임차인이 임차권의 대항력을 취득한 후 일시 가족전체의 주민등록을 변경하였다가 다시 동일주소지로 전입하였을 때 이미 취득하였던 대항력이 계속 유지되는가가 문제됩니다. 이에 관하여 판례는 "주택임대차보호법이 제3조 제1항에서 주택임차인에게 주택의 인도와 주민등록을 요건으로 명시하여 등기된 물권에 버금가는 강력한 대항력을 부여하고 있는 취지에 비추어 볼 때 달리 공시방법이 없는 주택임대차에 있어서 주택의 인도 및 주민등록이라는 대항요건은 그 대항력 취득시에만 구비하면 족한 것이 아니고, 그 대항력을 유지하기 위하여서도 계속 존속하고 있어야 한다고 하면서, 주택의 임차인이 그 주택의 소재지로 전입신고를 마치고 그 주택에 입주함으로써 일단 임차권의 대항력을 취득한 후 어떤 이유에서든지 그 가족과 함께 일시적이나마 다른 곳으로 주민등록을 이전하였다면 이는 전체적으로나 종국적으로 주민등록의 이탈이라고 볼 수 있으므로, 그 대항력은 그 전출 당시 이미 대항요건의 상실로 소멸되는 것이고, 그 후 그 임차인이 얼마 있지 않아 다시 원래의 주소지로 주민등록을 재전입 하였다 하더라도 이

로써 소멸되었던 대항력이 당초에 소급하여 회복되는 것이 아니라 그 재전입 한 때부터 그와는 동일성이 없는 새로운 대항력이 재차 발생하는 것이다."라고 하였습니다(대법원 1998.1.23. 선고 97다 43468 판결, 2002.10.11. 선고 2002다20957 판결).

그러므로 귀하가 주민등록을 일시 이전하였다가 종전의 주소지로 재전입 하였다고 해서 처음에 취득한 대항력이 유지되는 것이 아니라 재전입 한 때에 새로운 대항력을 취득한 것입니다. 따라서 귀하가 새로이 취득한 주택임차권의 대항력은 근저당권보다 뒤에 취득한 것이므로 경락인인 丙에게 대항력을 주장할 수 없어 계약기간까지의 거주와 전세보증금의 반환을 요구할 수 없을 것으로 보입니다. 참고로 주민등록전출 후 재전입 한 경우 그 재전입일 이후에 근저당권을 설정한 근저당권자에 대하여 임대차계약서상의 확정일자를 다시 받아야 주택임대차보호법 제3조의2 제2항의 우선변제권을 주장할 수 있는지에 관하여 판례는 "이 경우 전출 이전에 이미 임대차계약서상에 확정일자를 갖추었고 임대차계약도 재전입 전후를 통하여 그 동일성을 유지한다면, 임차인은 재전입시 임대차계약서상에 다시 확정일자를 받을 필요 없이 재전입 이후에 그 주택에 관하여 담보물권을 취득한 자보다 우선하여 보증금을 변제받을 수 있다."라고 하였습니다(대법원 1998.12.11. 선고 98다34584 판결).

■ 주택을 매도하면서 임차인으로 변경된 매도인의 대항력 취득시점은 언제인가요?

Q. 저는 10년 전 7월 1일 주택을 구입하여 소유권이전등기를 하였고, 같은 해 8월 1일 주민등록전입신고를 하였는데, 2년 전 위 주택을 甲에게 매도하되 이를 다시 임차하여 매매잔금 지급기일인 같은 해 10월 1일부터는 임차인 자격으로 변경하기로 약정하고 현재까지 거주하고 있습니다. 그런데 甲이 매매잔금지급기일을 지키지 못하였으므로 저는 甲과 합의하여 위 주택을 담보로 한 은행대출금으로 잔금을 받기로 하면서 같은 해 12월 1일 甲을 채무자로 하여 위 주택에 근저당권을 설정하였고, 다음 해 1월 3일 甲명의로 소유권이전등기가 경료되었습니다. 그러나 은행이 위 근저당권을 실행하여 경매개시 되었고 위 주택은 乙에게 매각되었습니다. 이 경우 저는 경매절차의 매수인 乙의 명도요구에 어떻게 대응해야 될까요?

A. 주택임대차보호법 제3조 제1항은 "임대차는 그 등기가 없는 경우에도 임차인이 주택의 인도와 주민등록을 마친 때에는 그 익일부터 제3자에 대하여 효력이 생긴다. 이 경우 전입신고를 한 때에 주민등록이 된 것으로 본다."라고 규정하고 있습니다. 그러므로 위 사안에서 주택의 인도와 주민등록전입신고를 마친 귀하는 일응 대항요건을 갖춘 것으로 보여질 수 있으나, 위 조항에서 말하는 주택의 인도와 주민등록이란 임차인의 지위에서 행한 주택의 인도와 주민등록을 말합니다. 위 사안의 경우 잔금지급기일과 소유권이전등기가 경료된 시점이 일치하지 않는바, 이러한 경우에 소유자에서 임차인으로 지위가 변동된 시점을 언제로 볼 것인지 문제됩니다. 위 사안과 관련된 판례는 "주택임대차보호법 제3조 제1항에서 주택의 인도와 더불어 대항력의 요건으로 규정하고 있는 주민등록은 거래의 안전을 위하여 임차권의 존재를 제3자가 명백히 인식할 수 있게 하는 공시방법으로 마련된 것으로서, 주민등록이 어떤 임대차를 공시하는 효력이 있는가의 여부는 그 주민등록으로 제3자가 임차권의 존재를 인식할 수 있는가에 따라 결정된다고 할 것이므로, 주민등

록이 대항력의 요건을 충족시킬 수 있는 공시방법이 되려면 단순히 형식적으로 주민등록이 되어 있다는 것만으로는 부족하고, 주민등록에 의하여 표상(表象)되는 점유관계가 임차권을 매개로 하는 점유임을 제3자가 인식할 수 있는 정도로 되어야 한다."라고 하였으며(대법원 1999.4.23. 선고 98다32939 판결, 2001.1.30. 선고 2000다58026 판결), 또한 "甲이 주택에 관하여 소유권이전등기를 경료하고 주민등록전입신고까지 마친 다음 처와 함께 거주하다가 乙에게 매도함과 동시에 그로부터 이를 다시 임차하여 계속 거주하기로 약정하고 임차인을 甲의 처로 하는 임대차계약을 체결한 후에야 乙 명의의 소유권이전등기가 경료된 경우, 제3자로서는 주택에 관하여 甲으로부터 乙앞으로 소유권이전등기가 경료되기 전에는 甲의 처의 주민등록이 소유권 아닌 임차권을 매개로 하는 점유라는 것을 인식하기 어려웠다 할 것이므로, 甲의 처의 주민등록은 주택에 관하여 乙명의의 소유권이전등기가 경료되기 전에는 주택임대차의 대항력 인정의 요건이 되는 적법한 공시방법으로서의 효력이 없고 乙명의의 소유권이전등기가 경료된 날에야 비로소 甲의 처와 乙사이의 임대차를 공시하는 유효한 공시방법이 된다고 할 것이며, 주택임대차보호법 제3조 제1항에 의하여 유효한 공시방법을 갖춘 다음날인 乙명의의 소유권이전등기일 익일부터 임차인으로서 대항력을 갖는다."라고 하였습니다(대법원 1999.4.23. 선고 98다32939 판결, 2000.2.11. 선고 99다59306 판결, 2001.12.14. 선고 2001다61500 판결).

위와 같은 주민등록을 대항력의 요건으로 규정한 취지에 비추어 제3자로서는 甲앞으로 소유권이 경료되기 이전까지는 귀하의 주민등록이 소유권 아닌 임차권을 매개로 하는 점유라는 것을 인식하기 어려웠다 할 것이므로, 귀하의 주민등록은 甲앞으로 소유권이전등기가 경료되기 이전에는 주택임대차의 대항력 인정의 요건이 되는 적법한 공시방법으로서의 효력이 없고, 甲앞으로 소유권이전등기가 경료된 다음날부터 비로소 귀하와 甲 사이의 임대차를 표상(表象)하는 유효한 공시방법이 된다고 할 것입니다. 따라서 귀하는 경매절차의 매수인 乙의 명도요구를 거절할 수 없을 것으로 보입니다.

■ 임대아파트 임차인이 소유권 취득한 경우 그 전에 입주한 전차인의 대항력은?

Q. 저는 甲회사소유 임대아파트를 임차한 乙로부터 위 아파트를 보증금 5,000만원에 전차하여 입주와 주민등록전입신고를 마치고 거주하던 중, 乙이 甲회사로부터 위 아파트를 분양 받아 소유권이전등기를 경료하면서 같은 날 丙에게 근저당권을 설정해주었습니다. 그런데 최근 丙이 그 근저당권에 기하여 경매를 신청하였고, 저는 확정일자를 받지 않았으며 소액임차인도 아닌데, 이러한 경우 제가 위 아파트의 경매절차 매수인에게 대항할 수 있는지요?

A. 사안의 경우 귀하는 주택임대차보호법 제3조 제1항 소정의 대항요건인 입주와 주민등록전입신고는 근저당권이 설정되기 이전에 마쳤으나, 그 당시에는 위 아파트의 소유자는 甲이고 乙이 임차인이어서 귀하는 乙의 임차인으로서의 권리를 원용할 수밖에 없는 전차인(轉借人)에 불과하였고, 그 후 乙이 소유자가 됨으로써 乙의 임차인으로서의 권리가 소멸함과 동시에 귀하가 소유자 乙에 대한 임차인이 된다고 할 수 있습니다. 乙이 소유자가 되어 귀하가 임차인이 된 날짜와 丙의 근저당권설정일자가 같은 날이므로 귀하의 입주와 주민등록이 언제부터 제3자에 대한 공시방법으로서 효력이 있는지에 따라서 귀하의 대항력인정 여부가 결정될 것으로 보입니다. 이에 관하여 판례는 "주택임대차보호법 제3조 제1항에서 주택의 인도와 더불어 대항력의 요건으로 규정하고 있는 주민등록은 거래의 안전을 위하여 임차권의 존재를 제3자가 명백히 인식할 수 있게 하는 공시방법으로 마련된 것으로서, 주민등록이 어떤 임대차를 공시하는 효력이 있는가의 여부는 그 주민등록으로 제3자가 임차권의 존재를 인식할 수 있는가에 따라 결정된다고 할 것이므로, 주민등록이 대항력의 요건을 충족시킬 수 있는 공시방법이 되려면 단순히 형식적으로 주민등록이 되어 있다는 것만으로는 부족하고, 주민등록에 의하여 표상(表象)되는 점유관계가 임차권을 매개로 하는 점유임을 제3자가 인식할 수 있는 정도는 되어야 한다."라고 하였으며(대법원 2000.2.11. 선고 99다59306 판결, 2002.11.8. 선고 2002

다38361, 38378 판결), "甲이 丙회사소유 임대아파트의 임차인인 乙로부터 아파트를 임차하여 전입신고를 마치고 거주하던 중, 乙이 丙회사로부터 그 아파트를 분양 받아 자기 명의로 소유권이전등기를 경료한 후 근저당권을 설정한 사안에서, 비록 임대인인 乙이 甲과 위 임대차계약을 체결한 이후에, 그리고 甲이 위 전입신고를 한 이후에 위 아파트에 대한 소유권을 취득하였다고 하더라도, 주민등록상 전입신고를 한 날로부터 소유자 아닌 甲이 거주하는 것으로 나타나 있어서 제3자들이 보기에 甲의 주민등록이 소유권 아닌 임차권을 매개로 하는 점유라는 것을 인식할 수 있었으므로, 위 주민등록은 甲이 전입신고를 마친 날로부터 임대차를 공시하는 기능을 수행하고 있었다고 할 것이고, 따라서 甲은 乙명의의 소유권이전등기가 경료되는 즉시 임차권의 대항력을 취득하였다."라고 하였습니다(대법원 2001.1.30. 선고 2000다58026 등 판결).

따라서 귀하의 경우에도 乙의 소유권이전등기와 동시에 대항력을 취득하여 그 이후에 설정된 근저당권에 앞서서 대항력을 취득한 것이므로 위 아파트의 경매절차 매수인에게 대항력을 주장할 수 있다고 할 것입니다.

■ 연립주택의 103동을 임대하면서 그냥 지번만 기재하고 전입신고를 한 경우에 대항력을 취득할 수 있을까요?

Q. 저는 연립주택의 103동을 임대하면서 그냥 지번만 기재하고 전입신고를 하였습니다. 저는 대항력을 취득할 수 있을까요?

A. 연립주택 중 1개 세대에 대한 미등기전세권자가 연립주택 동호수를 기재하지 아니하고 그 지번만을 신고하여 주민등록된 경우, 그 주민등록을 임대차에 대한 유효한 공시방법으로 볼 수 없습니다(대법원 1995.4.28. 선고 94다27427 판결). 따라서 연립주택의 103호를 임대하면서 지번만 기재한 귀하는 대항력을 취득할 수 없습니다.

※ 관련판례

임차인이 임대차계약을 체결함에 있어 그 임차주택을 등기부상 표시와 다르게 현관문에 부착된 호수의 표시대로 그 임대차계약서에 표시하고, 주택에 입주하여 그 계약서상의 표시대로 전입신고를 하여 그와 같이 주민등록표에 기재된 후 그 임대차계약서에 확정일자를 부여받은 경우, 그 임차 주택의 실제 표시와 불일치한 표시로 행해진 임차인의 주민등록은 그 임대차의 공시방법으로 유효한 것으로 볼 수 없어 임차권자인 피고가 대항력을 가지지 못하므로, 그 주택의 경매대금에서 임대차보증금을 우선변제받을 권리가 없다고 한 사례(대법원 1996.4.12. 선고 95다55474 판결).

■ 입주와 전입신고 사이에 근저당권이 설정된 경우 대항력 취득시점은 언제인가요?

Q. 저는 주택을 임차보증금 3,500만원에 2년 기간으로 임차하여 입주하였으나, 주민등록전입신고는 입주 후 1개월이 지나서야 하였습니다. 그런데 전입신고 후 혹시나 하고 등기사항증명서를 떼어보니 제가 입주 후 전입신고 전에 채권최고액 5,000만원의 근저당권이 설정되어 있었습니다. 만약 위 주택이 경매된다면 저는 경매절차의 매수인에게 대항력을 주장할 수 있는지요?

A. 주택임대차보호법 제3조 제1항은 "임대차는 그 등기가 없는 경우에도 임차인이 주택의 인도와 주민등록을 마친 때에는 그 익일부터 제3자에 대하여 효력이 생긴다. 이 경우 전입신고를 한 때에 주민등록이 된 것으로 본다."라고 규정하고 있습니다. 그러므로 임차인이 주택의 인도(입주)와 주민등록(전입신고)을 마친 때에는 그 다음날로부터 제3자에 대하여 대항할 수 있다 할 것입니다. 그런데 위 사안에서와 유사하게 같은 날 입주 및 전입신고와 근저당권이 설정된 경우에 대하여 판례는 "주택임대차보호법 제3조 제1항이 인도와 주민등록을 갖춘 다음날부터 대항력이 발생한다고 규정한 것은 인도나 주민등록이 등기와 달리 간이한 공시방법이어서 인도 및 주민등록과 제3자 명의의 등기가 같은 날 이루어진 경우에 그 선후관계를 밝혀 선순위권리자를 정하는 것이 사실상 곤란한 데다가, 제3자가 인도와 주민등록을 마친 임차인이 없음을 확인하고 등기까지 경료하였음에도 그 후 같은 날 임차인이 인도와 주민등록을 마침으로 인하여 입을 수 있는 불측(不測)의 피해를 방지하기 위하여 임차인보다 등기를 경료한 권리자를 우선시키고자 하는 취지이므로 대항력은 인도와 주민등록을 마친 다음날을 기준으로 발생한다."라고 하였습니다(대법원 1997.12.12. 선고 97다22393 판결, 1999.3.23. 선고 98다46938 판결).

이처럼 대항력은 인도와 주민등록을 모두 갖춘 다음날 그 효력이 있으므로 귀하의 경우 주민등록전입신고를 마친 다음날부터 대항력이 발생합니다. 따라서 사안의 경우 근저당권설정등기가 귀하가 주민등록전입신고를 마치기 전(대항요건을 갖추기 전)에 이미 설정되었으므로 귀하는 경매절차의 매수인에 대하여 대항력을 주장할 수 없습니다.

제4절 우선변제권

1. 우선변제권

1-1. 우선변제권의 개념과 요건

① 「우선변제권」이란 임차주택이 경매 또는 공매되는 경우에 임차주택의 환가대금에서 후순위권리자나 그 밖의 채권자보다 우선하여 보증금을 변제받을 권리를 말합니다(주택임대차보호법 제3조의2 제2항).

② 우선변제권은 임차인이 대항요건(주택의 인도 및 전입신고)과 임대차계약증서상의 확정일자를 갖춘 경우에 취득됩니다.

[서식]임차보증금반환채권 부존재확인의 소

소 장

원 고   ○○○ (주민등록번호)
        ○○시 ○○구 ○○로 ○○(우편번호 ○○○-○○○)
        전화.휴대폰번호:
        팩스번호, 전자우편(e-mail)주소:
피 고   ◇◇◇ (주민등록번호)
        ○○시 ○○구 ○○로 ○○(우편번호 ○○○-○○○)
        전화.휴대폰번호:
        팩스번호, 전자우편(e-mail)주소:

임차보증금반환채권부존재확인의 소

청 구 취 지

1. 피고의 소외 ◇◇◇에 대한 별지목록 기재 부동산에 대한 20○○.○.
   ○.자 임대차계약에 기한 금 20,000,000원의 임차보증금반환청구채권
   은 존재하지 아니함을 확인한다.
2. 소송비용은 피고의 부담으로 한다.
라는 판결을 구합니다.

청 구 원 인

1. 피고는 원고가 근저당권자로서 소외 ◇◇◇ 소유의 별지목록 기재 부
   동산에 대한 근저당권실행을 위한 경매신청을 하여 귀원 20○○타경
   ○○○○호로 계류 중이던 경매절차에 20○○.○.○.자로 매각대금에
   대한 배당요구신청을 하면서 피고가 소외 ◇◇◇와의 사이에 별지목
   록 기재 부동산에 관하여 임차보증금을 금 20,000,000원으로 한 임대
   차계약을 체결한 뒤 약정된 임차보증금을 소외 ◇◇◇에게 지급하고
   별지목록 기재 부동산 소재지로 주민등록을 옮긴 뒤 거주하고 있으므
   로 피고가 주택임대차보호법상의 소액보증금우선변제청구권자라고 주
   장하고 있습니다.

2. 그러나 피고와 별지목록 기재 부동산의 소유자인 소외 ◆◆◆는 숙부와 조카간으로 비록 임대차계약서를 작성하고 주민등록을 전입하였다 하더라도 이제까지 피고는 별지목록 기재 부동산에 거주한 사실이 전혀 없으며, 또한 피고는 별지목록 기재 부동산 소재지와는 아주 먼 다른 시에서 직장생활을 하고 있고, 그곳에 피고의 처 명의로 주택을 임차하여 자녀들과 거주하고 있는 점 등으로 보아 피고가 주장하는 임대차계약은 가공의 허위계약으로서 피고는 위 경매절차에서 근저당권자인 원고에 우선하여 배당금을 수령할 아무런 권원이 없는 사람임에도 피고 주장의 임차보증금채권의 변제를 위하여 매각대금 일부가 배당될 형편에 이르게 되었습니다.
3. 따라서 원고는 피고가 주장하는 소액임차보증금반환채권이 존재하지 아니함을 즉시 확정하여야 할 법률상의 이익이 있어 이 사건 청구에 이르게 된 것입니다.

입 증 방 법

1. 갑 제1호증   주민등록등본(피고의 처)
1. 갑 제2호증   불거주사실확인서

첨 부 서 류

1. 위 입증방법   각 1통
1. 소장부본   1통
1. 송달료납부서   1통

20○○. ○. ○.

위 원고 ○○○ (서명 또는 날인)

○○지방법원 귀중

[별 지]

부동산의 표시

1동의 건물의 표시
　　○○시 ○○구 ○○동 ○○ ○○○아파트 제5동
　　[도로명주소] ○○시 ○○구 ○○로 ○○

전유부분의 건물표시
　　　　건물의 번호 : 5 - 2- 205
　　　　구　　　　조 : 철근콘크리트라멘조 슬래브지붕
　　　　면　　　　적 : 2층 205호 84.87㎡

대지권의 표시
　　　　토지의　표시 : ○○시 ○○구 ○○동 ○○
　　　　　　　　　　　대 9,355㎡
　　　　대지권의 종류 : 소유권
　　　　대지권의 비율 : 935500분의 7652. 끝.

13-2. 확정일자의 취득

① 「확정일자」란 증서가 작성된 날짜에 주택임대차계약서가 존재하고 있음을 증명하기 위해 법률상 인정되는 일자를 말합니다(대법원 1998.10.2. 선고 98다28879 판결).

② 확정일자는 임대인과 임차인 사이의 담합으로 임차보증금의 액수를 사후에 변경하는 것을 방지하고, 허위로 날짜를 소급하여 주택임대차계약을 체결하여 우선변제권 행사를 방지하기 위해 마련된 제도입니다(대법원 1999.6.11. 선고 99다7992 판결).

③ 확정일자는 주택 소재지의 읍·면사무소, 동 주민센터 또는 시(특별시·광역시·특별자치시는 제외하고, 특별자치도는 포함함)·군·구(자치구를 말함)의 출장소, 지방법원 및 그 지원과 등기소 또는 공증인법에 따른 공증인(이하 "확정일자부여기관"이라 함)에게 부여받을 수 있습니다.

④ 확정일자부여기관(지방법원 및 그 지원과 등기소는 제외함)이 작성하는 확정일자부에는 다음의 사항이 기재됩니다(동법 시행령 제4조 제1항).

1) 확정일자번호
2) 확정일자 부여일
3) 임대인·임차인의 인적사항
　　◇ 자연인인 경우: 성명, 주소, 주민등록번호(외국인은 외국인 등록번호)
　　◇ 법인이거나 법인 아닌 단체인 경우: 법인명·단체명, 법인 등록번호·부동산등기용등록번호, 본점·주사무소 소재지
4) 주택 소재지
5) 임대차 목적물
6) 임대차 기간
7) 차임·보증금
8) 신청인의 성명과 주민등록번호 앞 6자리(외국인은 외국인 등록번호 앞 6자리)

■ 주택임대차보호법상의 확정일자제도와 전세권설정등기의 차이점은 무엇인지요?

Q. 저는 주택을 전세보증금 3,000만원에 임차하려고 하는데, 이 경우 전세보증금을 보호받기 위한 제도로 전세권설정등기 이외에 확정일자제도가 있다고 합니다. 이러한 두 가지 제도의 차이점은 어떠한 것이 있는지요?

A. 전세권설정등기는 민법의 전세권에 관한 규정에 의하여 그 설정순위에 따라 당연히 물권적 효력인 순위보호가 인정됨에 반하여, 확정일자제도는 1989년 12월 30일부터 시행된 「주택임대차보호법」의 개정규정에 의하여 사회적 약자인 세입자를 보호하기 위하여 원칙적으로 채권계약인 주택임대차에 대하여 물권적 효력(순위에 따른 우선변제의 효력)을 인정하는 제도라는 점에 근본적인 차이점이 있습니다. 구체적인 차이점을 살펴보면 다음과 같습니다.

첫째, 확정일자제도에 의한 순위가 인정되기 위해서는 각 등기소나 공증사무소 또는 주민센터에서 확정일자를 받는 이외에 주민등록의 전입신고 및 주택을 인도 받아 실제거주(입주)할 것을 그 요건으로 함에 반하여, 전세권설정등기는 등기만 설정해두면 그 설정순위에 따라 당연히 순위가 보호됩니다. 따라서 확정일자제도에 따른 보호를 받기 위해서는 주민등록전입신고만 해두고 실제거주는 다른 곳에서 한다거나, 실제거주는 하면서 주민등록전입신고를 해두지 않는 경우에는 보호받지 못한다는 단점이 있음에 반하여, 전세권설정등기는 등기만 경료해 두면 되고 주민등록전입신고나 실제거주는 그 요건이 아니므로 보다 편리합니다.

둘째, 확정일자제도는 등기소나 공증인사무실 또는 주민센터에서 저렴한 비용으로, 또한 임대차계약서만 있으면 되므로 임대인의 동의 여부와는 관계없이 신속·간편한 절차에 의해 확정일자를 받을 수 있음에 반하여, 전세권설정등기는 임대인의 협력 없이는 등기 자체가 불가능하며, 그 절차의 복잡성으로 인해 대부분의 경우 법무사의 협조를 얻어야 하고, 그 비용 또한 확정일자를 받는 데 비하여 많은 비용이 소요됩니다. 또한, 전세기간 만료 시에는 전세권설정등기를 말소해 주어야 합니다.

셋째, 전세계약기간이 만료된 경우에 이사를 하고자 하지만 임대인이 보증금을 반환하지 않는 경우, 확정일자를 받아둔 임차인은 별도로 임차보증금반환청구소송을 제기하여 승소판결을 받은 후 그 확정판결문에 기하여서만 강제집행을 신청할 수 있음에 반하여(주택임차권등기명령에 의한 등기가 된 경우에도 그 등기에 경매신청권은 부여되어 있지 않음), 전세권설정등기를 경료한 전세권자는 위와 같은 경우 민사집행법의 담보권실행 등을 위한 경매(임의경매) 규정에 근거하여 판결절차 없이도 직접 경매신청이 가능합니다. 다만, 건물의 일부에 대하여 전세권설정등기를 한 경우 그 나머지 건물부분에 대하여는 우선변제권은 인정되지만 임차부분에 대한 분할등기 없이 전체에 대한 경매신청은 할 수 없습니다(대법원 2001.7.2.자 2001마212 결정).

넷째, 확정일자만 갖춘 경우는 경매절차에서 별도의 배당요구를 하여야 하지만, 전세권설정등기를 한 경우는 별도의 배당요구 없이도 순위에 의한 배당을 받을 수 있습니다.

다섯째, 「주택임대차보호법」 제3조 제1항의 대항요건과 확정일자를 갖춘 경우에는 임차주택 외에 그 대지의 환가대금에서도 우선배당을 받을 수 있으나, 대지를 포함하지 않고 주택에만 전세권설정등기를 한 경우는 대지의 환가대금에서 우선배당을 받을 수 없습니다. 다만, 집합건물에 관하여 판례는 "집합건물이 되기 전의 상태에서 건물일부만에 관하여 전세권이 설정되었다가 그 건물이 집합건물로 된 후 그 전세권이 구분건물의 전유부분만에 관한 전세권으로 이기된 경우, 구분소유자가 가지는 전유부분과 대지사용권의 분리처분이 가능하도록 규약으로 정하는 등의 특별한 사정이 없는 한, 그 전유부분의 소유자가 대지사용권을 취득함으로써 전유부분과 대지권이 동일소유자에게 귀속하게 되었다면 위 전세권의 효력은 그 대지권에까지 미친다고 보아야 할 것이다."라고 하였습니다(대법원 2002.6.14. 선고 2001다68389 판결).

※ 관련판례

甲이 乙의 임차보증금반환채권을 담보하기 위하여 통정허위표시로 乙에게 전세권설정등기를 마친 후 丙이 이러한 사정을 알면서도 乙에 대한 채권을 담보하기 위하여 위 전세권에 대하여 전세권근저당권설정등기를 마쳤는데, 그 후 丁이 丙의 전세권근저당권부 채권을 가압류하였다가 이를 본압류로 이전하는 압류명령을 받은 사안에서, 丙의 전세권근저당권부 채권은 통정허위표시에 의하여 외형상 형성된 전세권을 목적물로 하는 전세권근저당권의 피담보채권이고, 丁은 이러한 丙의 전세권근저당권부 채권을 가압류하고 압류명령을 얻음으로써 그 채권에 관한 담보권인 전세권근저당권의 목적물에 해당하는 전세권에 대하여 새로이 법률상 이해관계를 가지게 되었으므로, 丁이 통정허위표시에 관하여 선의라면 비록 丙이 악의라 하더라도 허위표시자는 그에 대하여 전세권이 통정허위표시에 의한 것이라는 이유로 대항할 수 없음에도, 이와 달리 본 원심판결에 법리오해의 위법이 있다고 한 사례(대법원 2013.2.15, 선고, 2012다49292 판결).

13-3. 확정일자를 받는 절차

① 임차인의 우선변제권을 위한 확정일자는 임차인 등이 주택임대차 계약증서 원본 또는 사본을 소지하고, 주택 소재지의 읍·면사무소, 동 주민센터 또는 시(특별시·광역시·특별자치시는 제외하고, 특별자 치도는 포함함, 이하 같음)·군·구(자치구를 말함, 이하 같음)의 출장 소, 지방법원 및 그 지원과 등기소 또는 공증인을 방문하여 부여 받을 수 있습니다(주택임대차계약증서상의 확정일자 부여 및 임대차 정보제공에 관한 규칙 제2조 제1항).

② 또한, 정보처리시스템을 이용하여 주택임대차계약을 체결한 경우 해당 주택의 임차인은 정보처리시스템을 통해 전자계약증서에 확 정일자 부여를 신청할 수 있습니다. 이 경우 확정일자 부여 신청 은 확정일자부여기관 중 주택 소재지의 읍·면사무소, 동 주민센터 또는 시·군·구의 출장소에 대하여 합니다(동 규칙 제2조의2).

13-4. 확정일자를 위한 임대차계약서 확인사항

① 확정일자를 받기 위해서는 계약서가 다음과 같은 요건을 갖추어야 합니다(동 규칙 제3조).

  1) 주택임대차계약증서가 임대인·임차인의 인적사항, 임대차 목 적물, 임대차 기간, 차임·보증금 등이 적혀 있는 완성된 문서 여야 합니다. 주택임대차의 주택과 그 기간 등이 기재되어 있 지 않은 영수증 등에 확정일자를 받더라도 우선변제권의 효력 은 발생하지 않으므로 주의해야 합니다.

  2) 계약당사자(대리인이 계약을 체결한 경우에는 그 대리인을 말 함)의 서명 또는 기명날인이 있어야 합니다.

  3) 연결되는 글자에 빈 공간이 있는 경우에는 계약당사자가 빈 공간에 직선 또는 사선을 긋고 도장을 찍어 그 부분에 다른 글자가 없음을 표시해야 합니다.

  4) 정정한 부분이 있는 경우에는 그 난의 밖이나 끝부분 여백에 정정한 글자 수가 기재되어 있고, 그 부분에 계약당사자의 서 명이나 날인이 되어 있어야 합니다.

5) 계약증서(전자계약증서 제외)가 두 장 이상인 경우에는 간인(間印)이 있어야 합니다.

6) 확정일자가 부여되지 않았어야 합니다. 다만, 이미 확정일자를 부여받은 계약증서에 새로운 내용을 추가 기재하여 재계약을 한 경우에는 그렇지 않습니다.

② 확정일자를 받으려는 임차인은 다음의 어느 하나에 해당하는 경우를 제외하고는 600원의 수수료를 내야합니다. 계약증서가 4장을 초과하는 경우에는 초과하는 4장마다 100원씩 더 내야 합니다(동 규칙 제8조).

1) 국민기초생활 보장법 제2조제2호에 따른 수급자

2) 독립유공자예우에 관한 법률 제6조에 따라 등록된 독립유공자 또는 그 유족(선순위자만 해당)

3) 국가유공자 등 예우 및 지원에 관한 법률 제6조에 따라 등록된 국가유공자 또는 그 유족(선순위자만 해당)

4) 고엽제후유의증 등 환자지원에 관한 법률 제4조에 따라 등록된 고엽제후유증환자, 고엽제후유의증환자 또는 고엽제후 유증 2세 환자

5) 참전유공자예우 및 단체설립에 관한 법률 제5조에 따라 등록된 참전유공자

6) 5·18민주유공자예우에 관한 법률 제7조에 따라 등록 결정된 5·18민주유공자 또는 그 유족(선순위자만 해당)

7) 특수임무유공자 예우 및 단체설립에 관한 법률 제6조에 따라 등록된 특수임무수행자 또는 그 유족(선순위자만 해당)

8) 의사상자 등 예우 및 지원에 관한 법률 제5조에 따라 인정된 의상자 또는 의사자유족(선순위자만 해당)

9) 「한부모가족지원법 제5조에 따른 보호대상자

10) 정보처리시스템을 이용하여 주택임대차계약을 체결하고 전자계약증서에 확정일자 부여를 신청한 사람

③ 확정일자를 받은 주택임대차계약서를 분실·멸실한 경우에는 해당 읍사무소, 면사무소, 동 주민센터 또는 시·군·구의 출장소에서 확

정일자 부여 시 작성한 확정일자부를 열람하고 이에 의하여 확정일자를 받은 사실을 증명할 수 있으면, 우선변제권을 주장할 수 있습니다(주택임대차보호법 제3조의6 제3항 및 동법 시행령 제5조, 제6조 참조).

13-5. 우선변제권의 발생시기

① 임차인이 주택의 인도와 전입신고를 마친 당일 또는 그 이전에 주택임대차계약서에 확정일자를 갖춘 경우에는 주택의 인도와 전입신고를 마친 다음날 오전 0시부터 우선변제권이 생깁니다(대법원 1999.3.23. 선고 98다46938 판결).

② 우선변제권을 행사하기 위해서는 우선변제권의 요건이 경매절차에 따르는 배당요구의 종기인 경락기일까지 존속되고 있어야 합니다(대법원 1997.10.10. 선고 95다44597 판결).

13-6. 전세금보장신용보험

① 주택의 임차인이 임대인으로부터 회수해야 할 임차보증금을 보호받기 위해 본인이 스스로 가입할 수 있는 보험상품으로 전세금보장신용보험이 있습니다. 이 보험에 관한 업무는 서울보증보험에서 취급하고 있습니다.

② 전세금보장신용보험은 임차기간 중 해당 주택이 경매되거나 임대차계약이 해지 또는 종료된 후 30일이 경과되었음에도 불구하고 임차보증금을 반환 받지 못함으로써 임차인이 입은 손해를 보상해 줍니다.

■ 임대차를 등기하는 제도는 없다는데, 전세권등기를 해야 하나요?

Q. 저는 보증금 2,000만원에 월세 20만원을 내는 임대차계약을 체결했습니다. 임대차를 등기하는 제도는 없다는데, 전세권등기를 해야 하나요?

A. 아닙니다. 임대차인 경우 등기를 하지 않아도 보증금을 보호받을 수 있는 방법이 있습니다. 보증금의 보호방법은 임대차는 등기를 하지 않아도 임차인이 ①주택을 인도받고, ②주민등록을 마치면 그 다음 날부터 제삼자에 대해 효력이 생깁니다. 또한 ③확정일자까지 받아 놓으면 보증금을 우선 변제받을 수 있는 권리를 가지게 됩니다. 따라서 굳이 등기를 할 필요는 없지만, 주민등록 이전을 하지 못하는 특별한 사정 등이 있다면 임대인과 협의하여 전세권설정을 할 수 있습니다.

■ 등기부상의 주소와 주민등록상의 주소가 다를 경우 어떻게 되나요?

Q. 임대차계약을 체결하고, 이사를 들어간 다세대주택 현관문에 적힌 호수는 201호인데 등기부상에는 101호라고 하네요. 등기부상의 주소와 주민등록상의 주소가 다를 경우 어떻게 되나요?

A. 전입신고 한 번지와 임차주택의 등기부상의 번지가 다른 경우 그 임차인은 주택임대차보호법의 대항요건을 갖추고 있지 않기 때문에 보호를 받을 수 없게 됩니다. 공동주택(아파트, 연립, 다세대주택)의 번지, 동·호수를 누락했거나 잘못 적은 경우나 대문에 적힌 호수와 등기부에 적힌 호수가 같은지 확인하지 않고 대문의 호수로 전입신고한 경우가 여기에 해당합니다. 다만, 다가구 주택의 경우에는 단독주택에 속하므로 호수를 기재하지 않아도 주택임대차보호법의 보호를 받을 수 있습니다. 전입신고 시 유의사항으로는 전입신고를 하기 전에 반드시 부동산등기사항증명서를 발급받아서 번지, 동, 호수 등을 확인한 후에 전입신고를 해야 기재오류로 인한 손해를 막을 수 있습니다. 그러나 담당공무원의 착오에 의한 기재 잘못은 대항력 발생에 영향력이 없습니다. 신축 중인 주택에 대한 전입신고는 나중에 준공검사가 끝나서 건물등기부가 작성되면 그 등기사항증명서를 발급받아 동·호수를 다시 확인해야 합니다.

> ※ **관련판례**
> 하나의 대지 위에 단독주택과 다세대 주택이 함께 건립되어 있고, 등기부상으로 단독주택과 다세대 주택의 각 구분소유 부분에 대하여 지번은 동일하나 그 동·호수가 달리 표시되어 있으며, 나아가 위 단독주택에 대하여 위 등기부와 같은 지번과 동·호수로 표시된 집합건축물관리대장까지 작성된 경우라면, 위 단독주택의 임차인은 그 지번 외에 등기부와 집합건축물관리대장상의 동·호수까지 전입신고를 마쳐야만 그 임대차의 유효한 공시방법을 갖추었다고 할 것이다(대법원 2002.3.15. 선고 2001다80204 판결).

제5절 주택임대차 등기의 효과와 절차

1. 주택임대차 등기

① 임차인은 반대 약정이 없으면 임대인에 대해 임대차등기절차에 협력할 것을 청구할 수 있고, 주택임대차등기를 마치면 임차인은 주민등록, 주택의 인도와 확정일자 없이도 대항력과 우선변제권을 취득하게 됩니다(주택임대차보호법 제3조제1항 및 제3조의2 제2항). 그러나 주택임대차 등기를 마치게 되면 위 요건이 없어도 대항력 및 우선변제권을 취득·유지할 수 있습니다.

② 주택임대차 등기는 신청인 또는 그 대리인이 등기소에 출석해 신청정보 및 첨부정보를 적은 서면을 제출하고 수수료를 납부하여 신청할 수 있습니다.

1-1. 주택임대차 등기의 효과

① 임차인은 임차권등기를 마치면 대항력과 우선변제권을 취득합니다. 다만, 임차인이 임차권등기 이전에 이미 대항력이나 우선변제권을 취득한 경우에는 기존에 취득한 대항력이나 우선변제권은 그대로 유지되며, 임차권등기 이후에는 주택의 인도와 주민등록과 같은 대항요건을 상실하더라도 이미 취득한 대항력이나 우선변제권을 상실하지 않습니다(주택임대차보호법 제3조의4 제1항 및 제3조의3 제5항).

② 임차권등기가 끝난 주택(임대차의 목적이 주택의 일부분인 경우에는 해당 부분으로 한정)을 그 이후에 임차한 임차인은 소액보증금의 우선변제를 받을 권리가 없습니다(동법 제3조의4 제1항 및 제3조의3 제6항).

1-2. 주택임대차 등기절차
1-2-1. 등기신청인

① 주택임대차의 등기는 임대인이 등기의무자가 되고 임차인이 등기권리자가 되어 공동으로 임차건물의 소재지를 관할하는 지방법원, 그 지원 또는 등기소에 신청해야 합니다(부동산등기법 제7조 제1항 및 제23조 제1항).

② 임대인이 임차권등기에 협력하지 않는 경우, 반대약정이 없으면 임대인에 대해 임차권등기절차에 협력할 것을 청구할 수 있으므로, 임차인은 '임차권설정등기절차를 이행하라'는 취지의 이행판결을 받아 단독으로 등기를 신청할 수 있습니다(민법 제621조 제1항 및 부동산등기법 제23조 제4항).

1-2-2. 등기신청

① 주택임대차의 등기는 신청인 또는 그 대리인이 등기소에 출석해 신청정보 및 첨부정보를 적은 서면을 제출하여 신청할 수 있습니다(부동산등기법 제24조 제1항 제1호).

② 임차권설정 또는 임차물 전대의 등기를 신청하는 경우에는 다음을 신청정보의 내용으로 등기소에 제공해야 합니다(동법 제74조 및 동규칙 제130조 제1항).

1) 차임(借賃)
2) 차임지급시기
3) 존속기간(다만, 처분능력 또는 처분권한 없는 임대인에 의한 단기임대차인 경우에는 그 뜻도 기재)
4) 임차보증금
5) 임차권의 양도 또는 임차물의 전대에 대한 임대인의 동의

③ 임차인이 대항력이나 우선변제권을 갖추고 민법 제621조제1항에 따라 임대인의 협력을 얻어 임대차등기를 신청하는 경우에는 신청서에 위의 사항 외에 다음의 사항을 적어야 하며, 이를 증명할 수 있는 서면을 첨부해야 합니다(주택임대차보호법 제3조의4 제2항).

1) 주민등록을 마친 날
2) 임차주택을 점유한 날
3) 임대차계약증서상의 확정일자를 받은 날

④ 임대차의 등기를 신청하는 경우 다음 정보를 그 신청정보와 함께 첨부정보로서 등기소에 제공해야 합니다(부동산등기규칙 제46조 제1항, 제60조 제1항 제3호, 제62조, 제65조 제1항 및 제130조 제2항).

1) 등기원인을 증명하는 정보: 약정에 따른 경우에는 임차권 설정 계약서, 판결에 따른 경우에는 판결정본과 확정증명서
2) 등기원인에 대해 제3자의 허가, 동의 또는 승낙이 필요한 경우에는 이를 증명하는 정보 및 인감증명
   ◇ 등기상 이해관계 있는 제3자의 승낙이 필요한 경우에는 이를 증명하는 정보 또는 이에 대항할 수 있는 재판이 있음을 증명하는 정보
   ◇ 신청인이 법인인 경우에는 그 대표자의 자격을 증명하는 정보
   ◇ 대리인이 등기를 신청하는 경우에는 그 권한을 증명하는 정보
3) 임대차의 목적이 주택의 일부분인 경우에는 그 부분을 표시한 지적도나 건물도면
4) 임차권자의 주민등록번호 등·초본(3개월 이내의 것)
5) 임차권 설정자인 소유자의 인감증명서(3개월 이내의 것)
6) 등록면허세 영수필 확인서

1-3. 수수료 납부

① 신청인은 임대차의 등기 신청수수료 15,000원을 납부합니다(등기 신청수수료 징수에 관한 예규 별표 1).

제3장

입주 후 발생하는 문제는
이렇게 해결하세요.

제3장 입주생활 후 발생하는 문제는 이렇게 해결하세요.

제1절 임차료

1. 차임의 지급 및 연체

① 임차인은 임차주택의 사용·수익의 대가로 임대인에게 차임을 지급해야 합니다.

② 임대인은 임차인이 차임을 2회 이상 연체한 경우에는 임대차계약을 해지할 수 있습니다.

1-1. 임차인의 차임지급 의무

임차인은 임차주택의 사용·수익의 대가로 임대인에게 차임을 지급해야 합니다(민법 제618조).

1-1-1. 차임의 지급시기

임차인과 임대인 사이에 차임의 지급시기에 관한 약정이 없는 경우에는, 매월 말에 지급하면 됩니다(민법 제633조).

1-1-2. 차임의 연체와 해지

① 임대인은 임차인이 차임을 2회 이상 연체한 경우에는 임대차계약을 해지할 수 있습니다(민법 제640조).

② 2회는 차임의 지급시기를 기준으로 판단합니다. 예를 들어 1년에 한 번씩 120만원을 지급하기로 한 임대차의 경우에는 2년분의 차임, 240만원이 됩니다.

③ 연체액이 2회의 차임에 해당하면 되고, 연속적으로 차임을 연체할 필요는 없습니다. 예를 들어, 매월 차임을 지급하기로 약정한 때에는, 연속해서 두 달의 차임을 연체한 경우는 물론, 10월분 차임을 연체하고 11월분 차임은 지불하고 다시 12월 분 차임을 연체하면

총 2개월분의 차임을 연체한 것이 되어 임대차계약이 해지될 수 있습니다.

④ 위 규정을 위반하는 약정으로서 임차인에게 불리한 것은 무효로 됩니다(민법 제652조). 예를 들어, 1회분의 차임을 연체한 때에 계약을 해지할 수 있는 것으로 약정하거나, 2회 이상의 연체가 있으면 해지의 의사표시가 없어도 임대차계약이 자동으로 종료한다는 계약조항은 임대인의 해지권 행사요건을 완화하여 임차인에게 불리하므로 무효입니다.

[서식]내용증명: 주택임대차 계약해지(임대료 연체)

내 용 증 명

발 신 인　○ ○ ○
　　　　　주 소　○○시　○○로　○○길　○○　○○호
수 신 인　○ ○ ○
　　　　　주 소　○○시　○○로　○○길　○○　○○호

임대차계약 해지 통고

1. 본인은 귀하와 20○○년 ○○월 ○○일 본인 소유의 주택에 대하여 아래와 같이 임대차계약을 체결한 바 있습니다.

- 아　　래 -

목적물: 주 소　○○시　○○로　○○길　○○호　아파트　○○㎡
임차보증금: 금 00,000,000원
월 임대료: 금 000,000원
임대차기간: 20○○년 ○○월 ○○일부터 20○○년 ○○월 ○○일까지

2. 귀하는 위 계약에 따라 본인에게 계약금 금0,000,000원을 계약 당일 지급하고, 나머지 금00,000,000원은 같은 해 00월 00일 지급하여 잔금지급일부터 입주해오고 있습니다.

3. 그런데, 귀하는 20○○년 ○○월부터 아무런 사유 없이 월임대료를 지급하지 아니하여 본인은 20○○년 ○○월 ○○일자 등 수 차례 귀하에게 체납 임대료 지급을 최고하였습니다.

4. 그럼에도 불구하고 귀하는 체납 임대료를 지급하지 않고 있어 본인은 귀하에게 서면으로 임대차계약 해지를 통지하오니 본 서면을 받는 즉시 위 건물을 명도해주시고 밀린 임대료를 지급하여 주시기 바랍니다. 만일, 위 기한내 건물명도 및 체납 임대료를 변제하시지 않으면 본인은 부득이 법적 조치를 하겠으니 양지하시기 바랍니다.

20○○. ○. ○.
위 발신인 ○○○

1-2. 공동 임차인의 연대의무

여러 사람이 공동으로 주택을 임차하여 사용·수익하는 경우에는 임차인 각자가 연대해서 차임지급 의무를 부담하게 됩니다(민법 제616조 및 제654조).

2. 차임 또는 보증금의 증감청구

① 약정한 차임이나 보증금이 임차주택에 관한 조세, 공과금, 그 밖의 부담의 증감이나 경제사정의 변동으로 인하여 적절하지 않게 된 때에는 차임 또는 보증금의 20분의 1의 범위 내에서 그 증감을 청구할 수 있습니다.

② 증액청구에 따라 차임이나 보증금을 올려주었거나 재계약을 통해서 올려준 경우에는 우선변제권 취득을 위해 그 증액된 부분을 위한 임대차계약서를 작성하고 그 증액부분의 임대차계약서에 확정일자를 받아 두어야 합니다.

2-1. 차임 또는 보증금의 증액
2-1-1. 증액 청구

① 임대인은 임대차계약이 존속 중에 약정한 차임이나 보증금이 임대주택에 대한 조세, 공과금, 그 밖의 부담의 증가나 경제사정의 변동으로 적절하지 않게 된 때에는 장래에 대하여 그 증액을 청구할 수 있습니다(주택임대차보호법 제7조 본문).

② 임대차계약이 갱신되는 경우에도 임대차가 존속하고 있는 것으로 보아야 하므로 증액청구를 할 수 있습니다. 다만, 임대차계약이 종료된 후 재계약을 하는 경우 또는 임대차계약 종료 전이라도 당사자가 합의하는 경우에는 차임이나 보증금을 증액할 수 있습니다(대법원 2002.6.28. 선고 2002다23482 판결).

③ 임대인의 차임증액청구는 당사자 사이에 차임증액을 금지하는 특약이 있는 경우에는 할 수 없습니다. 그러나 임대인은 차임불증액의

특약이 있더라도 그 약정 후 그 특약을 그대로 유지시키는 것이 신의칙에 반한다고 인정될 정도의 사정변경이 있는 경우에는 차임증액청구를 할 수 있습니다(대법원 1996.11.12. 선고 96다34061 판결).

답 변 서

사 건 20○○가소○○ 임차료 등
원 고 ○○○
피 고 ◇◇◇

위 사건에 관하여 피고는 아래와 같이 답변합니다.

청구취지에 대한 답변

1. 원고의 청구를 기각한다.
2. 소송비용은 원고의 부담으로 한다.
라는 판결을 구합니다.

청구원인에 대한 답변

원고의 청구원인 사실 중,
1. 이 사건 건물이 원래 소외 김◉◉의 소유였다가 그 뒤 소외 ■■■가 상속한 사실,
2. 또한 피고의 남편 망 이◈◈가 임대료 월 금 70,000원씩 주고 임차하여 사용하다가 사망한 뒤 그의 처인 피고가 계속 사용하고 있다는 원고의 주장은 이를 인정하나, 위 건물을 소외 제3자에게 전대하였다거나, 월 임차료가 10개월 연체되었다는 원고의 주장은 전혀 사실이 아니거나 피고가 모르는 사실입니다.

20○○. ○. ○.
위 피고 ◇◇◇ (서명 또는 날인)

○○지방법원 제○○민사단독 귀중

2-1-2. 증액의 제한

① 약정한 차임이나 임차보증금의 20분의 1의 금액을 초과하여 증액청구를 할 수 없습니다(주택임대차보호법 제7조 단서 및 동법 시행령 제8조 제1항).

② 특별시·광역시·특별자치시·도 및 특별자치도는 관할 구역 내의 지역별 임대차 시장 여건 등을 고려하여 약정한 차임이나 임차보증금의 20분의 1의 범위내에서 증액청구의 상한을 조례로 달리 정할 수 있습니다.

2-1-3. 증액 부분에 대한 대항력 및 우선변제권의 취득

① 증액청구에 따라 차임이나 보증금을 올려주었거나 재계약을 통해서 올려준 경우에는 그 증액된 부분을 위한 임대차계약서를 작성하여, 그 증액부분의 임대차계약서에 확정일자를 받아 두어야만 그 날부터 후순위권리자보다 증액부분에 대해서 우선하여 변제받을 수 있습니다.

② 따라서 차임이나 보증금을 증액하는 경우에는 부동산등기부을 확인하여 임차주택에 저당권 등 담보물권이 새롭게 설정되어 있지 않는지를 확인한 후 증액 여부를 결정하는 것이 안전합니다.

③ 대항력을 갖춘 임차인이 저당권설정등기 이후에 임대인과의 합의에 의하여 보증금을 증액한 경우에는 보증금 중 증액부분에 관해서는 저당권에 기하여 건물을 경락받은 소유자에게 대항할 수 없게 됩니다(대법원 1990.8.14. 선고 90다카11377 판결).

■ 근저당권 설정 후 증액된 주택임차보증금은 보호받을 수 없는지요?

Q. 저는 주택을 임차보증금 4,500만원에 임차하여 주민등록전입신고를 마치고 거주하던 중 1년 후 보증금 500만원을 인상하였고, 그 후 다시 300만원을 추가로 인상해주었습니다. 집주인은 제가 두 번째 300만원을 인상해주기 직전, 위 주택에 근저당권을 설정해주었으며, 그 근저당권에 의한 경매신청으로 다른 사람이 위 주택을 경매절차에서 매수하였습니다. 그런데 매수인은 저에게 4,500만원을 지급받고 위 주택을 명도하라고 하는데, 이 경우 증액된 보증금 800만원은 보호받을 수 없는지요?

A. 주택임대차보호법 제3조는 등기를 하지 않더라도 임차인이 임차주택에의 입주와 주민등록의 전입신고를 한 때에는 그 다음날부터 제3자에 대하여 대항력이 발생하고, 임차주택의 양수인(경매절차의 매수인도 포함)은 임대인의 지위를 승계 한 것으로 보며, 임대차가 종료한 경우에도 임차인이 보증금의 반환을 받을 때까지는 임대차 관계는 존속하는 것으로 의제하고 있습니다. 그런데 귀하는 두 차례에 걸쳐 임대인과 보증금을 증액하기로 합의하고 초과부분에 해당하는 보증금을 각 지급하였는바, 그 중 임차주택에 근저당권설정등기가 경료된 후에 지급한 300만원의 임차보증금도 대항력을 취득하는지 여부가 문제됩니다. 이에 관하여 판례는 "대항력을 갖춘 임차인이 저당권설정등기 이후에 임대인과 보증금을 증액하기로 합의하고 초과부분을 지급한 경우, 임차인이 저당권설정등기 이전에 취득하고 있던 임차권으로 선순위로서 저당권자에게 대항할 수 있음은 물론이나, 저당권설정등기 후에 건물주와의 사이에 임차보증금을 증액하기로 한 합의는 건물주가 저당권자를 해치는 법률행위를 할 수 없게 된 결과, 그 합의당사자 사이에서만 효력이 있는 것이고, 저당권자에게는 대항할 수 없다고 할 수밖에 없으므로, 임차인은 위 저당권에 기하여 건물을 경락 받은 소유자의 건물명도청구에 대하여 증액 전 임차보증금을 상환 받을 때까지 그 건물을 명도할 수 없다고 주장할 수 있을 뿐이고, 저당권설정등기 이후에 증액한 임차보증금으로써는 경락자인 소유자에게 대항할 수 없다."라고

하였습니다(대법원 1990.8.24. 선고 90다카11377 판결, 2002.1.25. 선고 2001다76427 판결).

따라서 귀하는 첫 번째 증액된 500만원을 포함한 임차보증금 5,000만원의 범위에서 대항력을 가지고 있으므로 매수인에게 5,000만원을 지급받을 때까지 위 주택의 명도를 거부할 수 있고, 증액된 계약서상에 확정일자를 받아두었다면 우선변제권을 행사할 수 있다고 할 것입니다. 그러나 저당권설정등기 이후에 증액된 임차보증금 300만원에 대하여는 매수인에게 대항할 수 없는 것이므로, 두 번째 증액된 300만원의 임차보증금은 최초의 임대인이었던 집주인으로부터 받을 수밖에 없을 것으로 보입니다.

■ 가등기 후 증액된 주택임차보증금을 어떻게 주장할 수 있는지요?

Q. 저는 甲소유 주택을 전세보증금 4,000만원에 임차하여 입주와 주민등록전입신고를 마치고 거주하던 중, 계약기간이 만료되어 보증금 300만원을 인상해주었습니다. 그런데 위 보증금 300만원을 인상하기 1개월 전 위 주택에 대하여 乙의 소유권이전청구권가등기가 설정되어 있는바, 만일 乙이 본등기를 하는 경우 인상된 보증금 300만원에 대하여도 乙에게 대항력을 주장할 수 있는지요?

A. 주택임대차보호법 제3조는 "①임대차는 그 등기가 없는 경우에도 임차인이 주택의 인도와 주민등록을 마친 때에는 그 다음 날부터 제3자에 대하여 효력이 생긴다. 이 경우 전입신고를 한 때에 주민등록이 된 것으로 본다. ④임차주택의 양수인(그 밖에 임대할 권리를 승계한 자를 포함한다)은 임대인의 지위를 승계한 것으로 본다."라고 규정하고 있습니다. 그러므로 주택임차인은 입주와 주민등록을 마친 때에 대항력을 취득하게 되고, 임대차계약서상 확정일자를 받아두면 그 이후의 모든 권리자 보다 우선하여 변제받을 권리를 가지게 되는 것입니다. 그런데 위 사안에서와 같이 임차건물에서 거주하던 중 임대차보증금이 인상된 경우 그 인상 전에 설정된 다른 등기권리자와의 관계가 문제될 수 있습니다. 이에 관하여 판례는 "주택임대차보호법의 적용을 받는 임대목적부동산에 관하여 제3자가 가등기를 하고, 그 가등기에 기하여 본등기가 마쳐진 경우에 있어서는 임대인과 임차인 사이에 그 가등기 후 그 보증금을 인상하기로 약정하였다고 하더라도, 그 인상분에 대하여는 그 등기권리자에게 대항하지 못한다 할 것이고, 이와 같은 이치는 그 임대차에 관한 등기가 되었거나 안되었거나 간에 다같이 적용된다."라고 하였습니다(대법원1986.9.9. 선고 86다카757 판결).

따라서 귀하는 乙이 가등기에 기한 본등기를 하게 된다면 인상된 보증금 300만원에 대하여는 대항력을 주장할 수 없고, 다만 가등기설정 전에 지급한 보증금 4,000만원에 대해서는 대항력을 주장할 수 있을 것입니다.

2-2. 차임 또는 보증금의 감액
2-2-1. 감액 청구
① 임차인은 임대차계약의 존속 중에 약정한 차임이나 보증금이 임대 주택에 대한 조세, 공과금, 그 밖의 부담의 증가나 경제사정의 변동으로 적절하지 않게 된 때에는 장래에 대하여 그 감액을 청구할 수 있습니다(주택임대차보호법 제7조 본문).
② 임대차계약이 갱신되는 경우에도 임대차가 존속하고 있는 것으로 보아야 하므로 감액청구를 할 수 있습니다.

2-2-2. 감액의 제한
① 증액금지의 특약과는 달리, 감액금지의 특약은 임차인에게 불리하기 때문에 효력이 없습니다(동법 제10조, 민법 제652조 및 제628조).
② 따라서 임차인은 차임감액금지특약을 하였더라도 경제사정의 변경 등을 원인으로 차임감액청구를 할 수 있습니다.

2-2-3. 민법에 따른 전세권의 경우- 전세금의 증감청구
전세금이 목적 부동산에 관한 조세·공과금 그 밖의 부담의 증감이나 경제사정의 변동으로 상당하지 않게 된 때에는 당사자는 장래에 대하여 전세금의 증감을 청구할 수 있습니다(민법 제312조의2 본문). 다만, 전세금의 증액청구는 약정한 전세금의 20분의 1을 초과하지 못하고, 전세권설정계약이 있은 날 또는 약정한 전세금의 증액이 있은 날로부터 1년 이내에는 할 수 없습니다(민법 제312조의2 단서).

■ 집주인이 전세금을 올려 달라고 하여 올려줬는데 증액분도 자동으로 우선변제권을 획득할 수 있나요?

Q. 저는 우선변제권을 보유한 주택임차인입니다. 집주인이 전세금을 올려 달라고 하여 올려줬는데 증액분도 자동으로 우선변제권을 획득할 수 있나요?

A. 증액분에 대한 확정일자를 별도로 받아야 합니다. 임대인의 증액청구에 따라 차임이나 보증금을 올려주었거나 재계약을 통해서 올려준 경우에는 그 증액된 부분을 위한 임대차계약서를 작성하여 그 계약서에 확정일자를 받아 두어야만 그 날부터 후순위권리자보다 증액부분에 대해서 우선하여 변제받을 수 있습니다. 담보물권자에 대한 대항력은 대항력을 갖춘 임차인이 저당권설정등기 이후에 임대인과의 합의에 따라 보증금을 증액한 경우, 보증금 중 증액부분에 관해서는 저당권에 기하여 건물을 경락받은 소유자에게 대항할 수 없게 됩니다. 따라서 차임이나 보증금을 증액하는 경우에는 부동산등기부을 확인하여 임차주택에 저당권 등 담보물권이 새롭게 설정되어 있지는 않은지 확인한 후 증액 여부를 결정하는 것이 안전합니다.

> ※ **관련판례**
> 임대차계약에 있어서 차임 불증액의 특약이 있더라도 그 약정후 그 특약을 그대로 유지시키는 것이 신의칙에 반한다고 인정될 정도의 사정변경이 있다고 보여 지는 경우에는 형평의 원칙상 임대인에게 차임증액청구를 인정하여야 한다(대법원 1996.11.12. 선고 96다34061 판결).

■ 집의 주변 시세가 많이 하락하여, 보증금을 조금 내리고 싶습니다. 어떻게 해야 하나요?

Q. 지금 살고 있는 집의 주변 시세가 많이 하락하여, 우리도 보증금을 조금 내리고 싶습니다. 계약 당시 보증금 증감청구 금지 특약을 하였는데, 이런 경우에도 보증금 감액을 청구할 수 있을까요?

A. 할 수 있습니다. 보증금 증액 금지 특약이 있는 경우에는 이에 따라 임대인은 증액청구를 할 수 없지만, 임차인은 감액금지특약을 하였더라도 경제사정의 변경 등을 원인으로 감액 청구를 할 수 있습니다. 차임·보증금 감액 청구는 임차한 주택에 대한 조세, 공과금, 그 밖의 부담의 감소나 경제사정의 변동으로 기존 보증금이 적절하지 않게 된 경우에는 임차인은 보증금의 감액을 청구할 수 있습니다. 임대차계약이 갱신되는 경우에도 임대차가 존속하고 있는 것으로 보아야 하므로 감액청구를 할 수 있습니다. 증액 금지의 특약은 유효하지만 감액금지 특약은 임차인에게 불리하기 때문에 효력이 없습니다. 감액 청구의 범위는 증액청구는 약정한 차임·보증금의 20분의 1을 넘지 못합니다. 감액청구의 경우에는 이러한 기준이 없기 때문에 실제 민사조정된 경우나 판결을 보면 5%~10% 선부터 20%까지 감액되는 경우도 있습니다. 합의가 되지 않는 경우에는 당사자 사이에 상당하다고 주장하는 감액에 관해 합의가 되지 않는 경우에는 법원에 차임 등의 감액청구의 소를 제기하거나, 민사조정 신청을 통해 그 상당액을 확정할 수 있습니다.

※ 관련판례

대항력을 갖춘 임차인이 저당권설정등기 이후에 임대인과 보증금을 증액하기로 합의하고 초과부분을 지급한 경우 임차인이 저당권설정등기 이전에 취득하고 있던 임차권으로 선순위로서 저당권자에게 대항할 수 있음은 물론이나 저당권설정등기 후에 건물주와의 사이에 임차보증금을 증액하기로 한 합의는 건물주가 저당권자를 해치는 법률행위를 할 수 없게 된 결과 그 합의 당사자 사이에서만 효력이 있는 것이고 저당권자에게는 대항할 수 없다고 할 수 밖에 없으므로 임차인은 위 저당권에 기하여 건물을 경락받은 소유자의 건물명도 청구에 대하여 증액전 임차보증금을 상환받을 때까지 그 건물을 명도할 수 없다고 주장할 수 있을 뿐이고 저당권설정등기 이후에 증액한 임차보증금으로써는 소유자에게 대항할 수 없는 것이다(대법원 1990.08.14. 선고 90다카11377 판결).

■ 집주인이 주변시세가 많이 올랐다며, 보증금을 올려달라고 합니다. 올려주어야 하나요?

Q. 보증금 5천만원에 임차한 집에서 8개월째 살고 있습니다. 집주인이 주변시세가 많이 올랐다며, 보증금을 천만원을 더 올려달라고 합니다. 보증금을 올려주어야 하나요?

A. 올려주지 않아도 됩니다. 임대인의 보증금 증액청구는 임대차계약 또는 약정한 보증금의 증액이 있은 후 1년 이내에는 할 수 없습니다. 설사 1년이 지나서 증액을 청구한다 하더라도 약정한 보증금의 20분의 1의 금액을 초과하여 청구할 수 없습니다. 따라서 계약기간이 1년이 지나고 질문과 같이 보증금이 5천만원인 경우에는 250만원을 넘지 않는 범위에서는 증액을 요구할 수 있습니다. 임대인은 약정한 차임이나 보증금이 임차주택에 관한 조세, 공과금, 그 밖의 부담의 증가나 경제사정의 변동으로 인하여 적절하지 않게 된 경우에는 장래에 대하여 그 증액을 요구할 수 있습니다. 임대인이 요구할 수 있는 차임·보증금의 증액 한도는 약정한 차임·보증금의 20분의 1을 넘지 못합니다. 임대인이 증액 한도를 초과하여 증액을 요구하는 경우에는 계약기간이 1년이 지났고 보증금이 5천만원인데 집주인이 보증금 1천만원의 인상을 계속 요구하는 경우에는 법원에 가서 보증금의 5%인 250만원을 공탁하면 차임의 연체를 면하게 되고 그 집에서 계속 살 수 있습니다.

> ※ **관련판례**
>
> 주택임대차보호법 제7조에서 "약정한 차임 또는 보증금이 임차주택에 관한 조세·공과금 기타 부담의 증감이나 경제사정의 변동으로 인하여 상당하지 아니하게 된 때에는 당사자는 장래에 대하여 그 증감을 청구할 수 있다. 그러나 증액의 경우에는 대통령령이 정하는 기준에 따른 비율을 초과하지 못한다."고 정하고 있기는 하나, 위 규정은 임대차계약의 존속 중 당사자 일방이 약정한 차임 등의 증감을 청구한 때에 한하여 적용되고, 임대차계약이 종료된 후 재계약을 하거나 또는 임대차계약 종료 전이라도 당사자의 합의로 차임 등이 증액된 경우에는 적용되지 않는다(대법원 2002.6.28. 선고 2002다23482 판결).

[서식]조정신청서(임차보증금 감액청구)

<h1 style="text-align:center;">조 정 신 청 서</h1>

신 청 인　○○○(주민등록번호)
　　　　　○○시 ○○구 ○○로 ○○(우편번호 ○○○○○)
　　　　　전화.휴대폰번호:
　　　　　팩스번호, 전자우편(e-mail)주소:
피신청인　◇◇◇(주민등록번호)
　　　　　○○시 ○○구 ○○로 ○○(우편번호 ○○○○○)
　　　　　전화.휴대폰번호:
　　　　　팩스번호, 전자우편(e-mail)주소:

임차보증금감액청구

<h2 style="text-align:center;">신 청 취 지</h2>

피신청인은 신청인에게 금 15,000,000원을 지급한다.
라는 조정을 구합니다.

<h2 style="text-align:center;">분 쟁 내 용</h2>

1. 신청인은 20○○.○.○. 피신청인으로부터 그의 소유인 ○○시 ○○구 ○○로 ○○ 소재 건물을 임대차보증금 30,000,000원으로 하면서 임대차보증금 전액을 지급하였습니다. 그 뒤 20○○.○○.○. 신청인은 피신청인과 위 임대차계약을 갱신하기로 합의하고 임대차보증금 50,000,000원, 임대차기간 20○○.○○.○.부터 2년간으로 하는 재계약을 체결하고, 증액된 임대차보증금 20,000,000원을 지급하였습니다.
2. 그런데 최근 경제불황과 부동산가격의 하락 및 임대료의 하락에 따라 위 아파트와 유사한 인근 아파트의 임대차보증금이 금 35,000,000원까지 떨어진 상황입니다.
   그에 따라 신청인은 피신청인에 대하여 위 아파트에 대한 임대차보증금을 현 시세와 같은 금 35,000,000원으로 감액해줄 것을 청구하였으나 피신청인은 이에 응하지 않고 있습니다.

3. 따라서 신청인은 피신청인으로부터 현재의 임대차보증금과 현 시세와의 차액인 금 15,000,000원을 반환 받고자 조정을 신청합니다.

입 증 방 법

1. 갑 제1호증   임대차계약서
1. 갑 제2호증   주민등록표등본
1. 갑 제3호증   영수증
1. 갑 제4호증   부동산중개업자확인서

첨 부 서 류

1. 위 입증방법   각 1통
1. 신청서부본   1통
1. 송달료납부서   1통

20○○. ○○. ○○.

위 신청인 ○○○ (서명 또는 날인)

○○지방법원 귀중

[서식]임대료청구의 소(임대보증금 차임증감에 따른)

소　장

원　　고　　○○○ (주민등록번호)
　　　　　　○○시 ○○구 ○○길 ○○(우편번호)
　　　　　　전화.휴대폰번호:
　　　　　　팩스번호, 전자우편(e-mail)주소:
피　　고　　◇◇◇ (주민등록번호)
　　　　　　○○시 ○○구 ○○길 ○○(우편번호)
　　　　　　전화.휴대폰번호:
　　　　　　팩스번호, 전자우편(e-mail)주소:

임대료청구의 소

청 구 취 지

1. 피고는 원고에게 금 ○○○○원 및 이에 대한 20○○.○○.○○.부터 이 사건 소장부본 송달일까지는 연 5%의, 그 다음날부터 다 갚는 날까지는 연 12%의 각 비율에 의한 돈을 지급하라.
2. 소송비용은 피고의 부담으로 한다.
3. 위 제1항은 가집행 할 수 있다.
라는 판결을 구합니다.

청 구 원 인

1. 원.피고의 신분관계
　원고는 원고의 위 주소지에 5층 건물을 소유하고 있으면서 임대업을 하는 사람이고, 피고는 원고 소유건물 중 일부를 임차한 임차인입니다.
2. 원고는 20○○.○.○. 피고와 원고 소유인 ○○시 ○○구 ○○길 ○○ 소재 ◎◎빌딩 1층을 보증금 ○○○원, 월임대료 금 ○○○원, 월임대료 지급기일 매월 15일, 임대차기간 12개월로 하는 상가임대차계약을 체결하고, 피고는 잔금을 치른 20○○.○.○○.부터 원고로부터 위 임대차목적물의 점유를 이전 받아 같은 장소에서 "○○베이커리"라는 상호로 제과점을 운영하였습니다.

3. 그런데 피고는 위 임대차계약일로부터 3월간은 매월 15일에 월임대료를 지급하였습니다. 그러나 임대차계약일로부터 3월이 지난 뒤로는 월임대료를 지급하지 않았습니다. 그러므로 원고는 피고에게 월임대료를 지급해줄 것을 여러 차례 독촉한 뒤 내용증명으로 최고하였으나 피고는 사업이 잘 되지 않아 그러니 사정이 좋아질 때까지 임대차보증금에서 월세를 공제해줄 것을 요구하여 원고는 피고의 입장을 고려하여, 원고의 손해를 감수하면서 기간은 정하지 않은 채 월임대료를 보증금에서 공제하기로 하였습니다.

4. 위와 같이 월임대료를 보증금에서 공제하기로 한 이후부터 원고는 피고와의 약정대로 임대차보증금에서 임대료를 공제하는 방법으로 월임대료를 정산하였습니다. 그러나 피고는 임대차보증금이 모두 없어진 20○○.○○.○.부터는 원고에게 월임대료를 지급하거나 아니면 임대차목적물을 비워주어야 함에도 불구하고 상가를 계속 사용하여 원고는 피고에게 임대차계약의 해지를 통보하고 임대차목적물의 명도를 요구하였습니다. 이에 피고는 시설비등 권리금을 받을 수 있도록 해달라며 가게가 양도 될 때까지는 명도에 응할 수 없다고 하였습니다. 그러던 중 피고의 위 가게가 소외 ◆◆◆에게 양도되어 피고는 위 임대차목적물에서 퇴거하고 위 임대차목적물을 소외 ◆◆◆에게 인도하였습니다. 이에 원고는 피고에게 금 ○○○○원(=20○○. ○○. ○. - 20○○.○○.○○.까지 ○개월×금 ○○○원)을 변제 할 것을 요구하였으나 피고는 지금까지 위 금액을 변제하지 않고 있는 것입니다.

5. 그렇다면 피고는 원고에게 체불된 월임대료 금 ○○○○원 및 이에 대한 20○○.○○.○○.부터 이 사건 소장부본 송달일까지는 민법에서 정한 연 5%의, 그 다음날부터 다 갚는 날까지는 소송촉진등에관한특례법에서 정한 연 12%의 각 비율에 의한 지연손해금을 지급할 의무가 있다 할 것이므로, 원고는 그 지급을 구하고자 이 사건 청구에 이른 것입니다.

입 증 방 법

1. 갑 제1호증	임대차계약서
1. 갑 제2호증	최고서
1. 갑 제3호증	답변서
1. 갑 제4호증	확인서

첨 부 서 류

1. 위 입증방법   각 1통
1. 소장부본   1통
1. 송달료납부서   1통

                                    20○○. ○. ○.
                        위 원고 ○○○ (서명 또는 날인)

                            ○○지방법원 귀중

소 장

원   고   ○○○ (주민등록번호)
            ○○시 ○○구 ○○길 ○○(우편번호)
            전화.휴대폰번호:
            팩스번호, 전자우편(e-mail)주소:
피   고   ◇◇◇ (주민등록번호)
            ○○시 ○○구 ○○길 ○○(우편번호)
            전화.휴대폰번호:
            팩스번호, 전자우편(e-mail)주소:

임대료 및 손해배상청구의 소

청 구 취 지

1. 피고는 원고에게 20○○.○○.○○.부터 이 사건 소장부본 송달일까지
   는 연 5%의, 그 다음날부터 다 갚는 날까지는 연 12%의 각 비율에
   의한 돈을 지급하라.
2. 소송비용은 피고의 부담으로 한다.
3. 위 제1항은 가집행 할 수 있다.
라는 판결을 구합니다.

청 구 원 인

1. 원.피고의 신분관계
   원고는 ○○시 ○○구 ○○길 ○○ 소재 1층 상가 30㎡의 상가임대
   차계약에 있어서 임대인이고, 피고는 위 상가의 임차인입니다.
2. 원고는 20○○.○.○. 피고와 ○○시 ○○구 ○○길 ○○ 소재 상가 1
   층 30㎡를 임대차보증금 5,000,000원, 월임대료를 금 1,000,000원,
   20○○.○.○.부터 임차기간을 12개월로 각 약정하고 상가임대차계약
   을 부동산중개사무소에게 체결하였습니다.
3. 피고는 위 상가 입주일에 임대차보증금 5,000,000원을 지급하고 입주
   하여 ◎◎이라는 상호로 농수산물도소매를 하면서 20○○.○.○.까지

는 월임대료를 제때에 지급하다가 피고가 도박에 빠지자 가게문을 제대로 열지도 아니하는 등 불성실한 영업으로 인하여 매출이 격감하여 20○○.○.○○.부터 월임대료를 연체하기 시작하였습니다.

4. 피고는 원고에게 월임대료를 지급할 수 없게 되자 원고에게 임대차보증금에서 월임대료를 공제하고 임대차보증금이 소진될 때 상가를 원고에게 명도하여 주겠다는 피고의 약속을 믿고 원고는 부득이 이에 동의를 하였으나 피고는 임대차보증금 5,000,000원을 모두 소진한 뒤에도 계속 명도를 거부하다가 겨우 20○○.○○.○. 위 상가를 원고에게 명도 하였습니다.

5. 또한, 피고는 상가를 임차한 임차인으로 상가건물을 통상 용도에 맞게 사용하여야 함에도 불구하고 피고는 무단으로 대형창문을 폐쇄하고 벽돌막음 공사를 하여 영업을 하였는바, 피고는 명도시 이를 원상회복 하여 원고에 명도 하여야 함에도 불구하고 그대로 방치된 상태로 명도 하였으므로, 원고는 부득이 금 1,000,000원을 들여 이를 원상회복 하였습니다.

6. 따라서 피고는 월임대료 금 4,000,000원과 상가시설훼손에 따른 손해금 1,000,000원 합계 금 5,000,000원을 원고에게 지급할 의무가 있다 할 것입니다.

7. 그렇다면 피고는 원고에게 금 5,000,000원 및 이에 대한 위 상가건물 명도일의 다음날인 20○○.○○.○○.부터 이 사건 소장부본 송달일까지는 민법에서 정한 연 5%의, 그 다음날부터 다 갚는 날까지는 소송촉진등에관한특례법에서 정한 연 12%의 각 비율에 의한 지연손해금을 지급할 의무가 있으므로 원고는 이를 지급 받기 위하여 이 사건 청구에 이른 것입니다.

입 증 방 법

1. 갑 제1호증	임대차계약서
1. 갑 제2호증	견적서
1. 갑 제3호증	영수증
1. 갑 제4호증	통고서
1. 갑 제5호증	답변서

첨 부 서 류

1. 위 입증방법   각 1통
1. 소장부본   1통
1. 송달료납부서   1통

                              20○○. ○. ○.
                        위 원고 ○○○ (서명 또는 날인)

                        ○○지방법원 귀중

제2절 당사자의 권리·의무

1. 임차인의 권리·의무
1-1. 임차인의 권리
1-1-1. 사용·수익권(임차권)
① 임차인은 임대차계약을 통해 임차주택을 사용·수익할 수 있는 임차권을 취득하게 됩니다(민법 제618조). 이를 위해 임대인에게 임차주택의 인도를 청구할 수 있고, 그 임차기간 중 사용·수익에 필요한 상태를 유지해 줄 것을 청구할 수 있습니다.

② 임대차는 그 등기가 없는 경우에도 임차인이 주택의 인도와 주민등록을 마친 때에는 그 다음 날부터 제삼자에 대하여 효력이 생깁니다. 이 경우 전입신고를 한 때에 주민등록이 된 것으로 봅니다(주택임대차보호법 제3조 및 민법 제621조 제2항).

1-1-2. 임대차등기협력청구권
① 임대인과 임차인은 당사자간의 반대약정이 없으면, 임차인은 임대인에게 주택임대차 등기에 협력할 것을 청구할 수 있습니다(민법 제621조제1항 및 주택임대차보호법 제3조의4).

② 다만, 임차인은 임대인에게 임대차등기 절차에 협력해 줄 것을 청구할 수 있을 뿐이고, 등기청구권까지 주어져 있는 것은 아니므로 임대인이 협력하지 않으면 임차인은 '임차권설정등기절차를 이행하라'는 취지의 이행판결을 받아 단독으로 등기를 신청하거나 법원의 임차권등기명령제도를 이용하여 임대차등기를 할 수 있습니다(주택임대차보호법 제3조의3제1항, 민법 제621조제1항 및 부동산등기법 제23조제4항 참조).

1-1-3. 차임감액청구권
① 임차인은 임대차계약의 존속 중에 약정한 차임이나 보증금이 임대주택에 대한 조세, 공과금, 그 밖의 부담의 증가나 경제사정의 변

동으로 적절하지 않게 된 때에는 장래에 대하여 그 감액을 청구할 수 있습니다(주택임대차보호법 제7조 본문).

② 차임 감액금지의 특약은 임차인에게 불리하기 때문에 효력이 없습니다(동법 제10조, 민법 제652조 및 제628조). 따라서 임차인은 차임 감액금지특약을 하였더라도 경제사정의 변경 등을 원인으로 차임 감액청구를 할 수 있습니다.

③ 임차인은 임차주택의 일부가 임차인의 과실 없이 멸실, 그 밖의 사유로 사용, 수익할 수 없는 때에는 그 부분의 비율에 의한 차임의 감액을 청구할 수 있습니다. 이 경우 그 잔존부분으로 임차의 목적을 달성할 수 없는 때에는 임차인은 계약을 해지할 수 있습니다(민법 제627조).

■ 임차보증금에 대한 전부명령 송달 후 연체된 월세의 연체차임도 공제되어야 하는지요?

Q. 저는 친구에게 1,000만원을 대여하였으나, 변제를 받지 못하여 친구의 주택임차보증금 1,000만원에 대하여 압류 및 전부명령을 받았습니다. 그러나 위 주택임대인은 임차보증금압류 및 전부명령을 송달 받고도 친구가 주택을 명도하지 아니한다는 이유로 보증금을 내주지 않아 부득이 제가 주택임대인을 대위하여 건물명도소송절차를 거쳐 명도하자, 주택임대인은 명도 시까지 친구가 연체한 차임을 공제한 금액 200만원만을 지급하겠다고 합니다. 이 경우 전부명령 송달 후의 연체차임도 공제되어야 하는지요?

A. 위 사안과 관련하여 판례는 "건물임대차에 있어서의 임차보증금은 임대차존속중의 임료뿐만 아니라 건물명도의무이행에 이르기까지 발생한 손해배상채권 등 임대차계약에 의하여 임대인이 임차인에 대하여 가지는 일체의 채권을 담보하는 것으로서, 임대차종료 후에 임대인에게 명도 할 때 체불임료 등 모든 피담보채무를 공제한 잔액이 있을 것을 조건으로 하여 그 잔액에 관한 임차인의 보증금반환청구권이 발생하고, 또한 임차보증금을 피전부채권으로 하여 전부명령이 있은 경우에도 제3채무자인 임대인은 임차인에게 대항할 수 있는 사유로써 전부채권자에게 대항할 수 있는 것이어서 건물임차보증금의 반환채권에 대한 전부명령의 효력이 그 송달에 의하여 발생한다고 하여도 위 보증금반환채권은 임대인의 채권이 발생하는 것을 해제조건으로 하는 것이므로, 임대인의 채권을 공제한 잔액에 관하여서만 전부명령이 유효하다."라고 하였습니다(대법원 1988.1.19. 선고 87다카1315 판결, 2004.12.23. 선고 2004다56554 등 판결). 다만 판례에 따르면 제3채무자인 임대인이 임대차보증금에서 공제될 차임채권 등의 발생원인에 대하여 주장·입증을 하여야 합니다(대법원 2005.9.28. 선고 2005다8323 판결). 그리고 임차인의 목적물반환의무도 위 금액에 관하여서만 서로 동시이행관계에 있게 됩니다(대법원 1987.6.23. 선고 87다카98 판결, 1998.5.29. 선고 98다6497 판결, 2002.12.10. 선고 2002다52657 판결). 따라서 귀하의 경우 친구의 연체된 임차료를 공제하고 남은 금액에 대해서만 주택임대인에 대해 청구할 수 있겠습니다.

■ 임차인이 보증금에서 연체된 월세의 공제를 주장할 수 있는지요?

Q. 저는 임차보증금 500만원, 월세 30만원으로 주택을 임차하여 거주하는데, 생활이 어려워 월세를 연체하자 임대인이 월세를 청구하면서 월세를 내지 못하면 임차주택을 비워달라고 합니다. 제가 임차보증금 500만원으로 연체된 월세에 충당할 것을 주장할 수는 없는지요?

A. 임대차는 임대인이 임차인에게 임차목적물을 사용·수익하게 할 것을 약정하고, 임차인이 이에 대하여 차임(임차료)을 지급할 것을 약정함으로써 성립되는 계약입니다. 임차보증금의 법적 성질에 관하여 판례는 "부동산임대차에 있어서 수수된 보증금은 임료채무, 목적물의 멸실·훼손 등으로 인한 손해배상채무 등 임대차관계에 따른 임차인의 모든 채무를 담보하는 것으로서, 그 피담보채무 상당액은 임대차관계의 종료 후 목적물이 반환될 때에 특별한 사정이 없는 한 별도의 의사표시 없이 보증금에서 당연히 공제된다."라고 하였습니다(대법원 1999.12.7. 선고 99다50729 판결, 2005.9.28. 선고 2005다8323, 8330 판결). 그리고 임차인이 월세를 지급하는 대신 보증금에서 공제하라고 할 수 있는지에 관하여 판례는 "임차인이 임대차계약을 체결할 당시 임대인에게 지급한 임대차보증금으로 연체차임 등 임대차관계에서 발생하는 임차인의 모든 채무가 담보된다 하여 임차인이 그 보증금의 존재를 이유로 차임의 지급을 거절하거나 그 연체에 따른 채무불이행책임을 면할 수는 없다."라고 하였습니다(대법원 1994.9.9. 선고 94다4417 판결).

또한 "임대차보증금은 임대차계약이 종료된 후 임차인이 목적물을 명도 할 때까지 발생하는 차임 및 기타 임차인의 채무를 담보하기 위하여 교부되는 것이므로 특별한 사정이 없는 한 임대차계약이 종료되었다 하더라도 목적물이 명도 되지 않았다면 임차인은 보증금이 있음을 이유로 연체차임의 지급을 거절할 수 없다."라고 하였습니다(대법원 1999.7.27. 선고 99다24881 판결).

따라서 귀하가 연체된 월세를 보증금에서 공제하라고 항변할 수는 없을 것이며, 비록 보증금이 남아 있다고 하여도 민법 제640조에 따라 월세 연체액이 2개월분의 월세액에 달하는 때에는 임대인이 귀하와의 위 임대차계약을 일방적으로 해지하고 위 주택의 명도를 청구할 수 있을 것으로 보입니다.

1-1-4. 부속물매수청구권 또는 철거권

① 임차인은 임차주택의 사용편익을 위해 임대인의 동의를 얻어 이에 부속한 물건이 있는 때에는 임대차의 종료 시에 임대인에게 그 부속물의 매수를 청구할 수 있으며, 임대인으로부터 매수한 부속물에 대해서도 그 매수를 청구할 수 있습니다(민법 제646조).

② 임차인은 부속물에 대해 임대인의 매수를 원하지 않는 경우 임차주택을 반환하는 때에 부속물을 철거할 수 있습니다(민법 제654조 및 제615조).

[서식]부속물매수청구서

부 속 물 매 수 청 구 서

  본인이 20○○년○월○일 귀하와 체결한 귀하 소유의 ○○시 ○○구 ○○동 ○○번지 대지에 관한 토지임대차계약이 20○○년○월○일의 경과로서 기간 만료 되었습니다. 또한 본인은 20○○년○월○일 귀하에게 계약의 갱신을 청구하였으나, 귀하로부터 이에 대한 거절의 통지를 받았습니다. 이에 본인은 귀하에게 위 대지상에 존재하는 본인 소유의 별지 기재 건물 및 본인이 권원에 의하여 위 대지에 부속시킨 것을 시가로 매수하여 주실 것을 청구합니다.

20○○년 ○월 ○일

임 차 인 ○ ○ ○ (인)

임대인(토지소유자) ○ ○ ○ 귀 하

○○시 ○○구 ○○길 ○○

1-1-5. 필요비상환청구권

① 임차인은 임차주택의 보존에 관해 필요비를 지출한 때에는 비용이 발생한 즉시 임대인에게 그 비용을 청구할 수 있습니다(민법 제626조제1항).

② 「필요비」란 임대차계약이 목적에 따라 임차주택을 사용·수익하는 데 적당한 상태를 보존, 유지하기 위해 필요한 모든 비용을 말합니다. 여기에는 임대인의 동의 없이 지출한 비용도 포함됩니다(민법 제203조제1항 및 제618조 참조).

③ 민법에 따른 전세권의 경우- 전세권자의 필요비상환청구권: 전세권자는 그 부동산의 현상을 유지하고 통상의 관리에 필요한 수선을 해야 하므로, 전세권자는 주택의 통상적 유지 및 관리를 위해 필요비를 지출한 경우에도 그 비용의 상환을 청구할 수 없습니다(민법 제309조).

1-1-6. 유익비상환청구권

① 임차인이 유익비를 지출한 경우에는 임대인은 임대차 종료 시에 그 가액의 증가가 현존한 때에 한하여 임차인의 지출한 금액이나 그 증가액을 상환해야 합니다(민법 제626조제2항).

② "유익비"란 임차인이 임차물의 객관적 가치를 증가시키기 위하여 투입한 비용을 말합니다(민법 제203조제2항 및 대법원 1991.8.27. 선고 91다15591, 15607 반소 판결).

1-2. 임차인의 의무
1-2-1. 차임지급의무

임차인은 임차주택에 대한 사용·수익의 대가로 임대인에게 차임을 지급해야 합니다(민법 제618조).

■ 공동임차인 각자에게 밀린 임차료 전액을 청구할 수 있는지요?

Q. 甲은 乙과 丙을 공동임차인으로 하여 주택을 보증금 500만원, 월세 50만원으로 정하여 임대하였습니다. 그런데 乙과 丙은 입주 후 3개월까지만 월세를 지급하였을 뿐 그 이후로는 전혀 월세를 지급하지 않고 있습니다. 임대차계약 당시 甲과 乙·丙간에 월세지급의 분담에 관하여는 전혀 언급된 바가 없으며, 乙은 현재 직장인으로서 임금을 받고 있으나, 丙은 무직이므로 이러한 경우 甲이 乙에게 연체된 월세 전액을 청구할 수 있는지요?

A. 사용대차의 경우 공동차주(共同借主)의 연대의무에 관하여 「민법」제616조는 "수인이 공동하여 물건을 차용한 때에는 연대하여 그 의무를 부담한다."라고 규정하고 있고, 같은 법 제654는 위 「민법」제616조를 임대차에도 준용한다고 규정하고 있습니다. 그러므로 공동임차인간에는 연대하여 그 의무를 부담한다 할 것입니다. 따라서 위 사안에 있어서 乙과 丙은 공동차주로서 연대하여 甲에 대하여 의무를 부담하게 될 것이므로, 甲은 乙·丙 모두에게 연대책임을 물어 연체된 월세 전액을 청구할 수 있을 것으로 보입니다. 참고로 임대차계약의 성립이 인정되는 경우, 임료지급에 대한 입증책임의 부담자에 관하여 판례는 "임대차계약이 성립하였다면 임대인에게 임대차계약에 기한 임료채권이 발생하였다 할 것이고, 임료를 지급하였다는 입증책임은 임차인이 부담한다."라고 하였습니다(대법원 2001.8.24. 선고 2001다28176 판결).

1-2-2. 임차주택의 사용·수익에 따른 의무

① 임차인은 계약이나 임차주택의 성질에 따라 정해진 용법으로 이를 사용·수익해야 할 의무를 부담합니다(민법 제610조 제1항 및 제654조).

② 임차인은 임대차계약 기간 동안 임차주택을 선량한 관리자의 주의로 이를 보존해야 합니다(민법 제374조).

③ 임차인은 임차주택의 수선이 필요하거나 그 주택에 대하여 권리를 주장하는 사람이 있을 때에는 임대인에게 통지해야 합니다. 다만, 임대인이 이미 그 사실을 알고 있는 경우에는 통지하지 않아도 됩니다(민법 제634조).

④ 임차인은 임대인이 임차주택의 보존에 필요한 행위를 하는 때에는 이를 거절하지 못합니다. 다만, 임대인이 임차인의 의사에 반하여 보존행위를 하는 경우 이로 인해 임차의 목적을 달성할 수 없는 때에는 계약을 해지할 수 있습니다(민법 제624조 및 제625조).

1-2-3. 임차주택의 반환의무 및 원상회복의무

임차인은 주택임대차가 종료한 때에는 임대인에게 그 주택을 반환해야 합니다. 이 경우 임차주택을 원래의 상태로 회복하여 반환해야 합니다(민법 제615조 및 제654조).

■ 반대의무 이행 없이 임차주택을 명도하지 않고도 소유권이전등기 청구권을 압류할 수 있는지요?

Q. 저는 甲이 乙로부터 매수하였으나 소유권이전등기를 하지 않고 있는 주택을 甲과의 계약으로 임차하여 거주하다가 계약기간이 만료되어 임차보증금을 반환받지 못하여 소송을 제기하여 '甲은 임차주택을 명도 받음과 동시에 임차보증금을 반환하라'는 판결을 받았음에도 불구하고 甲은 임차보증금의 반환을 이행하지 않고 있으며, 아직까지도 임차주택과 그 부지의 등기명의가 乙에게 있으므로 위 판결에 기하여 甲이 乙에 대하여 가지는 부동산 소유권이전등기청구권을 압류하여 강제집행 하고자 하는바, 이러한 경우에도 제가 임차주택을 명도하지 않고도 소유권이전등기청구권을 압류할 수 있는지요?

A. 민사집행법 제41조 제1항은 "반대의무의 이행과 동시에 집행할 수 있다는 것을 내용으로 하는 집행권원의 집행은 채권자가 반대의무의 이행 또는 이행의 제공을 하였다는 것을 증명하여야만 개시할 수 있다."라고 규정하고 있으나, 「주택임대차보호법」 제3조의2 제1항에서는 "임차인(제3조 제2항의 법인을 포함)이 임차주택에 대하여 보증금반환청구소송의 확정판결 기타 이에 준하는 집행권원에 기한 경매를 신청하는 경우에는 민사집행법 제41조의 규정에 불구하고 반대의무의 이행 또는 이행의 제공을 집행개시의 요건으로 하지 아니한다."라고 규정하고 있습니다. 위 규정의 임차주택에 대지도 포함되는지에 관하여 판례는 "주택임대차보호법 제3조의2 제1항은 임차인이 임차주택에 대하여 보증금반환청구소송의 확정판결 기타 이에 준하는 채무명의에 기한 경매를 신청하는 경우에는 민사소송법 제491조의2(현행 민사집행법 제41조) 제1항의 규정에 불구하고 반대의무의 이행 또는 이행의 제공을 집행개시의 요건으로 하지 아니한다고 규정하고 있는바, 주택임대차보호법 제3조의2 제2항 및 제8조 제3항이 임차주택의 환가대금에 건물뿐만 아니라, 대지의 가액도 포함된다고 규정하고 있는 점, 통상적으로 건물의 임대차에는 당연히 그 부지부분의 이용이 수반되는 것이고, 주택임

대차보호법 제2조에서 주택임대차보호법의 적용대상으로 규정하고 있는 주거용 건물의 임대차라 하는 것도 임차목적물 중 건물의 용도가 점포나 사무실 등이 아닌 주거용인 경우의 임대차를 뜻하는 것일 뿐 주택임대차보호법의 적용대상을 대지를 제외한 건물에만 한정하는 취지는 아닌 것으로 해석되는 점, 위 규정은 기본적으로 임차인의 권익보호를 그 입법취지로 하고 있는데, 만일 반대의무의 이행 또는 이행의 제공없이 집행개시를 할 수 있는 대상을 건물에만 한정할 경우 사실상 대지와 그 지상 주택의 경매절차가 분리되는 결과 경매절차의 진행에 어려움이 발생하고 임차주택의 환가에 의한 임차보증금의 회수를 간편하게 하겠다는 입법취지에 부합되지 않게 되는 점 등에 비추어 보면, 여기에서 말하는 임차주택에는 건물뿐만 아니라, 그 부지도 포함하는 것으로 봄이 상당하다."라고 하였습니다(대법원 1996.6.14. 선고 96다7595 판결, 2000.3.15.자 99마4499 결정).

그런데 「주택임대차보호법」 제3조의2 제1항이 임차주택 및 그 대지 자체가 아닌 그에 관한 소유권이전등기청구권에 대한 압류의 경우에도 유추적용 될 수 있을 것인가에 관하여 판례는 "첫째 부동산소유권이전등기청구권에 대한 강제집행은 부동산 그 자체에 대한 강제집행과는 그 절차를 달리하는 것으로 직접 채무자명의의 등기를 실현함으로써 그 강제집행절차는 종료하며, 그 후에 이루어진 부동산 그 자체에 대한 강제집행은 선행 부동산소유권이전등기청구권압류절차로부터 독립된 새로운 집행절차로서 본래의 채무명의에 기하여 부동산소유권이전등기청구권의 압류가 아닌 강제경매 등의 방법으로 진행되는 점, 둘째 위 조항은 임차주택에 대한 경매신청이라고 한정하여 규정하고 있을 뿐 임차주택에 대한 일반적인 강제집행 신청까지를 포괄하여 규정하고 있지 않은 점 등을 종합하여 보면, 위 조항은 임차주택 그 자체를 집행의 대상으로 한 경매의 경우에 집행개시의 요건에 관한 민사소송법 제491조의2(현행 민사집행법 제41조) 제1항의 예외사유를 인정하는 것이고, 임차주택의 이전등기청구권에 관한 일반 강제집행절차로서의 압류에까지 위 조항을 유추하여 적용할 것은 아니다."라고 하였습니다(대법원 2000.3.15.자

99마4499 결정). 따라서 귀하는 임차주택을 甲에게 명도한 후 그러한 사실을 소명하거나, 상대방이 수령을 거절할 경우에는 임차주택을 명도할 준비를 한 후 이행제공의 의사를 내용증명우편으로 통지하여 이행의 제공을 하였음을 소명하여 임차주택 및 그 부지의 소유권이전등기청구권을 압류하여야 할 것입니다. 그리고 부동산에 관한 권리이전청구권의 압류에 관하여 「민사집행법」 제244조 제2항은 "부동산에 관한 권리이전청구권의 압류에 대하여는 그 부동산 소재지의 지방법원은 채권자 또는 제3채무자의 신청에 의하여 보관인을 정하고 제3채무자에 대하여 그 부동산에 관한 채무자명의의 권리이전등기절차를 보관인에게 이행할 것을 명하여야 한다."라고 규정하고 있고, 같은 법 제244조 제4항은 "채권자는 제3채무자에 대하여 제1항 또는 제2항의 명령의 이행을 구하기 위하여 법원에 추심명령을 신청할 수 있다."라고 규정하고 있으므로, 소유권이전등기청구권 압류 후에도 채무자가 소유권이전등기에 협력하지 아니할 경우에는 법원에 추심명령을 신청하여 추심명령을 받은 후 소유권이전등기절차를 경료하고 그 다음 다시 그 부동산의 경매신청을 하여야 할 것입니다.

■ 임차인의 권리와 임대차 계약 후 해야 할 일이 무엇들이 있는지요?

Q. 원룸을 임대차계약을 한 후 해야 하는 일들은 무엇들이 있나요? 또 두 은행에 근저당이 잡혀 있었는데 계약 후 저당권이 실행된다면 이에 대해 임차인의 보호될 수 있는 권리는 무엇들이 있나요?

A. 임대차 계약을 하신 후에는 신속히 대항력과 우선변제권을 취득해 두시는 것이 바람직합니다. 「대항력」이란 임차인이 제3자, 즉 임차주택의 양수인, 임대할 권리를 승계한 사람, 그 밖에 임차주택에 관해 이해관계를 가지고 있는 사람에게 임대차의 내용을 주장할 수 있는 법률상의 힘을 말합니다(주택임대차보호법 제3조제1항). 임차인이 ①주택에 입주하고 ②주민등록 또는 전입신고를 마치면 그 다음 날부터 대항력이 생기며(동법 제3조제1항), 대항력을 취득한 임차인과 주택에 대한 저당권 또는 가압류 등의 권리관계는 그 요건을 갖춘 선후에 따라 결정됩니다. 「우선변제권」이란 임차주택이 경매 또는 공매되는 경우에 임차주택의 환가대금에서 후순위권리자나 그 밖의 채권자보다 우선하여 보증금을 변제받을 권리를 말합니다(동법 제3조의2제2항). 우선변제권은 임차인이 ①대항력(주택에 입주 및 주민등록 또는 전입신고)과 ②임대차계약서상의 확정일자를 갖춘 경우에 취득됩니다(동법 제3조의2 제2항). 「확정일자」란 증서가 작성된 날짜에 주택임대차계약서가 존재하고 있음을 증명하기 위해 법률상 인정되는 일자로서(대법원 1998.10.2. 선고 98다28879 판결), 주택 소재지의 읍·면사무소, 동 주민센터 또는 시(특별시·광역시·특별자치시는 제외하고, 특별자치도는 포함함)·군·구(자치구를 말함)의 출장소, 지방법원 및 그 지원과 등기소 또는 공증인법에 따른 공증인에게 부여받을 수 있습니다(동법 제3조의6제1항).

■ 다른 사람이 계약을 않을 경우에 임대인이 월세를 다 부담해야 하는지요?

Q. 집주인에게 다음 달에 이사 갈 것 같다고 통보를 하였습니다. 계약 만료일은 11월 8일입니다. 그런데 집주인은 11월 달까지 다른 사람이 안 들어오면 그 달 월세를 제가 다 부담해야 한다고 하는데, 그것이 맞는 말인지요?

A. 임대차 기간 만료 전에는 임대인과 임차인의 합의로 임대차 계약을 해지할 수 있습니다(민법 제543조). 이 경우, 임대인이 합의해지조건을 요구할 수 있으며 임차인이 이에 응하면 해당 조건이 충족되어야만 계약이 종료하게 됩니다(민법 제147조). 예를 들어, 임대인이 합의해지조건으로 새로운 세입자가 들어오는 것을 요구하고 임차인이 이에 응하였다면 새로운 세입자가 들어와야만 계약이 종료되고 임차인은 보증금반환을 청구할 수 있으며 새로운 세입자가 들어오기 전까지는 임대차 계약이 유지되어 임차인은 계속 차임을 지급할 의무가 있다고 할 것입니다(한국토지주택공사 전월세지원센터, 법률상담 사례 참조). 따라서 계약 기간 만료 전에 임대차 계약을 해지하는 경우 임차인은 우선적으로 임대인과의 합의해지 조건을 적절히 조율하는 것이 중요할 것입니다. 참고로 주택임대차보호법 제6조의2의 내용은 임대차계약이 묵시적으로 갱신된 경우에 대한 것이며, 이 경우 임차인은 언제든지 그 계약을 해지할 수 있으며, 임차인이 계약해지를 통지하는 경우 임대인이 그 통지를 받은 날부터 3개월이 지나면 임대차는 종료됩니다(주택임대차보호법 제4조제1항 및 제6조의2).

* 「묵시적 갱신」이란 임대인이 임대차기간이 끝나기 6개월 전부터 2개월 전까지의 기간에 임차인에게 갱신거절의 통지를 하지 않거나 계약조건을 변경하지 않으면 갱신하지 않는다는 뜻의 통지를 하지 않거나 임차인이 임대차기간이 끝나기 2개월 전까지 그러한 통지하지 않는 경우에는 그 기간이 끝난 때에는 전 임대차와 동일한 조건으로 다시 임대차한 것으로 간주하는 것을 말합니다(주택임대차보호법 제6조제1항).

[서식]건물인도 등 청구의 소(원상회복과 인도청구)

```
                        소    장

원   고    ○○○ (주민등록번호)
           ○○시 ○○구 ○○길 ○○(우편번호 ○○○○○)
           전화.휴대폰번호:
           팩스번호, 전자우편(e-mail)주소:
피   고    ◇◇◇ (주민등록번호)
           ○○시 ○○구 ○○길 ○○(우편번호 ○○○○○)
           전화.휴대폰번호:
           팩스번호, 전자우편(e-mail)주소:
```

건물인도 등 청구의 소

청 구 취 지

1. 피고는 원고에게 별지목록 기재 건물 중 별지도면 표시 1, 2, 5, 4, 1,의 각 점을 차례로 연결하는 선내 (ㄱ)부분 ○○㎡를 원상회복하고, 별지목록 기재 건물을 인도하라.
2. 소송비용은 피고가 부담한다.
3. 위 제1항은 가집행 할 수 있다
라는 판결을 구합니다.

청 구 원 인

1. 원고는 20○○.○.○. 피고에게 별지목록 기재 건물(단층주택)을 임차보증금 30,000,000원, 임대차기간을 12개월로 하여 임대한 사실이 있습니다.
2. 그런데 피고는 20○○.○.○. 원고의 동의 없이 임의로 별지목록 기재 주택 중 별지도면 표시 (ㄱ)부분 ○○㎡를 오락실로 개조하여 오락실 영업을 하고 있으며, 위 임대차계약은 20○○.○.○.자로 계약기간이 만료되었습니다.
3. 따라서 원고는 피고에게 별지목록 기재 주택 중 별지도면 표시 (ㄱ)부분 ○○㎡의 원상회복 및 별지목록 기재 주택의 인도를 청구하기 위하여 이 사건 소송제기에 이르렀습니다.

입 증 방 법

1. 갑 제1호증	건물등기사항증명서
1. 갑 제2호증	건축물대장
1. 갑 제3호증	임대차계약서
1. 갑 제4호증	내용증명통고서

첨 부 서 류

1. 위 입증방법	각 1통
1. 토지대장등본	1통
1. 소장부본	1통
1. 송달료납부서	1통

20○○. ○. ○.

위 원고 ○○○ (서명 또는 날인)

○○지방법원 ○○지원 귀중

2. 임대인의 권리·의무

2-1. 임대인의 권리

2-1-1. 차임지급청구

임대인은 임차인에게 차임을 지급할 것을 청구할 수 있습니다(민법 제618조 참조).

2-1-2. 차임증액청구

① 임대인은 임대차계약이 존속 중에 약정한 차임이나 보증금이 임대주택에 대한 조세, 공과금, 그 밖의 부담의 증가나 경제사정의 변동으로 적절하지 않게 된 때에는 장래에 대하여 그 증액을 청구할 수 있습니다(주택임대차보호법 제7조 본문).
이 경우 증액청구는 임대차계약 또는 약정한 차임이나 보증금의 증액이 있은 후 1년 이내에는 하지 못합니다.

② 차임증액청구는 약정한 차임이나 보증금의 20분의 1의 금액을 초과하지 못합니다. 다만, 특별시·광역시·특별자치시·도 및 특별자치도는 관할 구역 내의 지역별 임대차 시장 여건 등을 고려하여 본문의 범위에서 증액청구의 상한을 조례로 달리 정할 수 있습니다

③ 당사자 사이에 차임증액을 금지하는 특약이 있는 경우에는 차임증액청구를 할 수 없습니다. 그러나 차임불증액의 특약이 있더라도 그 약정 후 그 특약을 그대로 유지시키는 것이 신의칙에 반한다고 인정될 정도의 사정변경이 있는 경우에는 차임증액청구를 할 수 있습니다(대법원 1996.11.12. 선고 96다34061 판결).

2-1-3. 임대물반환청구권

임대차계약이 종료하면 임대인은 임차인에게 임대물의 반환을 청구할 수 있으며, 이 경우 임차인에게 임대물의 원상회복을 요구할 수 있습니다(민법 제615조, 제618조 및 제654조).

■ 동시이행항변권으로 임차건물 계속 점유 시 임차보증금 중 월세 상당액을 공제하고 잔액만 반환하겠다고 주장하는 것이 타당한지요?

Q. 저는 주택을 임차보증금 2,000만원, 월세 25만원에 임차하여 거주하던 중 계약기간 만료 1개월 전에 계약갱신 거절통지를 하였습니다. 그 후 계약기간 만료로 위 임차보증금의 반환을 청구하였으나 집주인은 이를 지급치 않았으므로 저는 위 주택의 열쇠를 넘겨주지 않은 채 모든 짐을 꾸려 새로 분양받은 아파트로 이사를 하였습니다. 그런데 집주인은 3개월이 지난 지금에 이르러 위 임차보증금 중 3개월 간의 월세 상당액을 공제하고 잔액만 반환하겠다고 하는바, 집주인의 주장이 타당한 것인지요?

A. 임대차계약의 종료에 의하여 발생된 임차인의 목적물 반환의무와 임대인의 연체차임 등을 공제한 나머지 임차보증금 반환의무는 동시이행의 관계에 있으므로, 임대차계약 종료 후에도 임차인이 동시이행의 항변권을 행사하여 임차건물을 계속 점유하여 온 것이라면, '임대인이 임차인에게 보증금 반환의무를 이행하였다거나 현실적인 이행의 제공을 하여 임차인의 건물명도의무가 지체에 빠지는 등의 사유로 동시이행의 항변권을 상실하지 않는 이상', 임차인의 건물에 대한 점유는 불법점유라고 할 수 없으며, 따라서 임차인으로서는 이에 대한 손해배상의무가 없다 할 것입니다(대법원 1998.5.29. 선고 98다6497 판결). 다만, 임차목적물의 사용·수익으로 인하여 '실질적으로 얻은 이익'이 있으면 부당이득으로서 반환하여야 할 것입니다(대법원 1998.7.10. 선고 98다15545 판결). 이와 같은 부당이득 반환의무에 관하여 판례는 "임차인이 임대차계약 종료 이후에도 동시이행의 항변권을 행사하는 방법으로 목적물의 반환을 거부하기 위하여 임차건물 부분을 계속 점유하기는 하였으나 이를 본래의 임대차계약상의 목적에 따라 사용·수익하지 아니하여 실질적인 이득을 얻은 바 없는 경우에는 그로 인하여 임대인에게 손해가 발생하였다 하더라도 임차인의 부당이득반환의무는 성립되지 아니한다."라고 하였고(대법원 2003.4.11. 선고 2002다59481 판결), 또한 "...이는 임차인의 사정으로 인하여 임차건물부분을 사용·수익을 하지 못

하였거나 임차인이 자신의 시설물을 반출하지 아니하였다고 하더라도 마찬가지이다."라고 하였습니다(대법원 1998.7.10. 선고 98다8554 판결, 2006.10.12. 선고 2004재다818 판결). 그리고 임대차계약에 있어 임차보증금은 임대차계약 종료 후에 발생하는 임료 상당의 부당이득반환채권뿐만 아니라 훼손된 건물부분의 원상복구비용 상당의 손해배상채권 등도 담보하는 것이므로, 임대인으로서는 임대차보증금에서 그 피담보채무를 공제한 나머지만을 임차인에게 반환할 의무가 있다고 할 것인데, 임대인으로서는 그 임대차보증금에 의하여 담보되는 부당이득반환채권 및 손해배상채권의 발생에 관하여 주장·입증책임을 부담하는 것이고, 다만 그 발생한 채권이 변제 등의 이유로 소멸하였는지에 관하여는 임차인이 주장·입증책임을 부담하게 됩니다(대법원1995.7.25. 선고 95다14664, 14671 판결).

따라서 귀하의 경우에도 집주인이 귀하가 계약기간 만료 이후에 위 주택을 임차목적대로 사용·수익하여 부당이득을 취하였다는 사실을 입증하지 못하는 한 귀하는 위 임차보증금에서 거주하지 아니한 3개월 간의 월세 상당액을 공제 당하지 않을 것으로 보입니다.

2-1-4. 그 밖에 임대물의 보존에 필요한 행위를 할 권리

임대인이 임대물의 보존에 필요한 행위를 하는 때에는 임차인이 이를 거절하지 못합니다(민법 제624조).

2-2. 임대인의 의무
2-2-1. 주택을 사용·수익하게 할 의무

① 임대인은 임차인이 목적물인 주택을 사용·수익할 수 있도록 할 의무를 집니다(민법 제618조).

② 이를 위해 임대인이 주택을 임차인에게 인도해야 하며, 임차인이 임대차기간 중 그 주택을 사용·수익하는데 필요한 상태를 유지하게 할 수선의무를 집니다(민법 제623조).

③ 그러나 임대인은 주택의 파손·장해의 정도가 임차인이 별 비용을 들이지 않고 손쉽게 고칠 수 있을 정도의 사소한 것이어서 임차인의 사용·수익을 방해할 정도의 것이 아니라면 그 수선의무를 부담하지 않습니다. 다만, 그것을 수선하지 않아 임차인이 정해진 목적에 따라 사용·수익할 수 없는 상태로 될 정도의 것이라면 임대인은 그 수선의무를 부담하게 됩니다(대법원 2004.6.10. 선고 2004다2151, 2168 판결).

④ 임대인의 수선의무는 특약에 의하여 이를 면제하거나 임차인의 부담으로 돌릴 수 있습니다. 그러나 특별한 사정이 없는 한 건물의 주요 구성부분에 대한 대수선, 기본적 설비부분의 교체 등과 같은 대규모의 수선에 대해서는 임대인이 그 수선의무를 부담합니다(대법원 1994.12.9. 선고 94다34692, 94다34708 판결). 예를 들어, 주택의 벽이 갈라져 있거나 비가 새는 경우, 낙뢰로 인한 주택의 화재 발생 등 천재지변 또는 불가항력적인 사유로 주택이 파손된 경우 등에는 임대인이 수리를 해야 합니다.

⑤ 임차인은 임대인이 주택을 수선해주지 않는 경우, 1)손해배상을 청구할 수 있고, 2)수선이 끝날 때까지 차임의 전부 또는 일부의 지

급을 거절할 수 있으며, 3)사용수익할 수 없는 부분의 비율에 따른 차임의 감액을 청구하거나 4)나머지 부분만으로 임차의 목적을 달성할 수 없는 경우에는 임대차계약을 해지할 수 있습니다(민법 제627조 및 대법원 1997.4.25. 선고 96다44778, 44785 판결 참조).

■ 임차한 주택의 수선의무는 누구에게 있을까요?

Q. 임차인 A는 임대인 B와 주택임대차계약을 체결하고, 해당 주택에 입주하여 생활하던 중 난방시설이 고장이 났습니다. 이 경우 난방시설의 수리는 임대인 B와 임차인 A 중 누구의 책임인가요?

A. 임대인 B는 목적물, 즉 주택을 임차인 A에게 인도하고 계약존속 중 그 사용, 수익에 필요한 상태를 유지하게 할 의무를 부담합니다(민법 제623조). 계약 목적물에 파손 또는 장해가 생긴 경우 그것이 임차인이 별 비용을 들이지 않고 손쉽게 고칠 수 있을 정도의 사소한 것이어서 임차인의 사용·수익을 방해할 정도의 것이 아니라면 임대인은 수선의무를 부담하지 않지만, 그것을 수선하지 않으면 임차인이 계약에 의하여 정해진 목적에 따라 사용·수익할 수 없는 상태로 될 정도의 것이라면 임대인은 그 수선의무를 부담합니다(대법원 1994.12.9.선고,94다34692,94다34708 판결). 난방시설의 경우 임차인이 별 비용을 들이지 않고 손쉽게 고칠 수 있을 정도의 사소한 파손 또는 장해로 보기 어려우므로, 임대인이 수선의무를 부담하게 됩니다. 계약체결 시 임대인의 수선의무면제특약을 체결하였다 하여도 만일 면제되는 수선의무의 범위를 명시하지 않았다면, 임차인이 부담하는 수선의무는 통상 생길 수 있는 파손의 수선 등 소규모의 수선에 한하는 것이고, 대파손의 수리·건물 주요 구성부분에 대한 대수선, 기본적 설비부분의 교체 등과 같은 대규모의 수선은 이에 포함되지 않습니다. 따라서 여전히 임대인이 수선의무를 부담한다고 해석됩니다(대법원 1994.12.9. 선고, 94다34692, 94다34708 판결).

※ 관련판례

임대차계약에 있어서 임대인은 목적물을 계약 존속 중 그 사용·수익에 필요한 상태를 유지하게 할 의무를 부담하는 것이므로, 목적물에 파손 또는 장해가 생긴 경우 그것이 임차인이 별 비용을 들이지 아니하고도 손쉽게 고칠 수 있을 정도의 사소한 것이어서 임차인의 사용·수익을 방해할 정도의 것이 아니라면 임대인은 수선의무를 부담하지 않지만, 그것을 수선하지 아니하면 임차인이 계약에 의하여 정해진 목적에 따라 사용·수익할 수 없는 상태로 될 정도의 것이라면 임대인은 그 수선의무를 부담한다(대법원 1994.12.9. 선고 94다34692, 94다34708 판결).

■ 임대주택 분양제한기간 만료 후 임대인의 임대차계약 해지권 있는지요?

Q. 甲은 임대주택법의 적용을 받는 乙회사 소유의 임대아파트를 임차하여 거주하던 중 임대주택의 분양제한기간이 만료되었고, 乙회사에서는 분양을 원하고 있습니다. 그러나 甲은 위 임대아파트를 분양 받기를 원하지 않고, 甲이 다른 곳에서 분양받은 아파트의 입주시기까지 위 임대아파트에 거주하기 위하여 위 임대아파트의 임대차계약의 갱신을 원하고 있으나, 乙회사에서는 계약갱신을 거절하고 있습니다. 이 경우 乙회사에서 甲의 계약갱신을 거절할 수 있는지요?

A. 임대주택법이 2015.8.28.에 전부 개정되어 「민간임대주택에 관한 특별법」으로 명칭이 변경되었으며, 「임대주택법」에 있던 공공임대주택에 관한 규정은 「공공주택 특별법」으로 이관되었습니다. 「공공주택 특별법」제50조의3 제1항은 "공공주택사업자는 임대 후 분양전환을 할 목적으로 건설한 공공건설임대주택을 임대의무기간이 지난 후 분양전환하는 경우에는 분양전환 당시까지 거주한 무주택자, 국가기관 또는 법인으로서 대통령령으로 정한 임차인에게 우선 분양전환하여야 한다."라고 규정하고 있으며, 동법 시행령 제55조 제1항은 위 '대통령령으로 정한 임차인'에 관하여 "①입주일 이후부터 분양전환 당시까지 해당 임대주택에 거주한 무주택자인 임차인 ② 공공건설임대주택에 입주한 후 상속·판결 또는 혼인으로 다른 주택을 소유하게 된 경우 분양전환 당시까지 거주한 사람으로서 그 주택을 처분하여 무주택자가 된 임차인 ③법 제49조의4 단서에 따라 임차권을 양도받은 경우에는 양도일 이후부터 분양전환 당시까지 거주한 무주택자인 임차인 ④선착순의 방법으로 입주자로 선정된 경우에는 분양전환 당시까지 거주하고 분양전환 당시 무주택자인 임차인 ⑤전용면적 85제곱미터 초과 주택에 분양전환 당시 거주하고 있는 임차인 ⑥분양전환 당시 해당 임대주택의 임차인인 국가기관 또는 법인" 등으로 정하고 있습니다. 그런데 「공공주택 특별법」의 적용을 받는 임대주택의 분양제한기간이 만료되고 임대인이

분양을 원하는 경우, 임대인이 임대차계약을 해지하거나 계약의 갱신을 거절할 수 있는지에 관하여 판례는 "(구)임대주택법의 적용을 받는 임대인이 임대계약을 해지하지 못하거나 임차인의 임대계약의 갱신을 거절할 수 없는 것은 임대주택이 분양제한기간 내에 있거나 임대인이 임대주택의 분양제한기간이 만료되었음에도 임대주택을 분양하지 아니하고 계속하여 임대하는 것을 희망하는 경우에 한한다 할 것이고, 임대인이 임대주택의 분양을 희망하는 경우에 있어서는 그 분양제한기간이 만료되고 임차인의 우선 수분양권만 보장한다면 임차인의 임대계약의 갱신을 거절할 수 있다고 보아야 하고, 임차인이 당해 임대주택에 대한 분양계약의 체결을 거절하는 경우에는 임대인은 당해 임대주택을 다른 사람에게 분양하기 위하여 그 임대차계약을 해지할 수 있다고 보는 것이 상당하다."라고 하였습니다(대법원 1999.6.25. 선고 99다6708 판결, 2001.12.27. 선고 2001다28442, 28459, 28466, 28473 판결).

따라서 위 사안에서 위 임대아파트의 분양제한기간이 만료되었고, 乙회사에서는 분양을 희망하고 있으며, 甲에게도 우선 수분양권을 보장하고 있지만 甲이 분양 받기를 원하지 않는 경우이므로, 乙회사는 甲의 임대차계약의 갱신을 거절할 수 있을 것으로 보입니다.

2-2-2. 방해제거의무

주택임대차계약체결 후 임대인이 주택을 임차인에게 인도하였으나, 여전히 종전의 임차인 등 제3자가 주택을 계속 사용·수익하는 등 새로운 임차인의 주택의 사용·수익을 방해하는 경우 임대인은 그 방해의 제거에 노력해야 합니다(민법 제214조 및 제623조 참조).

■ 임차건물에 도둑이 든 경우 임대인에게 손해배상책임이 있는지요?

Q. 저는 주택의 반지하방을 임차하여 거주하던 중 두 차례에 걸쳐 창문을 통해 도둑이 들어온 사실이 있습니다. 그런데 집주인은 1차 도난 사고 시 방범창을 해주었을 뿐, 위 도난사고로 인한 손해배상은 전혀 해줄 수 없다고 합니다. 위 반지하방은 주택가 도로에 인접해 있으며 담장도 낮을 뿐만 아니라 대문도 없는 경우이므로 임차인인 제가 집주인에 대하여 위 도난사고로 인한 손해배상을 청구할 수는 없는지요?

A. 임대인의 의무에 관하여 민법 제623조는 "임대인은 목적물을 임차인에게 인도하고 계약존속 중 그 사용·수익에 필요한 상태를 유지하게 할 의무를 부담한다."라고 규정하고 있습니다. 판례는 "임대차계약에 있어서 임대인은 목적물을 계약 존속 중 그 사용·수익에 필요한 상태를 유지하게 할 의무를 부담하는 것이므로, 목적물에 파손 또는 장해가 생긴 경우 그것이 임차인이 별 비용을 들이지 아니하고도 손쉽게 고칠 수 있을 정도의 사소한 것이어서 임차인의 사용·수익을 방해할 정도의 것이 아니라면 임대인은 수선의무를 부담하지 않지만, 그것을 수선하지 아니하면 임차인이 계약에 의하여 정해진 목적에 따라 사용·수익할 수 없는 상태로 될 정도의 것이라면 임대인은 그 수선의무를 부담한다."라고 하였습니다(대법원 1994.12.9. 선고 94다34692, 94다34708 판결). 또한, "통상의 임대차관계에 있어서 임대인의 임차인에 대한 의무는 특별한 사정이 없는 한 단순히 임차인에게 임대목적물을 제공하여 임차인으로 하여금 이를 사용·수익하게 함에 그치는 것이고, 더 나아가 임차인의 안전을 배려하여 주거나 도난을 방지하는 등의 보호의무까지 부담한다고 볼 수 없을 뿐만 아니라, 임대인이 임차인에게 임대목적물을 제공하여 그 의무를 이행한 경우 임대목적물은 임차인의 지배아래 놓이게 되어 그 이후에는 임차인의 관리 하에 임대목적물의 사용·수익이 이루어지는 것이고, 임차인이 임대차계약의 체결 당시 임차목적물이 대로변 3층 건물의 반지하에 위치한 관계로 주위의 담장이 낮고 별도의 대문도 없으며 방범창이 설치되지 아니하고 차면시설이 불량하였던

사정을 잘 알면서도 이를 임차하였고, 나아가 임대인은 임차목적물에서 발생한 1차 도난사건 직후 임대목적물에 방범창을 설치하여 주었다면, 임대인으로서는 임차목적물을 사용·수익하게 할 임대인으로서의 의무를 다하였다고 할 것이고, 여기에서 더 나아가 임차인에 대한 안전배려의무까지 부담한다고 볼 수는 없다."라고 하였습니다(대법원 1999.7.9. 선고 99다10004 판결).

따라서 위 사안에 있어서도 임대인이 1차 도난사고 직후 방범창을 설치해 준 사실이 있다면 임대인의 수선의무를 이행하였다고 볼 수 있을 것으로 보이고, 귀하가 임대인에게 도난사고로 인한 손해배상을 청구하기는 어려울 것으로 보입니다.

누수로 인한 임대차계약 해지 통지 및 보증금 반환청구

수신인 : 김○○(주민등록번호)

　　　　인천 동구 ○○동 ○○길 ○○

발신인 : 이○○(주민등록번호)

　　　　서울 중랑구 ○○동 ○○길 ○○

1. 발신인은 귀사 소유인 서울 중랑구 ○동 ○, 지층 안쪽 방 2칸에 대하여 계약기간을 2012.4.15.부터 2014.4.15.까지 24개월로, 임대차보증금을 35,000,000원으로 정하고 거주하고 있는 임차인입니다.

2. 상기 물건지에 대해서 올해 7월부터 큰방 쪽의 심한 누수와 큰방과 작은방, 주방 벽면의 심한 곰팡이로 인하여 도저히 사람이 살 수 없는 상황이고, 발신인이 귀하에게 얘기하니 귀하는 수리해 준다고 했다가 보증금을 반환해 준다고 했다가 지키지도 않는 약속들을 반복하거나 사는 데 지장이 없다는 등 발신인의 요구사항을 전혀 받아들이지 않고 있습니다.

3. 이에 발신인은 계약기간 내이지만 위와 같은 사유로 계약 종료를 요구하며, 새로운 입주자가 결정되지 않더라도 이 내용증명을 송달받은 날로부터 7일 이내에 임대차 보증금 및 이사비용 원(단 이사 올 당시 기준임, 이하 같음), 부동산중개수수료 원 반환하여 주실 것을 본 내용증명으로 요구합니다.

4. 위와 같은 발신인의 요구사항에 불응할 경우, 발신인은 임차보증금반환 등 청구의 본안소송과 임차권등기신청사건의 각 소송비용, 판결 이후의 강제집행에 따른 집행비용 등을 귀하가 부담해야 한다는 사실을 미리 고지하니, 부디 빠른 시일 내에 보증금을 반환하여 상호간에 불미스런 일이 발생치 않도록 해 주시기 바랍니다.

　　　　　　　　　　　　　　　　　　　　20○○. ○. ○.

　　　　　　　　　　　　　　발신인　이○○(서명 또는 날인)

* 해설

1. 내용증명

① 내용증명은 우편법 시행규칙 제25조 ①항 4호 가목에 따라 등기취급을 전제로 우체국창구 또는 정보통신망을 통하여 발송인이 수취인에게 어떤 내용의 문서를 언제 발송하였다는 사실을 우체국이 증명하는 특수취급 제도입니다.

예컨대 채무이행의 기한이 없는 경우 채무자는 이행의 청구를 받은 때로부터 지체책임을 지게 되며 이 경우 이행의 청구를 하였음을 증명하는 문서로 활용할 수 있습니다.

2. 내용증명의 활용

① 민법은 시효중단의 한 형태로「최고」를 규정하고 있으며「최고」후 6월내에 재판상의 청구, 파산절차참가, 화해를 위한 소환, 임의출석, 압류 또는 가압류, 가처분을 하지 않는 경우 시효중단의 효력이 없는 것으로 규정하고 있습니다.

따라서 소멸시효가 임박한 경우「최고서」를 작성하여 내용증명우편으로 송부하고 소송 시「최고」를 하였음을 입증하는 자료로 사용할 수 있습니다.

② 계약의 해제(해지), 착오 등을 이유로 취소하는 경우 내용증명을 통하여 의사표시를 하는 것이 후일 분쟁을 미리 예방 할 수 있는 방법이 될 수 있습니다.

③ 민법 제450조는 지명채권의 양도는 양도인이 채무자에게 통지하거나 채무자의 승낙을 요하며, 통지나 승낙은 확정일자 있는 증서에 의하지 않으면 채무자 이외의 제3자에게 대항할 수 없도록 규정하고 있습니다.

따라서 채권의 양도통지를 할 경우 내용증명에 의하여 통지하면 제3자에게도 대항할 수 있게 됩니다.

2-2-3. 임차보증금의 반환의무

① 임대인은 임대차기간의 만료 등으로 임대차가 종료된 때에는 임차인에게 보증금을 반환할 의무가 있습니다(대법원1989.1.19. 선고 87다카1315 판결).

② 임대인의 임차보증금의 반환의무는 임차인의 임차주택의 반환의무와 동시이행의 관계에 있습니다(대법원 1977.9.28. 선고 77다1241, 1242 판결).

■ 임차주택이 양도된 경우 양도인의 주택임차보증금채무가 소멸되는지요?

Q. 甲은 선순위 근저당권이 설정된 乙소유 주택을 임차보증금 5,000 만원에 2년 기간으로 임차하여 주민등록전입신고와 확정일자를 받았습니다. 甲은 임차주택에 대한 선순위 근저당권이 있더라도 乙의 다른 재산이 많아 걱정하지 않았는데, 최근 乙은 위 주택을 재력이 없는 丙에게 매도하였습니다. 만일 위 주택이 경매된다면 甲의 순위로는 배당받기 어려운 상태입니다. 이 경우 甲은 양도인 乙에게 임차보증금반환청구를 할 수 없는지요?

A. 주택임대차는 그 등기가 없는 경우에도 임차인이 주택의 인도와 주민등록을 마친 때에는 그 익일부터 제3자에 대하여 효력이 생기며, 임차주택의 양수인은 임대인의 지위를 승계 한 것으로 보게 됩니다(주택임대차보호법 제3조 제1항, 제3항). 그런데 임차주택이 양도되었을 경우 임차인이 계약기간만료 등으로 임차보증금을 반환받으려 할 때 양수인에게만 청구하여야 하는지(면책적 채무인수), 아니면 양도인(임대인)·양수인 모두에게 청구할 수 있는지(중첩적 채무인수)가 문제됩니다. 이에 관하여 판례는 "주택의 임차인이 제3자에 대한 대항력을 갖춘 후 임차주택의 소유권이 양도되어 그 양수인이 임대인의 지위를 승계 하는 경우에는, 임차보증금의 반환채무도 부동산의 소유권과 결합하여 일체로서 이전하는 것이므로, 양도인의 임대인으로서의 지위나 보증금반환채무는 소멸한다."라고 하였습니다(대법원 1996.2.27. 선고 95다35616 판결). 다만, 판례는 "임차인의 보호를 위한 임대차보호법의 입법 취지에 비추어 임차인이 임대인의 지위승계를 원하지 않는 경우에는 임차인이 임차주택의 양도사실을 안 때로부터 상당한 기간 내에 이의를 제기함으로써 승계되는 임대차관계의 구속으로부터 벗어날 수 있다고 봄이 상당하고, 그와 같은 경우에는 양도인의 임차인에 대한 보증금 반환채무는 소멸하지 않는다."라고 하였습니다(대법원 2002.9.4. 선고 2001다64615). 따라서 甲이 임차주택의 양도사실을 최근에 알았다면 상당한 기간 내에 이의를 제기하여 丙을 임대인으로하는 임대차계약의 유지를 거부하고 전소유자인 양도인 乙에게 임차보증금의 반환을 청구할 수 있을 것으로 보입니다.

■ 신탁법에 따라 신탁된 임차주택 수탁자가 재정이 부실한 경우 임차보증금반환청구를 할 수 있는지요?

Q. 甲은 乙회사가 신축한 임대아파트 중 1세대를 임차하여 임차주택의 인도와 전입신고를 마침으로써 주택임대차보호법 제3조 제1항 소정의 대항요건을 갖추었습니다. 그런데 乙회사는 그 뒤 담보목적으로 丙주택보증주식회사에게 위 아파트를 신탁법에 따라 신탁하여 신탁을 원인으로 한 소유권이전등기를 마쳤습니다. 그러나 乙회사는 재정이 악화되어 임대기간이 만료되었을 때 임차보증금을 반환할 능력이 없을 것으로 보이는바, 이 경우 甲이 丙주택보증주식회사에게 임차보증금반환청구를 할 수 있는지요?

A. 주택임대차보호법 제3조 제1항은 "임대차는 그 등기가 없는 경우에도 임차인이 주택의 인도와 주민등록을 마친 때에는 그 익일부터 제3자에 대하여 효력이 생긴다. 이 경우 전입신고를 한 때에 주민등록이 된 것으로 본다."라고 규정하고 있고, 같은 조 제3항은 "임차주택의 양수인(그 밖에 임대할 권리를 승계한 자를 포함)은 임대인의 지위를 승계한 것으로 본다."라고 규정하고 있으며, 이 규정에 의하여 임대인의 지위를 승계한 것으로 보게 되는 임차주택의 양수인이 되려면 주택을 임대할 권리나 이를 수반하는 권리를 종국적·확정적으로 이전받게 되는 경우라야 합니다. 그리고 신탁법상의 신탁은 위탁자가 수탁자에게 특정의 재산권을 이전하거나 기타의 처분을 하여 수탁자로 하여금 신탁목적을 위하여 그 재산권을 관리·처분하게 하는 것이므로(신탁법 제1조 제2항), 부동산의 신탁에 있어서 수탁자 앞으로 소유권이전등기를 마치게 되면 대내외적으로 소유권이 수탁자에게 완전히 이전되고, 위탁자와의 내부관계에 있어서 소유권이 위탁자에게 유보되어 있는 것은 아니라 할 것이며, 이와 같이 신탁의 효력으로서 신탁재산의 소유권이 수탁자에게 이전되는 결과 수탁자는 대내외적으로 신탁재산에 대한 관리권을 갖는 것이고, 다만, 수탁자는 신탁의 목적범위 내에서 신탁계약에 정하여진 바에 따라 신탁재산을 관리하여야 하는 제한을 부담함에 불과합니다. 여기서 임차주택을 담보목적으로 신탁법에 따라 신탁한 경우,

수탁자가 임대인의 지위를 승계하는지 문제되는데, 판례는 "임대차의 목적이 된 주택을 담보목적으로 신탁법에 따라 신탁한 경우에도 수탁자는 주택임대차보호법 제3조 제2항(현행 주택임대차보호법 제3조 제3항)에 의하여 임대인의 지위를 승계한다."라고 하여(대법원 2002.4.12. 선고 2000다70460 판결), 대외적으로는 주택의 임대인 내지 소유자가 변동된 경우와 동일하게 취급하는 듯합니다.

따라서 위 사안에 있어서도 수탁자인 丙주택보증주식회사가 甲과 乙회사 사이의 임대차계약상 임대인의 지위를 승계하였다고 보아야 할 것이므로, 甲은 위 임대차계약기간이 만료될 경우 丙주택보증주식회사에 대하여 임차보증금반환청구를 할 수 있을 것으로 보입니다.

※ **관련판례 1**

건물임대차에 있어서의 임차보증금은 임대차존속중의 임료뿐만 아니라 건물명도의무이행에 이르기까지 발생한 손해배상채권 등 임대차계약에 의하여 임대인이 임차인에 대하여 갖는 일체의 채권을 담보하는 것으로서 임대차 종료 후에 임대인에게 명도 할 때 체불임료 등 모든 피담보채무를 공제한 잔액이 있을 것을 조건으로 하여 그 잔액에 관한 임차인의 보증금반환청구권이 발생한다(대법원 1988.1.19. 선고 87다카1315 판결).

※ **관련판례 2**

임대차계약의 기간이 만료된 경우에 임차인이 임차목적물을 명도할 의무와 임대인이 보증금중 연체차임등 당해 임대차에 관하여 명도시까지 생긴 모든 채무를 청산한 나머지를 반환할 의무는 동시이행의 관계가 있다(대법원 1977.9.28. 선고 77다1241, 1242 판결).

[서식]임차보증금반환청구의 소(임대차기간 1년 6월 만료, 다가구 주택)

소　장

원　　고　　○○○ (주민등록번호)
　　　　　　○○시 ○○구 ○○길 ○○(우편번호)
　　　　　　전화.휴대폰번호:
　　　　　　팩스번호, 전자우편(e-mail)주소:
피　　고　　◇◇◇ (주민등록번호)
　　　　　　○○시 ○○구 ○○길 ○○(우편번호)
　　　　　　전화.휴대폰번호:
　　　　　　팩스번호, 전자우편(e-mail)주소:

임차보증금반환청구의 소

청　구　취　지

1. 피고는 원고에게 금 21,000,000원 및 이에 대한 20○○.○○.○○.부터 이 사건 소장부본 송달일까지는 연 5%의, 그 다음날부터 다 갚는 날까지는 연 15%의 각 비율에 의한 돈을 지급하라.
2. 소송비용은 피고의 부담으로 한다.
3. 위 제1항은 가집행 할 수 있다.
라는 판결을 구합니다.

청　구　원　인

1. 원고는 20○○.○.○. 피고와 피고 소유의 ○○시 ○○구 ○○길 ○○○ 소재 주택 2층 방2칸에 대하여 계약기간은 20○○.○.○.부터 20○○.○.○○.까지 1년 6개월, 임차보증금은 금 21,000,000원으로 정하여 임대차계약을 체결하고, 20○○.○.○. 원고는 피고에게 임차보증금을 지급하고 위 방2칸을 인도 받아 계약기간 만료일까지 점유.사용하였습니다.
2. 원고는 위 임대차기간이 만료되어 피고에게 임차보증금의 반환을 요구

하였으나 형편이 어렵다는 이유로 임차보증금의 반환을 해주지 않아 약 6개월 동안 기다리다가 20○○.○○.○. 임차보증금을 돌려 받지 못한 채 이사를 하였습니다.

3. 따라서 원고는 피고로부터 위 임차보증금 21,000,000원 및 이에 대한 원고가 위 방2칸을 피고에게 명도한 날의 다음날인 20○○.○○.○○.부터 이 사건 소장부본 송달일까지는 민법에서 정한 연 5%의, 그 다음날부터 다 갚는 날까지는 소송촉진등에관한특례법에서 정한 연 15%의 각 비율에 의한 지연손해금을 지급 받고자 이 사건 청구에 이른 것입니다.

입 증 방 법

1. 갑 제1호증   임대차계약서
1. 갑 제2호증   영수증
1. 갑 제3호증   통고서(내용증명우편)

첨 부 서 류

1. 위 입증방법   각 1통
1. 소장부본   1통
1. 송달료납부서   1통

20○○. ○. ○.

위 원고 ○○○ (서명 또는 날인)

○○지방법원 귀중

[서식]임차보증금반환청구의 소(임대차기간 1년 만료, 다세대 주택)

소　장

원　　고　　○○○ (주민등록번호)
　　　　　　○○시 ○○구 ○○길 ○○(우편번호)
　　　　　　전화.휴대폰번호:
　　　　　　팩스번호, 전자우편(e-mail)주소:
피　　고　　◇◇◇ (주민등록번호)
　　　　　　○○시 ○○구 ○○길 ○○(우편번호)
　　　　　　전화.휴대폰번호:
　　　　　　팩스번호, 전자우편(e-mail)주소:

임차보증금반환청구의 소

청　구　취　지

1. 피고는 원고에게 금 30,000,000원 및 이에 대한 이 사건 소장부본 송달
　다음날부터 다 갚는 날까지 연 15%의 비율에 의한 돈을 지급하라.
2. 소송비용은 피고의 부담으로 한다.
3. 위 제1항은 가집행 할 수 있다.
라는 판결을 구합니다.

청　구　원　인

1. 원고는 피고와 피고 소유의 ○○시 ○○구 ○○길 ○○ 소재 ○○연립
　301호를 계약기간은 1년, 임차보증금은 금 30,000,000원으로 하고, 월
　임차료는 금 200,000원을 매월 15일 지급하기로 약정하여 임차하였습
　니다.
2. 위 임대차계약은 20○○.○.○. 임대차기간이 만료되었고 원고는 피고에
　게 기간이 만료되기 전부터 이사를 하겠다고 통보하였음에도 기간만료
　후 수개월이 지난 지금까지 새로운 임차인이 나타나지 않는다는 이유로
　위 임차보증금을 반환해주지 않고 있어 이사를 하지 못하고 있습니다.

3. 따라서 원고는 피고로부터 위 임차보증금 30,000,000원 및 이에 대한 이 사건 소장부본 송달 다음날부터 다 갚는 날까지 소송촉진등에관한특 례법에서 정한 연 15%의 비율에 의한 지연손해금을 지급 받고자 부득 이 이 사건 청구에 이른 것입니다.

입 증 방 법

1. 갑 제1호증　　　　　　　　임대차계약서
1. 갑 제2호증　　　　　　　　보증금영수증
1. 갑 제3호증　　　　　　　　통고서(내용증명우편)

첨 부 서 류

1. 위 입증방법　　　　　　　각 1통
1. 소장부본　　　　　　　　　1통
1. 송달료납부서　　　　　　　1통

20○○. ○. ○.

위 원고 ○○○　(서명 또는 날인)

○○지방법원　귀중

[서식]임차보증금반환청구의 소(지하방, 누수를 원인으로 계약해지)

소 장

원   고   ○○○ (주민등록번호)
            ○○시 ○○구 ○○길 ○○(우편번호)
            전화.휴대폰번호:
            팩스번호, 전자우편(e-mail)주소:
피   고   ◇◇◇ (주민등록번호)
            ○○시 ○○구 ○○길 ○○(우편번호)
            전화.휴대폰번호:
            팩스번호, 전자우편(e-mail)주소:

임차보증금반환청구의 소

청 구 취 지

1. 피고는 원고에게 금 15,000,000원 및 이에 대한 20○○.○○.○○.부터 이
   사건 소장부본 송달일까지는 연 5%의, 그 다음날부터 다 갚는 날까지
   는 연 12%의 각 비율에 의한 돈을 지급하라.
2. 소송비용은 피고가 부담한다.
3. 위 제1항은 가집행 할 수 있다.
라는 판결을 구합니다.

청 구 원 인

1. 원고는 피고와 피고 소유의 ○○시 ○○구 ○○길 ○○ 소재 주택의 지
   하 방2칸에 대하여 계약기간은 2년, 임차보증금은 금 15,000,000원으
   로 정하여 임대차계약을 체결하고 입주하면서 피고에게 위 임차보증금
   전액을 지급하였습니다.
2. 그런데 여름철 장마가 계속되면서 벽을 통하여 비가 스며들어 벽이 썩
   고 배수시설이 나빠 지하로 물이 쏟아져 방이 침수되는 등 하자가 발생
   하여 도저히 계속 거주할 수가 없어 피고에게 여러 차례에 걸쳐 하자보
   수를 요구하였으나, 피고는 하자보수를 해주지 않았습니다.
3. 원고는 할 수 없이 아직 기간이 만료되지 않았지만 위 임대차계약의 해

지를 통보하고 피고에게 임차보증금반환을 요구하였으나 반환해주지 않아 20○○.○○.○. 이사를 하였습니다.

4. 따라서 원고는 피고로부터 위 임차보증금 15,000,000원 및 이에 대한 원고의 이사 다음날인 20○○.○○.○○.부터 이 사건 소장부본 송달일 까지는 민법에서 정한 연 5%의, 그 다음날부터 다 갚는 날까지는 소송촉진등에관한특례법에서 정한 연 12%의 각 비율에 의한 지연손해금을 지급 받고자 이 사건 청구에 이른 것입니다.

입 증 방 법

1. 갑 제1호증	임대차계약서
1. 갑 제2호증	확인서
1. 갑 제3호증	사진
1. 갑 제4호증 1, 2	각 통고서(내용증명우편)

첨 부 서 류

1. 위 입증방법	각 1통
1. 소장부본	1통
1. 송달료납부서	1통

20○○. ○. ○.

위 원고 ○○○ (서명 또는 날인)

○○지방법원 귀중

[서식] 임차보증금반환청구의 소(계약기간 만료, 아파트)

소　장

원　고　○○○ (주민등록번호)
　　　　○○시 ○○구 ○○길 ○○(우편번호)
　　　　전화.휴대폰번호:
　　　　팩스번호, 전자우편(e-mail)주소:
피　고　◇◇◇ (주민등록번호)
　　　　○○시 ○○구 ○○길 ○○(우편번호)
　　　　전화.휴대폰번호:
　　　　팩스번호, 전자우편(e-mail)주소:

임차보증금반환청구의 소

청 구 취 지

1. 피고는 원고에게 금 68,000,000원 및 이에 대한 이 사건 소장부본 송
   달 다음날부터 다 갚는 날까지 연 12%의 비율에 의한 돈을 지급하라.
2. 소송비용은 피고의 부담으로 한다.
3. 위 제1항은 가집행 할 수 있다.
라는 판결을 구합니다.

청 구 원 인

1. 원고는 피고와 20○○.○.○. 피고 소유의 ○○시 ○○구 ○길 ○○
   소재 ○○아파트 203동 401호를 임차보증금 68,000,000원, 임대차기
   간 20○○.○.○.부터 2년으로 하여 임차한 사실이 있습니다.
2. 원고는 임대차계약기간이 끝나기 1개월 전에 임대인인 피고에게 임대
   차계약갱신거절의 통지를 하고 임차보증금의 반환을 요구하였으나, 피
   고는 별다른 사유 없이 임차보증금의 반환을 계속 미루고 있습니다.
3. 따라서 원고는 피고로부터 위 임차보증금 68,000,000원 및 이에 대한
   이 사건 소장부본 송달 다음날부터 다 갚는 날까지 소송촉진등에관한
   특례법에서 정한 연 12%의 비율에 의한 지연손해금을 지급 받기 위
   하여 이 사건 청구에 이른 것입니다.

입 증 방 법

1. 갑 제1호증   임대차계약서
1. 갑 제2호증   영수증
1. 갑 제3호증   통고서(내용증명우편)

첨 부 서 류

1. 위 입증방법   각 1통
1. 소장부본   1통
1. 송달료납부서   1통

20○○. ○. ○.

위 원고 ○○○ (서명 또는 날인)

○○지방법원 귀중

제3절 임대차 승계

1. 임차권 양도의 제한

① 임차권의 양도는 임차인(양도인)과 양수인 사이의 계약만으로 유효하게 성립하나, 민법은 임차인은 임대인의 동의 없이 임차권을 양도하지 못하도록 제한하고 있으며, 임대인은 자신의 동의 없이 임차권을 양도한 경우 임대차계약을 해지할 수 있도록 하고 있습니다(민법 제629조).

② 그러나, 임차인이 비록 임대인으로부터 별도의 승낙을 얻지 않고 제3자에게 임차물을 사용·수익하도록 한 경우에 있어서도, 임차인의 당해 행위가 임대인에 대한 배신적 행위라고 할 수 없는 특별한 사정이 인정되는 경우에는, 임대인은 자신의 동의 없이 임차권 양도가 이루어졌다는 것만을 이유로 임대차계약을 해지할 수 없으며, 임차권 양수인은 임차권 양수 및 그에 따른 사용·수익을 임대인에게 주장할 수 있습니다(대법원 2010.6.10, 선고, 2009다101275, 판결).

③ 임대인과 임차인 당사자 간의 특약으로 임차권 양도에 임대인의 동의가 필요하지 않는 것으로 하는 것은 유효합니다(민법 제652조).

1-1. 임대인의 동의 있는 임차권의 양도
1-1-1. 양도의 효과

① 임차권이 임대인의 동의 아래 양도되면, 임차인이 임대차계약에 따라 가지는 권리와 의무는 포괄적으로 양수인에게 이전됩니다. 즉, 임차인은 종전의 임대차관계에서 벗어나며 아무런 권리의무를 가지지 않게 되고, 양수인이 새로운 임차인으로서 임대인과 임대차관계를 가지게 됩니다.

② 다만, 임차권의 양도에 대해 임대인의 동의가 있기 전에 이미 발생한 임차인의 연체차임채무나 그 밖의 손해배상채무 등은 별도의 다른 특약이 없는 한 양수인에게 이전되지 않습니다.

1-1-2. 대항력 및 우선변제권의 취득

① 임차권의 양수인은 임차권의 양도인이 대항력을 갖춘 후 저당권을 설정하거나 소유권을 이전받은 등의 제3자에게 대항할 수 있습니다.

② 주택임대차보호법 제3조 제1항에 따른 대항력을 갖춘 주택임차인이 임대인의 동의를 얻어 적법하게 임차권을 양도한 경우 양수인에게 점유가 승계되고 주민등록이 단절된 것으로 볼 수 없을 정도의 기간 내에 전입신고가 이루어졌다면 비록 위 임차권의 양도에 의하여 임차권의 공시방법인 점유와 주민등록이 변경되었다 하더라도 원래의 임차인이 갖는 임차권의 대항력은 소멸되지 아니하고 동일성을 유지한 채로 존속합니다(대법원 2010.6.10, 선고, 2009다 101275, 판결).

③ 임차권 양도에 의하여 임차권은 동일성을 유지하면서 양수인에게 이전되고 원래의 임차인은 임대차관계에서 탈퇴하므로, 임차권 양수인은 원래의 임차인이 가지는 우선변제권을 행사할 수 있습니다(대법원 2010.6.10, 선고, 2009다101275, 판결).

■ 임대인의 동의 없는 주택전대차계약을 한 경우 집주인 퇴거를 요구하는데 이에 응할 의무가 있는지요?

Q. 저는 임대차계약 당시 그 집에 살고 있던 甲을 집주인으로 알고 임대차계약을 체결하고 입주하여 주민등록전입신고를 마쳤습니다. 그런데 알고 보니 집주인은 乙이고 甲은 乙과 임대차계약을 체결하고 살고 있던 임차인이었습니다. 현재 집주인 乙은 저에게 **퇴거를** 요구하는데 이에 응할 의무가 있는지 또한, 임차보증금은 누구로부터 반환 받을 수 있는지요?

A. 임대인이 아닌 임차인과 임대차계약을 체결한 경우를 전대차(轉貸借)라고 하며, 이 경우의 계약당사자를 전대인(轉貸人-원래의 임차인), 전차인(轉借人)이라고 합니다. 민법 제629조 제1항 및 제2항은 "임차인은 임대인의 동의 없이 그 권리를 양도하거나 임차물을 전대하지 못하며, 임차인이 이 규정을 위반한 때에는 임대인은 계약을 해지할 수 있다."라고 규정하고 있으므로, 임차인이 계약기간 중에 임차권을 타인에게 전대하였더라도 임대인의 동의가 없으면, 그 타인(전차인)은 자신의 전차권을 임대인에게 주장할 수 없습니다. 다만, 판례는 임차인이 비록 임대인으로부터 별도의 승낙을 얻지 아니하고 제3자에게 임차물을 사용·수익하도록 한 경우에 있어서도, 임차인의 당해 행위가 임대인에 대한 배신적 행위라고 할 수 없는 특별한 사정이 인정되는 경우에는, 임대인은 자신의 동의 없이 전대차가 이루어졌다는 것만을 이유로 임대차계약을 해지할 수 없으며, 임차권 양수인이나 전차인은 임차권의 양수나 전대차 및 그에 따른 사용·수익을 임대인에게 주장할 수 있다고 하였습니다. 그 이유에 대해 판례는 민법 제629조의 취지는 임대차계약이 원래 당사자의 개인적 신뢰를 기초로 하는 계속적 법률관계임을 고려하여 임대인의 인적 신뢰나 경제적 이익을 보호하여 이를 해치지 않게 하고자 함에 있고, 임차인이 임대인의 동의 없이 제3자에게 임차물을 사용·수익시키는 것은 임대인에게 임대차관계를 계속시키기 어려운 배신적 행위가 될 수 있는 것이기 때문에 임대인에게 일방적으로 임대차관계를 종료시킬 수 있도록 하고자 함에 있기 때문

이라고 설시하고 있습니다(대법원 2010.6.10. 선고 2009다101275 판결).

따라서 귀하의 경우에는 甲의 전대차가 건물주인 乙의 동의 없이 행하여진 것이므로, 乙은 귀하에 대하여 퇴거를 요구할 수 있고, 귀하는 乙에 대하여 원래의 임차인인 甲과 체결한 임대차관계를 주장하지 못하고 퇴거해야 하는 것이 원칙이나, 귀하와 甲 사이의 전대차 또는 임차권 양도가 임대인 乙에 대한 배신적 행위라고 할 수 없는 특별한 사정이 인정되는 경우, 귀하는 임차권의 양수나 전대차 및 그에 따른 사용·수익을 임대인 乙에게 주장할 수 있습니다. 임대인에 대한 배신적 행위라고 할 수 없는 특별한 사정이 없다면 귀하는 임차보증금반환을 임차인(전대인)인 甲에게만 청구할 수 있고, 나아가 甲에게 고의 또는 과실이 있었던 경우에는 이를 입증하여 불법행위로 인한 손해배상청구권도 행사해볼 수 있을 것입니다.

※ 관련판례

주택임대차보호법 제3조 제1항에 의한 대항력을 갖춘 주택임차인이 임대인의 동의를 얻어 적법하게 임차권을 양도하거나 전대한 경우, 양수인이나 전차인에게 점유가 승계되고 주민등록이 단절된 것으로 볼 수 없을 정도의 기간 내에 전입신고가 이루어졌다면 비록 위 임차권의 양도나 전대에 의하여 임차권의 공시방법인 점유와 주민등록이 변경되었다 하더라도 원래의 임차인이 갖는 임차권의 대항력은 소멸되지 아니하고 동일성을 유지한 채로 존속한다고 보아야 한다. 이러한 경우 임차권 양도에 의하여 임차권은 동일성을 유지하면서 양수인에게 이전되고 원래의 임차인은 임대차관계에서 탈퇴하므로 임차권 양수인은 원래의 임차인이 주택임대차보호법 제3조의2 제2항 및 같은 법 제8조 제1항에 의하여 가지는 우선변제권을 행사할 수 있고, 전차인은 원래의 임차인이 주택임대차보호법 제3조의2 제2항 및 같은 법 제8조 제1항에 의하여 가지는 우선변제권을 대위 행사할 수 있다(대법원 2010.6.10, 선고, 2009다101275 판결).

■ 전차인이 임차주택을 직접 임대인에게 명도한 경우에 그 효력은 어떻게 되는지요?

Q. 저는 甲으로부터 乙소유주택을 전세보증금 2,000만원에 계약기간 2년으로 전차하여 계약기간이 만료되었으며, 甲의 乙에 대한 임차기간도 만료되었습니다. 그런데 乙은 위 주택을 직접 자기에게 명도하라고 합니다. 이 경우 乙의 동의를 얻지 않은 전대차인 경우에도 위 주택을 乙에게 직접 명도하여도 甲에 대하여 제 의무를 이행한 것이 되는지요?

A. 임대차계약에 의하여 타인의 물건을 임차하고 있는 자가 스스로 다시 임대인이 되어 그 물건을 제3자(轉借人)에게 사용·수익하게 하는 것을 전대차(轉貸借)라고 합니다. 「민법」 제629조는 "임차인은 임대인의 동의 없이 그 권리를 양도하거나 임차물을 전대하지 못한다."라고 규정하여 제한적으로 임차권의 양도와 전대차를 인정하고 있습니다. 그러나 임대인의 동의 없이 임차물을 전차한 경우에도 임대인에 대하여는 그 전대차로써 대항하지 못하지만, 임차인과 전차인의 사이에는 그 전대차계약이 유효하게 성립합니다. 그런데 위 사안에서는 임대인의 동의 없는 전대차의 경우에 귀하가 임대인에게 위 주택을 직접 명도한 경우 귀하의 甲에 대한 주택의 명도의무를 면할 수 있는지가 문제됩니다. 이에 관하여 판례는 "임차인이 임차물을 전대하여 그 임대차기간 및 전대차기간이 모두 만료된 경우에는, 그 전대차가 임대인의 동의를 얻은 여부와 상관없이 임대인으로서는 전차인에 대하여 소유권에 기한 반환청구권에 터 잡아 목적물을 자신에게 직접 반환하여 줄 것을 요구할 수 있고, 전차인으로서도 목적물을 임대인에게 직접 명도함으로써 임차인(전대인)에 대한 목적물 명도의무를 면한다."라고 하였습니다(대법원 1995.12.12. 선고 95다23996 판결).

따라서 귀하는 甲으로부터 전세보증금을 반환 받음에 문제가 없다면 위 주택을 乙에게 직접 반환하여도 甲에 대한 명도의무를 면하게 될 것입니다.

민법상 임차인은 임대인의 동의 없이 그 권리를 양도하거나 임차물을 전대하지 못하고 임차인이 이에 위반한 때에는 임대인은 계약을 해지할 수 있으나(민법 제629조), 이는 임대차계약이 원래 당사자의 개인적 신뢰를 기초로 하는 계속적 법률관계임을 고려하여 임대인의 인적 신뢰나 경제적 이익을 보호하여 이를 해치지 않게 하고자 함에 있고, 임차인이 임대인의 동의 없이 제3자에게 임차물을 사용·수익시키는 것은 임대인에게 임대차관계를 계속시키기 어려운 배신적 행위가 될 수 있는 것이기 때문에 임대인에게 일방적으로 임대차관계를 종료시킬 수 있도록 하고자 함에 있다. 따라서 임차인이 비록 임대인으로부터 별도의 승낙을 얻지 아니하고 제3자에게 임차물을 사용·수익하도록 한 경우에 있어서도, 임차인의 당해 행위가 임대인에 대한 배신적 행위라고 할 수 없는 특별한 사정이 인정되는 경우에는, 임대인은 자신의 동의 없이 전대차가 이루어졌다는 것만을 이유로 임대차계약을 해지할 수 없으며, 임차권 양수인이나 전차인은 임차권의 양수나 전대차 및 그에 따른 사용·수익을 임대인에게 주장할 수 있다(대법원 2010.6.10,선고, 2009다101275 판결).

■ 임대인이 승낙한 전대차에서 전차인의 과실로 임차주택이 소실된 경우 어떻게 되는지요?

Q. 甲은 자기소유 주택을 乙에게 임대하였던 바, 乙은 甲의 승낙을 받아 그 주택 전부를 다시 丙에게 전대하였습니다. 그런데 丙의 과실로 인하여 그 주택 전부가 소실된 경우 甲·乙·丙간의 **법률관계**는 어떻게 되는지요?

A. 임대차계약에 의하여 타인의 물건을 임차하고 있는 자가 스스로 다시 임대인이 되어 그 물건을 제3자(轉借人)에게 사용·수익하게 하는 것을 전대차(轉貸借)라고 합니다. 「민법」 제629조는 "임차인은 임대인의 동의 없이 그 권리를 양도하거나 임차물을 전대하지 못한다."라고 규정하여 제한적으로 임차권의 양도와 전대차를 인정하고 있습니다. 위 사안처럼 임대인 甲의 승낙에 의한 전대차인 경우 乙과 丙간의 전대차관계는 유효합니다. 그러므로 전대인 乙과 전차인 丙 사이에서 전대차에 따른 권리의무관계가 임대차의 범위 내에서 당연히 발생합니다. 전차인 丙의 입장에서 보면 권리 면에서는 직접 乙에게만 미치고 甲에게는 미치지 못하는 반면, 의무 면에서는 甲과 乙의 양쪽에 부담하나 제1차적으로는 甲에게 직접 의무를 부담합니다. 즉, 같은 법 제630조는 "임차인이 임대인의 동의를 얻어 임차물을 전대한 때에는 전차인은 직접 임대인에 대하여 의무를 부담한다."라고 규정하고 있습니다. 이 의무는 목적물의 보관의무의 위반에 기한 손해배상의무, 임대차종료 시 목적물반환의무, 차임지급의무 등을 포함합니다. 따라서 사안과 같이 丙이 과실로 인하여 임차물이 소실되도록 하였다면, 甲은 丙에게 직접 채무불이행의 책임을 물을 수 있습니다.

한편, 전대차가 이루어졌더라도, 甲과 乙의 임대차계약관계에는 영향이 없으므로, 전대인 乙의 입장에서 보면 甲에 대한 각종 권리·의무가 그대로 유지됩니다. 따라서, 乙이 丙의 선임·감독에 있어서 과실이 있으면 甲은 乙에게 손해배상을 청구할 수도 있을 것입니다. 그리고 乙과 丙의 甲에 대한 손해배상의무는 일종의 부진정연대채무가 된다 하겠습니다.

※ 관련판례

임대인의 동의를 받지 아니하고 임차권을 양도한 계약도 이로써 임대인에게 대항할 수 없을 뿐 임차인과 양수인 사이에는 유효한 것이고 이 경우 임차인은 양수인을 위하여 임대인의 동의를 받아 줄 의무가 있다(대법원 1986.2.25. 선고 85다카1812 판결).

1-2. 임대인의 동의가 없는 임차권의 양도

1-2-1. 임차인(양도인)과 양수인 사이의 법률관계

임차권의 양도계약은 이들 사이에서 유효하게 성립하고, 양도인은 양수인을 위해 임대인의 동의를 받아 줄 의무를 지게 됩니다(대법원 1986.2.25. 선고 85다카1812 판결 및 대법원 1996.6.14. 선고 94다41003 판결).

■ 장기여행 등으로 임대차된 집을 비울 경우에 다른 사람에게 짧은 기간 임대하는 것이 가능할까요?

Q. 장기여행 등으로 임대차된 집을 비워야 한다면 이 집을 다른 사람에게 짧은 기간 다시 일정한 비용을 받고 임대하는 것이 가능할까요? 이 경우에 법적계약을 할 수 있나요?

A. 임차인이 자기의 임차권에 기초하여 임차주택을 제3자에게 사용·수익하도록 하는 전대차에 따른 법률관계는 다음과 같습니다.

① 전대인(임차인)과 전차인 사이의 관계

전대차 계약은 전대인(임차인)과 전차인 사이에서 유효하게 성립하고, 전차인은 전대인에게 주택을 사용·수익하게 해 줄 것을 내용으로 하는 채권을 취득하며, 전대인은 전차인에 대해 차임청구권을 가집니다. 전대인은 전차인을 위해 임대인의 동의를 받아 줄 의무를 지게 됩니다(대법원 1986.2.25. 선고 85다카1812 판결).

② 임대인과 임차인(전대인) 사이의 관계

임차인이 전대를 하더라도 임대인과 임차인 사이의 임대차 관계는 그대로 존속합니다. 물론 임대인은 무단 전대를 이유로 임차인과의 계약을 해지할 수 있습니다(민법 제629조제2항).

③ 임대인과 전차인 사이의 관계

임대인의 동의 없는 임차주택의 전대는 임대인에게 그 효력을 주장할 수 없으므로, 전차인이 주택을 점유하는 때에는 임대인에 대해서는 불법점유가 되고, 임대인은 소유권에 기해 전차인에게 임차주택의 반환을 청구할 수 있습니다(민법 제213조 및 제214조).

※ **관련판례**

임차권의 양도에 있어서 그 임차권의 존속기간, 임대기간 종료 후의 재계약 여부, 임대인의 동의 여부는 그 계약의 중요한 요소를 이루는 것이므로 양도인으로서는 이에 관계되는 모든 사정을 양수인에게 알려주어야 할 신의칙상의 의무가 있는데, 임차권양도계약이 체결될 당시에 임차건물에 대한 임대차기간의 연장이나 임차권 양도에 대한 임대인의 동의 여부가 확실하지 않은 상태에서 몇 차례에 걸쳐 명도요구를 받고 있었던 임차권 양도인이 그 여부를 확인하여 양수인에게 설명하지 아니한 채 임차권을 양도한 행위는 기망행위에 해당한다고 보아, 이를 기 망행위가 아니라고 한 원심판결을 파기한 사례(대법원 1996.6.14. 선고 94다41003 판결).

1-2-2. 임대인과 임차인 사이의 법률관계(해지권의 발생)

임대인은 무단 양도를 이유로 임차인과의 계약을 해지할 수 있습니다(민법 제629조제2항). 그 해지를 하기까지는 임차인은 임대차계약에 따른 권리와 의무를 가집니다.

1-2-3. 임대인과 양수인 사이의 법률관계(대항력 취득 유무)

① 임대인의 동의 없는 임차권의 양도는 임대인에게 그 효력을 주장할 수 없으므로, 양수인이 임차주택을 점유하는 때에는 임대인에 대한 관계에서 불법점유가 되고, 임대인은 소유권에 기해 그 반환을 청구할 수 있습니다(민법 제213조 및 제214조).

② 임차인이 임대인의 동의 없이 임차권을 양도하면 원칙적으로 그 효력이 없으므로, 임차인이나 양수인은 임차권의 양도를 가지고 제3자에게는 물론 임대인에게도 대항할 수 없습니다(대법원 1986.2.25. 선고 85다카1812 판결).

③ 따라서 임차인이 대항력을 취득하였다고 하더라도 임차권의 양도에 따른 양수인은 임차인의 대항력을 원용하거나 자신의 고유한 대항력을 취득할 수 없습니다. 이 경우 원래의 임차인도 제3자에게 임차권을 양도함으로써 임차주택의 점유를 중단하였다면 대항력이 상실됩니다.

1-2-4. 민법에 따른 전세권의 경우-전세권 처분의 자유

① 상가건물의 전세권자는 전세권을 다른 사람에게 양도하거나 담보로 제공할 수 있고, 그 존속기간 내에 그 건물을 다른 사람에게 전전세 또는 임대할 수 있습니다(민법 제306조).

② 다만, 전세권의 처분은 당사자가 설정행위로 이를 금지한 때에는 처분의 자유를 제한할 수 있습니다(민법 제306조 단서). 이와 같은 전세권 처분의 자유에 대한 제한은 등기를 해야 제3자에게 대항할 수 있습니다(부동산등기법 제3조).

2. 전대차의 제한

① 임차인이 자기의 임차권에 기초하여 임차주택을 제3자에게 사용·수익할 수 있게 하는 계약을 하는 것을 전대차계약이라고 하며, 이 경우 계약당사자는 전대인(임차인)과 전차인(제3자)입니다.

② 전대차계약은 당사자 간의 계약으로 유효하게 성립하나, 임대인의 동의가 없으면 임대차계약이 해지될 수 있습니다.

2-1. 전대차의 개념

① 주택의 전대차란 임차인이 자기의 임차권에 기초하여 임차주택을 제3자에게 사용·수익할 수 있게 하는 계약입니다.

② 계약당사자는 전대인(임차인)과 전차인(제3자)입니다. 따라서 전대차 계약을 하면, 전대인(임차인)과 전차인(제3자) 사이에는 별개의 새로운 임대차 관계가 생기나, 임차인(전대인)과 임대인의 관계는 그대로 존속하게 됩니다.

③ 임차인이 비록 임대인으로부터 별도의 승낙을 얻지 않고 제3자에게 임차물을 사용·수익하도록 한 경우에 있어서도, 임차인의 당해 행위가 임대인에 대한 배신적 행위라고 할 수 없는 특별한 사정이 인정되는 경우에는, 임대인은 자신의 동의 없이 전대차가 이루어졌다는 것만을 이유로 임대차계약을 해지할 수 없으며, 전차인은 전대차 및 그에 따른 사용·수익을 임대인에게 주장할 수 있습니다(대법원 2010.6.10, 선고, 2009다101275, 판결).

④ 임대인, 임차인 당사자 간의 특약으로 전대차에 임대인의 동의가 필요하지 않는 것으로 하는 것은 유효합니다(민법 제652조).

2-2. 임대인의 동의가 있는 전대차
2-2-1. 전대차에 따른 법률관계

① 전대인(임차인)과 전차인 사이의 관계

전대인과 전차인 사이의 관계는 전대차 계약의 내용에 따라 정해지고, 전대인은 전차인에 대해 임대인으로서의 권리의무를 가지게 됩니다.

② 임대인과 임차인(전대인) 사이의 관계

임대인과 임차인의 관계는 전대차의 영향을 받지 않습니다. 즉 임대인은 임차인에 대해 임대차계약에 따른 권리를 행사할 수 있습니다(민법 제630조제2항).

③ 임대인과 전차인 사이의 관계

전차인은 임대인에 대해 직접의무를 부담합니다. 즉, 전차인은 전대차 계약에 따라 전대인에 대해 차임지급 등의 의무를 부담하게 되는데, 이러한 의무를 일정한 전제 하에 직접 임대인에게 이행하면 임차인에 대한 의무는 면하게 됩니다. 그러나 전차인은 전대인에 대한 차임의 지급으로써 임대인에게 대항할 수 없습니다(민법 제630조제1항). 임대차관계가 기간만료 등이 아닌 임대인과 임차인의 합의로 계약을 종료한 경우에는 전차인의 권리는 소멸하지 않습니다. 따라서 전대차의 존속을 임대인과 임차인에게 주장할 수 있습니다(민법 제631조). 임대차계약이 해지의 통고로 종료되더라도 임차주택이 적법하게 전대되었을 때에는 임대인은 전차인에게 그 사유를 통지하지 않으면 해지로써 전차인에게 대항하지 못합니다. 전차인이 해지의 통지를 받은 때에도 6개월이 지나야 해지의 효력이 생깁니다(민법 제638조). 전차인은 주택 사용의 편익을 위해 임대인의 동의를 얻어 부속한 물건, 임대인으로부터 매수하였거나 임대인의 동의를 얻어 임차인으로부터 매수한 부속한 물건에 대해서는 전대차의 종료 시에 그 부속물의 매수를 청구할 수 있습니다(민법 제647조).

■ 집주인의 허락 없이 빈방을 다른 사람에게 월세를 줘도 될까요?

Q. 방 2개짜리 주택에서 임대차 계약을 체결하고 살던 중 함께 살던 친구가 군대를 갔습니다. 주인의 허락 없이 빈방을 다른 사람에게 월세를 줘도 될까요?

A. 가능합니다. 「민법」은 임차인이 임대인의 동의 없이 임차권을 양도 하지 못하도록 제한하고 있고, 만약 임대인의 동의 없이 임차인이 임차권을 양도한 경우 임대인이 임대차계약을 해지할 수 있도록 하 고 있습니다. 다만, 임차한 집 전체가 아닌 그 일부만을 다른 사람 에게 세를 준 경우에는 임대인의 동의가 필요 없으며, 임대인은 임 대차계약을 해지할 수도 없고 전차인을 쫓아낼 수도 없습니다. 따 라서 위의 질문과 같이 방 1개를 친구에게 월세를 준 것은 주인의 허락을 받을 필요가 없습니다.

◇ 임차 건물 전체를 양도: 임대인이 동의한 경우

임차인은 종전의 임대차관계에서 벗어나며 아무런 권리의무를 가지지 않게 되고, 양수인이 새로운 임차인으로서 임대인과 임 대차관계를 가지게 됩니다.

◇ 임차 건물 전체를 양도: 임대인이 동의하지 않은 경우

① 임차인이 임대인의 동의 없이 임차권을 양도하면 원칙적으로 그 효력이 없으므로, 임차인이나 양수인은 임차권의 양도를 가지고 제3자에게는 물론 임대인에게도 대항할 수 없습니다.

② 따라서 임차인이 대항력을 취득하였다고 하더라도 임차권의 양도에 따른 양수인은 임차인의 대항력을 원용하거나 자신 의 고유한 대항력을 취득할 수 없습니다.

③ 이 경우 원래의 임차인도 제3자에게 임차권을 양도함으로써 임차주택의 점유를 중단하였다면 대항력이 상실됩니다.

※ **관련판례**

구 임대주택법(2008.3.21. 법률 제8966호로 전부 개정되기 전의 것) 제13조는 임대주택 임차인의 임차권 양도 및 전대를 원칙적으 로 금지하고 있고, 예외적으로 구 임대주택법 시행령(2008.6.20.

대통령령 제20849호로 전부 개정되기 전의 것) 제10조 제1항이 정하는 근무·생업 또는 질병치료 등의 사유로 다른 시·군·구로 퇴거하는 등의 경우로서 임대사업자의 동의를 얻은 경우에 한해 그 양도 및 전대를 허용하고 있는데, 구 임대주택법과 그 시행령에서 임대주택 임차인의 자격 및 선정 방법과 임대사업자의 임대조건 등을 엄격히 규율하는 한편, 사위 기타 부정한 방법에 의한 임대주택의 임차 혹은 임차권의 무단 양도나 전차 등의 행위를 범죄로 규정하여 처벌까지 하고 있는 점에 비추어, '근무·생업 또는 질병치료 등의 사유로 다른 시·군·구로 퇴거'하는 요건을 갖추지 못하였다면 임대주택 임차권 양도나 전대가 임대사업자에 대한 관계에서 적법·유효하다고 할 수 없고, 이 경우 원래의 임대주택 임차인이 갖는 임차권의 대항력이 적법·유효하게 유지 존속한다고 볼 수 없다(대법원 2010.6.10. 선고, 2009다101275판결).

2-2-2. 임차주택의 전대와 대항력

① 임차인이 이미 대항력을 취득한 후 임차주택을 전대한 경우

주택임대차보호법 제3조 제1항에 의한 대항력을 갖춘 주택임차인이 임대인의 동의를 얻어 적법하게 전대한 경우, 전차인에게 점유가 승계되고 주민등록이 단절된 것으로 볼 수 없을 정도의 기간 내에 전입신고가 이루어졌다면 비록 위 전대에 의하여 임차권의 공시방법인 점유와 주민등록이 변경되었다 하더라도 원래의 임차인이 갖는 임차권의 대항력은 소멸되지 아니하고 동일성을 유지한 채로 존속합니다(대법원 2010.6.10, 선고, 2009다101275, 판결).

② 임차인이 대항력을 취득하지 않고 임차주택을 전대한 경우

임차인이 임차주택의 인도와 주민등록을 하지 않은 채 임대인의 동의를 얻어 임차주택을 전대하고, 그 전차인이 주택을 인도받아 자신의 주민등록을 마친 경우, 임차인은 그 때부터 대항력을 취득합니다(대법원 1994.6.18. 선고 94다3155 판결).

③ 주택임대차보호법 제3조제1항에 의한 대항력을 갖춘 주택임차인이 임대인의 동의를 얻어 적법하게 전대한 경우, 전차인은 원래의 임차인이 주택임대차보호법 제3조의2제2항 및 제8조제1항에 의해 가지는 우선변제권을 대위 행사할 수 있습니다(대법원 2010.6.10, 선고, 2009다101275, 판결).

2-3. 임대인의 동의가 없는 전대차

2-3-1. 전대차에 따른 법률관계

① 전대인(임차인)과 전차인 사이의 관계

전대차 계약은 전대인(임차인)과 전차인 사이에서 유효하게 성립하고, 전차인은 전대인에게 주택을 사용·수익하게 해 줄 것을 내용으로 하는 채권을 취득하며, 전대인은 전차인에 대해 차임청구권을 가집니다. 전대인은 전차인을 위해 임대인의 동의를 받아 줄 의무를 지게 됩니다(대법원 1986.2.25. 선고 85다카1812 판결).

② 임대인과 임차인(전대인) 사이의 관계

임차인이 전대를 하더라도 임대인과 임차인 사이의 임대차 관계는 그대로 존속합니다. 물론 임대인은 무단 전대를 이유로 임차인과의 계약을 해지할 수 있습니다(「민법」 제629조 제2항).

③ 임대인과 전차인 사이의 관계

임대인의 동의 없는 임차주택의 전대는 임대인에게 그 효력을 주장할 수 없으므로, 전차인이 주택을 점유하는 때에는 임대인에 대해서는 불법점유가 되고, 임대인은 소유권에 기해 전차인에게 임차주택의 반환을 청구할 수 있습니다(「민법」 제213조 및 제214조).

■ 임대인의 동의 없는 주택전대차계약을 한 경우 집주인 퇴거를 요구하는데 이에 응할 의무가 있는지요?

Q. 저는 임대차계약 당시 그 집에 살고 있던 甲을 집주인으로 알고 임대차계약을 체결하고 입주하여 주민등록전입신고를 마쳤습니다. 그런데 알고 보니 집주인은 乙이고 甲은 乙과 임대차계약을 체결하고 살고 있던 임차인이었습니다. 현재 집주인 乙은 저에게 퇴거를 요구하는데 이에 응할 의무가 있는지 또한, 임차보증금은 누구로부터 반환 받을 수 있는지요?

A. 임대인이 아닌 임차인과 임대차계약을 체결한 경우를 전대차(轉貸借)라고 하며, 이 경우의 계약당사자를 전대인(轉貸人-원래의 임차인), 전차인(轉借人)이라고 합니다. 민법 제629조 제1항 및 제2항은 "임차인은 임대인의 동의 없이 그 권리를 양도하거나 임차물을 전대하지 못하며, 임차인이 이 규정을 위반한 때에는 임대인은 계약을 해지할 수 있다."라고 규정하고 있으므로, 임차인이 계약기간 중에 임차권을 타인에게 전대하였더라도 임대인의 동의가 없으면, 그 타인(전차인)은 자신의 전차권을 임대인에게 주장할 수 없습니다. 다만, 판례는 임차인이 비록 임대인으로부터 별도의 승낙을 얻지 아니하고 제3자에게 임차물을 사용·수익하도록 한 경우에 있어서도, 임차인의 당해 행위가 임대인에 대한 배신적 행위라고 할 수 없는 특별한 사정이 인정되는 경우에는, 임대인은 자신의 동의 없이 전대차가 이루어졌다는 것만을 이유로 임대차계약을 해지할 수 없으며, 임차권 양수인이나 전차인은 임차권의 양수나 전대차 및 그에 따른 사용·수익을 임대인에게 주장할 수 있다고 하였습니다. 그 이유에 대해 판례는 「민법」제629조의 취지는 임대차계약이 원래 당사자의 개인적 신뢰를 기초로 하는 계속적 법률관계임을 고려하여 임대인의 인적 신뢰나 경제적 이익을 보호하여 이를 해치지 않게 하고자 함에 있고, 임차인이 임대인의 동의 없이 제3자에게 임차물을 사용·수익시키는 것은 임대인에게 임대차관계를 계속시키기 어려운 배신적 행위가 될 수 있는 것이기 때문에 임대인에게 일방적으로 임대차관계를 종료시킬 수 있도록 하고자 함에 있기 때문

이라고 설시하고 있습니다(대법원 2010.6.10. 선고 2009다101275 판결).
따라서 귀하의 경우에는 甲의 전대차가 건물주인 乙의 동의 없이
행하여진 것이므로, 乙은 귀하에 대하여 퇴거를 요구할 수 있고, 귀
하는 乙에 대하여 원래의 임차인인 甲과 체결한 임대차관계를 주장
하지 못하고 퇴거해야 하는 것이 원칙이나, 귀하와 甲 사이의 전대
차 또는 임차권 양도가 임대인 乙에 대한 배신적 행위라고 할 수
없는 특별한 사정이 인정되는 경우, 귀하는 임차권의 양수나 전대
차 및 그에 따른 사용·수익을 임대인 乙에게 주장할 수 있습니다.
임대인에 대한 배신적 행위라고 할 수 없는 특별한 사정이 없다면
귀하는 임차보증금반환을 임차인(전대인)인 甲에게만 청구할 수 있
고, 나아가 甲에게 고의 또는 과실이 있었던 경우에는 이를 입증하
여 불법행위로 인한 손해배상청구권도 행사해볼 수 있을 것입니다.

※ **관련판례**

주택임차인이 임차주택을 직접 점유하여 거주하지 않고, 간접
점유하여 자신의 주민등록을 이전하지 아니한 경우라 하더라도
임대인의 승낙을 받아 임차주택을 전대하고 그 전차인이 주택
을 인도받아 자신의 주민등록을 마친 때에는 그 때로부터 임차
인은 제3자에 대하여 대항력을 취득한다(대법원 1994.6.24. 선고
94다3155 판결).

2-3-2. 임차주택의 전대와 대항력

① 임차인이 임대인의 동의 없이 임차주택을 전대하면 원칙적으로 그 효력이 없으므로, 임차인이나 전차인은 임차주택의 전대를 가지고 제3자는 물론 임대인에게도 대항할 수 없습니다.

② 따라서 임차인이 대항력을 취득하였다고 하더라도 임차주택의 전대에 따른 전차인은 임차인의 대항력을 원용하거나 자신의 고유한 대항력을 취득할 수 없습니다. 이 경우 원래의 임차인도 제3자에게 임차주택을 전대함으로써 그 주택의 점유를 중단하였다면 대항력이 상실됩니다.

2-4. 주택 소부분의 전대차

① 주택의 임차인이 그 주택의 소부분을 다른 사람에게 사용하게 할 때에는 다음과 같이 전대의 제한, 전대의 효과 및 전차인의 권리의 확정에 관한 규정이 적용되지 않습니다(민법 제632조).

② 임차인은 임대인의 동의를 얻지 않고 그 주택의 소부분을 다른 사람에게 사용하게 할 수 있으며, 이 경우에도 임대인은 계약을 해지할 수 없습니다(민법 제629조 참조).

③ 주택의 소부분의 전차인은 임대인에게 직접 의무를 부담하지 않습니다(민법 제630조제1항 참조).

④ 임대인과 임차인의 합의로 계약을 종료한 경우에는 전차인의 권리가 소멸합니다(민법 제631조 참조).

⑤ 임대인, 임차인 당사자 간의 특약으로 주택 소부분의 전대차를 주택 전체의 전대차와 같이 취급하는 것은 유효합니다(민법 제652조 참조).

[서식]건물인도청구의 소(무단전대, 주택상가 겸용)

소 장

원 고 　○○○ (주민등록번호)
　　　　○○시 ○○구 ○○길 ○○(우편번호 ○○○○○)
　　　　전화.휴대폰번호:
　　　　팩스번호, 전자우편(e-mail)주소:
피 고 　1. 정◇◇ (주민등록번호)
　　　　　○○시 ○○구 ○○길 ○○(우편번호 ○○○○○)
　　　　　전화.휴대폰번호:
　　　　　팩스번호, 전자우편(e-mail)주소:
　　　　2. 김◇◇ (주민등록번호)
　　　　　○○시 ○○구 ○○길 ○○(우편번호 ○○○○○)
　　　　　전화.휴대폰번호:
　　　　　팩스번호, 전자우편(e-mail)주소:

건물인도청구의 소

청 구 취 지

1. 가. 피고 정◇◇은 원고로부터 95,000,000원을 지급 받음과 동시에 원
　　 고에게 별지목록 기재 건물을 인도하라.
　 나. 피고 김◇◇은 원고에게 별지목록 기재 건물 1층 ○○㎡ 중 별지
　　 도면 표시 1, 2, 5, 4, 1의 각 점을 차례로 연결하는 선내 (가)부
　　 분 ○○.○㎡에서 퇴거하라.
2. 소송비용은 피고들이 부담한다.
3. 위 제1항은 가집행 할 수 있다.
라는 판결을 구합니다.

청 구 원 인

1. 원고는 피고 정◇◇에게 20○○.○.○. 별지목록 기재 건물을 임차보증
　 금 95,000,000원, 월세 1,000,000원, 임차기간 24개월로 정하여 임
　 대하였습니다.

2. 그런데 피고 정◇◇는 원고로부터 별지목록 기재 건물을 임차하여 운영한지 2개월도 채 안되어 원고에게는 한 마디의 상의도 없이 별지목록 기재 건물의 일부를 자신의 친구인 피고 김◇◇에게 월세 1,500,000원에 다시 세를 놓았습니다.

3. 그러므로 원고는 피고 정◇◇에게 원고의 동의 없이 위와 같이 임차물을 전대차 한 것을 이유로 민법 제629조 제2항에 따라 원고와 피고 정◇◇ 사이의 별지목록 기재 건물에 대한 임대차계약을 해지함과 아울러 별지목록 기재 건물을 인도 해줄 것을 통고하고, 피고 김◇◇에게는 피고 정◇◇로부터 전차하여 점유하는 별지목록 기재 건물 1층 ○○㎡ 중 별지도면 표시 1, 2, 5, 4, 1의 각 점을 차례로 연결하는 선내 (가)부분 ○○.○㎡에서 퇴거할 것을 요청하는 통지를 하였으나, 피고 정◇◇와 피고 김◇◇ 모두 원고의 요청을 거절하고 있습니다.

4. 따라서 원고는 피고 정◇◇로부터는 별지목록 기재 건물을 인도 받고, 피고 김◇◇를 별지목록 기재 건물 1층 ○○㎡ 중 별지도면 표시 1, 2, 5, 4, 1의 각 점을 차례로 연결하는 선내 (가)부분 ○○.○㎡에서 퇴거시키기 위하여 이 사건 소송제기에 이른 것입니다.

입 증 방 법

1. 갑 제1호증   임대차계약서
1. 갑 제2호증   부동산등기사항증명서
1. 갑 제3호증   건축물대장등본
1. 갑 제4호증의 1, 2   각 통고서

첨 부 서 류

1. 위 입증방법   각 1통
1. 토지대장등본   1통
1. 소장부본   1통
1. 송달료납부서   1통

20○○. ○. ○.

위 원고 ○○○ (서명 또는 날인)

○○지방법원 귀중

2-5. 민법에 따른 전세권의 경우 - 전전세
2-5-1. 전전세
전전세란, 민법에 따라 전세권자가 그 전세권의 범위 내에서 전세 목적물의 일부 또는 전부에 대해 제3자에게 다시 전세권을 설정해 주는 것을 말합니다.

2-5-2. 전전세의 요건
① 전세권자는 설정행위로 전전세가 금지되어 있지 않는 한, 그의 전세권의 존속기간 내에서 전전세할 수 있습니다(민법 제306조).
② 전전세권은 원전세권자와 전전세권자 사이에 전전세권설정의 합의와 등기에 의해 성립됩니다(민법 제186조).
③ 전전세권의 존속기간은 원전세권의 존속기간 내이여야 합니다(민법 제306조).
④ 전전세의 경우에도 전세금을 지급해야 합니다. 전전세권은 원전세권을 기초로 하여 성립하는 것이므로, 전전세의 전세금은 원전세의 전세금을 초과할 수는 없습니다.

2-5-3. 전전세의 효과
① 전전세권이 설정되더라도 원전세권은 그대로 유지되나, 원전세권자는 전전세권에 의해 제한되는 한도에서 스스로 그 목적 부동산을 사용·수익할 수 없게 됩니다.
② 전전세권자는 그 목적 부동산을 점유하여 사용·수익할 수 있으며, 그 밖에 전세권자로서의 모든 권리를 가지게 됩니다. 다만, 원전세권설정자에 대해서는 아무런 권리의무를 가지지 않습니다.
③ 원전세권자는 전전세하지 않았으면 면할 수 있는 불가항력으로 인한 손해에 대해 그 책임을 부담하게 됩니다(민법 제308조).
④ 전전세권자는 전전세권이 소멸한 때에 전전세권 설정자에게 목적물을 인도하고, 전세권설정등기의 말소등기에 필요한 서류를 교부를 하는 동시에 전전세금의 반환을 청구할 수 있습니다(민법 제317조).

⑤ 전전세권자는 전전세권설정자가 전전세금의 반환을 지체한 때에는 전전세권 목적물의 경매를 청구할 수 있습니다(민법 제318조). 이 경우 전전세권 목적물 전부에 대해 후순위권리자 그 밖의 채권자보다 전전세금의 우선변제를 받을 수 있습니다(민법 제303조제1항). 다만, 이 경매청구권은 원전세권도 소멸하고 원전세권설정자가 원전세권자에 대한 원전세금의 반환을 지체하고 있는 경우에만 행사할 수 있습니다.

3. 사망 등에 대한 임차권의 승계

① 임차인이 사망할 당시에 민법에 따른 상속인이 임차인과 함께 임차주택에서 가정공동생활을 하고 있는 경우에는 상속인이 승계하게 되고, 사실상의 혼인관계에 있는 사람은 임차권을 승계할 수 없습니다.

② 그러나 임차인이 사망할 당시에 상속인이 임차인과 함께 임차주택에서 가정공동생활을 하고 있지 않았던 경우에는 임차주택에서 가정공동생활을 하던 사실상의 혼인관계에 있는 사람과 2촌 이내의 친족이 공동으로 임차인의 권리와 의무를 승계합니다.

3-1. 임차권 상속
3-1-1. 임차인이 사망하고 상속인이 없는 경우

① 임차인이 상속인 없이 사망한 경우에는 그 임차주택에서 가정공동생활을 하던 사실상의 혼인관계에 있는 사람이 단독으로 임차인의 권리와 의무를 승계합니다(주택임대차보호법 제9조제1항).

② 「가정공동생활」이란 동거를 하면서 생계를 함께하는 것을 의미합니다.

③ 그러나 임차인이 사망하고 임차주택에서 가정공동생활을 하던 사실상의 혼인관계에 있는 사람도 없는 경우에는 임차권을 포함한 임차인의 상속재산은 국가에 귀속하게 됩니다(민법 제1058조 제1항).

■ 피상속인의 사실혼배우자에게도 주택임차권이 승계되는지요?

Q. 저는 2년 전부터 혼인신고 없이 남편과 전세보증금 3,000만원에 임차한 주택에서 동거를 해오고 있었는데 최근에 남편이 사망하였습니다. 그런데 저와 남편과의 사이에 자녀는 없고 현재 남편의 부모는 생존하고 있습니다. 이 경우 제가 위 주택에 대한 임차권을 승계받을 수는 없는지요?

A. 민법에서는 재산상속에 대하여 배우자가 제1순위의 상속인으로 되어 있습니다. 여기서의 배우자는 혼인신고를 한 법률상의 배우자를 말하므로, 귀하처럼 혼인신고 없이 사실혼관계에 있었던 자는 상속권이 없습니다. 그러나 이러한 법리대로만 하면 사실혼관계자는 생활의 기반상실 등의 염려가 있습니다. 따라서 귀하와 같은 사람을 보호하기 위하여 「주택임대차보호법」에서는 임차권의 승계를 일반상속법의 원리와 다르게 규정하고 있습니다. 주택임대차보호법의 규정을 살펴보면, 먼저 임차인이 상속권자 없이 사망한 경우에는 상속권이 없는 사실상 혼인관계에 있는 사람일지라도 임차권 즉, 임차인의 권리와 의무를 승계 합니다(같은 법 제9조 제1항). 이에 반하여 같이 공동생활을 하는 상속인이 있는 경우에는 사실상의 배우자는 상속권이 없습니다. 그리고 임차인이 사망할 당시 상속권자가 그 주택에서 가정공동생활을 하지 않고 있는 경우에는, 그 주택에서 가정공동생활을 하던 사실상의 혼인관계에 있는 사람과 2촌 이내의 친족이 공동으로 임차권 즉, 임차인의 권리와 의무를 승계합니다(같은 법 제9조 제2항).

따라서 위 사안의 경우 남편의 부모가 위 주택에서 가정공동생활을 하는지의 유무에 따라 다릅니다. 남편의 부모(2촌 이내의 친족)가 위 주택에서 가족공동생활을 하는 경우에는 그들이 상속인이 되고 귀하는 임차권에 대한 권리와 의무가 없게 되며, 남편의 부모가 가족공동생활을 하지 않는 경우에는 귀하와 남편의 부모가 공동하여 임차권에 대한 권리와 의무를 승계하게 됩니다.

3-1-2. 임차인이 사망하고 상속인이 있는 경우

① 임차인이 사망할 당시에 민법에 따른 상속인이 임차인과 함께 임차주택에서 가정공동생활을 하고 있는 경우에는 상속인이 승계하게 되고, 사실상의 혼인관계에 있는 사람은 임차권을 승계할 수 없습니다(민법 제1000조, 제1001조 및 제1003조).

② 임차인이 사망할 당시에 민법에 따른 상속인이 임차인과 함께 임차주택에서 가정공동생활을 하고 있지 않았던 경우에는 임차주택에서 가정공동생활을 하던 사실상의 혼인관계에 있는 사람과 2촌 이내의 친족이 공동으로 임차인의 권리와 의무를 승계합니다(주택임대차보호법 제9조 제2항).

③ 만일, 2촌 이내의 친족이 없는 경우에는 임차주택에서 가정공동생활을 하던 사실상의 혼인관계에 있는 사람이 단독으로 임차권을 승계하게 됩니다.

[서식]임차보증금반환청구의 소(임차인이 사망하여 상속인들이, 주택)

소   장

원   고   1. ○○○ (주민등록번호)
　　　　 2. ⊙①○ (주민등록번호)
　　　　 3. ⊙②○ (주민등록번호)
　　　　 위 원고들 주소 ○○시 ○○구 ○○길 ○○(우편번호)
　　　　 전화.휴대폰번호:
　　　　 팩스번호, 전자우편(e-mail)주소:
피   고   ◇◇◇ (주민등록번호)
　　　　 ○○시 ○○구 ○○길 ○○(우편번호)
　　　　 전화.휴대폰번호:
　　　　 팩스번호, 전자우편(e-mail)주소:

임차보증금반환청구의 소

청 구 취 지

1. 피고는 원고 ○○○에게 금 30,000,000원, 원고 ⊙①○, 원고 ⊙②○에게 각 금 20,000,000원 및 각 이에 대한 이 사건 소장부본 송달 다음날부터 다 갚는 날까지 연 12%의 비율에 의한 돈을 지급하라.
2. 소송비용은 피고의 부담으로 한다.
3. 위 제1항은 가집행 할 수 있다.
라는 판결을 구합니다.

청 구 원 인

1. 신분관계
　 가. 원고 ○○○는 소외 망 ⊙⊙⊙의 배우자이고, 원고 ⊙①○, 원고 ⊙②○는 각 소외 망 ⊙⊙⊙의 아들이고, 소외 망 ⊙⊙⊙는 ○○시 ○○구 ○○길 ○○-○ 소재 피고 소유의 건물을 피고로부터 임차한 임차인입니다.
　 나. 피고는 원고들의 피상속인인 소외 망 ⊙⊙⊙에게 피고 소유의 건물을 임대한 임대인입니다.

2. 소외 망 ◉◉◉는 피고와 20○○.○.○. ○○시 ○○구 ○○길 ○○-○ 소재 피고 소유의 건물을 임대차보증금 70,000,000원, 임대차기간 20○○.○.○.부터 2년으로 하여 임차.거주하던 중 20○○.○.○○. 갑작스런 심장마비로 사망하였던 바, 원고들은 소외 망 ◉◉◉의 배우자 및 아들로서 소외 망 ◉◉◉를 상속한 정당한 상속인입니다.

3. 원고들은 임대차기간만료 1개월 전인 20○○.○○.○. 임대인인 피고에게 임대차계약갱신거절의 통지를 하고 임대차보증금의 반환을 요구하였으나, 피고는 임대차기간이 만료된 지금까지 별다른 사유 없이 임대차보증금을 반환하지 않고 있습니다.

4. 따라서 피고는 법정상속지분에 따라 원고 ○○○에게 금 30,000,000원(70,000,000원×3/7), 원고 ◉①○, 원고 ◉②○에게 각 금 20,000,000원(70,000,000원×2/7) 및 각 이에 대한 이 사건 소장부본 송달 다음 날부터 다 갚는 날까지 소송촉진등에 관한 특례법에서 정한 연 12%의 비율에 의한 지연손해금을 지급할 의무가 있다고 할 것이므로 이를 구하기 위하여 이 사건 청구에 이른 것입니다.

입 증 방 법

1. 갑 제1호증	부동산등기사항증명서
1. 갑 제2호증	임대차계약서
1. 갑 제3호증	주민등록등본
1. 갑 제4호증	기본증명서(망 ◉◉◉)
1. 갑 제5호증	가족관계증명서(망 ◉◉◉)

첨 부 서 류

1. 위 입증방법	각1통
1. 소장부본	1통
1. 송달료납부서	1통

20○○. ○. ○.

위 원고 1. ○○○ (서명 또는 날인)
　　　　2. ◉①○ (서명 또는 날인)
　　　　3. ◉②○ (서명 또는 날인)

○○지방법원 귀중

3-2. 임차권 승계의 포기

사망한 임차인의 채무가 보증금반환채권을 초과하여 임차권을 승계하는 것이 불리하다는 등과 같은 사유로 임차권의 승계권자가 임차권 승계를 받지 않으려는 경우에는 임차인이 사망한 후 1개월 이내에 임대인에게 반대의사, 즉 임차권을 승계하지 않겠다는 뜻을 표시하고 임차권의 승계를 포기할 수 있습니다(주택임대차보호법 제9조 제3항).

3-3. 임차권 승계의 효과

① 임차인의 권리의무를 승계한 사람은 임대차 관계에서 생긴 채권(예를 들어, 임차주택인도청구권, 임차주택수선청구권, 차임감액청구권, 보증금반환청구권 등)과 채무(예를 들어, 차임지급의무, 원상회복의무 등)를 승계합니다(주택임대차보호법 제9조 제4항).

② 임차권의 승계는 법률의 규정에 따른 승계이므로 임대인에게 승계의 의사표시를 할 필요는 없습니다.

③ 그러나 임대인과 사망한 임차인 사이에서 발생한 채권이라도 임대차와 관련이 없이 발생한 채권, 예를 들어 대여금청구권, 손해배상청구권 등은 승계되지 않고, 민법의 상속규정에 따라 상속인이 상속하게 됩니다.

■ 상속인이 임대차 계약서를 다시 작성해야 하나요?

Q. 상속인이 임대차 계약서를 다시 작성해야 하나요? 그리고, 혹시 상속인이 임대차 계약서를 새로 작성하고, 확정일자를 받으면 대항력을 갖춘 일자가 새로 확정일자를 받은 날짜가 되는 건가요? 아니면 이전 전세계약서 상의 확정일자 받은 날짜가 여전히 대항력을 갖춘 일자로 유지될 수 있는 건가요?

A. 임차권 상속에 따른 법률관계는 다음과 같습니다. 피상속인이 사망하면 그 때부터 상속인은 피상속인의 재산에 관한 포괄적 권리의무를 승계하게 되므로, 임차인의 권리의무를 승계한 상속인은 임대차 관계에서 생긴 채권과 채무를 승계합니다(민법 제1005조 및 주택임대차보호법 제9조제4항). 즉, 기존 임대차계약이 계약기간 내에는 임대인과 상속인 사이에 그대로 유지되기 때문에 특별히 새로 계약서를 작성하거나 확정일자를 받아야 할 필요는 없습니다. 참고로 새로 계약서를 작성하고 확정일자를 다시 받게 되면 해당 일자를 기준으로 임차권의 대항력과 우선변제권의 선후가 결정됩니다(주택임대차보호법 제3조의2 제2항).

■ 동거남이 사망한 경우에 이 집에서 바로 나가야 하나요?

Q. 부모님의 반대로 혼인신고도 못한 채 그동안 남자가 혼자 살고 있던 전셋집에 들어가 함께 살고 있었습니다. 그런데 갑작스런 사고로 남자가 죽었습니다. 저는 이 집에서 바로 나가야 하나요?

A. 그 집에서 계속 살 수 있습니다. 임차인 사망 당시 상속인이 임차인과 함께 임차주택에서 가정공동생활을 하고 있지 않았던 경우에는 임차주택에서 가정공동생활을 하던 사실상의 혼인관계에 있는 사람과 2촌 이내의 친족이 공동으로 임차인의 권리와 의무를 승계합니다. 따라서 위 질문의 경우와 같이 사실혼 관계에 있던 질문자는 사망한 남자 부모님과 함께 임차권을 상속법에 따른 지분을 상속받습니다. 임차인이 상속인 없이 사망한 경우에는 그 임차주택에서 가정공동생활을 하던 사실상의 혼인관계에 있는 사람이 단독으로 임차인으로서의 권리와 의무를 승계합니다. 임차인이 사망하고 상속인이 있는 경우에 상속인이 임차주택에서 가정공동생활을 하고 있었던 경우에는 민법에 따라 상속권자가 상속하게 되고, 사실상의 혼인관계에 있는 사람은 임차권을 승계할 수 없습니다. 상속인이 임차주택에서 가정공동생활을 하고 있지 않았던 경우에는, 임차주택에서 가정공동생활을 하던 사실상의 혼인관계에 있는 사람과 사망한 자의 2촌 이내의 친족이 공동으로 임차인의 권리와 의무를 승계합니다. 만일, 2촌 이내의 친족이 없는 경우에는 임차주택에서 가정공동생활을 하던 사실상의 혼인관계에 있는 사람이 단독으로 임차권을 승계하게 됩니다.

4. 임대인의 지위 승계

① 임차주택의 양수인, 그 밖에 상속, 경매 등으로 임차주택의 소유권을 취득한 사람은 임대인의 지위를 승계합니다(주택임대차보호법 제3조 제4항).

② 이러한 승계는 법률의 규정에 따른 승계이므로 그 지위의 승계에 임차인의 동의를 받을 필요는 없고, 임차인에게 통지할 필요도 없습니다(대법원 1996.2.27.선고 95다35616 판결).

③ 임차주택의 양도에 따라 양도인인 임대인의 지위가 양수인에게 포괄적으로 이전됩니다. 그 결과 임대인의 지위는 면책적으로 소멸되고, 차임지급청구권을 비롯한 일체의 채권과 보증금반환채무를 포함한 일체의 채무가 양수인에게 이전됩니다(대법원 1995.5.23. 선고 93다47318 판결 및 대법원 1996.2.27. 선고 95다35616 판결).

④ 양도인인 임대인과 양수인 사이에 임차인에 대한 의무를 승계하지 않는다는 특약이 포함된 계약을 체결했다 하더라도 이는 임차인에게 불리한 약정으로 그 효력이 없습니다(주택임대차보호법 제10조).

4-1. 임대차의 종료 후 임차주택을 양도한 경우

대항력 있는 주택임대차의 경우 임대차가 종료된 상태에서 임차주택이 양도되는 경우라도, 임차인이 보증금을 반환받을 때까지 양수인에게 임대차가 종료된 상태에서의 임대인으로서의 지위가 당연히 승계됩니다. 이 경우에는 임차보증금반환채무도 임차주택의 소유권과 결합하여 당연히 양수인에게 이전합니다(주택임대차보호법 제4조 제2항 및 대법원 2002.9.4. 선고 2001다64615 판결).

4-2. 임대인의 지위승계와 임대차계약의 해지 여부

① 임차주택의 대항력을 갖춘 임차인은 임차주택이 양도되는 경우에도 임차주택을 계속하여 사용·수익할 수 있습니다(주택임대차보호법 제3조 제1항 및 제4항).

② 그런데 임차주택의 양수인에게 대항할 수 있는 임차인이 스스로

임대인의 지위승계를 원하지 않는 경우에는 임차인이 승계되는 임대차관계의 구속으로부터 벗어날 수 있다고 보아야 하므로, 임차주택이 임대차기간의 만료 전에 경매되는 경우 임대차계약을 해지하고, 우선변제를 청구할 수 있습니다(대법원 1998.9.2. 자 98마100 결정 및 대법원 2002.9.4. 선고 2001다64615 판결).

■ 임대차계약기간 중 임대인이 변경되면, 임차인의 지위는 어떻게 되나요?

Q. 임차인 A는 임대인 B와 주택임대차계약을 통해 주택을 인도받고 전입신고를 마친 후 임차건물에 거주하던 중 B가 건물을 甲에게 양도해 버렸습니다. 건물 매수인 甲의 건물명도 청구에 대해 임차인 A는 어떤 주장을 할 수 있을까요?

A. 임차인 A는 「주택임대차보호법」상의 대항력 요건인 주택의 인도와 전입신고를 완료하였으므로 임대인 B에 대해서 뿐만 아니라 제3자인 새로운 임대인 甲에 대해서도 건물에 대한 임차권을 주장할 수 있습니다. 또한 임차주택의 양수인인 甲은 임대인의 지위를 승계하므로 임차주택에 대한 소유권과 함께 임차인 A에 대한 전 임대인 B의 권리·의무도 승계하게 됩니다. 따라서 「주택임대차보호법」의 적용을 받는 임차인은 임대인이 변경되더라도 자신의 임차권을 주장할 수 있습니다(주택임대차보호법 제3조 제1항 및 제3항).

> ※ **관련판례**
>
> 임대차계약에 있어 임대인의 지위의 양도는 임대인의 의무의 이전을 수반하는 것이지만 임대인의 의무는 임대인이 누구인가에 의하여 이행방법이 특별히 달라지는 것은 아니고, 목적물의 소유자의 지위에서 거의 완전히 이행할 수 있으며, 임차인의 입장에서 보아도 신 소유자에게 그 의무의 승계를 인정하는 것이 오히려 임차인에게 훨씬 유리할 수도 있으므로 임대인과 신 소유자와의 계약만으로써 그 지위의 양도를 할 수 있다 할 것이나, 이 경우에 임차인이 원하지 아니하면 임대차의 승계를 임차인에게 강요할 수는 없는 것이어서 스스로 임대차를 종료시킬 수 있어야 한다는 공평의 원칙 및 신의성실의 원칙에 따라 임차인이 곧 이의를 제기함으로써 승계되는 임대차관계의 구속을 면할 수 있고, 임대인과의 임대차관계도 해지할 수 있다고 보아야 한다(대법원 1998.9.2. 자 98마100 결정).

■ 집주인이 바뀐 경우에 새 주인이 나가라고 하면 나가야 하나요?

Q. 저는 주택을 임대차하여 살고 있습니다. 계약기간이 끝나기 전에 집주인이 집을 다른 사람에게 팔았습니다. 주인이 바뀌었으니 새 주인이 나가라고 하면 나가야 하나요?

A. 대항요건을 갖춘 경우에는 그 집에서 계속 살 수 있습니다.

임차주택의 양수인은 임차주택에 대한 소유권과 임차인에 대한 전(前) 임대인의 권리·의무도 함께 승계하게 됩니다. 따라서 주택임대차보호법의 적용을 받는 임차인이 주택의 인도와 전입신고라는 대항요건을 갖춘 경우에는 집주인이 바뀌더라도 임차인은 전(前) 임대인과 체결한 전세계약기간 동안 자신의 임차권을 주장할 수 있습니다.

◇ 임대인의 지위 승계

임차주택의 양수인, 그 밖에 상속, 경매 등으로 임차주택의 소유권을 취득한 사람은 임대인의 지위를 승계합니다. 양도인인 임대인과 임차인 사이에 당연승계를 배제하는 내용의 특약은 임차인에게 불리한 약정으로 그 효력이 없습니다.

◇ 임대인의 지위승계와 임대차계약의 해지 여부

임차주택의 양수인에게 대항할 수 있는 임차인은 임차주택이 양도되는 경우에도 임차 주택을 계속하여 사용·수익할 수 있습니다. 그런데 임차주택의 양수인에게 대항할 수 있는 임차인이 스스로 임대인의 지위승계를 원하지 않는 경우에는 임차인이 승계되는 임대차관계의 구속으로부터 벗어날 수 있다고 보아야 하므로, 임차주택이 임대차 기간의 만료 전에 경매되는 경우 임대차계약을 해지하고, 우선변제를 청구할 수 있습니다.

※ 관련판례

대항력 있는 주택임대차에 있어 기간만료나 당사자의 합의 등으로 임대차가 종료된 경우에도 주택임대차보호법 제4조 제2항에 의하여 임차인은 보증금을 반환받을 때까지 임대차관계가 존속하는 것으로 의제되므로 그러한 상태에서 임차목적물인 부동산이 양도되는 경우에는 같은 법 제3조 제2항에 의하여 양수인에게 임대차가 종료된 상태에서의 임대인으로서의 지위가 당연히 승계되고, 양수인이 임대인의 지위를 승계하는 경우에는 임대차보증금 반환채무도 부동산의 소유권과 결합하여 일체로서 이전하는 것이므로 양도인의 임대인으로서의 지위나 보증금 반환채무는 소멸하는 것이지만, 임차인의 보호를 위한 임대차보호법의 입법 취지에 비추어 임차인이 임대인의 지위승계를 원하지 않는 경우에는 임차인이 임차주택의 양도사실을 안 때로부터 상당한 기간 내에 이의를 제기함으로써 승계되는 임대차관계의 구속으로부터 벗어날 수 있다고 봄이 상당하고, 그와 같은 경우에는 양도인의 임차인에 대한 보증금 반환채무는 소멸하지 않는다(대법원 2002.9.4. 선고 2001다64615 판결).

제4절 임대차계약의 갱신

1. 당사자 합의에 의한 임대차계약의 갱신

1-1. 합의에 의한 계약 갱신

① 임대차 만료기간에 즈음하여 임대인과 임차인은 임대차계약의 조건을 변경하거나, 그 기간을 변경하는 등 계약조건을 변경하여 합의 갱신하거나, 기존의 임대차와 동일한 계약조건으로 합의 갱신할 수 있습니다.

② 합의 갱신은 임대차관계가 완전히 소멸한 후에 동일한 임대인과 임차인 간에 새로운 임대차관계를 설정하는 임대차의 재설정과 구별되고, 임대차기간 중에 미리 일정기간의 연장을 합의하는 기간 연장의 합의와도 구별됩니다.

임대차계약갱신청구서

　20○○년 ○월 ○일자로 임대인 ○○○와 체결한 식목을 목적으로한 토지 임대차계약에 따라, 임차하고 있는 ○○시 ○○구 ○○동 소재 ○○○평 방미터 토지에 대해 임차인의 임차권이 20○○년 ○월 ○일자로 존속기간이 만료되어 소멸예정입니다. 그러나, 위 토지 상에는 본인이 식재한 수목이 현존하고 있으므로 계약의 갱신을 청구합니다.

20○○년 ○월 ○일

임차인 ○ 　○ 　○
○○시 ○○구 ○○길 ○○번지

임대인 ○ 　○ 　○ 　귀하
○○시 ○○구 ○○길 ○○번지

임대차계약 갱신거절통지서

　본인 소유의 ○○도 ○○군 ○○면 ○○리 ○○대지 300평방미터에 대한 귀하와의 3년의 토지임대차계약이 20○○년 ○월 ○일 기간만료로써 소멸되었으나 귀하는 위 대지를 더 사용할 사정이 있다는 이유로 위 계약의 갱신을 요청하였는바, 본인은 조만간 위 지상에 주택을 건립할 예정에 있으므로 귀하의 갱신청구를 거절합니다.

20○○년 ○월 ○일

○○시 ○○구 ○○길 ○○
토지임대인: ○○○ (서명 또는 날인)

○○시 ○○구 ○○길 ○○
토지임차인: 　양○○ 귀 하

1-2. 합의 갱신의 효과

① 합의 갱신의 효과는 합의의 내용에 따라 정해집니다.

② 임대차계약의 조건을 변경하는 합의 갱신의 경우에는 변경내용에 대하여 전 임대차와 이해관계가 있는 제3자에게 대항할 수 없습니다. 또한 임차보증금을 증액하는 경우에는 이에 대한 확정일자를 받아야 후순위권리자에게 우선변제권을 취득할 수 있습니다.

③ 민법에 따른 전세권의 경우- 합의 갱신

전세권은 그 존속기간을 정한 경우는 물론, 그 기간을 정하지 않는 경우에도 당사자의 합의로 갱신할 수 있습니다. 어떠한 내용으로 갱신할 지는 자유지만, 그 존속기간은 갱신한 날로부터 10년을 넘지 못합니다(민법 제312조제3항). 전세권의 갱신은 권리의 변경으로서 그 등기를 해야 효력이 생깁니다(민법 제186조).

1-3. 주택임대차보호법에 따른 묵시의 갱신
1-3-1. 묵시의 갱신 요건

① 임대인이 임대차기간이 끝나기 6개월 전부터 2개월 전까지의 기간에 임차인에게 갱신거절(更新拒絕)의 통지를 하지 아니하거나 계약조건을 변경하지 아니하면 갱신하지 아니한다는 뜻의 통지를 하지 아니한 경우에는 그 기간이 끝난 때에 전 임대차와 동일한 조건으로 다시 임대차한 것으로 봅니다. 임차인이 임대차기간이 끝나기 2개월 전까지 통지하지 아니한 경우에도 또한 같습니다(주택임대차보호법 제6조 제1항).

② 임대인이나 임차인 중 한쪽이라도 갱신거절이나 계약조건 변경의 통지를 한 경우에는 그 임대차계약은 묵시적으로 갱신되지 않습니다.

③ 갱신거절의 통지는 임대차기간이 끝나면 더 이상 임대차관계를 존속시키지 않겠다는 통지를 말하고, 이러한 통지는 명시적이든 묵시적이든 상관없습니다.

④ 계약조건 변경의 통지는 임대차기간이 끝나면 임대차계약 내용을 변경하겠으며, 만일 상대방이 응하지 않으면 더 이상 임대차관계를 존속시키지 않겠다는 통지를 말하고, 이러한 통지에는 변경하려는 계약조건을 구체적으로 밝혀야 합니다.

⑤ 임차인이 차임을 2회 이상 연체하거나 그 밖에 임차인으로서의 의무를 현저히 위반한 경우에는 묵시의 갱신을 할 수 없습니다(주택임대차보호법 제6조 제3항). 따라서 임대인이 이러한 사유로 임대차계약을 해지하지 않더라도, 임차인에게 이러한 사유가 있으면 묵시의 갱신이 인정되지 않기 때문에 임대차는 그 기간의 만료로 종료됩니다.

■ 1년의 약정기간 만료 후 묵시적 갱신의 경우 주택임대차기간은 어떻게 주장할 수 있는지요?

Q. 저는 주택을 임차할 때 1년의 기간을 약정하여 거주하다가 별도의 의사표시 없이 그 기간이 경과한지 6개월이 되었습니다. 그런데 집주인이 갑자기 최초 계약일로부터 최단 존속기간인 2년이 경과되면 계약갱신을 하지 않겠다는 통고서를 내용증명우편으로 보내왔습니다. 이 경우 저는 최초 계약기간 1년이 경과된 후 묵시적으로 갱신되어, 그 갱신된 계약기간을 최단존속기간인 2년으로 보아 아직도 1년 6개월의 기간이 남아 있다고 주장할 수는 없는지요?

A. 주택임대차에서 계약기간을 2년 미만으로 정하였을 경우 임대인은 2년 미만의 약정기간의 만료를 이유로 임차주택의 명도를 청구할 수는 없지만, 임차인은 2년 미만의 약정기간의 만료를 이유로 보증금의 반환청구나 경매 시 우선변제청구를 할 수 있습니다. 즉, 주택임대차보호법 제6조 제1항 및 제2항은 "임대인이 임대차기간이 끝나기 6개월 전부터 2개월 전까지의 기간에 임차인에게 갱신거절(更新拒絶)의 통지를 하지 아니하거나 계약조건을 변경하지 아니하면 갱신하지 아니한다는 뜻의 통지를 하지 아니한 경우에는 그 기간이 끝난 때에 전 임대차와 동일한 조건으로 다시 임대차한 것으로 본다. 임차인이 임대차기간이 끝나기 2개월 전까지 통지하지 아니한 경우에도 또한 같다. 제1항의 경우 임대차의 존속기간은 2년으로 본다."라고 규정하고 있고, 같은 법 제4조 제1항은 "기간을 정하지 아니하거나 2년 미만으로 정한 임대차는 그 기간을 2년으로 본다. 다만, 임차인은 2년 미만으로 정한 기간이 유효함을 주장할 수 있다."라고 규정하고 있습니다. 그러므로 위 사안의 경우와 같이 별도의 의사표시 없이 약정된 임대차기간(1년)이 경과한 경우 약정임대차기간 경과 후의 기간이 묵시적으로 갱신된 경우에 해당되는지, 아니면 최단존속기간의 규정이 적용되는 경우에 해당되는지 문제됩니다. 이에 관하여 판례는 "임차인이 주택임대차보호법(1999.1.21. 법률 제5641호로 개정되기 전의 것) 제4조 제1항의 적용을 배제하고 2년 미만으로 정한 임대차기간의 만료를 주장할 수 있는 것은 임차

인 스스로 그 약정임대차기간이 만료되어 임대차가 종료되었음을 이유로 그 종료에 터 잡은 임차보증금반환채권 등의 권리를 행사하는 경우에 한정되고, 임차인이 2년 미만의 약정임대차기간이 만료되고 다시 임대차가 묵시적으로 갱신되었다는 이유로 주택임대차보호법(1999.1.21. 법률 제5641호로 개정되기 전의 것) 제6조 제1항, 제4조 제1항에 따른 새로운 2년 간의 임대차의 존속을 주장하는 경우까지, 주택임대차보호법이 보장하고 있는 기간보다 짧은 약정임대차기간을 주장할 수는 없다."라고 하였습니다(대법원 1996.4.26. 선고 96다5551, 5568 판결, 2002.9.24. 선고 2002다41633 판결).

따라서 귀하는 최초의 임차일로부터 2년이 경과되면 주택임대차보호법 제4조 제1항에 의하여 기간이 만료되고, 귀하의 주장처럼 3년(최초의 약정임대차기간 1년+묵시적으로 갱신된 임대차기간 2년)으로 임대차기간이 만료된다고 주장할 수는 없을 것으로 보입니다.

■ 기간만료 6개월 전 계약해지 통지가 기간만료 시의 갱신거절로 보아야 하는지요?

Q. 저는 주택을 임차하였다가 계약기간 2년이 만료되기 6개월 전에 이사할 사정이 있다고 구두상으로 계약해지통지 및 임차보증금반환 청구를 하였습니다. 그러나 집주인이 임차보증금의 반환을 지체하던 중 사정이 변경되어 저는 계속 거주하기로 마음먹고 임차보증금의 반환을 독촉하지 않았습니다. 그러던 중 집주인은 계약기간이 만료된 후 5일이 지나서 계약기간이 만료되었으며, 저에게 위와 같이 6개월 전에 계약해지통지를 하였으므로 묵시의 갱신은 인정되지 않는다고 하면서 위 주택의 명도를 요구하고 있으나, 저는 묵시의 갱신이 이루어진 것으로 알고 전혀 이사할 준비를 하지 않았습니다. 이 경우 저는 명도요구에 응하여야만 하는지요?

A. 주택임대차보호법 제6조는 "①임대인이 임대차기간이 끝나기 6개월 전부터 2개월 전까지의 기간에 임차인에게 갱신거절(更新拒絶)의 통지를 하지 아니하거나 계약조건을 변경하지 아니하면 갱신하지 아니한다는 뜻의 통지를 하지 아니한 경우에는 그 기간이 끝난 때에 전 임대차와 동일한 조건으로 다시 임대차한 것으로 본다. 임차인이 임대차기간이 끝나기 2개월 전까지 통지하지 아니한 경우에도 또한 같다. ②제1항의 경우 임대차의 존속기간은 2년으로 본다. ③ 2기의 차임액에 달하도록 연체하거나 그 밖에 임차인으로서의 의무를 현저히 위반한 임차인에 대하여는 제1항의 규정을 적용하지 아니한다."라고 규정하고 있고, 같은 법 제6조의2는 "①제6조 제1항에 따라 계약이 갱신된 경우 같은 조 제2항에도 불구하고 임차인은 언제든지 임대인에게 계약해지를 통지할 수 있다. ②제1항에 따른 해지는 임대인이 그 통지를 받은 날부터 3개월이 지나면 그 효력이 발생한다."라고 규정하고 있습니다. 그러므로 주택임대차계약이 묵시적으로 갱신된다면 임차인은 언제든지 계약의 해지통고를 할 수 있고 다만, 그 해지의 효력은 임대인이 해지통고를 받은 날부터 3월이 경과되어야 발생하는데, 임대인에게는 그러한 해지권이 주어지지 않았습니다. 그런데 위 사안에서 임차인 귀하는 임대차기간이

만료되기 6개월 전에 임대인에 대하여 임대차계약을 해지한다고 하면서 임대차보증금을 반환해줄 것을 구두상으로 통지한 사실이 있는 바, 이 경우 귀하의 위와 같은 의사표시에 임대차기간이 만료되는 경우를 위한 갱신거절의 의사표시가 포함되어 있는지, 그 후 그러한 의사표시가 철회되었는지에 따라서 묵시의 갱신 여부가 결정될 것으로 보입니다. 그리고 위 사안에서 귀하가 계약기간만료 6개월 전에 행한 계약해지의 통지가 계약기간만료전이라도 귀하의 사정에 의하여 계약을 해지할 수 있다는 등의 계약해지권이 유보되어 있지 않은 상태에서 귀하의 사정에 의하여 일방적으로 행해진 것이라면 집주인이 그 해지에 동의하지 않는 한 해지의 효력이 발생하지 않은 것으로 보아야 할 것입니다. 그렇다면 민법 제543조에서 "①계약 또는 법률의 규정에 의하여 당사자의 일방이나 쌍방이 해지 또는 해제의 권리가 있는 때에는 그 해지 또는 해제는 상대방에 대한 의사표시로 한다. ②전항의 의사표시는 철회하지 못한다."라고 규정하고 있지만, 위 사안의 경우에는 반드시 해지의 의사표시를 철회할 수 없는 경우라고 볼 수 없을 것입니다. 참고로 판례는 임대차기간만료 6개월 전에 계약해지통지를 한 후 임차인이 임차주택으로 주민등록전입신고를 하고, 임대차기간만료일 이후에도 임차부분에서 계속 거주하였으며, 임대차보증금의 반환을 서면으로 요구하지 않았고, 임차부분에 관한 새로운 임차인을 찾아보려고 시도하지도 않았을 경우 그 통지에는 갱신거절의 의사가 포함되어 있지 아니하였거나 또는 있었다 하더라도 그러한 의사가 철회된 것으로 인정될 여지가 많아 보인다고 하였습니다(대법원 2001.7.10. 선고 2000다37098 판결). 따라서 위 사안에서도 귀하가 계약기간만료 6개월 전에 이사하겠다고 계약해지의 의사표시를 하였지만, 집주인이 이에 동의해준 바가 없었고, 그 후 귀하가 계약기간이 만료됨에도 다시 임차보증금의 반환을 독촉하는 등 별다른 조치를 취한 바 없이 계속 거주하였다면 귀하의 6개월 전에 행한 계약해지의 의사표시는 계약갱신거절의 의사가 포함되어 있지 아니하였거나 또는 있었다 하더라도 그러한 의사가 철회된 것으로 인정될 여지가 있을 듯하므로, 귀하는 집주인의 기간만료로 인한 임차주택의 명도청구에 대응하여 묵시의 계약갱신을 주장해 볼 여지가 있을 것으로 보입니다.

■ 주택임대차계약을 갱신하는 경우에 특별한 방법이 필요한가요?

Q. 임차인 A는 임대인 B와 2007년 5월 1일 계약기간을 2년으로 하는 주택임대차계약을 체결하였습니다. 2009년 5월 현재 임대인 B는 계약 갱신에 대해 별다른 말이 없습니다. 이 때 임차인 A와 임대인 B의 주택임대차계약은 어떻게 되나요?

A. 임대인 B가 주택임대차계약 종료시점인 2009년 4월 30일을 기준으로 6개월전부터 1개월전까지의 기간에 갱신거절의 통지를 한 바 없거나 계약조건을 변경하지 않았다면, 위 계약은 동일한 조건으로 갱신된 것으로 봅니다. 이를 묵시의 갱신이라고 하며, 이때 임차인 역시 계약종료 1개월 전까지 갱신 거절 및 계약조건 변경의 통지를 하지 않아야 합니다.

[서식]건물인도 등 청구의 소(묵시적 갱신후 임대차 기간만료, 주택)

소 장

원   고   ○○○ (주민등록번호)
　　　　　○○시 ○○구 ○○길 ○○(우편번호 ○○○○○)
　　　　　전화.휴대폰번호:
　　　　　팩스번호, 전자우편(e-mail)주소:
피   고   ◇◇◇ (주민등록번호)
　　　　　○○시 ○○구 ○○길 ○○(우편번호 ○○○○○)
　　　　　전화.휴대폰번호:
　　　　　팩스번호, 전자우편(e-mail)주소:

건물인도 등 청구의 소

청 구 취 지

1. 피고는 원고에게 별지목록 기재 건물을 인도하고, 20○○.○.○.부터 인
   도일까지 매월 금 200,000원의 돈을 지급하라.
2. 소송비용은 피고가 부담한다.
3. 위 제1항은 가집행 할 수 있다.
라는 판결을 구합니다

청 구 원 인

1. 원고는 199○.○.○.에 별지목록 기재 건물(주택)을 임대차보증금 25,000,000
   원, 월세 금 200,000원(매월말일 지급), 임대차 기간을 인도일로부터 24
   개월로 하는 주택임대차계약을 체결하고, 199○.○.○. 임대차보증금을
   지급 받음과 동시에 별지목록 기재 주택을 피고에게 인도하였습니다.
2. 그 후 피고는 약정한 주택임대차기간이 만료될 당시 원고에게 재계약여
   부 등 별도의 의사표시가 없었으며, 이로 인하여 주택임대차계약 기간이
   2년으로 묵시적 갱신된 상태에서 피고는 현재까지 주택을 점유하면서
   사용하고 있습니다.
3. 그런데 원고는 199○.○.○.자 내용증명우편으로 묵시적으로 갱신된 주
   택임대차기간의 만료일인 20○○.○.○.에 임대차보증금을 반환 받음과

동시에 주택을 인도해 달라는 주택임대차계약해지의 의사를 피고에게 표시하였으며, 이 우편은 20○○.○.○. 피고에게 도달하였습니다. 하지만 피고는 임대차기간이 만료된 20○○.○.○.에 원고에게 별지목록 기재 주택을 인도하지 아니한 채 지금까지 별지목록 기재 주택을 점유하여 사용하면서, 임대차기간이 만료된 20○○.○.○. 이후로는 월세 상당의 돈도 지급하지 않고 있습니다.

4. 따라서 원고는 피고에 대하여 묵시적으로 갱신된 주택임대차 계약의 기간만료를 근거로 피고에 대하여 별지목록 기재 주택의 인도를 청구하고, 아울러 법률상 원인 없는 점유를 이유로 한 20○○.○.○.부터 인도일까지 차임상당의 부당이득금을 지급 받기 위하여 이 사건 소송을 제기하는 것입니다.

입 증 방 법

1. 갑 제1호증   임대차계약서
1. 갑 제2호증   부동산등기사항증명서
1. 갑 제3호증   건축물대장등본
1 .갑 제4호증   통고서

첨 부 서 류

1. 위 입증방법   각 1통
1. 토지대장등본   1통
1. 소장부본   1통
1. 송달료납부서   1통

20○○. ○. ○.

위 원고 ○○○ (서명 또는 날인)

○○지방법원 ○○지원   귀중

[별지]

부동산의 표시

○○시 ○○구 ○○동 ○○
[도로명주소] ○○시 ○○구 ○○길 ○○ 지상
철근콘크리트조 평스라브지붕 단층주택
86.6㎡. 끝.

1-3-2. 묵시의 갱신의 효과

① 주택임대차계약이 묵시적으로 갱신되면, 종전의 임대차와 동일한 조건으로 다시 임대차한 것으로 간주됩니다(주택임대차보호법 제6조 제1항 전단).

② 주택임대차계약이 묵시적으로 갱신되면, 보증금과 차임도 종전의 임대차와 동일한 조건으로 임대차한 것으로 됩니다.

③ 주택임대차계약이 묵시적으로 갱신되면, 임대차의 존속기간은 2년으로 됩니다(동법 제4조 제1항 및 제6조 제2항).

1-3-3. 묵시적으로 갱신된 임대차계약의 해지

① 주택임대차계약이 묵시적으로 갱신된 경우, 임차인은 언제든지 갱신된 임대차계약을 해지할 수 있고, 2년의 임대차기간을 주장할 수도 있습니다(동법 제4조 제1항 및 제6조의2 제1항).

② 임차인이 임대차계약을 해지하는 경우에는 임대인이 통지를 받은 날부터 3개월이 지나면 그 효력이 발생합니다(동법 제6조의2 제2항).

1-3-4. 민법에 따른 전세권의 경우- 묵시의 갱신

① 전세권설정자가 전세권의 존속기간 만료 전 6개월부터 1개월까지 사이에 전세권자에게 갱신거절의 통지 또는 조건을 변경하지 않으면 갱신하지 않는다는 뜻의 통지를 하지 아니한 경우에는, 그 기간이 만료된 때에 종전의 전세권과 동일한 조건으로 다시 전세권을 설정한 것으로 봅니다. 이 경우 전세권의 존속기간은 그 정함이 없는 것으로 봅니다(제312조제4항).

② 묵시적 갱신이 된 전세권은 존속기간의 정함이 없는 전세권이므로, 언제든지 상대방에게 전세권의 소멸을 통고할 수 있고, 상대방이 이 통고를 받은 날로부터 6개월이 지나면 전세권은 소멸하게 됩니다(제313조).

③ 건물에 대한 전세권의 묵시적 갱신은 법률의 규정에 따른 전세권 존속기간의 변경이므로, 그 등기가 없어도 효력이 발생합니다. 그러나 전세권을 처분하려는 때에는 등기를 해야 합니다(제187조).

■ 계약기간이 끝났는데도 집주인은 계약갱신에 대해 별다른 말이 없는 경우에 주택임대차계약은 어떻게 되나요?

Q. 2010년 5월 1일 계약기간 2년의 주택임대차계약을 체결하였습니다. 2012년 5월 현재 집주인은 계약갱신에 대해 별다른 말이 없습니다. 이 때 주택임대차계약은 어떻게 되나요?

A. 임대인과 임차인 모두 특별히 별도의 말이나 행동이 없는 경우 임대차계약은 갱신된 것으로 봅니다.

　◇ 묵시적 갱신의 요건

　　임대인이 주택임대차계약 종료시점인 2012년 4월 30일을 기준으로 6개월 전부터 1개월 전의 기간에 임차인에 대해 갱신거절의 통지나 조건을 변경해야 다시 계약하겠다는 통지를 하지 않았어야 합니다. 임차인도 임대기간 종료시점의 1월 전의 기간에 위와 같은 통지를 하지 않았어야 합니다.

　◇ 묵시적 갱신의 효과

　　위와 같은 경우 원래의 임대차계약과 동일한 조건으로 다시 임대차가 된 것으로 봅니다. 이것을 묵시적 갱신이라고 합니다. 묵시적 갱신이 된 경우에도 그 존속기간은 2년이 되지만 임차인은 언제든지 계약해지통고를 할 수 있습니다. 해지통고를 임대인에게 하고 3개월이 지나면 효력이 발생합니다.

　◇ 묵시적 갱신의 예외

　　매달 차임을 지급해야 하는 임대차계약인 경우 임차인이 2기의 차임액에 달하도록 연체하거나, 그 밖에 임차인으로서의 의무를 현저히 위반한 경우에는 계약이 묵시적으로 갱신되지 않습니다. 따라서 임차인에게 이러한 사유가 있으면 임대인이 이러한 사유로 임대차계약을 굳이 해지하지 않더라도 임대차는 원래의 임대차 기간이 만료되면 종료됩니다.

　◇ 대항력과 우선변제권

　　묵시적으로 계약이 갱신된 경우에는 다시 계약서를 작성할 필요가 없고, 임대인의 요구로 새로 계약서를 작성한 경우에도 확정일자를 받은 종전의 계약서를 그대로 보관하면 됩니다. 그러면 종전의 대항력과 우선변제권이 그대로 유지됩니다.

※ **관련판례**

전세권의 법정갱신(민법 제312조 제4항)은 법률의 규정에 의한 부동산에 관한 물권의 변동이므로 전세권갱신에 관한 등기를 필요로 하지 아니하고 전세권자는 그 등기 없이도 전세권설정자나 그 목적물을 취득한 제3자에 대하여 그 권리를 주장할 수 있다 (대법원 1989.7.11. 선고 88다카21029 판결).

■ 묵시적으로 갱신된 경우의 주택임대차기간이 지난 후 집주인은 명도를 요구해도 되는지요?

Q. 저는 임차주택을 임차보증금 5,000만원에 계약기간 2년으로 정한 임대차계약을 체결하고 거주하였습니다. 그런데 집주인은 위 임대차기간이 만료할 당시에는 아무런 의사표시를 하지 않고 있다가, 약정된 임대차기간이 만료한 후 6개월이 경과한 지금에서야, 저에게 위 주택을 자기가 사용하여야 한다고 하면서 위 주택의 명도를 요구합니다. 이 경우 저는 위 주택을 집주인에게 명도해야 하는지요?

A. 계약의 갱신에 관하여 주택임대차보호법 제6조 제1항 및 제2항은 "① 임대인이 임대차기간이 끝나기 6개월 전부터 2개월 전까지의 기간에 임차인에게 갱신거절(更新拒絶)의 통지를 하지 아니하거나 계약조건을 변경하지 아니하면 갱신하지 아니한다는 뜻의 통지를 하지 아니한 경우에는 그 기간이 끝난 때에 전 임대차와 동일한 조건으로 다시 임대차한 것으로 본다. 임차인이 임대차기간이 끝나기 2개월 전까지 통지하지 아니한 경우에도 또한 같다. ②제1항의 경우 임대차의 존속기간은 2년으로 본다."라고 규정하고 있고, 같은 법 제4조 제1항은 "기간의 정함이 없거나 기간을 2년 미만으로 정한 임대차는 그 기간을 2년으로 본다. 다만, 임차인은 2년 미만으로 정한 기간이 유효함을 주장할 수 있다."라고 규정하고 있습니다. 그러므로 주택임대차보호법상 묵시적으로 갱신된 주택임대차의 존속기간은 2년이므로, 묵시적으로 갱신된 주택임대차의 존속기간은 2년으로 보아야 할 것입니다. 판례도 "주택임대차보호법 제6조 제1항에 따라 임대차계약이 묵시적으로 갱신되면 그 임대차기간은 같은 법 제6조 제2항, 제4조 제1항에 따라 2년으로 된다."라고 하였습니다(대법원 2002.9.24. 선고 2002다41633 판결, 1992.1.17. 선고 91다25017 판결). 따라서 귀하는 1년 6개월은 더 거주할 수 있을 것으로 보입니다.

참고로 같은 법 제6조의2 제1항 및 제2항은 "제6조제1항에 따라 계약이 갱신된 경우 같은 조 제2항에도 불구하고 임차인은 언제든지 임대인에게 계약해지를 통지할 수 있다.제1항에 따른 해지는 임대인이 그 통지를 받은 날부터 3개월이 지나면 그 효력이 발생한다."라고 규정하여 묵시적으로 갱신된 주택임대차에서 임대인이 해지를 원할 경우와 임차인이 해지를 원할 경우를 다르게 규정하고 있습니다.

제4장
임대차가 종료되면 어떤 조치를 해야 하나요?

제4장 임대차가 종료되면 어떤 조치를 해야 하나요?

제1절 주택임대차계약의 종료

1. 주택임대차의 종료 원인

1-1. 임대차 기간의 만료

① 임대차는 임대차 기간의 정함이 있는 경우에는 그 기간의 만료로 종료됩니다.

② 물론, 임대차 기간의 정함이 있는 경우에도 해지권 유보의 특약을 한 경우, 임차인이 파산선고를 받은 경우 등 해지사유가 있는 경우에는 계약해지의 통고로써 임대차계약을 중도에 해지할 수 있습니다(민법 제636조 및 제637조).

③ 임대인이 임대차기간이 끝나기 6개월 전부터 2개월 전까지의 기간에 임차인에게 갱신거절의 통지를 하지 않거나, 계약조건을 변경하지 않으면 갱신하지 않는다는 뜻의 통지를 한 경우에는 임대차 기간이 끝난 때에 종료합니다(주택임대차보호법 제6조 제1항 참조).

■ 임차주택 양도를 이유로 주택임대차계약을 해지할 수 있는지요?

Q. 저는 얼마전 공인중개사의 소개로 아파트를 임차보증금 4,000만원에 24개월 간 임차하기로 하면서 입주와 동시에 주민등록전입신고를 마치고 임대차계약서상에는 확정일자를 받아 두었습니다. 그런데 얼마 후 임대인은 위 임차아파트를 다른 사람에게 매도한다고 합니다. 저는 임대인의 재력을 보아 보증금반환이 충분하리라고 생각하고 임차아파트 선순위 근저당권여부를 확인하지도 않고 임차하였던 것인데, 이제 와서 확인해보니 임차아파트에는 선순위 근저당권이 설정되어 있어 보증금의 확보가 불안한 상황입니다. 이 경우 저는 계약기간이 만료되지 않은 임대인과의 임대차계약을 해지할 수 있는지요?

A. 주택임대차보호법 제3조 제4항은 "임차주택의 양수인(그 밖에 임대할 권리를 승계한 자를 포함한다)은 임대인의 지위를 승계한 것으로 본다."라고 규정하고 있습니다. 이 경우 승계되는 임대인의 지위란 임대차계약상 임대인에게 귀속되는 권리의무의 주체가 되는 자격을 말합니다. 승계에 관하여 양도인과 양수인 사이에 특별한 합의가 필요 없이 대항력의 당연한 효과로서 양수인은 종전 임대인의 권리의무를 포괄적으로 승계합니다. 이러한 지위승계는 법률상 당연한 승계이므로 임차인에게의 통지나 임차인의 동의·승낙이 필요 없으므로 위 사안과 같은 경우 임차인이 이러한 법률적 구속으로부터 벗어날 수 있을 것인지가 문제됩니다. 이에 관하여 판례는 "대항력 있는 주택임대차에 있어 기간만료나 당사자의 합의 등으로 임대차가 종료된 경우에도 주택임대차보호법 제4조 제2항에 의하여 임차인이 보증금을 반환 받을 때까지 임대차관계가 존속하는 것으로 의제 되므로 그러한 상태에서 임차목적물인 부동산이 양도되는 경우에는 주택임대차보호법 제3조 제2항(현행 주택임대차보호법 제3조 제4항)에 의하여 양수인에게 임대차가 종료된 상태에서의 임대인으로서의 지위가 당연히 승계되고, 양수인이 임대인의 지위를 승계하는 경우에는 임차보증금반환채무도 부동산의 소유권과 결합하여 일체로서 이전하는 것이므로 양도인의 임대인으로서의 지위나 임차

보증금반환채무는 소멸하는 것이지만, 임차인의 보호를 위한 주택임대차보호법의 입법취지에 비추어 임차인이 임대인의 지위승계를 원하지 않는 경우에는 임차인이 임차주택의 양도사실을 안 때로부터 상당한 기간 내에 이의를 제기함으로써 승계되는 임대차관계의 구속으로부터 벗어날 수 있다고 봄이 상당하고, 그와 같은 경우에는 양도인의 임차인에 대한 임차보증금반환채무는 소멸하지 않는다."라고 하였습니다(대법원 2002.9.4. 선고 2001다64615 판결). 그리고 상가임대차의 경우에 관한 판례도 "임대차계약에 있어 임대인의 지위의 양도는 임대인의 의무의 이전을 수반하는 것이지만 임대인의 의무는 임대인이 누구인가에 의하여 이행방법이 특별히 달라지는 것은 아니고 목적물의 소유자의 지위에서 거의 완전히 이행할 수 있으며 임차인의 입장에서 보아도 신 소유자에게 그 의무의 승계를 인정하는 것이 오히려 임차인에게 훨씬 유리할 수도 있으므로, 임대인과 신 소유자와의 계약만으로써 그 지위의 양도를 할 수 있다 할 것이나, 이 경우에 임차인이 원하지 아니하면 임대차의 승계를 임차인에게 강요할 수는 없는 것이어서 스스로 임대차를 종료시킬 수 있어야 한다는 공평의 원칙 및 신의성실의 원칙에 따라 임차인이 곧 이의를 제기함으로써 승계 되는 임대차관계의 구속을 면할 수 있고, 임대인과의 임대차관계도 해지할 수 있다고 보아야 한다."라고 하였습니다(대법원 1998.9.2.자 98마100 결정).

따라서 귀하의 경우에도 임대인이 위 임차주택을 다른 사람에게 매도한다면 그 사실을 알게 된 후 곧바로 임대인에게 내용증명우편 등으로 이의를 제기하여 임대차계약을 해지하고 임대인에게 임차보증금의 반환을 청구해볼 수 있다고 하겠습니다.

■ 기간만료 전 이사한 임차인이 만료시까지의 월세를 지급해야 하는지요?

Q. 저는 주택을 보증금 500만원에 매월 10만원의 월세를 내기로 하고 2년 기간으로 계약하고 살던 중, 1년 6개월 후 개인적인 사정으로 이사를 하게 되었습니다. 그 후 6개월이 지나 계약기간이 만료하여 저는 집주인에게 보증금 500만원을 반환하여 달라고 요구하였고, 집주인은 6개월 간 지급하지 않은 월세 60만원을 공제하고 440만원만 돌려주겠다고 합니다. 물론, 제가 그 주택에서 나올 때는 비어있는 주택이었으나, 제가 나오고 1개월 정도 있다가 집주인은 보증금과 월세를 올려서 다른 사람에게 임대하였는데, 이 경우 저는 60만원 전부를 돌려받을 수 없는지요?

A. 임차인의 개인사정으로 계약기간 중 계약을 해지하고자 하는 경우 계약 당시 해지권을 유보하지 않았다면 임차인이 일방적으로 해지할 수 없다 할 것이므로, 임차목적물이 제3의 임차인에게 임대되어 사용되고 있다는 등의 특별한 사정이 없는 한, 당초의 계약내용대로 이행하든지 남은 월세를 주고 합의해지를 하여야 할 것입니다. 그러나 위와 같이 귀하가 임대차계약기간만료 전에 일방적으로 주택을 비워주었고, 집주인이 1개월 가량 지난 후 새로운 임차인에게 다시 임대한 경우에는 집주인이 귀하와의 계약해지를 묵시적으로 승인하였다고 볼 수도 있고, 그렇지 않다고 하더라도 집주인은 위 주택에 새로운 임차인이 입주한 이후부터 계약기간만료시까지는 임차료를 이중으로 받게 되므로 그 부분은 부당이득이 되는 것으로 보아야 할 것입니다.

따라서 귀하는 보증금 500만원 중에서, 집주인이 위 주택을 새로운 임차인에게 월세를 놓지 못했던 1개월간의 월세 10만원과 이에 대한 연 5푼 비율의 지연이자 상당을 공제한 나머지 금원을 돌려받을 수 있을 것으로 보입니다.

1-2. 계약해지의 통고

① 임차인은 임대차계약이 묵시적으로 갱신된 경우에는 언제든지 그 계약을 해지할 수 있으며, 이 경우 임차인이 계약해지를 통지하는 경우에는 임대인이 그 통지를 받은 날부터 3개월이 지나면 임대차는 종료됩니다(주택임대차보호법 제4조 제1항 및 제6조의2).

② 임차인 또는 임대인은 임대차계약을 체결하면서 그 계약서에 예를 들어 "전근, 취학 등 부득이한 사유가 생기면 임차인이 통보한 날부터 1개월 후에 계약이 해지된 것으로 본다"라는 해지권 유보의 특약을 약정한 경우에는 임대차 기간의 약정이 있는 경우에도 그 부득이한 사유를 증명하고 중도에 임대차계약을 해지할 수 있으며, 이 경우 임대인이 해지통고를 받은 날부터 1개월이 지나면 임대차는 해지됩니다(민법 제635조 및 제636조).

임대차계약해지통지

수 신 인 임 대 인 ○ ○ ○
　　　　　주　　소: ○○시 ○○구 ○○길 ○○
발 신 인 임 차 인 ○ ○ ○
　　　　　주　　소: ○○시 ○○구 ○○길 ○○

목적물: ○○시 ○○구 ○○길 ○○○번지 ○○호 철근콘크리트 기와지
　　　　붕 4층 건물중 3층 302호

제 목: 임대차계약해지

　상기 물건지에 대해서 임대인과 임차인은 20○○년 ○월 ○일부터 20
○○년 ○월 ○일까지 ○년간 임대차계약을 체결하였는 바, 20○○년 ○
월 ○일에 계약이 종료되므로 이에 계약을 해지하고자 본 통지서를 보냅
니다. 20○○년 ○월 ○일까지 건물을 비우겠사오니 이때에 맞추어 임대
차보증금 전액을 반환해주시기를 부탁드립니다.

20○○년 ○월 ○일
임차인 ○○○ (서명 또는 날인)

1-3. 임차인의 파산

① 임차인이 파산선고를 받은 경우에는 임대차 기간의 약정이 있는
경우에도 임대인 또는 파산관재인은 계약해지의 통고를 할 수 있
고, 임차인이 해지통고를 받은 날부터 6개월이 지나면 임대차는
종료됩니다(민법 제637조제1항).

② 이 경우 각 당사자는 상대방에 대해 계약해지로 생긴 손해배상을
청구하지 못합니다(민법 제637조제2항).

1-4. 즉시 해지

① 임대차 기간의 약정이 있더라도 다음과 같은 해지 사유가 있는 경
우에는 임대차계약을 중도에 해지할 수 있습니다. 이 경우에는 해
지의 의사표시가 상대방에게 도달한 때에 임대차는 종료됩니다.

② 임차인이 해지할 수 있는 경우

  1) 임대인이 임차인의 의사에 반하여 보존행위를 하는 경우 임차
인이 이로 인해 임차의 목적을 달성할 수 없는 때(민법 제625조)

  2) 임차주택의 일부가 임차인의 과실 없이 멸실 그 밖의 사유로
사용·수익할 수 없는 경우 그 잔존부분으로 임차의 목적을 달
성할 수 없는 때(민법 제627조)

  3) 임대인의 지위가 양도된 경우(대법원 1998.9.2. 자 98마 100 결정)

③ 임대인이 해지할 수 있는 경우

  1) 임차인이 임대인의 동의 없이 임차권을 양도하거나 임차주택
을 전대한 경우(민법 제629조 제2항).

  2) 임차인이 차임을 2회 이상 연체한 경우(민법 제640조, 주택임
대차보호법 제6조 제3항)

  3) 임차인이 임차주택을 계약 또는 그 주택의 성질에 따라 정하
여진 용법으로 이를 사용, 수익하지 않은 경우(민법 제654조에
따른 제610조 제1항의 준용)

  4) 그 밖에 임차인으로서의 의무를 현저히 위반한 경우

1-5. 임대차계약의 해지 방법

① 임대차계약을 중도에 해지하려는 경우에는 내용증명 우편으로 해지의 의사표시를 하는 편이 좋으며, 이 경우 내용증명 우편에는 중도해지의 사유와 임대차계약의 해지 의사를 표명하고, 임차보증금을 반환해 달라는 등의 내용을 기재하면 됩니다.

② 가까운 우체국에 가서 내용증명서 3통을 작성하여 접수창구에 제출하면, 1통은 발송인이, 1통은 우체국이 각각 보관하고, 나머지 1통은 상대방에게 발송됩니다. 우체국에서는 그 내용증명서를 3년간 보관하기 때문에 보관기간 내에는 그 등본을 교부받을 수 있습니다(우편법 시행규칙 제48조, 제55조).

임대차계약 해지 통지 및 보증금 반환청구

수신인: 임대인 ○○○ (주민등록번호)
       서울 광진구 ○○○
발신인: 임차인 ○○○ (주민등록번호)
       서울 광진구 ○○○

1. 임대차계약내용
   부동산소재지: 서울 광진구 구의동 ○○번지 지층
   임대차 계약기간: 2010년 7월 15일부터 2012년 7월 14일
   임대차 보증금: 일금 오천만원 정

2. 상기 물건지에 대해서 귀하와 발신인이 2010년 7월 15일부터 2012년 7월 14일까지 전세(임대차) 계약을 체결하여 2012년 7월 14일부로 계약이 종료되며, 2011년 7월부터 작은방의 누수 및 심한 곰팡이로 사용하지 못하였으며 방안 물건에도 심각한 손상을 입었습니다.
이에 발신인은 계약 만기 내이지만 위와 같은 사유로 계약 종료를 요구하며, 새로운 입주자가 결정되지 않더라도 이 내용증명을 송달받은 날로부터 5일 이내에 임대차 보증금을 발신인의 계좌(우리은행: ○○○-○○○○○○-○○-○○○ 예금주: 황임차) 반환하여 주실 것을 본 내용증명으로 요구합니다.

3. 발신인은 현재 다른 집을 2012.7.14. 전세보증금 3천만원에 월 차임 30만원으로 계약한 상태인바, 귀하가 보증금을 반환치 않을 경우 발신인은 월 30만원씩의 차임을 지급하게 될 것입니다.

4. 또한 귀하도 알고 있듯이 발신인의 임차보증금 5천만원 중 3,500만원은 우리은행으로부터 근로자 전세대출로 대출받은 돈이므로 귀하가 이를 늦게 반환할 경우에는 그에 대한 월 14만원씩의 이자가 발생합니다.

5. 위 3항 및 4항의 돈은, 민법상 특별손해에 해당하는 것으로서 미리 통지하는 것이며, 추후 소송 시에는 임차보증금반환의 본안사건과 임차권등기신청사건의 소송비용뿐만 아니라 위와 같은 특별손해에 대하

여도 귀하가 부담해야 한다는 사실을 미리 특정하여 고지하는 것이므로, 부디 빠른 시일 내에 보증금을 반환하여 상호간에 불미스런 일이 발생치 않도록 해 주시기 바랍니다.

20○○년 ○월 ○일
임차인   ○○○(서명 또는 날인)

1-6. 임대차 종료의 효과

1-6-1. 임대차관계의 소멸 및 손해배상

① 임대인 또는 임차인이 임대차계약을 해지한 때에는 임대차관계는 장래를 향해 그 효력이 소멸됩니다(민법 제550조).

② 임대차계약의 해지는 손해배상의 청구에 영향을 미치지 않으므로, 상대방에게 과실이 있으면 그 손해배상을 청구할 수 있습니다(민법 제551조).

■ 임차주택에서 원인불명의 화재가 발생한 경우 임차보증금은 반환받을 수 있는지요?

Q. 저는 다가구주택의 2층을 임차하여 거주하던 중 원인불명으로 화재가 발생하여 주택이 전부 소실되었는데, 집주인은 오히려 저에게 손해배상을 요구합니다. 이 경우 저는 임차보증금을 반환받을 수 있는지요?

A. 임대차관계가 종료되면 임차인은 목적물을 반환하고, 임대인은 그 보증금을 반환하여 줄 채무를 부담하게 됩니다. 그러나 화재 등으로 인하여 임차인의 임차물반환채무가 이행불능이 된 경우에 관하여 판례는 "임차인의 임차물반환채무가 이행불능이 된 경우 임차인이 그 이행불능으로 인한 손해배상책임을 면하려면 그 이행불능이 임차인의 귀책사유로 말미암은 것이 아님을 입증할 책임이 있으며, 임차건물이 화재로 소훼된 경우에 있어서 그 화재의 발생원인이 불명인 때에도 임차인이 그 책임을 면하려면 그 임차건물의 보존에 관하여 선량한 관리자의 주의의무를 다하였음을 입증하여야 하는 것이므로(대법원 1999.9.21. 선고 99다36273 판결), 임차인이 임차한 부분을 포함하여 다른 건물부분이 화재로 소훼된 이 사건에 있어서, 임차인이 임차물반환채무의 이행불능으로 인한 손해배상책임을 면하려면 그 임차건물의 보존에 관하여 선량한 관리자의 주의의무를 다하였음을 적극적으로 입증하여야 하고, 이 점을 입증하지 못하면 그 불이익은 궁극적으로 임차인이 져야 한다고 할 것인바, 이러한 이치는 화재가 임차인의 임차부분 내에서 발생하였는지의 여부 그 자체를 알 수 없는 경우라고 하여 달라지지 아니한다."라고 하였습니다(대법원 2001.1.19. 선고 2000다57351 판결).

따라서 위 사안에서도 다가구주택 중 귀하가 임차한 부분에서 발생한 화재로 임차물이 소실된 경우에 그 화재발생원인이 불명이라 할지라도, 귀하가 그 책임을 면하려면 그 임차건물의 보존에 관하여 선량한 관리자의 주의의무를 다하였음을 입증하여야 되는 것입니다. 그러므로 귀하는 임차물에 대해 선량한 관리자로서의 주의의무를 다하였음을 입증하지 못하면 집주인에게 위 임차목적물을 반환하지 못하는 손해배상을 해주어야 할 책임이 있고, 집주인은 임차목적물의 파손정도에 따른 손해배상금액을 임차보증금에서 공제 또는 상계할 것이며, 임차주택이 전부 소실되었다면 집주인에게 임차보증금 반환청구를 할 수 없습니다. 참고로 판례는 "임차건물이 전기배선의 이상으로 인한 화재로 일부 소훼되어 임차인의 임차목적물반환채무가 일부 이행불능이 되었으나 발화부위인 전기배선이 건물구조의 일부를 이루고 있어 임차인이 전기배선의 이상을 미리 알았거나 알 수 있었다고 보기 어렵고, 따라서 그 하자를 수리·유지할 책임은 임대인에게 있으므로 임차목적물반환채무의 이행불능은 임대인으로서의 의무를 다하지 못한 결과이고 임차인의 임차목적물의 보존에 관한 선량한 관리자의 주의의무를 다하지 아니한 결과가 아니므로 임차인은 그로 인한 손해배상책임이 없다."라고 한 바 있습니다(대법원 2000.7.4. 선고 99다64384 판결).

그리고 임차인의 임차물반환의 이행불능의 범위에 관하여 판례는 "건물의 구조가 가운데 부분에 방 4개와 부엌 3개가 서로 인접하여 있고 그 둘레에 1층짜리 점포 4개가 각자 방 1개씩과 연결되어 있는 목조스레트지붕 1층 건물로서, 각 점포와 방 및 부엌이 구조상 독립하여 있는 것이 아니라 서로 벽을 통하여 인접하여 있어서 그 존립과 유지에 있어 불가분의 일체를 이루는 관계에 있는 경우, 그 중 한 점포 임차인의 과실로 그 건물 전체가 소실되었다면, 그 임차인은 화재로 인한 임차물반환의무의 이행불능으로 인한 손해배상으로서 자기가 임차한 점포뿐만 아니라 그 건물의 존립과 유지에 불가분의 일체의 관계에 있는 나머지 점포들이 소실되어 건물 소유주인 임대인이 입은 손해도 배상할 의무가 있다."라고 한 바 있습니다(대법원 1997.12.23. 선고 97다41509 판결).

■ 임차인의 이행지체 중 그 과실 없이 임차건물반환이 불가능해진 경우 손해배상책임을 져야 하는지요?

Q. 저는 건물을 임차보증금 2,000만원, 월세 20만원에 임차하고 임차기간 만료일에 임차물을 임대인에게 반환하기로 하였습니다. 그런데 임차기간이 만료된 후 임대인이 임차보증금을 지급께서 하였으나 제가 새로 이사갈 곳을 구하지 못하여 차일피일 반환을 미루던 중에 인근건물의 화재로 위 임차건물이 소실되었습니다. 위 임차건물의 시가가 1억원 상당인데, 저는 건물소유자에 대하여 손해배상책임을 져야 하는지요?

A. 위 사안은 이행지체 중 채무자에게 책임 없는 사유로 인해 이행불능(임차물의 반환불능)으로 된 경우의 채무자의 책임에 관한 문제입니다. 여기서는 두 가지가 문제되는데 첫째, 이행지체에 따른 손해배상(지연배상)의 문제이고, 둘째, 이행지체 중에 채무자에게 귀책사유 없이 이행불능으로 진전된 경우에 채무자가 그 이행불능에 따른 손해배상책임을 부담하는지 여부의 문제입니다. 임대차계약에 있어서 임차인은 임대차가 종료한 때에 목적물을 반환할 의무가 있습니다. 귀하는 임차건물반환기일을 경과함으로써 이행지체에 있던 중, 이웃건물의 화재로(즉, 귀하에게 책임 없는 사유로 인해) 임차물이 연소되어 이행불능이 된 것입니다. 그러나 이것은 귀하가 이행기일에 임차물을 甲에게 반환하였다 하더라도 역시 발생될 수 있는 손해이기 때문에 귀하는 건물의 소실에 대한 손해배상책임은 지지 않는다 하겠습니다(민법 제392조 단서). 다만, 위 화재가 귀하의 책임없는 사유로 인한 것이라는 입증책임과 귀하가 이행기에 위 임차물을 반환하였다고 하더라도 임대인이 위와 같은 손해를 면할 수 없었다는 사유에 대한 입증책임은 귀하에게 있다 할 것입니다(대법원 1962.5.24. 선고 62다175 판결). 한편, 이행기일을 경과한 때부터 화재로 임차물이 소실되기까지 이행을 지체한 것에 대해서는 손해배상(지연배상)책임이 있고, 위와 같이 임차물반환의무불이행의 경우에 있어서 통상 발생될 수 있는 손해는 특별한 사정이 없는 한 임차물의 사용대가인 차임상당액으로 보아도 무방할 것이므로, 위

사안의 경우 임대인이 귀하에게 청구할 수 있는 손해배상액은 월 20만원 상당이 될 것입니다.

■ 임차인이 임차주택을 매수한 경우 주택임차권은 소멸되는지요?

Q. 甲은 乙로부터 주택을 임차하여 대항력을 갖추고 확정일자도 받았습니다. 그 후 乙은 丙에게 근저당권을 설정해주었으며, 甲은 계약기간이 지나서도 임차보증금을 반환받지 못하여 위 주택을 乙로부터 매수하였습니다. 이 경우 乙에게서 甲에게로 소유권이전등기를 하면 甲의 주택임차권은 소멸되는지요?

A. 민법 제507조는 혼동으로 인한 채권의 소멸에 관하여 "채권과 채무가 동일한 주체에 귀속한 때에는 채권은 소멸한다. 그러나 그 채권이 제삼자의 권리의 목적인 때에는 그러하지 아니하다."라고 규정하고 있습니다. 또한 주택임대차보호법 제3조 제4항에서는 "임차주택의 양수인(그 밖에 임대할 권리를 승계한 자를 포함한다)은 임대인의 지위를 승계한 것으로 본다."라고 규정하고 있습니다. 임차권은 임차인과 임대인 간의 임대차계약으로 인해 발생한 채권이므로, 주택임대차보호법상 대항력을 갖춘 임차인이 임차주택을 매수하여 소유권을 취득하였을 경우 임차인이 임대인으로서의 지위를 승계하게 되어 임차인과 임대인이 동일하게 되고, 그 결과 채권과 채무가 동일한 주체에 귀속한 때에 해당되어 임차권은 소멸하게 됩니다.

한편 임차인이 대항력을 갖춘 상태에서 임차부동산에 제3자의 저당권이 설정된 후에 임차인이 임차부동산의 소유권을 취득한 경우 임차권이 혼동에 의하여 소멸하는지에 관하여, 판례는 "부동산에 대한 소유권과 임차권이 동일인에게 귀속하게 되는 경우 임차권은 혼동에 의하여 소멸하는 것이 원칙이지만, 그 임차권이 대항요건을 갖추고 있고 또한 그 대항요건을 갖춘 후에 저당권이 설정된 때에는 혼동으로 인한 물권소멸원칙의 예외규정인 민법 제191조 제1항 단서를 준용하여 임차권은 소멸하지 않는다(대법원 2001.5.15. 선고 2000다12693 판결)."라고 하여 물권 혼동에 관한 규정인 「민법」제191조 제1항 단서를 준용하고 있는바, 「민법」 제191조 제1항은 혼동(混同)으로 인한 물권의 소멸에 관하여 "동일한 물권에 대한 소유권과 다른 물권이 동일한 사람에게 귀속한 때에는 다른 물권은 소멸한다. 그러나 그 물권이 제3자의 권리의 목적이 된 때에는 소멸하지 아니한다."라고 규정하고 있습니다. 따라서 위 사안에서 임차인 甲이 임대인 乙로부터 매수한 임차주택에는 임차인 甲이 대항력을 갖춘 이후에 丙이 설정한 근저당권이 존재하는바, 임차주택이 제3자의 권리의 목적이 된 때에 해당하므로 甲이 위 주택의 소유권을 취득한다고 하여도 甲의 임차권은 소멸하지 않는다고 볼 것입니다.

1-6-2. 임차주택의 반환 및 임차보증금의 반환

① 임대차가 종료되면, 임대차계약의 내용에 따라 임차인은 임차주택을 반환할 의무 등을 지게 되고, 임대인은 임차보증금을 반환할 의무를 지게 됩니다(민법 제536조).

② 임차인이 임대차계약을 중도에 해지하는 경우 임차보증금을 돌려받기가 쉽지 않습니다. 이와 같이 임대차가 종료되었는데도 임대인이 보증금을 돌려주지 않는 경우에는 보증금을 반환해줄 때까지 이사를 가지 않는 것이 좋습니다. 이사를 가면 대항력과 우선변제권이 없어지기 때문입니다(대법원 2008.3.13 선고, 2007다54023 판결).

③ 그러나 임대차가 종료되더라도 임차인이 보증금을 돌려받을 때까지는 임대차관계가 존속하는 것으로 간주되므로, 임대인과 임차인은 임대차계약상의 권리의무를 그대로 가지게 됩니다(주택임대차보호법 제4조 제2항).

④ 따라서 임차인은 차임지급의무를 지는 한편 보증금을 반환받을 때까지 임차주택의 인도를 거절하는 동시이행항변권을 가지게 되고, 임대인은 차임지급청구권을 가지는 한편 임차주택을 인도받을 때까지 보증금의 지급을 거절하는 동시이행항변권을 가지게 됩니다.

[서식]임차보증금반환청구의 소(계약기간 만료, 아파트)

소　장

원　고　　○○○ (주민등록번호)
　　　　　　○○시 ○○구 ○○길 ○○(우편번호)
　　　　　　전화.휴대폰번호:
　　　　　　팩스번호, 전자우편(e-mail)주소:
피　고　　◇◇◇ (주민등록번호)
　　　　　　○○시 ○○구 ○○길 ○○(우편번호)
　　　　　　전화.휴대폰번호:
　　　　　　팩스번호, 전자우편(e-mail)주소:

임차보증금반환청구의 소

청 구 취 지

1. 피고는 원고에게 금 68,000,000원 및 이에 대한 이 사건 소장부본 송달 다음날부터 다 갚는 날까지 연 12%의 비율에 의한 돈을 지급하라.
2. 소송비용은 피고의 부담으로 한다.
3. 위 제1항은 가집행 할 수 있다.
라는 판결을 구합니다.

청 구 원 인

1. 원고는 피고와 20○○.○.○. 피고 소유의 ○○시 ○○구 ○길 ○○ 소재 ○○아파트 203동 401호를 임차보증금 68,000,000원, 임대차기간 20○○.○.○.부터 2년으로 하여 임차한 사실이 있습니다.
2. 원고는 임대차계약기간이 끝나기 1개월 전에 임대인인 피고에게 임대차계약갱신거절의 통지를 하고 임차보증금의 반환을 요구하였으나, 피고는 별다른 사유 없이 임차보증금의 반환을 계속 미루고 있습니다.
3. 따라서 원고는 피고로부터 위 임차보증금 68,000,000원 및 이에 대한 이 사건 소장부본 송달 다음날부터 다 갚는 날까지 소송촉진등에관한특례법에서 정한 연 12%의 비율에 의한 지연손해금을 지급 받기 위하여 이 사건 청구에 이른 것입니다.

입 증 방 법

1. 갑 제1호증   임대차계약서
1. 갑 제2호증   영수증
1. 갑 제3호증   통고서(내용증명우편)

첨 부 서 류

1. 위 입증방법   각 1통
1. 소장부본   1통
1. 송달료납부서   1통

20○○. ○. ○.

위 원고 ○○○ (서명 또는 날인)

○○지방법원 귀중

1-6-3. 임차권등기명령신청권의 취득

① 임차인은 임대차가 종료된 후 보증금을 반환받지 못한 경우 임차권등기명령을 신청할 수 있는 권한을 얻게 되고, 임대차등기명령에 따라 임차권등기를 마치면 대항력과 우선변제권을 취득하거나 유지할 수 있게 됩니다(주택임대차보호법 제3조의3 제5항).

② 따라서 임차인은 임대차등기를 마친 후 임차주택을 인도하고 이사를 가더라도 대항력과 우선변제권을 유지할 수 있으며, 그 경우에는 차임지급의무를 면하는 한편 보증금반환채권의 지체에 따른 지연손해금채권을 가지게 됩니다.

1-6-4. 유익비상환청구 및 부속물매수청구

임차인은 일정한 경우에 한해 임대인에게 유익비의 상환을 청구하거나 부속물의 매수를 청구할 수 있습니다(민법 제626조 제2항 및 제646조). 다만, 임대차계약이 임차인의 차임연체 등 채무불이행으로 해지된 경우에는 부속물의 매수를 청구할 수 없습니다(대법원 1990.1.23. 선고 88다카7245, 88다카7252 판결).

1-7. 민법에 따른 전세권의 경우-전세권의 소멸사유
1-7-1. 일반적인 소멸사유

전세권은 물권의 일반적 소멸원인, 즉 존속기간의 만료, 혼동, 소멸시효, 전세권에 우선하는 저당권의 실행에 의한 경매, 토지수용 등으로 소멸합니다.

1-7-2. 전세권에 특유한 소멸사유

① 전세권설정자의 소멸 청구

전세권설정자는 전세권자가 전세권설정계약 또는 그 건물의 성질에 따라 정해진 용법으로 이를 사용 수익하지 않은 경우에는 전세권의 소멸을 청구할 수 있습니다. 이 경우 전세권자에게 원상회복 또는 손해배상을 청구할 수 있습니다.

② 전세권의 소멸 통고

각 당사자는 전세권의 존속기간을 약정하지 아니한 때에는 언제든지 상대방에 대해 전세권의 소멸을 통고할 수 있고, 상대방이 이 통고를 받은 날로부터 6개월이 지나면 전세권은 소멸됩니다.

③ 목적 부동산의 멸실

ⓐ 전세권의 목적물 전부가 불가항력으로 멸실된 때에는 전세권은 소멸됩니다. 이 경우 전세권자는 전세권설정자에 대해 전세권의 소멸을 통고하고 전세금의 반환을 청구할 수 있습니다.

ⓑ 전세권의 목적물 전부가 전세권자의 귀책사유로 멸실된 때에는 전세권은 소멸하고, 전세권자는 손해를 배상할 책임을 지게 됩니다. 이 경우 전세권설정자는 전세금으로써 손해배상에 충당하고 남는 것이 있으면 반환해야 하며, 부족이 있으면 다시 청구할 수 있습니다.

ⓒ 전세권의 목적물 일부가 불가항력으로 멸실된 때에는 그 멸실된 부분의 전세권은 소멸됩니다. 이 경우 전세권자가 그 잔존부분으로 전세권의 목적을 달성할 수 없는 때에는 전세권설정자에게 전세권의 소멸을 통고하고 전세금의 반환을 청구할 수 있습니다.

ⓓ 전세권 목적물의 일부가 전세권자의 귀책사유로 멸실된 때에는 전세권설정자는 전세권자의 부동산 용법 위반을 이유로 전세권의 소멸을 청구할 수 있습니다. 이 경우 전세권설정자는 전세권이 소멸한 후 전세금으로써 손해배상에 충당하고 남는 것이 있으면 반환해야 하며, 부족이 있으면 다시 청구할 수 있습니다.

④ 전세권의 포기

전세권자는 전세권의 존속기간을 약정하고 있더라도 자유로이 이를 포기할 수 있습니다. 그러나 전세권이 제3자의 권리의 목적이 된 때에는 제3자의 동의 없이는 포기할 수 없습니다.

■ 임차인이 주택의 하자로 사망한 경우 공작물소유자인 집주인에게 민·형사상 책임을 물을 수 없는지요?

Q. 저희 조카는 주택을 임차하여 자취를 하던 중 부엌과 방 사이의 문틈으로 연탄가스가 스며들어 가스에 중독되어 사망하였습니다. 집주인은 자신에게 어떠한 책임도 없다고 하는데, 이 경우 집주인에게 민·형사상 책임을 물을 수 없는지요?

A. 민법 제758조 제1항은 "공작물의 설치 또는 보존의 하자로 인하여 타인에게 손해를 가한 때에는 공작물 점유자가 손해를 배상할 책임이 있다. 그러나 점유자가 손해의 방지에 필요한 주의를 해태하지 아니한 때에는 그 소유자가 손해를 배상할 책임이 있다."라고 규정하고 있습니다. 여기에서 말하는 '공작물의 설치 또는 보존의 하자'라 함은 공작물의 축조 및 보존에 불완전한 점이 있어 이 때문에 통상 갖추어야 할 안전성을 결여한 상태를 의미하는 것이며, '손해의 방지에 필요한 주의를 해태하지 아니한 때'라 함은 일반적으로 손해의 발생을 막을 수 있을 만한 주의를 말합니다. 위 사안에서 주택의 직접점유자로서 그 설치·보존의 하자로 인한 손해배상의 제1차적 책임자로 규정되어 있는 주택임차인 자신이 피해자인 경우에 제2차적 책임자로 규정되어 있는 주택소유자를 상대로 위 민법의 규정에 의한 손해배상책임을 물을 수 있느냐 하는 것인바, 이에 관하여 판례는 "공작물의 설치 또는 보존의 하자로 인하여 타인에게 손해를 가한 때에는 1차적으로 공작물의 점유자가 손해를 배상할 책임이 있고, 공작물의 소유자는 점유자가 손해의 방지에 필요한 주의를 해태하지 아니한 때에 비로소 2차적으로 손해를 배상할 책임이 있는 것이나, 공작물의 임차인인 직접점유자나 그와 같은 지위에 있는 것으로 볼 수 있는 자가 공작물의 설치 또는 보존의 하자로 인하여 피해를 입은 경우에 그 주택의 소유자는 민법 제758조 제1항 소정의 책임자로서 이에 대하여 손해를 배상할 책임이 있는 것이고, 그 피해자에게 보존상의 과실이 있더라도 과실상계의 사유가 될 뿐이다."라고 하여 임차인과 함께 기거하던 직장동료가 연통에서 새어나온 연탄가스에 중독되어 사망한 사고에 대하여 주

택소유자의 손해배상책임을 인정한 바 있습니다(대법원 1993.2.9. 선고 92다31668 판결). 따라서 위 주택의 하자가 설치상의 하자인지, 보존상의 하자인지 등 구체적으로는 알 수 없어도 일단 그 주택의 하자가 존재하는 정도면 되는 것이고, 그에 대한 입증책임도 주택소유자에게 있는 것인바, 집주인은 공작물소유자로서의 책임을 벗어나기는 어려울 것입니다. 물론, 귀하의 조카에게 그 주택의 보존에 있어서의 과실 즉, 하자보수요구 등을 집주인에게 하지 않았다면 그에 대한 과실상계는 될 수 있을 것입니다. 그리고 집주인의 형사책임 여부에 관하여 판례는 "임대차목적물상의 하자의 정도가 그 목적물을 사용할 수 없을 정도의 파손상태라고 볼 수 없다든지, 반드시 임대인에게 수선의무가 있는 대규모의 것이라고 볼 수 없어 임차인의 통상의 수선 및 관리의무에 속한다고 보여지는 경우에는 그 하자로 인하여 가스중독사가 발생하였다고 하더라도 임대인에게 과실이 있다고 할 수 없으나, 이러한 판단을 함에 있어서 단순히 하자 자체의 상태만을 고려할 것이 아니라 그 목적물의 구조 및 전반적인 노후화상태 등을 아울러 참작하여 과연 대규모적인 방법에 의한 수선이 요구되는지를 판단하여야 할 것이며, 이러한 대규모의 수선 여부가 분명하지 아니한 경우에는 임대차 전후의 임대차목적물의 상태 내지 하자로 인한 위험성의 징후 여부와 평소 임대인 또는 임차인의 하자상태의 지실 내지 발견가능성 여부, 임차인의 수선요구 여부 및 이에 대한 임대인의 조치 여부 등을 종합적으로 고려하여 임대인의 과실 유무를 판단하여야 할 것이다."라고 하였으며 (대법원 1993.9.10. 선고 93도196 판결), "부엌과 창고홀로 통하는 방문이 상단부의 문틈과 벽 사이에 약 1.2센티미터 내지 2센티미터나 벌어져 있고 그 문틈과 문 자체 사이도 두 군데나 0.5센티미터의 틈이 있는 정도의 하자는 임차목적물을 사용할 수 없을 정도의 것이거나 임대인에게 수선의무가 있는 대규모의 것이 아니고 임차인의 통상의 수선 및 관리의무의 범위에 속하는 것이어서 비록 임차인이 위 문틈으로 새어든 연탄가스에 중독되어 사망하였다 하더라도 임대인에게 그 책임을 물을 수 없다."라고 하였습니다(대법원 1986.7.8. 선고 86도383 판결). 따라서 위 사안에서 집주인에게 형사상의 책임을 묻기는 어려울 것으로 보입니다.

■ 대항력 있는 주택임차권을 전세권 등기한 경우 주택임차권과 전세권 중 어느 것에 의하여 보호를 받게 되는지요?

Q. 저는 주택을 전세보증금 5,000만원에 계약기간 1년으로 임차하여 입주와 주민등록전입신고를 마치고 확정일자까지 받아 두었으나, 그 후 위 주택에 채권최고액 6,000만원인 근저당권이 설정되어 불안한 마음에 전세권설정등기를 하였습니다. 그런데 이 경우 위 주택이 경매된다면 저는 주택임차권과 전세권 중 어느 것에 의하여 보호를 받게 되는지요?

A. 위 사안에서 저당권설정등기 이전에 입주하여 대항력 및 우선변제권을 확보한 주택임차인이 저당권설정등기 이후에 전세권설정등기를 하여 당해 주택의 경매절차에서의 매각으로 전세권설정등기가 말소되었을 경우에 이 주택임차인은 주택임대차보호법에 의하여 인정된 대항력마저 상실하느냐가 문제됩니다. 이에 대하여 판례는 "주택임차인으로서의 우선변제를 받을 수 있는 권리와 전세권자로서 우선변제를 받을 수 있는 권리는 근거규정 및 성립요건을 달리하는 별개의 것이므로, 주택임대차보호법상 대항력을 갖춘 임차인이 그의 지위를 강화하기 위하여 임차주택에 관하여 전세권설정등기를 경료하였다거나, 전세권자로서 배당절차에 참가하여 전세금의 일부에 대하여 우선변제를 받은 사유만으로 변제 받지 못한 나머지 보증금에 기한 대항력행사에 어떤 장애가 있다고 볼 수 없다."라고 하였습니다(대법원 1993.11.23. 선고 93다10552, 10569 판결, 1993.12.24. 선고 93다39676 판결).

또 다른 판례는 "주택에 관하여 임대차계약을 체결한 임차인이 자신의 지위를 강화하기 위한 방편으로 따로 전세권설정계약서를 작성하고 전세권설정등기를 한 경우에, 따로 작성된 전세권설정계약서가 원래의 임대차계약서와 계약일자가 다르다고 하여도 계약당사자, 계약목적물 및 보증금액(전세금액) 등에 비추어 동일성을 인정할 수 있다면 그 전세권설정계약서 또한 원래의 임대차계약에 관한 증서로 볼 수 있고, 등기필증에 찍힌 등기관의 접수인은 첨부된 등기원인계약서에 대하여 민법 부칙 제3조 제4항 후단에 의한 확정일자에 해당한다고 할 것이므로, 위와 같은 전세권설정계약서가 첨부된 등기필증에 등기관의 접수인이 찍혀 있다면 그 원래의 임대차에 관한 계약증서에 확정일자가 있는 것으로 보아야 할 것이고, 이 경우 원래의 임대차는 대지 및 건물 전부에 관한 것이나 사정에 의하여 전세권설정계약서는 건물에 관하여만 작성되고 전세권등기도 건물에 관하여만 마쳐졌다고 하더라도 전세금액이 임대차보증금액과 동일한 금액으로 기재된 이상 대지 및 건물 전부에 관한 임대차의 계약증서에 확정일자가 있는 것으로 봄이 상당하다 할 것이다."라고 하였습니다(대법원 2002.11.8. 선고 2001다51725 판결).

따라서 임차인이 (1)주택임대차보호법에 따른 대항력 및 우선변제권을 취득한 다음 (2)위 주택에 후순위 저당권이 설정되었고, (3)그 후에 위 임차인이 전세권설정등기를 마친 경우라면, 당해 주택의 경매절차에서의 매각으로 인하여 저당권보다 후순위인 전세권설정등기가 말소되었다고 하여도 위 임차인은 여전히 임대차보호법상의 보호받는 자로서 경매절차의 매수인에 대하여 대항력을 주장할 수 있을 것으로 보입니다.

■ 계약 기간이 만료되었는데 집주인이 보증금의 반환를 거부하는 경우에는 월세를 안 내도 되나요?

Q. 임대차 계약 기간이 만료되어 집주인에게 보증금을 돌려달라고 하니, 새로운 세입자를 구할 때까지 기다려 달라고 합니다. 보증금을 돌려받을 때까지 그 집에서 계속 거주해도 월세는 안 내도 되나요?

A. 그 집에서 계속 사는 동안은 월세를 계속 내야 합니다. 임대차 계약이 종료된 후에 임차인이 주택을 넘겨주는 의무와 임대인의 보증금 반환 의무는 동시에 행해져야 합니다. 따라서 보증금을 반환받을 때까지 계속 거주할 수 있는 것은 당연하지만, 설사 이러한 경우에도 임차인은 그 집에서 계속 거주하여 실질적인 이득을 얻은 이상 월세는 지급해야 합니다. 그러나 문을 잠가놓고 주거용으로 사용하지 않으면 실질적인 이득을 얻지 않는 경우가 되므로, 이 경우에는 차임을 지급할 필요가 없습니다.

※ 관련판례

주택임대차보호법이 제3조 제1항에서 주택임차인에게 주택의 인도와 주민등록을 요건으로 명시하여 등기된 물권에 버금가는 강력한 대항력을 부여하고 있는 취지에 비추어 볼 때 달리 공시방법이 없는 주택임대차에 있어서 주택의 인도 및 주민등록이라는 대항요건은 그 대항력 취득시에만 구비하면 족한 것이 아니고 그 대항력을 유지하기 위하여서도 계속 존속하고 있어야 한다고 할 것이고(대법원 1998.1.23. 선고 97다43468 판결 참조), 위와 같이 주민등록이 대항력의 존속요건이라고 보는 이상, 주택임차인의 의사에 의하지 아니하고 구 주민등록법(2007.5.11. 법률 제8422호로 전문 개정되기 전의 것) 및 동법 시행령에 따라 시장 군수 또는 구청장에 의하여 직권조치로 주민등록이 말소된 경우에도 원칙적으로 그 대항력은 상실된다고 할 것이지만, 구 주민등록법상의 직권말소제도는 거주관계 등 인구의 동태를 상시로 명확히 파악하여 주민생활의 편익을 증진시키고 행정사무의 적정한 처리를 도모하기 위한 것이고, 주택임대차보호법에서 주민등록을 대항력의 요건으로 규정하고 있는 것은 거래의 안전을 위하여 임대차의 존재를 제3자가 명백히 인식할 수 있게 하기 위한 것으로서 그 취지가 다르므로, 직권말소 후 동법 소정의 이의절차에 따라 그 말소된 주민등록이 회복되거나 동법 시행령 제29조에 의하여 재등록이 이루어짐으로써 주택임차인에게 주민등록을 유지할 의사가 있었다는 것이 명백히 드러난 경우에는 소급하여 그 대항력이 유지된다고 할 것이고, 다만 그 직권말소가 구 주민등록법 소정의 이의절차에 의하여 회복된 것이 아닌 경우에는 직권말소 후 재등록이 이루어지기 이전에 주민등록이 없는 것으로 믿고 임차주택에 관하여 새로운 이해관계를 맺은 선의의 제3자에 대하여는 임차인은 대항력의 유지를 주장할 수 없다고 봄이 상당하다 할 것이다(대법원 2002.10.11. 선고 2002다20957 판결 참조). (대법원 2008.03.13. 선고 2007다54023 판결)

■ 자취를 하던 중 군 입영통지서를 받았습니다. 임대차 계약기간이 남았는데 보증금을 돌려받을 수 있을까요?

Q. 월세방을 얻어 자취를 하던 중 군 입영통지서를 받았습니다. 아직 임대차 계약기간이 남았는데 보증금을 돌려받을 수 있을까요?

A. 군 입대는 임차인이 임대차기간 중에 계약을 중도 해지할 수 있는 사유에 해당하지 않습니다. 따라서 약정한 기간이 남은 임대차의 경우에는 보증금을 돌려받을 수 없으며, 약정한 기간은 사용 여부와 상관없이 월세를 지급해야 합니다.

① 임차인이 임대차계약을 중도 해지할 수 있는 경우: 임차인은 임대차기간이 남았더라도 다음의 경우에는 계약을 해지할 수 있습니다.

1) 임대차 계약을 할 때 중도 해지에 관한 특약(약정해지권)을 한 경우

2) 계약기간을 정하지 않은 경우

3) 임대인이 임차인의 의사에 반하여 보존행위를 하여 임차인이 그로 인해 임차의 목적을 달성할 수 없는 경우

4) 임차주택의 일부가 임차인의 과실 없이 멸실 등을 하여 그 잔존 부분으로는 임차의 목적을 달성할 수 없는 경우

5) 임대인의 지위가 양도된 경우

② 임대차계약의 해지란 임대인 또는 임차인이 임대차기간이 만료되기 전에 임대차계약을 끝내고 싶다는 일방적인 의사표시를 상대방에게 표시하여 장래에 향해 그 계약의 효력을 소멸시키는 것을 말합니다. 임대차계약을 중도에 해지하려는 경우에는 내용증명우편으로 해지의 의사표시를 하는 편이 좋습니다. 내용증명우편에는 중도해지의 사유와 임대차계약의 해지 의사를 표명하고, 임차보증금을 반환해 달라는 등의 내용을 기재하면 됩니다.

※ 관련판례

임대차계약에 있어 임대인의 지위의 양도는 임대인의 의무의 이전을 수반하는 것이지만 임대인의 의무는 임대인이 누구인가에 의하여 이행방법이 특별히 달라지는 것은 아니고, 목적물의 소

유자의 지위에서 거의 완전히 이행할 수 있으며, 임차인의 입장에서 보아도 신 소유자에게 그 의무의 승계를 인정하는 것이 오히려 임차인에게 훨씬 유리할 수도 있으므로 임대인과 신 소유자와의 계약만으로써 그 지위의 양도를 할 수 있다 할 것이나, 이 경우에 임차인이 원하지 아니하면 임대차의 승계를 임차인에게 강요할 수는 없는 것이어서 스스로 임대차를 종료시킬 수 있어야 한다는 공평의 원칙 및 신의성실의 원칙에 따라 임차인이 곧 이의를 제기함으로써 승계되는 임대차관계의 구속을 면할 수 있고, 임대인과의 임대차관계도 해지할 수 있다고 보아야 한다(대법원 1998.9.2. 자 98마100 결정).

제2절 보증금의 회수

1. 임차권등기명령 신청

① 임대차기간이 만료되었음에도 임대인으로부터 보증금을 돌려받지 못한 경우에는 법원에 임차권등기명령을 신청할 수 있습니다.

② 임차권등기명령에 따라 임차권등기가 되면, 임차인이 이사를 가더라도 종전 주택에 대한 대항력과 우선변제권은 유지됩니다.

2. 임차권등기명령제도

2-1. 임차권등기명령제도의 개념

① 주택임대차보호법은 주택의 인도와 주민등록을 대항력의 취득 및 존속 요건으로 하고 있기 때문에 임차인이 임대차가 종료되었음에도 보증금을 돌려받지 못하고 이사를 가게 되면 종전에 취득하였던 대항력 및 우선변제권이 상실되므로 보증금을 돌려받기 어려워지게 됩니다.

② 이러한 문제를 해결하기 위해 임차권등기명령제도는 법원의 집행명령에 따른 등기를 마치면 임차인에게 대항력 및 우선변제권을 유지하게 하면서 임차주택에서 자유롭게 이사할 수 있게 하는 제도입니다.

■ 주택임차권등기와 민법에 의한 임대차등기와는 어떠한 차이가 있는지요?

Q. 민법 제621조는 임대인과 임차인이 합의하여 임대차등기를 할 수 있도록 되어 있습니다. 그렇다면 주택임대차보호법에서 규정한 임차권등기명령에 의한 임대차등기와는 어떠한 차이가 있는지요?

A. 주택임대차보호법 제3조의3 제1항은 "임대차가 종료된 후 보증금을 반환 받지 못한 임차인은 임차주택의 소재지를 관할하는 지방법원·지방법원지원 또는 시·군 법원에 임차권등기명령을 신청할 수 있다."라고 규정하고 있고, 민법 제621조 제1항은 "부동산임차인은 당사자 간에 반대약정이 없으면 임대인에 대하여 그 임대차등기절차에 협력할 것을 청구할 수 있다."라고 규정하고 있습니다. 그리고 같은 법 제3조의3 제5항은 "임차권등기명령의 집행에 의한 임차권등기가 경료되면 임차인은 제3조 제1항 또는 제2항에 따른 대항력 및 제3조의2 제2항의 규정에 의한 우선변제권을 취득한다. 다만, 임차인이 임차권등기 이전에 이미 대항력 또는 우선변제권을 취득한 경우에는 그 대항력 또는 우선변제권은 그대로 유지되며, 임차권등기 이후에는 제3조 제1항 또는 제2항의 대항요건을 상실하더라도 이미 취득한 대항력 또는 우선변제권을 상실하지 아니한다."라고 규정하고 있으며, 「민법」 제621조 제2항은 "부동산임대차를 등기한 때에는 그때부터 제3자에 대하여 효력이 생긴다."라고 규정하고 있습니다. 주택임대차보호법의 임차권등기명령에 의한 주택임차권등기는 그 대상이 주택임대차에 한정되어 있고, 임대인의 동의 없이 법원의 결정을 받아 단독으로 등기를 할 수 있으나, 민법 제621조에 의한 임차권등기는 그 대상이 모든 부동산임대차이고, 당사자간에 반대약정이 있으면 그 등기절차에 협력할 것을 청구할 수 없다는 점 등에서 차이가 있습니다. 또한, 그 효력에 있어서도 양자가 모두 경매신청권이 없는 점에서는 동일하지만, 주택임차권등기는 대항력 또는 우선변제권의 취득·유지의 효력이 인정되고, 민법 제621조에 의한 임차권등기는 제3자에 대한 대항력만 인정되고 우선변제권은 인정되지 않는 것으로 보아야 할 것입니다. 민법 제621

조에 의한 임차권등기에 관하여 판례는 "등기된 임차권에는 용익권적 권능 외에 임차보증금반환채권에 대한 담보권적 권능이 있고, 임대차기간이 종료되면 용익권적 권능은 임차권등기의 말소등기 없이도 곧바로 소멸하나 담보권적 권능은 곧바로 소멸하지 않는다고 할 것이어서, 임차권자는 임대차기간이 종료한 후에도 임차보증금을 반환받기까지는 임대인이나 그 승계인에 대하여 임차권등기의 말소를 거부할 수 있다고 할 것이고, 따라서 임차권등기가 원인 없이 말소된 때에는 그 방해를 배제하기 위한 청구를 할 수 있다."라고 하고 있습니다(대법원 2002.2.26. 선고 99다67079 판결).

그런데 주택임대차보호법 제3조의4 제1항은 민법의 규정에 의한 주택임차권등기의 효력에 관하여 "제3조의3 제5항 및 제6항의 규정은 민법 제621조의 규정에 의한 주택임대차등기의 효력에 관하여 이를 준용한다."라고 규정하고 있고, 주택임대차보호법 제3조의4 제2항은 "임차인이 대항력 또는 우선변제권을 갖추고 민법 제621조 제1항의 규정에 의하여 임대인의 협력을 얻어 임대차등기를 신청하는 경우에는 신청서에 「부동산등기법」 제74조 제1호부터 제5호까지의 사항 외에 ①주민등록을 마친 날, ②임차주택을 점유한 날, ③임대차계약서상의 확정일자를 받은 날을 기재하여야 하며, 이를 증명할 수 있는 서면(임대차의 목적이 주택의 일부분인 경우에는 해당 부분의 도면을 포함)을 첨부하여야 한다."라고 규정하고 있습니다.

따라서 주택에 대하여 임대인의 협력을 얻어 주택임대차보호법 제3조의4 규정에 따라 등기한 경우에는 주택임차권등기명령에 의하여 등기한 경우와 그 효력이 동일하게 될 것입니다. 참고로 상가건물임대차보호법도 주택임대차보호법과 같이 일정금액의 보증금 등에 대하여는 그와 유사한 보호규정을 두고 있으며, 임대차가 종료된 후 보증금을 반환 받지 못한 임차인은 임차건물의 소재지를 관할하는 지방법원, 지방법원지원 또는 시·군 법원에 임차권등기명령을 신청할 수 있도록 규정하고 있습니다(동법 제6조).

2-2. 임차권등기명령의 신청

2-2-1. 신청요건

① 임대차가 끝난 후, 보증금이 반환되지 않은 경우 임차인은 임차주택의 소재지를 관할하는 지방법원·지방법원지원 또는 시·군 법원에 임차권등기명령을 신청할 수 있습니다(주택임대차보호법 제3조의3 제1항).

② 임차인은 임대차가 종료되어야 임차권등기명령을 신청할 수 있습니다. 즉, 계약기간의 만료로 임대차가 종료된 경우는 물론, 해지통고에 따라 임대차가 종료되거나 합의 해지된 경우에도 임차권등기명령을 신청할 수 있습니다.

  1) 기간의 약정이 없는 임대차의 해지통고는 임차인이 해지통고한 날부터 1개월이 지난 경우(민법 제635조 제2항 제1호)

  2) 기간의 약정은 있지만, 임대인이 임차인의 반대에도 임차 주택에 대한 보존행위를 하여 임차인이 임차의 목적을 달성할 수 없어 해지통고를 하고 그 통고가 임대인에게 도달한 경우(민법 제625조)

  3) 임차주택의 일부가 임차인의 과실 없이 멸실 그 밖의 사유로 사용·수익할 수 없게 되고, 그 잔존부분으로는 임대차의 목적을 달성할 수 없어 임차인이 해지통고를 하고, 그 통고가 임대인에게 도달한 경우(민법 제627조)

  4) 묵시의 갱신이 이루어진 경우 임차인이 해지통고를 하고, 그 통고가 된 날부터 3개월이 경과한 경우(주택임대차보호법 제6조의2)

  5) 임대차계약을 체결한 후 임차주택이 멸실되어 잔존부분으로는 임대차의 목적을 달성할 수 없어 해지하는 경우(민법 제627조)

③ 임차보증금을 돌려받지 못한 경우란 임차보증금의 전액을 돌려받지 못한 경우는 물론, 일부라도 돌려받지 못한 경우도 포함됩니다(임차권등기명령 절차에 관한 규칙 제2조 제1항).

■ '주택임차권등기'가 된 집을 임차한 경우 소액임차인으로서 보호 받을 수 있는지요?

Q. 저는 서울 소재 주택을 보증금 7,000만원에 임차하여 주민등록을 마치고 입주하여 거주하고 있습니다. 그런데 최근 등기사항증명서를 확인해 보고서야 제가 입주하기 전에 다른 임차인이 임차권등기명령에 의한 임차권등기를 해 놓고 이사한 것을 알게 되었습니다. 지금 위 주택은 근저당권자에 의한 경매절차가 진행 중인데 이 경우 저는 주택임대차보호법상의 소액임차인으로서 보호받을 수 있는지요?

A. 주택임대차보호법 제3조의3 제6항은 "임차권등기명령의 집행에 의한 임차권등기가 경료된 주택(임대차의 목적이 주택의 일부분인 경우에는 해당 부분에 한한다.)을 그 이후에 임차한 임차인은 제8조(보증금 중 일정액의 보호)의 규정에 의한 우선변제를 받을 권리가 없다."라고 규정하고 있습니다. 그러므로 임차권등기명령에 의하여 주택임차권등기를 마친 임차인을 보호하기 위하여 그가 임차보증금을 반환받을 때까지 임차인의 우선변제권 등의 권리를 유지하도록 해 주는 것입니다. 즉, 주택임차권등기가 경료된 주택에 새로 입주해 온 임차인에 대하여는 주택임대차보호법상 소액임차인의 최우선변제권 등을 인정하지 않는다 할 것입니다. 그 이유는 주택임차권등기명령에 의하여 주택임차권등기를 경료한 임차인이 이를 믿고 이사를 가게 되면 집을 비워 주게 되므로, 임대인은 그 집을 다시 쉽게 임대할 수 있게 되고 그 이후의 임차인이 소액임차인인 경우 그 소액임차인에게 최우선변제권을 인정하게 되면 주택임차권등기를 한 임차인은 물론 저당권자를 비롯한 다른 선순위 권리자의 이익을 해하게 될 우려가 있기 때문에 임차권등기가 경료된 주택에 대하여는 그 이후 입주한 소액임차인에 대하여 최우선변제권을 인정하지 않는 것입니다.

따라서 귀하는 소액임차인으로서의 최우선변제권을 행사할 수는 없고, 다만 확정일자를 갖추고 있는 경우 그 순위에 따른 우선변제권을 행사할 수 있을 뿐입니다.

＊해설 임차주택의 범위

① 임차주택은 원칙적으로 등기된 경우에만 임차권등기명령을 신청할 수 있습니다. 따라서 임차주택이 무허가 건물인 경우에는 임차권등기명령을 신청할 수 없습니다.

② 임차주택에 대해 사용승인을 받고 건축물관리대장이 작성되어 있어 즉시 임대인 명의로 소유권보존등기가 가능한 경우에는 임대인을 대위하여 소유권보존등기를 마친 다음 임차권등기를 할 수 있으므로 예외적으로 임차권등기명령을 신청할 수 있습니다. 이 경우에는 임대인 명의로 소유권보존등기를 할 수 있음을 증명하는 서면을 첨부해야 합니다(임차권등기명령 절차에 관한 규칙 제3조제2호).

③ 주택의 일부분, 예를 들면 다가구주택의 일부분을 임차하는 경우에도 임차권등기명령을 신청할 수 있습니다. 이 경우에는 임대차의 목적인 부분을 표시한 도면을 첨부해야 합니다(주택임대차보호법 제3조의3제2항제2호 및 임차권등기명령 절차에 관한 규칙 제2조제1항제4호).

④ 임차목적물에 대한 등기부상의 용도가 주거시설이 아닌 경우, 예를 들어 지하실, 공장, 사무실 등으로 되어 있는 경우에도 주거용으로 임차하여 사용하고 있다면, 주거용 건물이기 때문에 임차권등기명령을 신청할 수 있습니다. 이 경우에는 임대차계약체결 시부터 임차권등기명령신청 당시까지 주거용으로 사용하고 있음을 증명하는 서류를 첨부해야 합니다(임차권등기명령 절차에 관한 규칙 제3조제5호).

＊해설 임차인의 범위

① 임대차가 종료될 때 대항력이 있는 임차인은 물론, 대항력을 상실한 임차인도 임차권등기명령을 신청할 수 있습니다(부산고법 2006.5.3. 선고 2005나17600 판결). 다만, 대항력을 상실한 임차인의 경우 양수인을 상대로 임차권등기명령을 신청할 수는 없습니다.

② 전차인은 비록 임대인의 승낙을 받았다고 하더라도 임대인에 대해
  의무만 부담할 뿐 권리를 갖고 있지 않으므로 임차권등기명령을
  신청할 수 없습니다.

2-2-2. 신청절차

① 임차권등기명령을 신청하는 임차인은 아래의 사항을 기재한 임차권
등기명령신청서를 작성하여 기명날인 또는 서명한 후 관련 첨부서
류와 함께 임차주택의 소재지를 관할하는 지방법원·지방법원지원 또
는 시·군 법원에 접수해야 합니다(주택임대차보호법 제3조의3 제1항).

1) 사건의 표시

2) 임차인과 임대인의 성명, 주소, 임차인의 주민등록번호(임차인
이나 임대인이 법인 또는 법인 아닌 단체인 경우에는 법인명
또는 단체명, 대표자, 법인등록번호, 본점·사업장소재지)

3) 대리인이 신청할 때는 그 성명과 주소

4) 임대차의 목적인 주택 또는 건물의 표시(임대차의 목적이 주
택 또는 건물의 일부인 경우에는 그 목적인 부분을 표시한도
면을 첨부합니다)

5) 반환받지 못한 임차보증금액 및 차임(등기하지 아니한 전세계
약의 경우에는 전세금)

6) 신청의 취지와 이유
신청이유에는 임대차계약의 체결사실 및 계약내용과 그 계약
이 종료한 원인 사실을 기재하고, 임차인이 신청 당시 대항력
을 취득한 경우에는 임차주택을 점유하기 시작한 날과 주민등
록을 마친 날 및 확정일자를 받은 날을, 우선변제권을 취득한
경우에는 임대차 주택을 점유하기 시작한 날과 확정 일자를
받은 날을 기재합니다(임차권등기명령 절차에 관한 규칙 제2조제
2항).

7) 첨부서류의 표시

8) 연월일

9) 법원의 표시

② 임차인은 임차권등기명령의 신청과 그에 따른 임차권등기와 관련
하여 든 비용을 임대인에게 청구할 수 있습니다(주택임대차보호법 제3
조의3제8항).

■ 임차기간 만료 후 보증금을 못 받고 이사 갈 경우 해결방법이 없는지요?

Q. 저는 주택을 전세보증금 3,000만원에 2년 간 임차하기로 계약하고 입주와 주민등록전입신고를 하였으며 확정일자도 받아두었습니다. 그런데 계약만료 2개월 전쯤 직장근무지가 변경되어 저만 전보된 근무처로 주민등록을 옮기고 계약기간이 만료되면 처와 아이들을 데리고 오려고 하였으나, 계약기간이 만료되어도 임대인은 재임대가 되어야 보증금을 반환해줄 수 있다고 하여 대항력 등의 유지를 위해 어쩔 수 없이 가족들과 별거 아닌 별거생활을 하고 있습니다. 이 경우 좋은 방법이 없는지요?

A. 주택임대차보호법 제3조의3은 임대차가 끝난 후 보증금이 반환되지 아니한 경우 임차인이 임대인의 동의나 협력 없이 단독으로 임차주택의 소재지를 관할하는 지방법원, 지방법원지원, 또는 시·군 법원에 주택임차권등기명령을 신청하여 주택임차권등기가 마쳐지면 그 등기와 동시에 대항력과 우선변제권을 취득하도록 하고, 임차인이 이미 대항력과 우선변제권을 취득하였던 경우에는 종전의 대항력과 우선변제권을 그대로 유지하며 주택임차권등기 이후에는 주택의 점유와 주민등록의 요건을 갖추지 않더라도 임차인이 종전에 가지고 있던 대항력과 우선변제권이 유지되도록 규정하고 있습니다. 따라서 위 임대차계약기간의 만료 1개월 전까지 계약해지통보를 하고 그 기간이 만료되었다면 귀하는 임대인의 동의나 협력 없이 단독으로 부동산소재지 관할법원에 주택임차권등기명령을 신청할 수 있고, 그 등기를 경료 하였다면 다른 가족들의 주민등록을 귀하가 거주하는 곳으로 이전하여도 귀하가 종전에 취득한 주택임차인으로서의 대항력과 우선변제권은 그대로 유지된다 하겠습니다.

참고로 등기예규를 보면, "법원의 촉탁에 의하여 가압류등기, 가처분등기 및 주택임차권등기 및 상가건물임차권등기가 경료 된 후 등기명의인의 주소, 성명 및 주민등록번호의 변경으로 인한 등기명의인표시변경등기는 등기명의인이 신청할 수 있다."라고 하였으므로(제정 1999.11.22. 등기예규 제987호, 전면개정 2002.11.1. 등기예규 제1064호), 귀하가 주택임차권등기를 하고 이사할 경우에는 이사로 인하여 변경된 주소로 등기명의인 표시변경등기를 하여 두면 경매개시 될 경우 이해관계인에 대한 통지 등을 변경된 주소에서 받아볼 수 있을 것입니다.

■ 주택임차권등기명령에 의한 임차권등기가 임차주택의 경매 시 우선변제를 받을 수 없다고 하는데 사실인지요?

Q. 저는 주택을 임차하여 입주 후 주민등록전입신고와 확정일자를 갖추고 살던 중 2년의 임대차기간이 만료되었으나 집주인이 임차보증금을 반환하지 않고 있습니다. 그런데 저는 분양 받은 아파트에 입주를 해야 하므로 이사를 가야만 하게 되었습니다. 만일 이사를 가면 이미 취득한 주택임차인으로서의 대항력과 우선변계권을 상실하여 임차주택의 경매시 우선변계를 받을 수 없다고 하는데 사실인지요?

A. 주택임대차보호법이 개정되기 전에는 임차주택의 대항력을 주장하기 위하여 임차주택의 소유권이 양수인에게 이전되는 시점까지는 대항요건을 계속 갖추고 있어야 합니다. 따라서 경매절차의 매수인에 대항하기 위해서는 경매절차의 매수인에게 소유권이 이전되는 시점인 매각대금납부일까지 계속 존속하여야 합니다. 또한, 경매절차에서 확정일자부 임차인의 우선변제권 또는 소액임차인의 최우선변제권을 행사하기 위해서는 임차권의 대항요건은 배당요구의 종기까지 구비하고 있어야 합니다(대법원 1997.10.10. 선고 95다44597 판결). 위와 같은 이유로 주택임대차보호법 개정 전에는 이사를 가게 되면 대항력과 우선변제권을 모두 상실하였습니다. 그러나 현행 주택임대차보호법은 주택임차권등기명령제도를 신설(제3조의3)하여 주택임차권등기를 하면 이사를 가고 주민등록을 옮기더라도 귀하가 원래 가지고 있던 대항력과 우선변제권을 상실하지 않도록 규정하였기 때문에 이사를 가더라도 불이익을 받지 않게 됩니다.

유의할 것은 주택임차권등기명령의 효력발생시기에 관하여「임차권등기명령절차에관한규칙」제4조에서 "임차권등기명령은 판결에 의한 때에는 선고를 한 때에, 결정에 의한 때에는 상당한 방법으로 임대인에게 고지를 한 때에 그 효력이 발생한다."라고 규정하고 있으므로 주택임차권등기명령을 신청한 후 바로 다른 곳으로 이사하거나 전출하여서는 안 되고, 그 이전에 반드시 주택임차권등기가 경료 된 사실을 확인하여야 할 것입니다. 참고로 재판예규(임차권등기명령이 송달불능 된 경우의 업무처리지침)를 보면, "임차권등기명령신청서에 기재된 임대인의 주소지로 임차권등기명령을 송달하였으나 송달불능 된 경우에는 임차권등기명령신청서상에 첨부된 부동산등기사항증명(임차권등기명령절차에 관한 규칙 제3조 제2호의 서면이 제출된 경우에는 그 서면) 및 임대차계약서에 기재된 임대인의 주소지로 직권으로 재송달한다. 그리고 위 각 주소지에도 송달불능 된 경우에는 송달불능의 사유에 따라 직권으로 재송달한다. 그리고 위 각 주소지에도 송달불능 된 경우에는 송달불능의 사유에 따라 직권으로 공시송달 또는 발송송달을 하고, 그 송달의 효력이 생기는 즉시 위 규칙 제5조에 따른 임차권등기의 촉탁을 한다."라고 하였습니다(2000.4.17. 재판예규 제769호). 그러므로 귀하의 경우, 이사를 가기 전 임차권등기명령을 신청하고, 그 효력이 발생함을 확인한 후에 이사를 가는 것이 좋을 것으로 보입니다.

■ 임차기간 만료 전 임차권등기명령으로 주택임차권등기 가능한지요?

Q. 저는 주택을 계약기간 2년으로 임차하여 약 10개월 정도 거주하다가 갑자기 직장의 인사발령이 해외지사로 나서 이사를 하여야 할 형편입니다. 그런데 집주인은 전세보증금을 반환해줄 능력이 없으니 다른 사람에게 세를 놓아 받아 가라고 하고 있습니다. 이 경우에도 주택임차권등기명령제도를 이용할 수 있는지요?

A. 주택임대차보호법 제3조의3 제1항에서 "임대차가 '끝난 후' 보증금이 반환 되지 아니한 경우 임차인은 임차주택의 소재지를 관할하는 지방법원·지방법원지원 또는 시·군 법원에 임차권등기명령을 신청할 수 있다."라고 규정하고 있고, 임차권등기명령절차에관한 규칙 제2조 제2항에서도 주택임차권등기명령신청서의 신청이유에 '계약이 종료한 원인사실'을 기재하도록 규정하고 있습니다. 그러므로 귀하가 주택임차권등기명령을 신청할 수 있으려면 '임대차가 끝난 후가 되어야' 합니다. 그런데 위 사안에서 귀하는 임대차기간이 만료되지 않았을 뿐만 아니라, 임대차기간 중이라도 임차인의 사정변경이 있을 경우 계약을 해지할 수 있다는 등의 특별한 해지권을 유보한 것도 아니므로, 귀하에게는 계약해지권이 없다고 하여야 할 것입니다. 즉, 귀하의 개인사정으로 계약만료기간 전에 계약을 해지하고자 하는 것이므로, 일방적으로 계약을 해지할 수는 없다 할 것입니다.

따라서 귀하의 경우는 임대차가 '끝난 후'가 아니므로 주택임차권등기명령제도를 이용할 수 없을 것으로 보입니다. 다만, 귀하와 집주인 사이에 위 임대차계약을 해지하기로 합의가 되어 위 계약이 합의해지로 인하여 종료된 후 집주인이 그 합의를 이행하지 않을 경우에는 (임대차계약이 종료된 것이므로) 주택임차권등기명령을 신청하여 등기되도록 할 수는 있을 것으로 보입니다.

■ 임차권등기명령에 의한 주택임차권등기 후 다시 임대하는 방법은 없는지요?

Q. 저는 주택의 소유자로서 임대차기간이 만료된 후 임차인에게 보증금을 반환하지 못하였습니다. 그러자 임차인이 주택임차권등기를 하였습니다. 위 주택을 다시 임대하여 새로운 임차인으로부터 보증금을 받아 최초의 임차인에게 보증금을 반환하고자 하는데 임차권등기가 되어 있는 관계로 재임대가 어려울 것으로 보이는바, 이 경우 재임대를 하려면 어떻게 하는 것이 좋은지요?

A. 주택임대차보호법 제3조의3 제5항은 "임차권등기명령의 집행에 의한 임차권등기가 경료되면 임차인은 제3조 제1항 또는 제2항에 따른 대항력 및 제3조의2 제2항의 규정에 의한 우선변제권을 취득한다. 다만, 임차인이 임차권등기 이전에 이미 대항력 또는 우선변제권을 취득한 경우에는 그 대항력 또는 우선변제권은 그대로 유지되며, 임차권등기 이후에는 제3조 제1항 또는 제2항의 대항요건을 상실하더라도 이미 취득한 대항력 또는 우선변제권을 상실하지 아니한다."라고 규정하고 있습니다. 그리고 같은 법 제3조의3 제6항은 "임차권등기명령의 집행에 의한 임차권등기가 경료된 주택(임대차의 목적이 주택의 일부분인 경우에는 해당 부분에 한한다)을 그 이후에 임차한 임차인은 제8조의 규정에 의한 우선변제를 받을 권리가 없다."라고 규정하고 있습니다. 그러므로 주택임차권등기명령제도에 의한 주택임차권등기가 되어 있는 주택을 재임대하는 경우 새로운 임차인은 주택임차권등기가 말소되지 않는 한 주택임대차보호법상의 소액임차인으로서의 보호를 받을 수는 없습니다. 그러나 새로운 임차인이 입주와 주민등록전입신고를 하여 대항요건을 갖추고 확정일자를 받아 확정일자순위에 의한 우선변제권은 취득할 수 있을 것이지만, 그러한 경우에도 주택임차권등기권자의 보증금이 변제되지 않아서 주택임차권등기가 말소되지 않는다면 그 임차권자보다는 후순위가 될 것이므로 그러한 경우에도 역시 새로운 임차인이 임차계약의 체결을 회피하려고 할 것이 예상됩니다.

따라서 귀하가 재임대를 하기 위해서는 새로운 임차인에게 귀하가 그로부터 지급 받은 보증금으로 최초의 임차인에게 보증금을 반환하고 위 주택임차권등기를 말소할 것이라는 신뢰를 주어 임대차계약을 하거나, 그것이 어렵다면 어떠한 방법으로든 보증금을 마련하여 최초의 임차인에게 보증금을 반환하면서 임차권등기를 말소하기 위한 서류(주택임차권등기명령신청취하서, 인감증명 등)를 받아 주택임차권등기를 말소한 후 새로운 임차인과 임대차계약을 체결하여야 할 것입니다.

2-2-3. 임차권등기명령신청서 제출 시 첨부서류

① 임대인 소유로 등기된 주택 또는 건물의 등기사항증명서

② 임대인의 소유가 아닌 주택 또는 건물은 즉시 임대인의 명의로 소유권보존등기를 할 수 있음을 증명하는 서면(예를 들면, 건축물대장)

③ 임대차계약증서

④ 신청당시 대항력을 취득한 임차인은 임차주택을 점유하기 시작한 날과 주민등록을 마친 날을 소명하는 서류

⑤ 신청당시 우선변제권을 취득한 임차인은 임차주택을 점유하기 시작한 날과 주민등록을 마친 날을 소명하는 서류 및 공정증서로 작성되거나 확정일자가 찍혀있는 임대차계약증서

⑥ 임대차 목적물에 관한 등기부상의 용도가 주거시설이 아닌 경우에는 임대차계약체결 시부터 현재까지 주거용으로 사용하고 있음을 증명하는 서류

임 차 권 등 기 명 령 신 청

신 청 인(임차인) ○ ○ ○
  ○○시 ○○구 ○○로 ○○ ◎◎빌라 나동 ○○○호
  (우편번호 : ○○○○○)
피 신 청 인(임대인) △ △ △
  ○시 ○○구 ○○로 ○○(우편번호 : ○○○○○)

신 청 취 지

  별지 목록 기재 건물에 대하여 아래와 같은 주택임차권등기를 명한다.
라는 결정을 구합니다.

아   래

1. 임대차 계약 일자 : 20○○. ○. ○.
2. 임차 보증금액 : 금30,000,000 원
3. 임대차 기간 : 20○○. ○. ○.부터 12개월
4. 주민등록일자 : 20○○. ○. ○.
5. 점유개시일자 : 20○○. ○. ○.
6. 확 정 일 자 : 20○○. ○. ○.

신 청 이 유

  신청인은 20○○.○.○. 피신청인 소유의 ○○시 ○○구 ○○동 ○○
◎◎빌라 나동 ○○○호 대하여 임차보증금 23,000,000원 기간 12개월
로 한 임대차 계약을 체결하고 20○○.○.○. 전입신고를 하고 거주하고
있다가 임대차기간의 만료이전에 임대차계약의 해지 통지를 하고 임차보
증금의 반환을 요청하였으나 피신청인이 이를 이행하지 않아 기간만료
즉시 피신청인을 상대로 ○○지방법원 20○○머○○○호로 임차보증금청
구 조정신청을 하여 조정기일인 20○○.○.○. 동법원으로부터 "피신청인
은 신청인에게 금 23,000,000원을 지급하라."는 조정결정을 받고 이는
확정되었으나 피신청인이 지금까지 이를 이행하지 않고 신청인은 이미

다른 곳으로 이사를 하여야 할 처지에 있으므로 우선 임차인으로서 지를 보전하기 위하여 이 신청에 이른 것입니다.

첨 부 서 류

1. 임대차계약서	1통
2. 건물등기사항증명서	1통
3. 주민등록등본	1통
4. 건축물대장	1통
5. 조정결정문	1통

20○○. ○. ○.

신청인 ○ ○ ○ (서명 또는 날인)

○ ○ 지 방 법 원 귀중

[별 지]

부 동 산 의 표 시

1동의 건물의 표시
 ○○시 ○○구 ○○동 ○○ ◎◎빌라 나동
[도로명주소] ○○시 ○○구 ○○로 ○○
철근콘크리트 스라브지붕 4층
다세대주택
1층 122.16㎡   2층 141.8㎡   3층 141.8 ㎡
4층 98.91㎡
대지권의 목적인 토지의 표시
○○시 ○○구 ○○동 ○○ 대 450㎡
전유부분건물의 표시
철근콘크리트조 1층 103호 34.02㎡
대지권의 표시
소유권 55800분의 2541 대지권. 끝.

[서식]주택임차권등기명령신청서(아파트를 임차한 경우)

주택임차권등기명령신청

신 청 인 (임차인) ○ ○ ○(111111-1111111)
  ○○시 ○○구 ○○로 ○○(우편번호 : ○○○○○)
피신청인(임대인) ○ ○ ○(111111-1111111)
  ○○시 ○○구 ○○로 ○○(우편번호 : ○○○○○)

신 청 취 지

별지목록 기재 건물에 관하여 아래와 같은 주택임차권등기를 명한다.
라는 결정을 구합니다.

아   래

1. 임 대 차 계 약 일 자 : 20○○년 ○월 ○○일
2. 임 차 보 증 금 액 : 금   원, 차임 : 금   원
3. 주 민 등 록 일 자 : 20○○년 ○월 ○○일
4. 점 유 개 시 일 자 : 20○○년 ○월 ○○일
5. 확 정 일 자 : 20○○년 ○월 ○○일

신 청 이 유

신청인은 피신청인 소유 별지목록 기재 건물에 대하여 신청취지 기재
와 같이 임차한 후 임차기한이 만료하였으나 피신청인이 임차보증금
을 반환하지 않아 부득이 임차권 등기명령을 구함

첨 부 서 류

1. 건물등기사항증명서   1통
1. 주민등록등본   1통
1. 임대차계약증서 사본   1통

20○○년 ○월 ○일
신청인 ○ ○ ○ (서명 또는 날인)
○ ○ 지 방 법 원 귀중

부동산의 표시

1동 건물의 표시
○○시 ○○구 ○○동 ○○ (우편번호 ○○○○○)
[도로명주소] ○○시 ○○구 ○○로 ○○
철근콘크리트조 슬래브지붕 6층 아파트
제3층 제302호
1층 201㎡
2층 260㎡
3층 260㎡
4층 260㎡
5층 260㎡
6층 260㎡
지층 238㎡

전유부분의 건물표시
제3층 제302호
철근콘크리트조
59㎡

대지권의 목적인 토지의 표시
○○시 ○○구 ○○동 ○○ (우편번호 ○○○○○)
대 1861.5㎡, 대 1909.9㎡

대지권의 표시
소유대지권
대지권비율 3771.4분의 37.67. 끝.

[서식]주택임차권등기명령신청서(주택의 한 개층 중 일부만을 임차한 경우)

주택임차권등기명령신청

신 청 인   ○ ○ ○(111111-1111111)
　　　　　○○시 ○○구 ○○로 ○○(우편번호 : ○○○○○)
피신청인   △ △ △(111111-1111111)
　　　　　○○시 ○○구 ○○로 ○○(우편번호 : ○○○○○)

신 청 취 지

별지1목록 기재 건물중 ○층의 일부 별지2도면 표시 ㄱ, ㄴ, ㄷ, ㄹ, ㄱ의 각점을 차례로 연결한 선내 (가)부분 30평방미터에 관하여 아래와 같은 주택임차권등기를 명한다.
라는 결정을 구합니다.

아 　 래

1. 임대차계약일자 : 20○○년 ○월 ○○일
2. 임대차보증금액 : 금 10,000,000원차임(월세) : 금 100,000원
3. 주 민 등 록 일 자 : 20○○년 ○월 ○○일
4. 점 유 개 시 일 자 : 20○○년 ○월 ○○일
5. 확 정 일 자 : 20○○년 ○월 ○○일

신 청 이 유

1. 신청인은 피신청인과 위 주택에 대하여 20○○.○.○.부터 1년간 임대차계약을 체결하고 현재까지 거주하고 있습니다.
2. 그러나 임대차기간이 20○○.○.○. 만료되어 나가려고 하나 보증금을 반환 받지 못하여 부득이 이건 신청에 이르게 되었습니다.

첨 부 서 류

1. 건물등기사항증명서　　　　　1통
1. 주민등록등본　　　　　　　　1통
1. 임대차계약증서 사본　　　　　1통

1. 부동산목록 및 도면   각 5통

20○○. ○. ○.
신청인 ○ ○ ○ (서명 또는 날인)
○○ **지방법원 귀중**

[별지1]

부동산의 표시

○○시 ○○구 ○○동 ○○-○
[도로명주소] ○○시 ○○구 ○○로 ○○
위 지상
벽돌조 슬래브위 기와지붕 2층 주택
1층 100.09평방미터(㎡)
2층 100.09평방미터(㎡).   끝.

[별 지 2]
도면 (1층 중 동쪽 10평방미터)

주 방	욕실	방	ㄱ ㄹ 방 (가) 부분
거 실		방	주 방 ㄴ ㄷ

끝.

(참고)

1. 관할법원: 임차주택의 소재지를 관할하는 지방법원.지방법원지원 또는 시.군법원(주택임대차보호법 3조의3 1항)

2. 제출시기: 임대차가 종료되었으나 보증금을 반환받지 못한 때(동법 3조의3 1항)

3. 불복절차 및 기간: ① 임차권등기명령의 결정에 대한 임대인의 이의신청(동법 3조의3 2항), ② 기간에 대한 규정 없음

4. 첨부서류: ① 건물등기사항증명서 1부

   ② 주민등록등본 1부(전입날짜를 확인할 수 있는 등본이나 초본)

   ③ 확정일자가 찍힌 임대차계약서 사본1부

   ④ 거주사실확인서 1부

   ⑤ 별지목록 6부(주택의 일부를 임차한 경우에는 별지도면 첨부)

5. 기타 첨부서류: ① 등기사항증명서상 용도가 주거용이 아닌 경우: 건물사진등 주거로 사용하고 있음을 증명할 수 있는 자료 첨부

   ② 건물이 등기되어 있지 않은 경우: 건축물관리대장 첨부

   ③ 대리신청의 경우: 위임장 및 인감증명 첨부

   ④ 계약해지통고서를 보낸 경우: 사본첨부

주택임차권등기명령취하 및 해제신청

사   건   20○○카기 ○○○호 주택임차권등기
신 청 인   ○ ○ ○
피신청인   △ △ △

　위 사건에 관하여 신청인은 피신청인과 원만히 합의를 하여 별지 목록 기재 부동산에 대한 주택임차권등기명령신청을 취하하므로 해제하여 주시기 바랍니다.

20○○. ○. ○.

위 신청인의 대리인
변호사 ○○ ○ (서명 또는 날인)

○○ 지방법원귀중

[별　지]

부 동 산 의 표 시

1동의 건물의 표시
　　　　　○○시 ○○구 ○○동 ○○
　　　　　○○아파트 ○동
　　　　　[도로명주소]
　　　　　○○시 ○○구 ○○로 ○○

전유부분의 건물표시
　　　　　건물의 번호: 5 - 2 - 205
　　　　　구　　　　조: 철근콘크리트라멘조 슬래브지붕
　　　　　면　　　　적: 2층 205호 84.87㎡

대지권의 표시
       토지의   표시: ○○시 ○○구 ○○동 ○○
                대 9355㎡
       대지권의 종류: 소유권
       대지권의 비율: 935500분의 7652.   끝.

2-3. 임차권등기명령신청에 대한 재판

① 관할 법원은 임차권등기명령신청의 신청에 대한 재판을 변론 없이 할 수 있고, 임차권등기명령에 대한 재판은 결정으로 임차권등기명령을 발하거나 기각합니다(주택임대차보호법 제3조의3 제3항, 민사집행법 제280조 제1항 및 제281조 제1항).

② 임차권등기명령은 판결에 의한 경우에는 선고를 한 때, 결정에 의한 경우에는 상당한 방법으로 임대인에게 고지한 때에 그 효력이 발생합니다(임차권등기명령 절차에 관한 규칙 제4조).

③ 임대인의 임차보증금의 반환의무가 임차인의 임차권등기 말소의무보다 먼저 이행되어야 합니다.

④ 임차권등기명령에 따른 임차권등기는 이미 사실상 이행지체에 빠진 임대인의 임차보증금의 반환의무와 그에 대응하는 임차인의 권리를 보전하기 위하여 새로이 경료 하는 것이기 때문에 임차권등기에 대한 임차인의 말소의무를 동시이행관계에 있는 것으로 해석할 것은 아니기 때문입니다(대법원 2005.6.9. 선고 2005다4529 판결).

⑤ 임차인은 임차권등기명령신청을 기각하는 결정에 대해 항고할 수 있습니다(주택임대차보호법」 제3조의3 제4항). 이 항고는 제기기간에 제한이 없는 통상 항고로서 항고의 이익이 있는 한 보증금을 전부 돌려받을 때까지 언제든지 제기할 수 있습니다(임차권등기명령 절차에 관한 규칙 제8조).

3. 임차권등기의 효과

3-1. 대항력 및 우선변제권의 유지

① 임차인이 임차권등기명령 이전에 이미 대항력이나 우선변제권을 취득한 경우에, 그 대항력이나 우선변제권은 그대로 유지되며, 임차권등기 이후에 대항요건을 상실하더라도 이미 취득한 대항력이나 우선변제권을 상실하지 않습니다(주택임대차보호법 제3조의3 제5항 단서).

② 따라서 임차인이 임차권등기 이후에 이사를 가더라도 여전히 종전의 임차주택에 대한 대항력과 우선변제권은 유지되므로 보증금을 우선하여 변제받을 수 있습니다.

■ 임차보증금 반환의무와 임차권등기 말소의무가 동시이행 관계인지요?

Q. 저는 경기도 광명시 소재 주택을 임차보증금 1억원, 임차기간 2년으로 임차하였는바, 임차기간이 만료된 이후에도 임대인이 임차보증금을 반환하지 않고 근무지의 변경으로 주거지를 옮겨야 하는 상황에서 저는 주택임대차보호법상의 임차권등기를 하였습니다. 임대인은 이후 저에게 임차보증금을 지급하여 줄 예정이나 임차권등기를 말소하여 주면 이와 동시에 임차보증금을 반환하겠다고 주장하고 있습니다. 저는 이 요구를 받아들여야 하는지요?

A. 주택임대차가 종료된 후 임대차보증금을 돌려받지 못하였지만 근무지의 변경 등으로 주거지를 옮기거나 주민등록을 전출해야 할 필요가 있는 임차인이 주택임대차보호법에서 정한 대항력 및 우선변제권을 잃지 않고 임차주택으로부터 자유롭게 이주하거나 주민등록을 전출할 수 있도록 할 필요가 있으므로, 이러한 필요에 부응하여 「주택임대차보호법」 제3조의3은, 임대차가 종료된 후 보증금을 반환받지 못한 임차인은 법원에 임차권등기명령을 신청할 수 있도록 하고, 임차권등기명령의 집행에 의한 임차권등기가 경료되면 임차인은 같은 법에 의한 대항력 및 우선변제권을 취득할 뿐만 아니라, 그 임차인이 임차권 등기 이전에 이미 대항력 또는 우선변제권을 취득한 경우에는 그 대항력 또는 우선변제권은 그대로 유지되며, 임차권 등기 이후에는 같은 법 제3조 제1항의 대항요건을 상실하더라도 이미 취득한 대항력 또는 우선변제권을 상실하지 아니하는 것으로 정하고 있습니다. 위 사안의 경우 이미 사실상 이행지체에 빠진 임대인의 임대차보증금반환의무와 그에 대응하는 임차인의 권리를 보전하기 위하여 새로이 경료하는 임차권등기에 대한 임차인의 말소의무를 동시이행관계에 있는 것으로 볼 수 있는지 여부가 문제됩니다. 이에 대하여 판례는, "주택임대차보호법 제3조의3 규정에 의한 임차권등기는 이미 임대차계약이 종료하였음에도 임대인이 그 보증금을 반환하지 않는 상태에서 경료되게 되므로, 이미 사실상 이행지체에 빠진 임대인의 임대차보증금의 반환의무와 그에

대응하는 임차인의 권리를 보전하기 위하여 새로이 경료하는 임차권등기에 대한 임차인의 말소의무를 동시이행관계에 있는 것으로 해석할 것은 아니고, 특히 위 임차권등기는 임차인으로 하여금 기왕의 대항력이나 우선변제권을 유지하도록 해 주는 담보적 기능만을 주목적으로 하는 점 등에 비추어 볼 때, 임대인의 임대차보증금의 반환의무가 임차인의 임차권등기 말소의무보다 먼저 이행되어야 할 의무이다."라고 하였습니다(대법원 2005.6.9. 선고 2005다4529 판결).

따라서 귀하는 임대인의 요구를 받아들이지 않고, 임대인에게 임차보증금을 반환 받은 후 임차권등기를 말소시켜주면 될 것입니다.

또한, 위와 같은 경우 귀하가 임차권등기가 말소되지 않았다는 이유로 보증금반환을 계속 거부한다면 보증금 반환의무가 이행지체 상태에 빠지게 되므로 임차인에게 보증금반환의무의 이행지체에 따른 지연손해금까지 지급하여야 할 의무가 추가로 발생하게 됩니다.

3-2. 대항력 및 우선변제권의 취득

① 임차인이 임차권등기명령 이전에 대항력이나 우선변제권을 취득하지 못한 경우에, 임차권등기가 마쳐지면 대항력과 우선변제권을 취득하게 됩니다(주택임대차보호법 제3조의3 제5항 본문).

② 다만, 임차권등기를 마치면, 그 등기 시점을 기준으로 대항력과 우선변제권의 취득여부를 판단하기 때문에 임차권등기 이전에 임차주택에 대한 저당권 등의 담보권이 설정된 경우에는 담보권실행을 위한 경매절차에서 매각허가를 받은 매수인에게 대항하거나 그 담보권보다 우선하여 배당을 받을 수는 없게 됩니다.

■ 담당 공무원의 실수로 말소된 주택임차권등기의 효력은 어디까지 인지요?

Q. 저는 주택임대차 계약을 체결하고 전입신고를 마쳐 대항력을 취득한 상태에서 임차권등기명령을 받아 등기를 마친 후 퇴거하였습니다. 그런데 제가 임차권 등기를 마치기 전에 乙이 근저당권을 설정한 후 경매 절차를 실행하여 丙이 소유권을 취득하였고, 그 후 저의 임차권 등기는 담당 공무원의 실수로 위법하게 말소된 경우 저는 丙에 대해 대항력을 주장할 수 있는지요?

A. 위 사안의 경우 귀하의 임차권 등기가 담당공무원의 실수로 위법하게 말소된 경우이므로 이 경우도 임차인이 보호되는지 여부가 문제된다 할 것입니다. 이에 대하여 하급심 판례는 "주택임차권등기는 임차인으로 하여금 기왕의 대항력을 유지하도록 해 주는 담보적 기능을 주목적으로 하고 있으므로, 임차인이 경매절차에서 임차보증금 전액을 배당받지 못하였음에도 경매법원의 잘못된 촉탁에 의하여 임차권등기가 원인 없이 말소되었고, 그에 대하여 임차인에게 책임을 물을 만한 사유도 없는 이상, 임차권등기의 말소에도 불구하고 임차인이 이미 취득한 대항력은 그대로 유지된다."라고 하였습니다(부산고등법원 2006.5.3. 선고 2005나17600 판결). 또한 위 사안은 귀하가 임차권 등기를 마치기 전에 설정된 근저당권에 기한 경매 절차를 통해 丙이 소유권을 취득한 경우이므로, 귀하가 대항력을 주장할 수 있는 시기가 본래의 대항력을 취득한 때와 임차권등기가 된 때 중 어느 때인지에 따라 귀하가 丙에 대해 대항력을 주장할 수 있는지 여부가 결정된다 할 것입니다.

이에 대하여 주택임대차보호법 제3조의3 제5항은 "임차권등기명령의 집행에 의한 임차권등기가 경료되면 임차인은 제3조 제1항 또는 제2항에 따른 대항력 및 제3조의2제2항의 규정에 의한 우선변제권을 취득한다. 다만, 임차인이 임차권등기이전에 이미 대항력 또는 우선변제권을 취득한 경우에는 그 대항력 또는 우선변제권은 그대로 유지되며, 임차권등기 이후에는 제3조 제1항 또는 제2항의 대항요건을 상실하더라도 이미 취득한 대항력 또는 우선변제권을 상실하지 아니한다."라고 규정하고 있습니다. 따라서 귀하가 본래의 대항력을 취득한 시점이 위 근저당권설정등기가 경료되기 이전이라면, 임차권등기의 말소 여부와 관계없이 귀하는 丙에 대해 대항력을 유지한다고 보아야 할 것이므로 丙에게 임차보증금 잔액의 반환을 구할 수 있다 할 것입니다.

3-3. 소액보증금의 최우선변제권 배제

① 임차권등기가 끝난 주택을 그 이후에 임차한 임차인은 소액보증금의 우선변제를 받을 수 없게 됩니다(주택임대차보호법 제3조의3 제6항).

② 이것은 임차권등기 후의 소액임차인에 의한 최우선변제권의 행사로 임차권등기를 한 임차인이 입을지 모르는 예상하지 못한 손해를 방지하기 위한 취지입니다.

■ 임대인이 파산선고를 받은 경우 임차인에게 별제권이 인정되는지요?

Q. 저는 아파트 임대회사로부터 임대아파트를 임차하여 입주 및 주민 등록전입신고를 마치고 확정일자도 받아둔 후 거주하던 중 임대회사가 파산선고를 받았습니다. 저의 임차보증금은 소액보증금에 해당되는데, 이 경우 저의 주택임차권도 전세권에 준하여 별제권이 인정될 수는 없는지요?

A. 채무자가 파산선고 당시에 가진 모든 재산을 파산재단이라고 하는데 이 파산재단에 속하는 특정의 재산에 대하여 파산채권자에 우선하여 채권의 변제를 받을 권리를 별제권이라고 합니다(채무자 회생 및 파산에 관한 법률 제382조, 제411조). 별제권을 채무자 회생 및 파산에 관한 법률 제441조에서 규정하고 있는 우선권 있는 파산채권과 비교해 보면, 일반우선권 있는 파산채권은 파산재단채권과 마찬가지로 파산재단소속의 특정재산에 착안하는 것이 아니라 파산재산 전체 위에 행사하는 권리로써, 단순히 파산채권 중에서 우선순위를 인정받고 있는데 불과하므로 파산절차에 참가하여 파산절차 내에서 변제를 받아야 하지만, 별제권은 파산재단에 속하는 특정재산에 대해서 우선적, 개별적으로 변제를 받는 점이 다릅니다. 별제권에 관하여 채무자 회생 및 파산에 관한 법률에서는 "파산재단에 속하는 재산상에 존재하는 유치권·질권·저당권·「동산·채권등의 담보에 관한 법률」에 따른 담보권 또는 전세권을 가진 자는 그 목적인 재산에 관하여 별제권을 가지며, 이 별제권은 파산절차에 의하지 아니하고 행사하며, 별제권자는 그 별제권의 행사에 의하여 변제를 받을 수 없는 채권액에 관하여만 파산채권자로서 그 권리를 행사할 수 있다."라고 규정하고 있습니다(제411조, 제412조, 제413조).

한편, 주택임차권자를 별제권자로 인정할 수 있을 것인지에 관하여 채무자 회생 및 파산에 관한 법률의 시행으로 폐지된 구 파산법 시행 당시에도 명문의 규정이 없었으나 파산실무에서는 대항력 있는 임차인을 별제권자에 준하여 보호를 하였고, 2006.4.1.부터 시행중인 채무자 회생 및 파산에 관한 법률에서는 임차인을 보호하는 명문규정을 신설하였습니다. 그 내용을 살펴보면 "임대인이 파산선고를 받은 경우 임차인이 주택임대차보호법 제3조 제1항 또는 상가건물임대차보호법 제3조 소정의 대항요건을 갖춘 때에는 제335조(쌍방미이행 쌍무계약에 관한 선택)를 적용하지 아니한다"는 규정을 두어 파산관재인이 임대차계약을 해지하지 못하도록 하고 있습니다. 또한, "주택임대차보호법 제3조 제1항의 규정에 의한 대항요건을 갖추고 확정일자를 받은 임차인은 파산재단에 속하는 주택(대지 포함)의 환가대금에서 후순위권리자 그 밖의 채권자보다 우선하여 보증금을 변제받을 권리가 있고, 주택임대차보호법 제8조의 규정에 의한 임차인의 소액보증금은 파산재단에 속하는 주택(대지 포함)의 환가대금에서 다른 담보물권자보다 우선하여 변제받을 권리가 있으며 이 경우 임차인은 파산신청일까지 주택임대차보호법 제3조 제1항에 의한 대항요건을 갖추어야 하며, 위와 같은 권리는 상가건물임대차보호법의 임차인에 관하여도 준용하도록 하고 있습니다(채무자 회생 및 파산에 관한 법률 제415조). 따라서 위 사안에서 귀하는 주택임대차보호법 제3조 제1항의 규정에 의한 대항요건과 확정일자를 갖추었으므로 별제권이 인정될 수 있다고 할 것입니다.

※ 관련판례

주택임대차보호법 제3조의3 규정에 의한 임차권등기는 이미 임대차계약이 종료하였음에도 임대인이 그 보증금을 반환하지 않는 상태에서 경료되게 되므로, 이미 사실상 이행지체에 빠진 임대인의 임대차보증금의 반환의무와 그에 대응하는 임차인의 권리를 보전하기 위하여 새로이 경료하는 임차권등기에 대한 임차인의 말소의무를 동시이행관계에 있는 것으로 해석할 것은 아니고, 특히 위 임차권등기는 임차인으로 하여금 기왕의 대항력이나 우선변제권을 유지하도록 해 주는 담보적 기능만을 주목적으로 하는 점 등에 비추어 볼 때, 임대인의 임대차보증금의 반환의무가 임차인의 임차권등기 말소의무보다 먼저 이행되어야 할 의무이다(대법원 2005.6.9. 선고 2005다4529 판결).

■ 계약 기간의 만료되었는데 보증금은 새로운 세입자가 들어오면 준다고 하는 경우에 믿고 이사를 가도 될까요?

Q. 계약 기간의 만료되어 이사 가려고 하는데 보증금은 새로운 세입자가 들어오면 그 때 준다고 합니다. 집주인의 말을 믿고 지금 이사를 가도 될까요?

A. 주택임대차보호법은 주택의 인도와 주민등록을 대항력의 취득 및 존속 요건으로 하고 있기 때문에 임차인이 임대차가 종료되었음에도 보증금을 돌려받지 못하고 이사를 가게 되면 종전에 취득하였던 대항력 및 우선변제권이 상실되므로 보증금을 돌려받기 어려워지게 됩니다. 이러한 문제를 해결하기 위해 임차권등기명령제도는 법원의 집행명령에 따른 등기를 마치면 임차인에게 대항력 및 우선변제권을 유지하게 하면서 임차주택에서 자유롭게 이사할 수 있게 하는 제도입니다.

① 임차보증금의 반환 및 임차주택의 반환

임대차가 종료되더라도 임차인이 보증금을 돌려받을 때까지는 임대차관계가 존속하는 것으로 간주되므로, 임대인과 임차인은 임대차계약상의 권리의무를 그대로 가지게 됩니다. 임대차가 종료되었는데도 집주인이 보증금을 돌려주지 않는 경우에는 이사를 가면 대항력과 우선변제권이 없어지기 때문에 보증금을 반환받을 때까지 이사를 가지 않는 것이 좋습니다.

② 임차권등기명령제도

임차인은 임대차가 종료된 후 보증금이 반환되지 않은 경우에 임차권 등기명령을 신청할 수 있는 권한을 얻게 됩니다. 임차권등기명령을 받아서 임차권등기를 해 놓으면 대항력과 우선변제권을 취득하거나 유지할 수 있게 됩니다. 따라서 임차인은 임차권등기를 마친 후 임차주택을 인도하고 이사를 가더라도 대항력과 우선변제권을 유지할 수 있게 됩니다. 또한, 차임지급의무를 면하고, 임대인이 보증금반환채권을 지체한 것에 대한 지연손해금채권을 가지게 됩니다. 임차인은 임차권등기명령의 신청과 그에 따른 임차권등기와 관련하여 든 비용을 임대인에게 청구할 수 있습니다. 임차권등기명령제도는 가까운 법원의 민원실에서 안내받을 수 있습니다.

※ **관련판례**

대항력을 취득하지 못한 임차인의 경우에는 임차권등기명령에 의한 등기가 된 때에 비로소 대항력이 생기므로 등기된 때를 기준으로 매수인에 대항할 수 있는지를 판단하지만, 임차권등기 이전에 대항력을 갖춘 임차인의 경우에는 임차권등기명령에 의한 등기가 됨으로써 그 후 대항요건을 갖추지 아니하여도 이미 취득한 대항력 취득의 효력이 계속 유지되므로, 이 경우에는 임차권등기가 된 때가 아닌 본래의 대항력을 취득한 때를 기준으로 매수인에 대항할 수 있는지를 판단하여야 한다(부산고법 2006.5.3. 선고 2005나17600 판결).

4. 소액보증금 우선변제권

4-1. 소액임차인의 우선변제권

① 소액임차인은 비록 확정일자가 늦어 선순위로 변제를 받지 못하는 경우라도 임차주택에 대하여 선순위담보권자의 경매신청 등기 전에 대항력을 갖춘 경우에는 보증금 중 일정액을 다른 담보물권자보다 우선하여 변제받을 권리가 있습니다(주택임대차보호법 제3조 제1항 및 제8조 제1항).

② 소액임차인의 우선변제를 받을 수 있는 채권은 압류하지 못합니다(민사집행법 제246조 제1항 제6호).

■ 소액임차인의 최우선변제권의 내용과 범위는 어떻게 되는지요?

Q. 주택임대차보호법상 소액임차인에 대하여는 그 임차주택의 경매 시 다른 담보물권보다 우선하여 배당받을 수 있는 최우선변제권이 있다고 들었습니다. 그 권리의 내용과 범위는 어떻게 되는지요?

A. 주택임대차보호법은 소액임차인의 최우선변제권에 관하여 제8조 제1항은 "임차인은 보증금 중 일정액을 다른 담보물권자보다 우선하여 변제받을 권리가 있다. 이 경우 임차인은 경매신청의 등기 전에 제3조 제1항의 요건(주택의 인도와 주민등록)을 갖추어야 한다." 라고 규정하고 있고, 같은 법 제8조 제3항은 "제1항의 규정에 의하여 우선변제를 받을 임차인 및 보증금 중 일정액의 범위와 기준은 주택가액(대지[垈地]의 가액을 포함한다)의 2분의 1의 범위 안에서 대통령령으로 정한다."라고 규정하고 있으며, 같은 법 시행령 제3조 및 제4조는 위 규정에 의하여 우선변제를 받을 보증금 중 일정액의 범위와 임차인의 범위에 관하여 규정하고 있습니다. 그러므로 주택임대차보호법상 임차주택의 경매신청 전에 주택의 인도와 주민등록의 대항요건을 구비한 소액임차인은 임차주택소유자에 대한 일반채권자는 물론, 그 주택에 선순위 저당권 등 담보물권을 가지고 있는 자보다도 우선하여 당해 주택가액(대지의 가액을 포함한다.)의 2분의 1의 범위 안에서 보증금 중 일정액을 최우선적으로 변제받을 권리가 있는 것입니다. 2018년 9월 18일부터 시행된 주택임대차보호법시행령은 최우선변제권의 범위를 ①서울특별시에서는 보증금이 1억 1천만원이하의 보증금으로 입주하고 있는 임차인에 한하여 3,700만원 이하의 범위에서 인정되고 ②수도권정비계획법에 의한 수도권 중 과밀억제권역('서울특별시'는 제외한다), 세종특별자치시, 용인시 및 화성시에서는 보증금 1억원이하의 보증금으로 입주하고 있는 임차인에 한하여 3,400만원 이하의 범위에서 인정되고, ③ 광역시(「수도권정비계획법」에 따른 과밀억제권역에 포함된 지역과 군지역은 제외한다), 안산시, 김포시, 광주시 및 파주시에서는 6,000만원 이하의 보증금으로 입주하고 있는 임차인에 한하여 2,000만원 이하의 범위에서 인정되며, ④그 밖의 지역에서는 5,000만원 이하

의 보증금으로 입주하고 있는 임차인에 한하여 1,700만원 이하의 범위에서 인정된다고 규정하고 있습니다.

또한 「주택임대차보호법」은 사회경제적 여건을 고려하여 소액임차인의 범위 등에 관하여 계속적인 개정을 거듭해 왔는바, 개정 법령의 시행 전에 이미 임차주택에 관하여 담보물권을 취득한 자에 대하여는 종전 규정을 적용하게 됩니다(같은 법 시행령 부칙 제2조).

■ 가정공동생활을 하는 임차인들 각각 소액임차인이 되는지요?

Q. 저는 주택을 전세보증금 1억 2천만원에 임차하여 입주와 주민등록 전입신고를 마쳤습니다. 주택임대차보호법 최우선변제권이 인정되는 범위가 서울지역에서는 보증금 1억 1천만원이 한도라고 하는데, 제가 데리고 있는 동생도 주민등록상 단독세대로 구성되어 있어서 위 보증금을 제가 8,000만원, 동생이 4,000만원인 것으로 계약을 체결해두면 각자 소액임차인이 될 수 있는지요?

A. 주택임대차보호법 제8조에 따르면, 임차인은 주택에 대한 경매신청의 등기 전에 같은 법 제3조 제1항의 요건(입주와 주민등록)을 갖춘 경우, 보증금 중 일정액을 다른 담보물권자보다 우선하여 변제받을 권리가 있다고 규정되어 있습니다. 이와 관련하여 같은 법 시행령에 따르면 최우선변제권이 인정되는 범위가 규정되어 있는데, 담보물권자가 담보물권을 취득한 시기별(1984.1.1. 이후, 1987.12.1. 이후, 1995.10.19. 이후, 2001.9.15. 이후, 2008.8.21. 이후, 2010.7.26. 이후, 2016.3.31. 이후)로 해당 시행령의 개정에 의하여 인정되는 소액보증금의 범위가 달라집니다. 예를 들어, 귀하와 같이 서울특별시 소재 주택에 대한 주택임차권이 근저당권자의 경매신청등기 이전에 「주택임대차보호법」 제3조 제1항의 요건(입주와 주민등록)이 구비되어 있다면, ①만약 위 근저당권이 1995년 10월 19일 이후에 설정된 것인 경우 보증금 3,000만원 이하의 임차인에 대하여 1,200만원까지, ②2001년 9월 15일 이후에 설정된 경우 보증금 4,000만원 이하의 임차인에 대하여 1,600만원까지, ③2008년 8월 21일 이후에 설정된 경우 보증금 6,000만원 이하의 임차인에 대하여 2,000만원까지, ④2010년 7월 26일 이후에 설정된 경우 보증금 7,500만원 이하의 임차인에 대하여 2,500만원까지, ⑤2014년 1월 1일 이후에 설정된 경우 보증금 9,500만원 이하의 임차인에 대하여 3,200만원까지, ⑥2016년 3월 31일 이후에 설정된 경우 보증금 1억원 이하의 임차인에 대하여 3,400만원까지, ⑦2018년 9월 18일 이후에 설정된 경우 보증금 1억1천만원 이하의 임차인에 대하여 3,700만원까지 각 소액보증금으로서 최우선변제를 받을 수

있습니다. 그런데 같은 법 시행령 제10조 제4항에 따르면 "하나의 주택에 임차인이 2명 이상이고 이들이 그 주택에서 가정공동생활을 하는 경우에는 이들을 1명의 임차인으로 보아 이들의 각 보증금을 합산한다."라고 규정되어 있습니다. 따라서 귀하의 경우에도 동생과 보증금을 나누어 계약을 체결한 것으로 하더라도 귀하와 동생이 사실상 가정공동생활을 하고 있다면, 1건의 임대차로 보아 보증금을 합산하여 소액보증금에 해당 여부를 판정할 것입니다. 판례는, 피고와 피고의 딸이 동일한 주택을 별개로 임차하였으나 이들이 함께 거주하고 있으므로 구 「주택임대차보호법 시행령」 제3조 제4항(현행 제10조 제4항) 소정의 가정공동생활을 하는 자에 해당하고, 이들의 임대차보증금 합산액이 위 시행령 제4조의 우선변제를 받을 수 있는 소액보증금의 범위를 초과하므로 피고를 주택임대차보호법상 우선변제를 받을 수 있는 임차인으로 보고 한 배당은 부적법하다는 원고의 주장에 대한 판단을 하지 아니한 채 단순히 피고의 임대차보증금이 위 시행령상의 우선변제를 받을 수 있는 소액보증금에 해당한다는 사실만을 들어 원고의 청구를 배척한 원심판결을 판단유탈을 이유로 파기한 사례가 있습니다(대법원 2001.5.15. 선고 2001다18513 판결).

참고로, 2018년 9월 18일부터 시행되고 있는 개정 「주택임대차보호법 시행령」은 최우선변제권을 ①서울특별시에서는 보증금이 1억 1천만원이하의 보증금으로 입주하고 있는 임차인에 한하여 3,700만원 이하의 범위에서 인정되고 ②수도권정비계획법에 의한 수도권 중 과밀억제권역('서울특별시'는 제외한다), 세종특별자치시, 용인시 및 화성시에서는 보증금 1억원이하의 보증금으로 입주하고 있는 임차인에 한하여 3,400만원 이하의 범위에서 인정되고, ③광역시(「수도권정비계획법」에 따른 과밀억제권역에 포함된 지역과 군지역은 제외한다), 안산시, 김포시, 광주시 및 파주시에서는 6,000만원 이하의 보증금으로 입주하고 있는 임차인에 한하여 2,000만원이하의 범위에서 인정되며, ④그 밖의 지역에서는 5,000만원 이하의 보증금으로 입주하고 있는 임차인에 한하여 1,700만원 이하의 범위에서 인정된다고 규정하고 있습니다. 다만, 위 시행령 규정은 사회경제 상황에 따라 수시로 개정되고, 개정 시행령의 시행 이전에 임차 주택에 근저당권 등의 담보물권 등이 설정된 경우에는 그 당시에 적용되던 시행령의 규정에 따르게 됨을 유의하시기 바랍니다.

4-2. 소액임차인의 우선변제 요건

4-2-1. 소액임차인의 범위에 속할 것

최우선변제 받을 수 있는 임차인은 보증금이 다음의 구분에 따른 금액 이하인 임차인이어야 합니다(주택임대차보호법 제8조 제3항, 제8조의2 및 동법 시행령 제11조 제1항).

① 서울특별시: 1억1천만원

② 「수도권정비계획법」에 따른 과밀억제권역(서울특별시는 제외한다), 세종특별자치시, 용인시 및 화성시: 1억원

③ 광역시(「수도권정비계획법」에 따른 과밀억제권역에 포함된 지역과 군지역은 제외한다), 안산시, 김포시, 광주시 및 파주시: 6천만원

④ 그 밖의 지역: 5천만원

■ 소액임차인의 최우선변제권과 확정일자에 의한 우선변제권의 관계는 어떻게 되는지요?

Q. 서울 소재 주택이 경매개시되어 1억원(경매비용 제외)에 매각되었는데, 위 주택에는 제1순위로 甲이 2004.4.9. 4,000만원의 저당권을 설정하였고, 그 뒤에 乙·丙·丁은 각 4,000만원, 2,000만원, 1,000만원의 임차보증금으로 전세 살면서 주민등록전입신고와 확정일자를 乙·丙·丁의 순으로 받았습니다. 그 뒤 戊가 위 주택에 3,000만원의 저당권을 설정한 경우에 甲·乙·丙·丁·戊는 매각대금에서 각 얼마나 배당받을 수 있는지요?

A. 주택임대차보호법 제3조의2 제2항 본문에서 주택의 인도와 주민등록의 전입신고를 마치고 임대차계약증서상의 확정일자를 갖춘 임차인은 「민사집행법」에 의한 경매 또는 「국세징수법」에 의한 공매시 임차주택 등의 매각대금에서 후순위권리자 기타 채권자보다 우선하여 보증금을 변제받을 권리가 있다고 규정하고 있습니다. 또한, 주택임대차보호법은 일정한 임차인에게 보증금 중 일정액의 최우선변제권을 인정하고 있습니다(같은 법 제8조). 최우선변제권이란 일반채권자, 후순위담보권리자보다는 물론이고 자신보다 먼저 담보권을 설정한 담보권자보다도 우선하여 보증금을 변제받을 수 있는 권리를 말하는데, 이것은 영세임차인의 전재산이라고 할 수 있는 보증금을 절대적으로 확보해 주기 위하여 인정된 권리입니다. 우선변제를 받을 임차인의 범위와 관련하여, 주택임대차보호법 시행령 부칙 〈제20971호, 2008.8.21〉 제2조에 따르면, "이 영 시행 전에 임차주택에 대하여 담보물권을 취득한 자에 대하여는 종전의 규정에 따른다."고 규정되어 있으므로, 乙, 丙, 丁은 甲과의 관계에 있어서 甲의 근저당권이 설정될 당시의 주택임대차보호법 시행령에 따라서만 최우선변제권을 주장할 수 있습니다. 그런데, 甲이 근저당권을 설정할 당시에 시행 중이었던 「주택임대차보호법 시행령」(2008.8.21. 개정되기 전의 것) 제4조는 「수도권정비계획법」에 의한 수도권 중 과밀억제권역에서는 보증금이 4,000만원 이하, 광역시(군지역과 인천광역시지역을 제외)에서는 3,500만원 이하, 그 밖의 지역에서는

3,000만원 이하인 임차인에게만 인정된다고 규정하고 있으며, 그러한 임차인이라도 그 주택에 입주하고 있어야 하며, 그 주택에 대한 경매신청 전까지 주민등록전입신고가 되어 있어야만 최우선변제권이 인정됩니다. 이 경우에는 임대차계약서에 확정일자를 받아야만 최우선변제권이 인정되는 것은 아닙니다. 그런데 위와 같은 요건을 갖춘 임차인이라도 그 보증금 전체에 대하여 최우선변제권을 인정해주는 것은 아니며, 「수도권정비계획법」에 의한 수도권 중 과밀억제권역에서는 1,600만원 이하, 광역시(군지역과 인천광역시지역을 제외)에서는 1,400만원 이하, 그 밖의 지역에서는 1,200만원 이하의 범위 내에서 최우선변제권이 인정되며, 최우선변제권이 인정되는 금액의 합계가 그 주택가액(대지의 가액포함)의 2분의 1을 초과하는 경우에는 2분의 1의 범위 내에서만 최우선변제권이 인정됩니다. 참고로 '주택가액'이라 함은 낙찰(매각)대금에다가 입찰(매수신청)보증금에 대한 배당기일까지의 이자, 몰수된 입찰(매수신청)보증금 등을 포함한 금액에서 집행비용을 공제한 실제 배당할 금액이라고 하겠습니다(대법원 2001.4.27. 선고 2001다8974).

위 사안에 있어서는 주택임대차보호법상 순위에 관계없이 최우선변제권이 인정되는 소액보증금액의 합계가 4,200만원으로 그 주택가액(대지의 가액 포함)의 2분의 1을 초과하지 않으므로, 위 소액임차인들은 각 보증금을 기준으로 인정된 한도액까지를 가장 먼저 변제 받을 수 있을 것입니다. 즉, 서울에서는 4,000만원 이하의 보증금으로 입주한 임차인에게 최우선변제권을 인정하므로 乙·丙은 우선적으로 각 1,600만원을, 丁은 1,000만원을 우선하여 변제받게 됩니다. 그리고 건물가액(1억원)에서 최우선변제권이 인정된 금액을 공제한 나머지 금액(5,800만원)에서는 우선변제권이 인정되는 선순위 저당권자 甲이 4,000만원을 받고, 잔액 1,800만원에 대해서는 확정일자를 받은 乙·丙·丁이 각 그 순위에 의하여 받아야 하는데, 확정일자를 제일 먼저 받은 乙의 채권잔액이 2,400만원이므로 이에 변제하고 배당은 종료하게 되는 것입니다. 결국, 甲은 4,000만원, 乙은 3,400만원, 丙은 1,600만원, 丁은 1,000만원을 변제 받게 되고 戊는 한 푼도 변제를 받지 못하게 됩니다. 그러나 위 사안에서 乙·丙·丁이 각 확정일자를 받아 두지 않았다면 乙·丙·丁의 순위에 의한 우선변제권은 인정되지 않으나, 乙·丙·丁의 최우선변제권은 인정되므로 乙·丙이 우선 각 1,600만원씩, 丁이 1,000만원 우선변제를 받고 나머지 금액(5,800만원)은 순위에 의하여 甲이 4,000만원을 변제받게 되고 乙·丙·丁은 확정일자를 받지 않아 순위에 의한 우선변제권이 인정되지 않으므로 戊가 나머지 금액 1,800만원을 변제 받게 될 것입니다. 2018년 9월 18일부터 시행되고 있는 개정 「주택임대차보호법 시행령」은 최우선변제권을 ①서울특별시에서는 보증금이 1억 1천만원이하의 보증금으로 입주하고 있는 임차인에 한하여 3,700만원 이하의 범위에서 인정되고 ②수도권정비계획법에 의한 수도권 중 과밀억제권역('서울특별시'는 제외한다), 세종특별자치시, 용인시 및 화성시에서는 보증금 1억원이하의 보증금으로 입주하고 있는 임차인에 한하여 3,400만원 이하의 범위에서 인정되고, ③광역시(「수도권정비계획법」에 따른 과밀억제권역에 포함된 지역과 군지역은 제외한다), 안산시, 김포시, 광주시 및 파주시에서는 6,000만원 이하의 보증금으로 입주하고 있는 임차인에 한하여 2,000만원이하의 범위에서 인정되며, ④그 밖의 지역에서는 5,000만원 이하의 보증금으로 입주하고 있는 임차인에 한하여 1,700만원 이하의 범위에서 인정된다고 규정하고 있습니다.

■ 소액임차인 최우선변제금 산정의 기준인 '주택가액'의 의미는 무엇을 의미하는지요?

Q. 저는 임차주택이 경매절차에서 매각되어 소액임차인으로서 권리신고 겸 배당요구신청을 하였습니다. 그런데 소액임차인이 다수이므로 주택가액(대지의 가액을 포함)의 2분의 1의 범위 안에서만 소액임차인으로서 최우선변제를 받게 된다고 합니다. 이 경우 주택가액이란 매각대금을 의미하는지, 아니면 경매비용 등을 공제한 실제로 배당될 금액을 의미하는지요?

A. 주택임대차보호법 제8조 소정의 '주택가액'의 의의에 관하여 판례는 "주택임대차보호법 제8조 소정의 우선변제권의 한도가 되는 주택가액의 2분의 1에서 '주택가액'이라 함은 낙찰(매각)대금에다가 입찰(매수신청)보증금에 대한 배당기일까지의 이자, 몰수된 입찰(매수신청)보증금 등을 포함한 금액에서 집행비용을 공제한 실제 배당할 금액이라고 봄이 상당하다."라고 하였습니다(대법원 2001.4.27. 선고 2001다8974 판결). 따라서 위 사안에서 귀하 등의 소액임차인들도 위 주택의 매각대금의 2분의 1이 아닌 매각대금과 매수신청보증금의 배당기일까지의 이자, 몰수된 매수신청보증금이 있다면(재매각된 경우) 그 매수신청보증금 등의 합계금에서 집행비용을 공제한 실제 배당할 금액의 2분의 1의 한도 내에서 최우선변제를 받게 될 것입니다. 참고로, 2018년 9월 18일부터 시행되고 있는 개정「주택임대차보호법 시행령」은 최우선변제권을 ①서울특별시에서는 보증금이 1억 1천만원이하의 보증금으로 입주하고 있는 임차인에 한하여 3,700만원 이하의 범위에서 인정되고 ②수도권정비계획법에 의한 수도권 중 과밀억제권역('서울특별시'는 제외한다), 세종특별자치시, 용인시 및 화성시에서는 보증금 1억원이하의 보증금으로 입주하고 있는 임차인에 한하여 3,400만원 이하의 범위에서 인정되고, ③ 광역시(「수도권정비계획법」에 따른 과밀억제권역에 포함된 지역과 군지역은 제외한다), 안산시, 김포시, 광주시 및 파주시에서는 6,000만원 이하의 보증금으로 입주하고 있는 임차인에 한하여 2,000만원이하의 범위에서 인정되며, ④그 밖의 지역에서는 5,000만원 이

하의 보증금으로 입주하고 있는 임차인에 한하여 1,700만원 이하의 범위에서 인정된다고 규정하고 있습니다. 다만, 위 시행령 규정은 사회경제 상황에 따라 수시로 개정되고, 개정 시행령의 시행 이전에 임차주택에 근저당권 등의 담보물권 등이 설정된 경우에는 그 당시에 적용되던 시행령의 규정에 따르게 됨을 유의하시기 바랍니다.

■ 계약해제로 임대인의 소유권등기 말소 시 주택임차권의 보호요건은 무엇인지요?

Q. 저는 甲이 乙로부터 분양 받아 소유권이전등기 된 주택을 甲으로부터 전세보증금 6,000만원에 임차하여 입주와 주민등록전입신고를 마치고 거주하고 있었는데, 甲이 乙에게 분양대금으로 교부한 어음이 결재되지 아니하여 甲과 乙의 분양계약이 해제되었으며, 乙은 丙에게 위 주택을 다시 분양하여 甲의 소유권이전등기는 말소되고, 丙명의로 소유권이전등기가 되었습니다. 그러자 丙은 저에게 위 주택을 명도 하라고 하는데, 저는 丙에게 대항할 수 없는지요?

A. 민법 제548조 제1항은 "당사자 일방이 계약을 해제한 때에는 각 당사자는 그 상대방에 대하여 원상회복의 의무가 있다. 그러나 제3자의 권리를 해하지 못한다."라며 제3자 보호를 위한 단서를 규정하고 있는바, 주택임차권자가 「민법」 제548조 제1항 단서 소정의 제3자에 해당하는지 문제됩니다. 위 사안과 관련하여 판례는 "민법 제548조 제1항 단서의 규정에 따라 계약해제로 인하여 권리를 침해받지 않는 제3자라 함은 계약목적물에 관하여 권리를 취득한 자 중 계약당사자에게 권리취득에 관한 대항요건을 구비한 자를 말한다 할 것인바, 임대목적물이 주택임대차보호법 소정의 주택인 경우 주택임대차보호법 제3조 제1항이 임대주택의 인도와 주민등록이라는 대항요건을 갖춘 자에게 등기된 임차권과 같은 대항력을 부여하고 있는 점에 비추어 보면, 소유권을 취득하였다가 계약해제로 인하여 소유권을 상실하게 된 임대인으로부터 그 계약이 해제되기 전에 주택을 임차하여 주택의 인도와 주민등록을 마침으로써 주택임대차보호법 소정의 대항요건을 갖춘 임차인은 등기된 임차권자와 마찬가지로 민법 제548조 제1항 단서 소정의 제3자에 해당된다고 봄이 상당하고, 그렇다면 그 계약해제 당시 이미 주택임대차보호법 소정의 대항요건을 갖춘 임차인은 임대인의 임대권원의 바탕이 되는 계약의 해제에도 불구하고 자신의 임차권을 새로운 소유자에게 대항할 수 있다."라고 하였습니다(대법원 1996.8.20. 선고 96다17653

판결, 2003.8.22. 선고 2003다12717 판결).

따라서 귀하는 甲과 乙사이의 분양계약이 해제되기 이전에 소유자였던 甲과 임대차계약을 체결하고 주택임대차보호법상의 대항력을 갖추었으므로, 그 건물의 취득자인 丙에게도 민법 제548조 제1항 단서의 제3자로서 주택임차권을 주장할 수 있으므로, 丙의 명도청구에 응하지 않아도 될 것으로 보입니다.

4-2-2. 주택에 대한 경매신청의 등기 전까지 대항요건을 갖출 것

① 임차인은 임차주택에 대한 경매신청의 등기 전에 대항요건인 주택의 인도와 주민등록을 갖추어야 합니다(주택임대차보호법 제3조 제1항 및 제8조 제1항 후단).

② 이러한 대항요건은 집행법원이 정한 배당요구의 종기인 경락기일까지 계속 존속되어야 합니다(대법원 1997.10.10. 선고 95다44597 판결).

4-2-3. 임차주택이 경매 또는 체납처분에 따라 매각될 것

① 소액임차인이 우선변제권을 행사하기 위해서는 임차주택이 경매 또는 체납처분에 따라 매각되는 경우이어야 합니다(주택임대차보호법 제3조의2 제4항 및 제8조 제2항).

② 이는 경매나 체납처분에 의하지 않고 단순히 매매, 교환 등의 법률행위에 따라 임차주택이 양도되는 경우에는 대항력의 여부만이 문제될 뿐이고, 우선변제권이 인정될 여지가 없기 때문입니다.

4-2-4. 배당요구 또는 우선권행사의 신고가 있을 것

① 임차주택이 경매 또는 체납처분에 따라 매각되는 경우에 집행법원에 배당요구를 하거나 체납처분청에 우선권행사의 신고를 해야 합니다(대법원 2002.1.22. 선고 2001다70702판결).

② 배당요구는 채권의 원인과 액수를 적은 서면으로 하면 됩니다. 이 경우 배당요구의 자격을 증명하는 서면을 첨부해야 합니다(민사집행법 제88조 제1항 및 민사집행규칙 제48조).

■ 경매 시 소액보증금액이 주택가액의 2분의 1을 초과한 경우 배당관계는 어떻게 되는지요?

Q. 甲·乙·丙은 서울소재 戊소유 주택을 전세보증금 각 5,000만원, 4,000만원, 3,800만원에 임차하여 입주 및 주민등록전입신고를 마쳤으나 확정일자는 받지 않았고, 그 후 주택소유자 戊는 丁에게 2018년 10월에 1억원의 근저당권을 설정하여 주었습니다. 만일, 위 주택이 경매되어 경매비용 등을 제외하고 실제 배당할 금액이 1억 5천만원이라면 배당관계는 어떻게 되는지요?

A. 주택임대차보호법 시행령(2018년 9월 18일 시행)에 의하면, ①서울특별시에서는 1억1천만원 이하의 보증금으로 입주하고 있는 임차인에 한하여 3,700만원까지, ②「수도권정비계획법」에 따른 과밀억제권역(서울특별시는 제외한다), 세종특별자치시, 용인시 및 화성시에서는 1억원이하의 보증금으로 입주하고 있는 임차인에 한하여 3,400만원까지, ③광역시(「수도권정비계획법」에 따른 과밀억제권역에 포함된 지역과 군지역은 제외한다), 안산시, 김포시, 광주시 및 파주시에서는 6,000만원 이하의 보증금으로 입주하고 있는 임차인에 한하여 2,000만원까지, ④그 밖의 지역에서는 5,000만원 이하의 보증금으로 입주하고 있는 임차인에 한하여 1,700만원까지, 각 최우선변제권이 인정됩니다. 그런데 「주택임대차보호법 시행령」 제10조 제2항은 "임차인의 보증금중 일정액이 주택가액의 2분의 1을 초과하는 경우에는 주택의 가액의 2분의 1에 해당하는 금액까지만 우선변제권이 있다."라고 규정하고 있습니다. 따라서 위 사안의 경우에는 소액임차인이 여러 사람이고 각 보증금이 3,700만원 이상인 경우이므로 각 임대차계약의 선후나 보증금액수와는 관계없이 주택가액(대지가액 포함)의 2분의 1에 해당하는 금액을 평등하게 분할하여 배당받게 됩니다. 즉, 甲·乙·丙이 7,500만원을 평등분할하여 각 2,500만원씩 배당받을 수 있을 것이고, 甲·乙·丙이 확정일자를 받지 않았으므로 丁이 나머지 7,500만원을 배당받을 수 있을 것으로 보입니다. 그러나 소액임차인들 중 보증금액이 3,700만원 미만인 자가 있는 경우에는 각 임차인들의 최우선변제 받을 수 있

는 금액의 합산액에 대한 각 임차인의 최우선변제 받을 수 있는 금액의 비율로 주택가액의 2분의 1에 해당하는 금액을 분할한 금액을 배당받게 됩니다.

■ 임차주택이 경매개시 되었을 경우 소액임차인의 권리신고 겸 배당요구 신청절차는 어떻게 되는지요?

Q. 임차주택이 경매개시 되었을 경우 소액임차인의 권리신고 겸 배당요구 신청절차는 어떻게 되는지요?

A. 법원은 주택에 대한 경매절차를 진행시키면서 소액임차인의 유무 및 그 우선변제권행사를 확실하게 하기 위하여 우선 집행관으로 하여금 소액임차인의 유무와 그 내용을 조사하도록 하는 임대차조사 보고명령을 하고, 위 조사보고서와 임대차계약서 등에 의하여 소액임차인으로 확인되는 입주자들에 대하여 배당요구통지서를 송부하여 배당요구의 절차와 방법 등을 알려주며, 소액임차인은 경매절차상의 이해관계인으로 보아 경매기일통지 등을 해주고 있습니다. 이와 같이 법원의 통지를 받거나 아니면 그와 같은 통지가 없다 하더라도 소액보증금에 해당하는 임차인은 주택에 대하여 경매절차가 진행중인 때에는 자기가 경매목적물에 소액보증금으로 임차하여 입주하고 있는 사실을 증명할 문서로서 임대차계약서사본, 주민등록등본 등을 첨부하여 경매법원에 권리신고 겸 배당요구신청을 하여야 하며, 이러한 배당요구는 집행법원이 첫 매각기일 이전 중 정하는 배당요구의 종기 이전에 하여야 합니다(통상 법원에 비치된 서식은 권리신고 겸 배당요구신청서이므로 그 서식을 작성하여 권리신고와 배당요구신청을 동시에 하면 될 것임). 이러한 배당요구가 있게 되면 법원은 배당요구한 소액임차인을 이해관계인으로 보아 각종 통지를 하게 됩니다.

■ 소액임차인의 배당요구권 및 그 행사기한은 언제까지 하여야 하는지요?

Q. 저는 2018년 9월 20일 자로 설정된 선순위 근저당권이 있는 서울 소재 주택을 보증금 3,700만원에 임차하여 주민등록을 마치고 입주하여 거주하고 있습니다. 그런데 얼마 전 우연히 위 주택의 등기사항증명서를 열람해 보고 위 근저당권에 기하여 현재 담보권실행을 위한 경매절차가 진행 중에 있음을 알았습니다. 이런 경우 주택임대차보호법상 소액임차인인 저도 배당요구신청을 하여야 하는지요? 그리고 배당요구신청을 해야 한다면 언제까지 하여야 하는지요?

A. 경매절차는 그 시작에서 종결될 때까지 많은 절차와 단계를 거쳐야 하고 시간도 오래 소요될 뿐만 아니라, 경매에 따른 권리자들의 이해관계에 막대한 영향을 미치기 때문에 법은 엄격한 절차와 요건을 요구하고 있으며, 배당채권자가 배당요구를 할 수 있는 배당요구의 종기를 정하도록 규정하고 있습니다. 즉, 민사집행법 제84조 제1항에 의하면 "경매개시결정에 따른 압류의 효력이 생긴 때(그 경매개시결정 전에 다른 경매개시결정이 있은 경우를 제외한다.)에는 집행법원은 절차에 필요한 기간을 감안하여 배당요구를 할 수 있는 종기를 첫 매각기일 이전으로 정한다."라고 규정하고 있습니다. 그리고 같은 법 제88조 제1항은 "집행력 있는 정본을 가진 채권자, 경매개시결정이 등기된 뒤에 가압류를 한 채권자, 민법·상법 그 밖의 법률에 의하여 우선변제청구권이 있는 채권자는 배당요구를 할 수 있다."라고 규정하고 있는데, 이처럼 배당요구가 필요한 배당요구채권자는, 압류의 효력발생 전에 등기한 가압류채권자, 경매절차의 매각으로 인하여 소멸하는 저당권자 및 전세권자로서 압류의 효력발생 전에 등기한 자 등 당연히 배당을 받을 수 있는 채권자의 경우와는 달리, 배당요구의 종기까지 배당요구를 한 경우에 한하여 비로소 배당을 받을 수 있고, 적법한 배당요구를 하지 아니한 경우에는 비록 실체법상 우선변제청구권이 있다 하더라도 매각대금으로부터 배당을 받을 수는 없을 것이므로, 이러한 배당요구채권자가 적

법한 배당요구를 하지 아니하여 그를 배당에서 제외하는 것으로 배당표가 작성·확정되고 그 확정된 배당표에 따라 배당이 실시되었다면 그가 적법한 배당요구를 한 경우에 배당 받을 수 있었던 금액 상당의 금원이 후순위채권자에게 배당되었다고 하여 이를 법률상 원인이 없는 것이라고 부당이득반환청구도 할 수 없습니다. 소액임차인의 소액임차보증금반환채권도 배당요구를 하여야 하는 채권에 해당되는지에 관하여 판례는 주택임대차보호법에 의하여 우선변제청구권이 인정되는 소액임차인의 소액보증금반환채권은 현행법상 배당요구가 필요한 배당요구채권에 해당한다고 하였습니다(대법원 1998.10.13. 선고 98다12379 판결, 2002.1.22. 선고 2001다70702 판결). 따라서 소액임차인인 귀하도 이 사안에서 임차주택에 경매가 진행 중이므로, 배당요구의 종기까지는 권리신고와 배당요구를 하여야 할 것으로 보입니다. 참고로 주택의 인도와 주민등록이라는 우선변제 요건을 배당요구의 종기까지 계속 존속하고 있어야 할 것입니다(대법원 2007다17475 판결).

■ 배당요구 하지 않은 소액임차인의 매수인에게 주택임대차보호법상의 대항력을 주장할 수 있는지요?

Q. 저는 근저당권 등 제3자의 권리가 설정되지 않은 서울 소재 주택을 임차보증금 3,700만원에 임차하여 입주와 주민등록전입신고를 마쳤는데, 그 후 집주인의 채권자가 임차주택에 대하여 강제경매를 신청하여 매각되었습니다. 그러나 저는 지방출장 등으로 바빠서 배당요구신청을 하지 못하였는데, 이 경우 제가 경매절차의 매수인에게 주택임대차보호법상의 대항력을 주장할 수 있는지요?

A. 관련 판례는 "주택임대차보호법 제3조의 규정에 의하면 임대차는 그 등기가 없는 경우에도 임차인이 주택의 인도와 주민등록전입신고를 마친 때에는 대항력이 발생하고, 이 경우에 임차주택의 양수인은 임대인의 지위를 승계한 것으로 보도록 되어 있는바, 위 임차주택의 양도에는 강제경매에 의한 경락의 경우도 포함되는 것이므로, 임차인이 당해 경매절차에서 권리신고를 하여 소액보증금의 우선변제를 받는 절차를 취하지 아니하였다고 하여 임차주택의 경락인에게 그 임대차로써 대항할 수 없다거나 임차보증금반환청구권을 포기한 것으로 볼 수는 없다."라고 하였습니다(대법원 1986.7.22. 선고 86다카466 등 판결, 1992.7.14. 선고 92다12827 판결). 그러므로 귀하의 경우에도 경매절차에서 권리신고 겸 배당요구신청을 하지 않았다고 하여도 귀하의 주택임차권의 대항력을 주장함에 어떤 영향이 있는 것은 아닐 것입니다. 따라서 귀하는 근저당권 등 제3자의 권리가 설정되지 않은 주택을 임차하여 대항요건을 갖추어 경매절차의 매수인에게 대항할 수 있는 경우에는 배당요구 여부와 관계없이 주택임차인으로서의 대항력을 주장할 수 있다고 하겠습니다.

4-3. 우선변제권의 효과(보증금 중 일정액의 보호)

① 소액임차인이 임차주택에 대한 경매신청의 등기 전에 대항력을 갖춘 경우에는 보증금 중 일정액을 다른 담보물권자보다 우선하여 변제받을 권리를 가집니다(주택임대차보호법 제3조제1항 및 제8조 제1항).

② 소액임차인이 우선변제를 받을 수 있는 금액은 그 보증금 중 다음의 구분에 따른 금액 이하입니다. 이 경우 우선변제 금액이 주택가액의 2분의 1을 초과하는 경우에는 주택가액의 2분의 1에 해당하는 금액에 한합니다(주택임대차보호법 시행령 제10조 제1항 및 제2항).

  1) 서울특별시: 3천700만원

  2) 「수도권정비계획법」에 따른 과밀억제권역(서울특별시는 제외한다), 세종특별자치시, 용인시 및 화성시: 3천400만원

  3) 광역시(「수도권정비계획법」에 따른 과밀억제권역에 포함된 지역과 군지역은 제외한다), 안산시, 김포시, 광주시 및 파주시: 2천만원

  4) 그 밖의 지역: 1천700만원

③ 이 경우 하나의 주택에 임차인이 2명 이상이고, 그 각 보증금 중 일정액의 합산액이 주택의 가액의 2분의 1을 초과하는 경우에는 그 각 보증금 중 일정액의 합산액에 대한 각 임차인의 보증금 중 일정액의 비율로 그 주택의 가액의 2분의 1에 해당하는 금액을 분할한 금액을 각 임차인의 우선변제 금액으로 봅니다(주택임대차보호법 시행령 제10조 제3항).

■ 임차주택 경매 시 소액임차인으로서 최우선변제권을 인정받을 수 있는지요?

Q. 저는 선순위 근저당권이 설정된 서울소재 주택을 전세보증금 2,000만원에 계약기간 2년으로 임차하여 주민등록전입신고를 하고 확정일자도 받아둔 후 거주하고 있습니다. 그런데 사업하는 집주인의 부도로 위 주택이 담보권실행을 위한 경매진행 중이며, 저는 소액임차인으로서 권리신고 겸 배당요구를 해둔 상태이나, 직장의 인사이동으로 이사를 가야 할 입장입니다. 만일 제가 다른 지역으로 이사할 경우에도 소액임차인으로서 최우선변제권을 인정받을 수 있는지요?

A. 주택임대차보호법 제8조는 소액임차인의 보증금을 다른 담보물권자에 우선하여 변제받기 위한 요건으로 주택에 대한 경매신청등기 이전에 같은 법 제3조 제1항 소정의 주택의 인도와 주민등록(전입신고)를 할 것을 규정하고 있습니다. 또한 같은 법 시행령에 따르면, 귀하와 같은 서울특별시 소재 주택에 대한 보증금 2,000만원의 임차인의 경우, ①만약 위 근저당권이 1995년 10월 19일 이후에 설정된 것이고 귀하의 주택임차권이 근저당권자의 경매신청등기 이전에 위와 같은 요건이 구비되어 있는 경우, 1,200만원까지는 소액보증금으로서 최우선변제를 받을 수 있고, 나머지 800만원은 확정일자의 순위에 의하여 배당받을 수 있을 것이며, ②만약 위 근저당권이 2001년 9월 15일 이후에 설정된 것이고 귀하의 주택임차권이 근저당권자의 경매신청등기 이전에 위와 같은 요건이 구비되어 있는 경우, 1,600만원까지는 소액보증금으로서 최우선변제를 받을 수 있고, 나머지 400만원은 확정일자의 순위에 의하여 배당받을 수 있을 것입니다. ③만약 위 2008년 8월 21일 이후에 설정된 것이고 귀하의 주택임차권이 위와 같은 요건이 구비되었다면, 2,000만원 전액에 대하여 소액보증금으로서 최우선변제권이 인정될 것입니다. 그런데 소액임차인이 주택임대차보호법에 따른 최우선변제권을 유지하기 위해서는 주택의 인도와 주민등록이라는 대항력의 요건이 집행법원이 정한 배당요구의 종기까지 계속 존속되고 있어야

합니다. 따라서 귀하는 배당요구 종기일까지 법원에 배당요구를 하고, 그 때까지 위 주택의 점유 및 주민등록을 유지하고 있어야 소액임차인으로서의 우선변제 및 확정일자 순위에 의한 우선변제를 받을 수 있고, 부득이 배당요구 종기일 이전에 이사를 가려면 주택임차권등기를 마치고 이사를 해야 할 것입니다. 주의할 점은 채무자의 채무변제 등의 사유로 집행절차가 취소되는 경우가 있어 매수인이 매각대금을 완납할 때까지는 위 대항요건을 유지하는 것이 안전할 것으로 보입니다. 참고로, 2018년 9월 18일부터 시행되고 있는 개정 주택임대차보호법 시행령은 최우선변제권을, ①서울특별시에서는 1억1천만원 이하의 보증금으로 입주하고 있는 임차인에 한하여 3,700만원까지, ②「수도권정비계획법」에 따른 과밀억제권역(서울특별시는 제외한다), 세종특별자치시, 용인시 및 화성시에서는 1억원이하의 보증금으로 입주하고 있는 임차인에 한하여 3,400만원까지, ③광역시(「수도권정비계획법」에 따른 과밀억제권역에 포함된 지역과 군지역은 제외한다), 안산시, 김포시, 광주시 및 파주시에서는 6,000만원 이하의 보증금으로 입주하고 있는 임차인에 한하여 2,000만원까지, ④그 밖의 지역에서는 5,000만원 이하의 보증금으로 입주하고 있는 임차인에 한하여 1,700만원까지의 범위에서 각각 인정하고 있습니다. 다만, 위 시행령 규정은 사회경제 상황에 따라 수시로 개정되고, 개정 시행령의 시행 이전에 임차주택에 근저당권 등의 담보물권 등이 설정된 경우에는 그 당시에 적용되던 시행령의 규정에 따르게 됨을 유의하시기 바랍니다.

※ 관련판례

임대차관계가 지속되는 동안 임대차보증금의 증감·변동이 있는 경우, 소액임차인에 해당하는지 여부의 판단시점은 원칙적으로 배당 시로 봄이 상당하고, 따라서 처음 임대차계약을 체결할 당시 임대차보증금의 액수가 적어서 소액임차인에 해당한다고 하더라도 그 후 갱신과정에서 증액되어 그 한도를 초과하면 더 이상 소액임차인에 해당하지 않게 되고, 반대로 처음에는 임대차보증금의 액수가 많아 소액임차인에 해당하지 않는다 하더라

도 그 후 갱신과정에서 감액되어 한도 이하로 되었다면 소액임
차인에 해당한다(대구지법 2004.3.31. 선고 2003가단134010 판결).

4-4. 우선변제권을 행사할 수 없는 소액임차인

① 임차주택이 임차권등기명령의 집행에 따라 임차권등기가 경료된 주택을 그 이후에 임차한 임차인은 소액임차인에 해당되어도 우선변제권을 행사할 수 없습니다.

② 처음 주택임대차계약을 체결할 때에는 소액임차인에 해당되었지만 그 후 계약을 갱신하는 과정에서 보증금이 증액되어 소액임차인에 해당하지 않는 경우에는 우선변제권을 행사할 수 없습니다(대구지법 2004.3.31.선고2003가단134010 판결).

■ 채권담보 수단으로 소액임차인이 된 경우에도 소액보증금을 최우선변제를 받을 수 있는지요?

Q. 甲은 乙의 부동산에 근저당권을 설정한 근저당권부 채권자입니다. 그런데 乙의 일반채권자인 丙은 그의 乙에 대한 대여금채권에 기하여 위 주택을 가압류하였으나 甲의 위 근저당권이 있음으로 인하여 변제 받기 어렵게 되자 丙과 乙이 위 주택의 일부에 관하여 소액보증금한도의 금액을 임차보증금으로 하는 주택임대차계약을 체결하면서 보증금은 위 대여금채권 중 일부로 대체키로 하고 입주 및 주민등록전입을 한 후 거주하고 있습니다. 이 경우 乙과 丙의 위와 같은 주택임대차계약이 유효하여 丙이 소액임차인으로서 우선변제를 받게 된다면 甲의 근저당권부 채권은 배당액이 훨씬 적어질 것입니다. 이 경우 丙이 소액임차인으로서 소액보증금 최우선변제를 받을 수 있는지요?

A. 주택임대차계약의 주된 목적이 주택을 사용·수익하려는 것이 아니고 소액임차인으로 보호받아 기존채권을 회수하려는 것인 경우, 「주택임대차보호법」상의 소액임차인으로 보호받을 수 있는지에 관하여 판례는 "주택임대차보호법의 입법목적은 주거용 건물에 관하여 민법에 대한 특례를 규정함으로써 국민의 주거생활의 안정을 보장하려는 것이고(주택임대차보호법 제1조), 주택임대차보호법 제8조 제1항에서 임차인이 보증금 중 일정액을 다른 담보물권자보다 우선하여 변제 받을 수 있도록 한 것은, 소액임차인의 경우 그 임차보증금이 비록 소액이라고 하더라도 그에게는 큰 재산이므로 적어도 소액임차인의 경우에는 다른 담보권자의 지위를 해하게 되더라도 그 보증금의 회수를 보장하는 것이 타당하다는 사회보장적 고려에서 나온 것으로서 민법의 일반규정에 대한 예외규정인바, 그러한 입법목적과 제도의 취지 등을 고려할 때, 채권자가 채무자 소유의 주택에 관하여 채무자와 임대차계약을 체결하고 전입신고를 마친 다음 그곳에 거주하였다고 하더라도 실제 임대차계약의 주된 목적이 주택을 사용·수익하려는 것에 있는 것이 아니고, 실제적으로는 소액임차인으로 보호받아 선순위 담보권자에 우선하여 채권을 회수하려는

것에 주된 목적이 있었던 경우에는 그러한 임차인을 주택임대차보호법상 소액임차인으로 보호할 수 없다."라고 하였습니다(대법원 2001.5.8. 선고 2001다14733 판결, 2001.10.9. 선고 2001다41339 판결). 따라서 위 사안에서 甲은 丙이 소액임차인으로서 최우선변제를 받게 된다면 배당이의를 제기하여 다투어볼 수 있을 것으로 보입니다. 참고로 위와 같은 경우 임차인에게 대항력이 인정되는지에 관하여 판례는 "임대차는 임차인으로 하여금 목적물을 사용·수익하게 하는 것이 계약의 기본 내용이므로, 채권자가 주택임대차보호법상의 대항력을 취득하는 방법으로 기존 채권을 우선변제 받을 목적으로 주택임대차계약의 형식을 빌려 기존 채권을 임대차보증금으로 하기로 하고 주택의 인도와 주민등록을 마침으로써 주택임대차로서의 대항력을 취득한 것처럼 외관을 만들었을 뿐 실제 주택을 주거용으로 사용·수익할 목적을 갖지 아니한 계약은 주택임대차계약으로서는 통정허위표시에 해당되어 무효라고 할 것이므로 이에 주택임대차보호법이 정하고 있는 대항력을 부여할 수는 없다."라고 하였습니다(대법원 2002.3.12. 선고 2000다24184 등 판결).

※ 관련판례

주택임대차보호법 제8조에서 임차인에게 같은 법 제3조제1항 소정의 주택의 인도와 주민등록을 요건으로 명시하여 그 보증금 중 일정액의 한도 내에서는 등기된 담보물권자에게도 우선하여 변제받을 권리를 부여하고 있는 점, 위 임차인은 배당요구의 방법으로 우선변제권을 행사하는 점, 배당요구 시까지만 위 요건을 구비하면 족하다고 한다면 동일한 임차주택에 대하여 「주택임대차보호법」 제8조 소정의 임차인 이외에 같은 법 제3조의2 소정의 임차인이 출현하여 배당요구를 하는 등 경매 절차상의 다른 이해관계인들에게 피해를 입힐 수도 있는 점 등에 비추어 볼 때, 공시방법이 없는 주택임대차에 있어서 주택의 인도와 주민등록이라는 우선변제의 요건은 그 우선변제권 취득 시에만 구비하면 족한 것이 아니고, 배당요구의 종기인 경락기일까지 계속 존속하고 있어야 한다(대법원 1997.10.10. 선고 95다44597 판결).

■ 전입신고를 6개월 늦게 한 사이에 저당권이 설정된 경우에 1년쯤 지나 은행이 경매를 신청했는데 전세보증금을 돌려받을 수 있을까요?

Q. 이사하고 바빠서 전입신고를 6개월 늦게 한 사이에 저당권이 설정되었습니다. 1년쯤 지나 저당권을 설정한 은행이 경매를 신청했는데 전세보증금을 돌려받을 수 있을까요?

A. 소액임차인의 보증금을 보호하기 위해 특별히 인정하는 최우선변제권이라는 권리가 있습니다. 소액임차인에 해당되고, 경매신청의 원인이 된 권리의 등기 전에 주택의 인도와 주민등록을 마쳐 대항력을 갖고 있는 경우 선순위 담보물권자가 있더라도 보증금 중 일정액을 그 담보물권자보다 우선하여 변제받을 권리입니다. 또한 비록 소액임차인에 해당하지 않더라도 주택의 인도와 주민등록을 마치고 확정일자를 갖춘 경우 다른 담보물권자와 함께 순위에 따라 변제받을 수 있습니다. 실제 변제받으려면 소액임차인은 임차주택이 경매 또는 체납처분에 따라 매각되는 경우에 집행법원에 배당요구를 하거나 체납처분청에 우선권 행사를 하겠다는 신고를 해야 합니다.

※ 관련판례

주택임대차보호법의 입법목적은 주거용 건물에 관하여 「민법」에 대한 특례를 규정함으로써 국민의 주거생활의 안정을 보장하려는 것이고(제1조), 「주택임대차보호법」 제8조제1항에서 임차인이 보증금 중 일정액을 다른 담보물권자보다 우선하여 변제받을 수 있도록 한 것은, 소액임차인의 경우 그 임차보증금이 비록 소액이라고 하더라도 그에게는 큰 재산이므로 적어도 소액임차인의 경우에는 다른 담보권자의 지위를 해하게 되더라도 그 보증금의 회수를 보장하는 것이 타당하다는 사회보장적 고려에서 나온 것으로서 민법의 일반규정에 대한 예외규정인 바, 그러한 입법목적과 제도의 취지 등을 고려할 때, 채권자가 채무자 소유의 주택에 관하여 채무자와 임대차계약을 체결하고 전입신고를 마친 다음 그곳에 거주하였다고 하더라도 실제 임대차계약의 주된 목적이 주택을 사용수익하려는 것에 있는 것이 아니고, 실제적으로는 소액임차인으로 보호받아 선순위 담보권자에 우선하여 채권을 회수하려는 것에 주된 목적이 있었던 경우에는 그러한 임차인을 「주택임대차보호법」상 소액임차인으로 보호할 수 없다(대법원 2001.5.8. 선고 2001다14733 판결).

부록 : 관련법령

– 주택임대차보호법

주택임대차보호법

[시행 2020.8.5] [법률 제16912호, 2020.2.4, 타법개정]

제1조(목적) 이 법은 주거용 건물의 임대차(賃貸借)에 관하여 「민법」에 대한 특례를 규정함으로써 국민 주거생활의 안정을 보장함을 목적으로 한다.
[전문개정 2008.3.21.]

제2조(적용 범위) 이 법은 주거용 건물(이하 "주택"이라 한다)의 전부 또는 일부의 임대차에 관하여 적용한다. 그 임차주택(賃借住宅)의 일부가 주거 외의 목적으로 사용되는 경우에도 또한 같다.
[전문개정 2008.3.21.]

제3조(대항력 등) ① 임대차는 그 등기(登記)가 없는 경우에도 임차인(賃借人)이 주택의 인도(引渡)와 주민등록을 마친 때에는 그 다음 날부터 제삼자에 대하여 효력이 생긴다. 이 경우 전입신고를 한 때에 주민등록이 된 것으로 본다.
② 주택도시기금을 재원으로 하여 저소득층 무주택자에게 주거생활 안정을 목적으로 전세임대주택을 지원하는 법인이 주택을 임차한 후 지방자치단체의 장 또는 그 법인이 선정한 입주자가 그 주택을 인도받고 주민등록을 마쳤을 때에는 제1항을 준용한다. 이 경우 대항력이 인정되는 법인은 대통령령으로 정한다. <개정 2015.1.6.>
③ 「중소기업기본법」 제2조에 따른 중소기업에 해당하는 법인이 소속 직원의 주거용으로 주택을 임차한 후 그 법인이 선정한 직원이 해당 주택을 인도받고 주민등록을 마쳤을 때에는 제1항을 준용한다. 임대차가 끝나기 전에 그 직원이 변경된 경우에는 그 법인이 선정한 새로운 직원이 주택을 인도받고 주민등록을 마친 다음 날부터 제삼자에 대하여 효력이 생긴다. <신설 2013.8.13.>
④ 임차주택의 양수인(讓受人)(그 밖에 임대할 권리를 승계한 자를 포함한다)은 임대인(賃貸人)의 지위를 승계한 것으로 본다. <개정 2013.8.13.>

⑤ 이 법에 따라 임대차의 목적이 된 주택이 매매나 경매의 목적물이 된 경우에는 「민법」 제575조제1항·제3항 및 같은 법 제578조를 준용한다. <개정 2013.8.13.>

⑥ 제5항의 경우에는 동시이행의 항변권(抗辯權)에 관한 「민법」 제536조를 준용한다. <개정 2013.8.13.>

[전문개정 2008.3.21.]

제3조의2(보증금의 회수) ① 임차인(제3조제2항 및 제3항의 법인을 포함한다. 이하 같다)이 임차주택에 대하여 보증금반환청구소송의 확정판결이나 그 밖에 이에 준하는 집행권원(執行權原)에 따라서 경매를 신청하는 경우에는 집행개시(執行開始)요건에 관한 「민사집행법」 제41조에도 불구하고 반대의무(反對義務)의 이행이나 이행의 제공을 집행개시의 요건으로 하지 아니한다. <개정 2013.8.13.>

② 제3조제1항·제2항 또는 제3항의 대항요건(對抗要件)과 임대차계약증서(제3조제2항 및 제3항의 경우에는 법인과 임대인 사이의 임대차계약증서를 말한다)상의 확정일자(確定日字)를 갖춘 임차인은 「민사집행법」에 따른 경매 또는 「국세징수법」에 따른 공매(公賣)를 할 때에 임차주택(대지를 포함한다)의 환가대금(換價代金)에서 후순위권리자(後順位權利者)나 그 밖의 채권자보다 우선하여 보증금을 변제(辨濟)받을 권리가 있다. <개정 2013.8.13.>

③ 임차인은 임차주택을 양수인에게 인도하지 아니하면 제2항에 따른 보증금을 받을 수 없다.

④ 제2항 또는 제7항에 따른 우선변제의 순위와 보증금에 대하여 이의가 있는 이해관계인은 경매법원이나 체납처분청에 이의를 신청할 수 있다. <개정 2013.8.13.>

⑤ 제4항에 따라 경매법원에 이의를 신청하는 경우에는 「민사집행법」 제152조부터 제161조까지의 규정을 준용한다.

⑥ 제4항에 따라 이의신청을 받은 체납처분청은 이해관계인이 이의신청일부터 7일 이내에 임차인 또는 제7항에 따라 우선변제권을 승계한 금융기관 등을 상대로 소(訴)를 제기한 것을 증명하면 해당 소송이 끝날 때까지 이의가 신청된 범위에서 임차인 또는 제7항에 따

라 우선변제권을 승계한 금융기관 등에 대한 보증금의 변제를 유보(留保)하고 남은 금액을 배분하여야 한다. 이 경우 유보된 보증금은 소송의 결과에 따라 배분한다. <개정 2013.8.13.>

⑦ 다음 각 호의 금융기관 등이 제2항, 제3조의3제5항, 제3조의4제1항에 따른 우선변제권을 취득한 임차인의 보증금반환채권을 계약으로 양수한 경우에는 양수한 금액의 범위에서 우선변제권을 승계한다. <신설 2013.8.13., 2015.1.6., 2016.5.29.>

    1. 「은행법」에 따른 은행
    2. 「중소기업은행법」에 따른 중소기업은행
    3. 「한국산업은행법」에 따른 한국산업은행
    4. 「농업협동조합법」에 따른 농협은행
    5. 「수산업협동조합법」에 따른 수협은행
    6. 「우체국예금·보험에 관한 법률」에 따른 체신관서
    7. 「한국주택금융공사법」에 따른 한국주택금융공사
    8. 「보험업법」 제4조제1항제2호라목의 보증보험을 보험종목으로 허가받은 보험회사
    9. 「주택도시기금법」에 따른 주택도시보증공사
    10. 그 밖에 제1호부터 제9호까지에 준하는 것으로서 대통령령으로 정하는 기관

⑧ 제7항에 따라 우선변제권을 승계한 금융기관 등(이하 "금융기관 등"이라 한다)은 다음 각 호의 어느 하나에 해당하는 경우에는 우선변제권을 행사할 수 없다. <신설 2013.8.13.>

    1. 임차인이 제3조제1항·제2항 또는 제3항의 대항요건을 상실한 경우
    2. 제3조의3제5항에 따른 임차권등기가 말소된 경우
    3. 「민법」 제621조에 따른 임대차등기가 말소된 경우

⑨ 금융기관등은 우선변제권을 행사하기 위하여 임차인을 대리하거나 대위하여 임대차를 해지할 수 없다. <신설 2013.8.13.>

[전문개정 2008.3.21.]

제3조의3(임차권등기명령) ① 임대차가 끝난 후 보증금이 반환되지 아니한 경우 임차인은 임차주택의 소재지를 관할하는 지방법원·지방법원지원 또는 시·군 법원에 임차권등기명령을 신청할 수 있다. <개정 2013.8.13.>

② 임차권등기명령의 신청서에는 다음 각 호의 사항을 적어야 하며, 신청의 이유와 임차권등기의 원인이 된 사실을 소명(疏明)하여야 한다. <개정 2013.8.13.>

1. 신청의 취지 및 이유
2. 임대차의 목적인 주택(임대차의 목적이 주택의 일부분인 경우에는 해당 부분의 도면을 첨부한다)
3. 임차권등기의 원인이 된 사실(임차인이 제3조제1항·제2항 또는 제3항에 따른 대항력을 취득하였거나 제3조의2제2항에 따른 우선변제권을 취득한 경우에는 그 사실)
4. 그 밖에 대법원규칙으로 정하는 사항

③ 다음 각 호의 사항 등에 관하여는 「민사집행법」 제280조제1항, 제281조, 제283조, 제285조, 제286조, 제288조제1항·제2항 본문, 제289조, 제290조제2항 중 제288조제1항에 대한 부분, 제291조 및 제293조를 준용한다. 이 경우 "가압류"는 "임차권등기"로, "채권자"는 "임차인"으로, "채무자"는 "임대인"으로 본다.

1. 임차권등기명령의 신청에 대한 재판
2. 임차권등기명령의 결정에 대한 임대인의 이의신청 및 그에 대한 재판
3. 임차권등기명령의 취소신청 및 그에 대한 재판
4. 임차권등기명령의 집행

④ 임차권등기명령의 신청을 기각(棄却)하는 결정에 대하여 임차인은 항고(抗告)할 수 있다.

⑤ 임차인은 임차권등기명령의 집행에 따른 임차권등기를 마치면 제3조제1항·제2항 또는 제3항에 따른 대항력과 제3조의2제2항에 따른 우선변제권을 취득한다. 다만, 임차인이 임차권등기 이전에 이미 대항력이나 우선변제권을 취득한 경우에는 그 대항력이나 우선

변제권은 그대로 유지되며, 임차권등기 이후에는 제3조제1항·제2항 또는 제3항의 대항요건을 상실하더라도 이미 취득한 대항력이나 우선변제권을 상실하지 아니한다. <개정 2013.8.13.>

⑥ 임차권등기명령의 집행에 따른 임차권등기가 끝난 주택(임대차의 목적이 주택의 일부분인 경우에는 해당 부분으로 한정한다)을 그 이후에 임차한 임차인은 제8조에 따른 우선변제를 받을 권리가 없다.

⑦ 임차권등기의 촉탁(囑託), 등기관의 임차권등기 기입(記入) 등 임차권등기명령을 시행하는 데에 필요한 사항은 대법원규칙으로 정한다. <개정 2011.4.12.>

⑧ 임차인은 제1항에 따른 임차권등기명령의 신청과 그에 따른 임차권등기와 관련하여 든 비용을 임대인에게 청구할 수 있다.

⑨ 금융기관등은 임차인을 대위하여 제1항의 임차권등기명령을 신청할 수 있다. 이 경우 제3항·제4항 및 제8항의 "임차인"은 "금융기관등"으로 본다. <신설 2013.8.13.>

[전문개정 2008.3.21.]

제3조의4(「민법」에 따른 주택임대차등기의 효력 등) ① 「민법」 제621조에 따른 주택임대차등기의 효력에 관하여는 제3조의3제5항 및 제6항을 준용한다.

② 임차인이 대항력이나 우선변제권을 갖추고 「민법」 제621조제1항에 따라 임대인의 협력을 얻어 임대차등기를 신청하는 경우에는 신청서에 「부동산등기법」 제74조제1호부터 제6호까지의 사항 외에 다음 각 호의 사항을 적어야 하며, 이를 증명할 수 있는 서면(임대차의 목적이 주택의 일부분인 경우에는 해당 부분의 도면을 포함한다)을 첨부하여야 한다. <개정 2011.4.12., 2020.2.4.>

1. 주민등록을 마친 날
2. 임차주택을 점유(占有)한 날
3. 임대차계약증서상의 확정일자를 받은 날

[전문개정 2008. 3. 21.]

제3조의5(경매에 의한 임차권의 소멸) 임차권은 임차주택에 대하여 「민사집행법」에 따른 경매가 행하여진 경우에는 그 임차주택의 경락(競落)에 따라 소멸한다. 다만, 보증금이 모두 변제되지 아니한, 대항력이 있는 임차권은 그러하지 아니하다.
[전문개정 2008.3.21.]

제3조의6(확정일자 부여 및 임대차 정보제공 등) ① 제3조의2제2항의 확정일자는 주택 소재지의 읍·면사무소, 동 주민센터 또는 시(특별시·광역시·특별자치시는 제외하고, 특별자치도는 포함한다)·군·구(자치구를 말한다)의 출장소, 지방법원 및 그 지원과 등기소 또는 「공증인법」에 따른 공증인(이하 이 조에서 "확정일자부여기관"이라 한다)이 부여한다.

② 확정일자부여기관은 해당 주택의 소재지, 확정일자 부여일, 차임 및 보증금 등을 기재한 확정일자부를 작성하여야 한다. 이 경우 전산처리정보조직을 이용할 수 있다.

③ 주택의 임대차에 이해관계가 있는 자는 확정일자부여기관에 해당 주택의 확정일자 부여일, 차임 및 보증금 등 정보의 제공을 요청할 수 있다. 이 경우 요청을 받은 확정일자부여기관은 정당한 사유 없이 이를 거부할 수 없다.

④ 임대차계약을 체결하려는 자는 임대인의 동의를 받아 확정일자부여기관에 제3항에 따른 정보제공을 요청할 수 있다.

⑤ 제1항·제3항 또는 제4항에 따라 확정일자를 부여받거나 정보를 제공받으려는 자는 수수료를 내야 한다.

⑥ 확정일자부에 기재하여야 할 사항, 주택의 임대차에 이해관계가 있는 자의 범위, 확정일자부여기관에 요청할 수 있는 정보의 범위 및 수수료, 그 밖에 확정일자부여사무와 정보제공 등에 필요한 사항은 대통령령 또는 대법원규칙으로 정한다.
[본조신설 2013.8.13.]

제4조(임대차기간 등) ① 기간을 정하지 아니하거나 2년 미만으로 정한 임대차는 그 기간을 2년으로 본다. 다만, 임차인은 2년 미만으

로 정한 기간이 유효함을 주장할 수 있다.

② 임대차기간이 끝난 경우에도 임차인이 보증금을 반환받을 때까지는 임대차관계가 존속되는 것으로 본다.

[전문개정 2008.3.21.]

제5조 삭제 <1989.12.30.>

제6조(계약의 갱신) ① 임대인이 임대차기간이 끝나기 6개월 전부터 2개월 전까지의 기간에 임차인에게 갱신거절(更新拒絕)의 통지를 하지 아니하거나 계약조건을 변경하지 아니하면 갱신하지 아니한다는 뜻의 통지를 하지 아니한 경우에는 그 기간이 끝난 때에 전 임대차와 동일한 조건으로 다시 임대차한 것으로 본다. 임차인이 임대차기간이 끝나기 2개월 전까지 통지하지 아니한 경우에도 또한 같다. <개정 2020.6.9.>

② 제1항의 경우 임대차의 존속기간은 2년으로 본다. <개정 2009.5.8.>

③ 2기(期)의 차임액(借賃額)에 달하도록 연체하거나 그 밖에 임차인으로서의 의무를 현저히 위반한 임차인에 대하여는 제1항을 적용하지 아니한다.

[전문개정 2008.3.21.]

[시행일 : 2020.12.10.] 제6조

제6조의2(묵시적 갱신의 경우 계약의 해지) ① 제6조제1항에 따라 계약이 갱신된 경우 같은 조 제2항에도 불구하고 임차인은 언제든지 임대인에게 계약해지(契約解止)를 통지할 수 있다. <개정 2009.5.8.>

② 제1항에 따른 해지는 임대인이 그 통지를 받은 날부터 3개월이 지나면 그 효력이 발생한다.

[전문개정 2008.3.21.]

제6조의3(계약갱신 요구 등) ① 제6조에도 불구하고 임대인은 임차인이 제6조제1항 전단의 기간 이내에 계약갱신을 요구할 경우 정당한 사유 없이 거절하지 못한다. 다만, 다음 각 호의 어느 하나에 해당하는 경우에는 그러하지 아니하다.

　1. 임차인이 2기의 차임액에 해당하는 금액에 이르도록 차임을

연체한 사실이 있는 경우

2. 임차인이 거짓이나 그 밖의 부정한 방법으로 임차한 경우
3. 서로 합의하여 임대인이 임차인에게 상당한 보상을 제공한 경우
4. 임차인이 임대인의 동의 없이 목적 주택의 전부 또는 일부를 전대(轉貸)한 경우
5. 임차인이 임차한 주택의 전부 또는 일부를 고의나 중대한 과실로 파손한 경우
6. 임차한 주택의 전부 또는 일부가 멸실되어 임대차의 목적을 달성하지 못할 경우
7. 임대인이 다음 각 목의 어느 하나에 해당하는 사유로 목적 주택의 전부 또는 대부분을 철거하거나 재건축하기 위하여 목적 주택의 점유를 회복할 필요가 있는 경우
   가. 임대차계약 체결 당시 공사시기 및 소요기간 등을 포함한 철거 또는 재건축 계획을 임차인에게 구체적으로 고지하고 그 계획에 따르는 경우
   나. 건물이 노후·훼손 또는 일부 멸실되는 등 안전사고의 우려가 있는 경우
   다. 다른 법령에 따라 철거 또는 재건축이 이루어지는 경우
8. 임대인(임대인의 직계존속·직계비속을 포함한다)이 목적 주택에 실제 거주하려는 경우
9. 그 밖에 임차인이 임차인으로서의 의무를 현저히 위반하거나 임대차를 계속하기 어려운 중대한 사유가 있는 경우

② 임차인은 제1항에 따른 계약갱신요구권을 1회에 한하여 행사할 수 있다. 이 경우 갱신되는 임대차의 존속기간은 2년으로 본다.

③ 갱신되는 임대차는 전 임대차와 동일한 조건으로 다시 계약된 것으로 본다. 다만, 차임과 보증금은 제7조의 범위에서 증감할 수 있다.

④ 제1항에 따라 갱신되는 임대차의 해지에 관하여는 제6조의2를 준용한다.

⑤ 임대인이 제1항제8호의 사유로 갱신을 거절하였음에도 불구하고 갱신요구가 거절되지 아니하였더라면 갱신되었을 기간이 만료되기 전에 정당한 사유 없이 제3자에게 목적 주택을 임대한 경우 임대인은 갱신거절로 인하여 임차인이 입은 손해를 배상하여야 한다.

⑥ 제5항에 따른 손해배상액은 거절 당시 당사자 간에 손해배상액의 예정에 관한 합의가 이루어지지 않는 한 다음 각 호의 금액 중 큰 금액으로 한다.

1. 갱신거절 당시 월차임(차임 외에 보증금이 있는 경우에는 그 보증금을 제7조의2 각 호 중 낮은 비율에 따라 월 단위의 차임으로 전환한 금액을 포함한다. 이하 "환산월차임"이라 한다)의 3개월분에 해당하는 금액

2. 임대인이 제3자에게 임대하여 얻은 환산월차임과 갱신거절 당시 환산월차임 간 차액의 2년분에 해당하는 금액

3. 제1항제8호의 사유로 인한 갱신거절로 인하여 임차인이 입은 손해액

[본조신설 2020.7.31.]

제7조(차임 등의 증감청구권) ① 당사자는 약정한 차임이나 보증금이 임차주택에 관한 조세, 공과금, 그 밖의 부담의 증감이나 경제사정의 변동으로 인하여 적절하지 아니하게 된 때에는 장래에 대하여 그 증감을 청구할 수 있다. 이 경우 증액청구는 임대차계약 또는 약정한 차임이나 보증금의 증액이 있은 후 1년 이내에는 하지 못한다. <개정 2020.7.31.>

② 제1항에 따른 증액청구는 약정한 차임이나 보증금의 20분의 1의 금액을 초과하지 못한다. 다만, 특별시·광역시·특별자치시·도 및 특별자치도는 관할 구역 내의 지역별 임대차 시장 여건 등을 고려하여 본문의 범위에서 증액청구의 상한을 조례로 달리 정할 수 있다. <신설 2020.7.31.>

[전문개정 2008.3.21.]

제7조의2(월차임 전환 시 산정률의 제한) 보증금의 전부 또는 일부를 월 단위의 차임으로 전환하는 경우에는 그 전환되는 금액에 다음

각 호 중 낮은 비율을 곱한 월차임(月借賃)의 범위를 초과할 수 없다. <개정 2010.5.17., 2013.8.13., 2016.5.29.>

    1. 「은행법」에 따른 은행에서 적용하는 대출금리와 해당 지역의 경제 여건 등을 고려하여 대통령령으로 정하는 비율

    2. 한국은행에서 공시한 기준금리에 대통령령으로 정하는 이율을 더한 비율

[전문개정 2008.3.21.]

제8조(보증금 중 일정액의 보호) ① 임차인은 보증금 중 일정액을 다른 담보물권자(擔保物權者)보다 우선하여 변제받을 권리가 있다. 이 경우 임차인은 주택에 대한 경매신청의 등기 전에 제3조제1항의 요건을 갖추어야 한다.

② 제1항의 경우에는 제3조의2제4항부터 제6항까지의 규정을 준용한다.

③ 제1항에 따라 우선변제를 받을 임차인 및 보증금 중 일정액의 범위와 기준은 제8조의2에 따른 주택임대차위원회의 심의를 거쳐 대통령령으로 정한다. 다만, 보증금 중 일정액의 범위와 기준은 주택가액(대지의 가액을 포함한다)의 2분의 1을 넘지 못한다. <개정 2009.5.8.> [전문개정 2008.3.21.]

제8조의2(주택임대차위원회) ① 제8조에 따라 우선변제를 받을 임차인 및 보증금 중 일정액의 범위와 기준을 심의하기 위하여 법무부에 주택임대차위원회(이하 "위원회"라 한다)를 둔다.

② 위원회는 위원장 1명을 포함한 9명 이상 15명 이하의 위원으로 성별을 고려하여 구성한다. <개정 2020.7.31.>

③ 위원회의 위원장은 법무부차관이 된다.

④ 위원회의 위원은 다음 각 호의 어느 하나에 해당하는 사람 중에서 위원장이 임명하거나 위촉하되, 제1호부터 제5호까지에 해당하는 위원을 각각 1명 이상 임명하거나 위촉하여야 하고, 위원 중 2분의 1 이상은 제1호·제2호 또는 제6호에 해당하는 사람을 위촉하여야 한다. <개정 2013.3.23., 2020.7.31.>

    1. 법학·경제학 또는 부동산학 등을 전공하고 주택임대차 관련

전문지식을 갖춘 사람으로서 공인된 연구기관에서 조교수 이
상 또는 이에 상당하는 직에 5년 이상 재직한 사람
2. 변호사 · 감정평가사 · 공인회계사 · 세무사 또는 공인중개사로
서 5년 이상 해당 분야에서 종사하고 주택임대차 관련 업무
경험이 풍부한 사람
3. 기획재정부에서 물가 관련 업무를 담당하는 고위공무원단에
속하는 공무원
4. 법무부에서 주택임대차 관련 업무를 담당하는 고위공무원단
에 속하는 공무원(이에 상당하는 특정직 공무원을 포함한다)
5. 국토교통부에서 주택사업 또는 주거복지 관련 업무를 담당하
는 고위공무원단에 속하는 공무원
6. 그 밖에 주택임대차 관련 학식과 경험이 풍부한 사람으로서
대통령령으로 정하는 사람
⑤ 그 밖에 위원회의 구성 및 운영 등에 필요한 사항은 대통령령으
로 정한다.
[본조신설 2009.5.8.]
[시행일 : 2020.11.1.] 제8조의2제2항, 제8조의2제4항

제9조(주택 임차권의 승계) ① 임차인이 상속인 없이 사망한 경우에는
그 주택에서 가정공동생활을 하던 사실상의 혼인 관계에 있는 자가
임차인의 권리와 의무를 승계한다.
② 임차인이 사망한 때에 사망 당시 상속인이 그 주택에서 가정공
동생활을 하고 있지 아니한 경우에는 그 주택에서 가정공동생활을
하던 사실상의 혼인 관계에 있는 자와 2촌 이내의 친족이 공동으로
임차인의 권리와 의무를 승계한다.
③ 제1항과 제2항의 경우에 임차인이 사망한 후 1개월 이내에 임대
인에게 제1항과 제2항에 따른 승계 대상자가 반대의사를 표시한 경
우에는 그러하지 아니하다.
④ 제1항과 제2항의 경우에 임대차 관계에서 생긴 채권 · 채무는 임
차인의 권리의무를 승계한 자에게 귀속된다.
[전문개정 2008.3.21.]

제10조(강행규정) 이 법에 위반된 약정(約定)으로서 임차인에게 불리한 것은 그 효력이 없다.

[전문개정 2008.3.21.]

제10조의2(초과 차임 등의 반환청구) 임차인이 제7조에 따른 증액비율을 초과하여 차임 또는 보증금을 지급하거나 제7조의2에 따른 월차임 산정률을 초과하여 차임을 지급한 경우에는 초과 지급된 차임 또는 보증금 상당금액의 반환을 청구할 수 있다.

[본조신설 2013.8.13.]

제11조(일시사용을 위한 임대차) 이 법은 일시사용하기 위한 임대차임이 명백한 경우에는 적용하지 아니한다.

[전문개정 2008.3.21.]

제12조(미등기 전세에의 준용) 주택의 등기를 하지 아니한 전세계약에 관하여는 이 법을 준용한다. 이 경우 "전세금"은 "임대차의 보증금"으로 본다.

[전문개정 2008.3.21.]

제13조(「소액사건심판법」의 준용) 임차인이 임대인에 대하여 제기하는 보증금반환청구소송에 관하여는 「소액사건심판법」 제6조, 제7조, 제10조 및 제11조의2를 준용한다.

[전문개정 2008.3.21.]

제14조(주택임대차분쟁조정위원회) ① 이 법의 적용을 받는 주택임대차와 관련된 분쟁을 심의·조정하기 위하여 대통령령으로 정하는 바에 따라 「법률구조법」 제8조에 따른 대한법률구조공단(이하 "공단"이라 한다)의 지부, 「한국토지주택공사법」에 따른 한국토지주택공사(이하 "공사"라 한다)의 지사 또는 사무소 및 「한국감정원법」에 따른 한국감정원(이하 "감정원"이라 한다)의 지사 또는 사무소에 주택임대차분쟁조정위원회(이하 "조정위원회"라 한다)를 둔다. 특별시·광역시·특별자치시·도 및 특별자치도(이하 "시·도"라 한다)는 그 지방자치단체의 실정을 고려하여 조정위원회를 둘 수 있다. <개정 2020.7.31.>

② 조정위원회는 다음 각 호의 사항을 심의·조정한다.

   1. 차임 또는 보증금의 증감에 관한 분쟁

   2. 임대차 기간에 관한 분쟁

   3. 보증금 또는 임차주택의 반환에 관한 분쟁

   4. 임차주택의 유지·수선 의무에 관한 분쟁

   5. 그 밖에 대통령령으로 정하는 주택임대차에 관한 분쟁

③ 조정위원회의 사무를 처리하기 위하여 조정위원회에 사무국을 두고, 사무국의 조직 및 인력 등에 필요한 사항은 대통령령으로 정한다.

④ 사무국의 조정위원회 업무담당자는 「상가건물 임대차보호법」 제20조에 따른 상가건물임대차분쟁조정위원회 사무국의 업무를 제외하고 다른 직위의 업무를 겸직하여서는 아니 된다. <개정 2018.10.16.>

[본조신설 2016.5.29.]

[시행일 : 2020.11.1.] 제14조제1항

제15조(예산의 지원) 국가는 조정위원회의 설치·운영에 필요한 예산을 지원할 수 있다.

[본조신설 2016.5.29.]

제16조(조정위원회의 구성 및 운영) ① 조정위원회는 위원장 1명을 포함하여 5명 이상 30명 이하의 위원으로 성별을 고려하여 구성한다. <개정 2020.7.31.>

② 조정위원회의 위원은 조정위원회를 두는 기관에 따라 공단 이사장, 공사 사장, 감정원 원장 또는 조정위원회를 둔 지방자치단체의 장이 각각 임명하거나 위촉한다. <개정 2020.7.31.>

③ 조정위원회의 위원은 주택임대차에 관한 학식과 경험이 풍부한 사람으로서 다음 각 호의 어느 하나에 해당하는 사람으로 한다. 이 경우 제1호부터 제4호까지에 해당하는 위원을 각 1명 이상 위촉하여야 하고, 위원 중 5분의 2 이상은 제2호에 해당하는 사람이어야 한다.

   1. 법학·경제학 또는 부동산학 등을 전공하고 대학이나 공인된 연구기관에서 부교수 이상 또는 이에 상당하는 직에 재직한 사람

2. 판사·검사 또는 변호사로 6년 이상 재직한 사람
3. 감정평가사·공인회계사·법무사 또는 공인중개사로서 주택 임대차 관계 업무에 6년 이상 종사한 사람
4. 「사회복지사업법」에 따른 사회복지법인과 그 밖의 비영리법 인에서 주택임대차분쟁에 관한 상담에 6년 이상 종사한 경력 이 있는 사람
5. 해당 지방자치단체에서 주택임대차 관련 업무를 담당하는 4 급 이상의 공무원
6. 그 밖에 주택임대차 관련 학식과 경험이 풍부한 사람으로서 대통령령으로 정하는 사람

④ 조정위원회의 위원장은 제3항제2호에 해당하는 위원 중에서 위 원들이 호선한다.

⑤ 조정위원회위원장은 조정위원회를 대표하여 그 직무를 총괄한다.

⑥ 조정위원회위원장이 부득이한 사유로 직무를 수행할 수 없는 경 우에는 조정위원회위원장이 미리 지명한 조정위원이 그 직무를 대 행한다.

⑦ 조정위원의 임기는 3년으로 하되 연임할 수 있으며, 보궐위원의 임기는 전임자의 남은 임기로 한다.

⑧ 조정위원회는 조정위원회위원장 또는 제3항제2호에 해당하는 조 정위원 1명 이상을 포함한 재적위원 과반수의 출석과 출석위원 과 반수의 찬성으로 의결한다.

⑨ 그 밖에 조정위원회의 설치, 구성 및 운영 등에 필요한 사항은 대통령령으로 정한다.

[본조신설 2016.5.29.]

[시행일 : 2020.11.1.] 제16조제1항, 제16조제2항

제17조(조정부의 구성 및 운영) ① 조정위원회는 분쟁의 효율적 해결 을 위하여 3명의 조정위원으로 구성된 조정부를 둘 수 있다.

② 조정부에는 제16조제3항제2호에 해당하는 사람이 1명 이상 포 함되어야 하며, 그 중에서 조정위원회위원장이 조정부의 장을 지명 한다.

③ 조정부는 다음 각 호의 사항을 심의·조정한다.
1. 제14조제2항에 따른 주택임대차분쟁 중 대통령령으로 정하는 금액 이하의 분쟁
2. 조정위원회가 사건을 특정하여 조정부에 심의·조정을 위임한 분쟁
④ 조정부는 조정부의 장을 포함한 재적위원 과반수의 출석과 출석위원 과반수의 찬성으로 의결한다.
⑤ 제4항에 따라 조정부가 내린 결정은 조정위원회가 결정한 것으로 본다.
⑥ 그 밖에 조정부의 설치, 구성 및 운영 등에 필요한 사항은 대통령령으로 정한다.
[본조신설 2016.5.29.]

제18조(조정위원의 결격사유) 「국가공무원법」 제33조 각 호의 어느 하나에 해당하는 사람은 조정위원이 될 수 없다.
[본조신설 2016.5.29.]

제19조(조정위원의 신분보장) ① 조정위원은 자신의 직무를 독립적으로 수행하고 주택임대차분쟁의 심리 및 판단에 관하여 어떠한 지시에도 구속되지 아니한다.
② 조정위원은 다음 각 호의 어느 하나에 해당하는 경우를 제외하고는 그 의사에 반하여 해임 또는 해촉되지 아니한다.
1. 제18조에 해당하는 경우
2. 신체상 또는 정신상의 장애로 직무를 수행할 수 없게 된 경우
[본조신설 2016.5.29.]

제20조(조정위원의 제척 등) ① 조정위원이 다음 각 호의 어느 하나에 해당하는 경우 그 직무의 집행에서 제척된다.
1. 조정위원 또는 그 배우자나 배우자이었던 사람이 해당 분쟁사건의 당사자가 되는 경우
2. 조정위원이 해당 분쟁사건의 당사자와 친족관계에 있거나 있었던 경우

3. 조정위원이 해당 분쟁사건에 관하여 진술, 감정 또는 법률자문을 한 경우

4. 조정위원이 해당 분쟁사건에 관하여 당사자의 대리인으로서 관여하거나 관여하였던 경우

② 사건을 담당한 조정위원에게 제척의 원인이 있는 경우에는 조정위원회는 직권 또는 당사자의 신청에 따라 제척의 결정을 한다.

③ 당사자는 사건을 담당한 조정위원에게 공정한 직무집행을 기대하기 어려운 사정이 있는 경우 조정위원회에 기피신청을 할 수 있다.

④ 기피신청에 관한 결정은 조정위원회가 하고, 해당 조정위원 및 당사자 쌍방은 그 결정에 불복하지 못한다.

⑤ 제3항에 따른 기피신청이 있는 때에는 조정위원회는 그 신청에 대한 결정이 있을 때까지 조정절차를 정지하여야 한다.

⑥ 조정위원은 제1항 또는 제3항에 해당하는 경우 조정위원회의 허가를 받지 아니하고 해당 분쟁사건의 직무집행에서 회피할 수 있다.

[본조신설 2016.5.29.]

제21조(조정의 신청 등) ① 제14조제2항 각 호의 어느 하나에 해당하는 주택임대차분쟁의 당사자는 해당 주택이 소재하는 지역을 관할하는 조정위원회에 분쟁의 조정을 신청할 수 있다. <개정 2020.7.31.>

② 조정위원회는 신청인이 조정을 신청할 때 조정 절차 및 조정의 효력 등 분쟁조정에 관하여 대통령령으로 정하는 사항을 안내하여야 한다.

③ 조정위원회의 위원장은 다음 각 호의 어느 하나에 해당하는 경우 신청을 각하한다. 이 경우 그 사유를 신청인에게 통지하여야 한다.

1. 이미 해당 분쟁조정사항에 대하여 법원에 소가 제기되거나 조정 신청이 있은 후 소가 제기된 경우

2. 이미 해당 분쟁조정사항에 대하여 「민사조정법」에 따른 조정이 신청된 경우나 조정신청이 있은 후 같은 법에 따른 조정이 신청된 경우

3. 이미 해당 분쟁조정사항에 대하여 이 법에 따른 조정위원회에 조정이 신청된 경우나 조정신청이 있은 후 조정이 성립된 경우

4. 조정신청 자체로 주택임대차에 관한 분쟁이 아님이 명백한
경우
5. 피신청인이 조정절차에 응하지 아니한다는 의사를 통지하거
나 조정신청서를 송달받은 날부터 7일 이내에 아무런 의사를
통지하지 아니한 경우
6. 신청인이 정당한 사유 없이 조사에 응하지 아니하거나 2회
이상 출석요구에 응하지 아니한 경우
[본조신설 2016.5.29.]
[시행일 : 2020.11.1.] 제21조제1항

제22조(조정절차) ① 조정위원회의 위원장은 신청인으로부터 조정신청
을 접수한 때에는 지체 없이 조정절차를 개시하여야 한다. <개정
2020.6.9.>
② 조정위원회의 위원장은 제1항에 따라 조정신청을 접수하면 피신
청인에게 조정신청서를 송달하여야 한다. 이 경우 제21조제2항을
준용한다. <개정 2020.6.9.>
③ 조정서류의 송달 등 조정절차에 관하여 필요한 사항은 대통령령
으로 정한다.
[본조신설 2016.5.29.]
[시행일 : 2020.12.10.] 제22조

제23조(처리기간) ① 조정위원회는 분쟁의 조정신청을 받은 날부터
60일 이내에 그 분쟁조정을 마쳐야 한다. 다만, 부득이한 사정이
있는 경우에는 조정위원회의 의결을 거쳐 30일의 범위에서 그 기간
을 연장할 수 있다.
② 조정위원회는 제1항 단서에 따라 기간을 연장한 경우에는 기간
연장의 사유와 그 밖에 기간 연장에 관한 사항을 당사자에게 통보
하여야 한다.
[본조신설 2016.5.29.]

제24조(조사 등) ① 조정위원회는 조정을 위하여 필요하다고 인정하는
경우 신청인, 피신청인, 분쟁 관련 이해관계인 또는 참고인에게 출

석하여 진술하게 하거나 조정에 필요한 자료나 물건 등을 제출하도록 요구할 수 있다.

② 조정위원회는 조정을 위하여 필요하다고 인정하는 경우 조정위원 또는 사무국의 직원으로 하여금 조정 대상물 및 관련 자료에 대하여 조사하게 하거나 자료를 수집하게 할 수 있다. 이 경우 조정위원이나 사무국의 직원은 그 권한을 표시하는 증표를 지니고 이를 관계인에게 내보여야 한다.

③ 조정위원회위원장은 특별시장, 광역시장, 특별자치시장, 도지사 및 특별자치도지사(이하 "시·도지사"라 한다)에게 해당 조정업무에 참고하기 위하여 인근지역의 확정일자 자료, 보증금의 월차임 전환율 등 적정 수준의 임대료 산정을 위한 자료를 요청할 수 있다. 이 경우 시·도지사는 정당한 사유가 없으면 조정위원회위원장의 요청에 따라야 한다.

[본조신설 2016.5.29.]

제25조(조정을 하지 아니하는 결정) ① 조정위원회는 해당 분쟁이 그 성질상 조정을 하기에 적당하지 아니하다고 인정하거나 당사자가 부당한 목적으로 조정을 신청한 것으로 인정할 때에는 조정을 하지 아니할 수 있다.

② 조정위원회는 제1항에 따라 조정을 하지 아니하기로 결정하였을 때에는 그 사실을 당사자에게 통지하여야 한다.

[본조신설 2016.5.29.]

제26조(조정의 성립) ① 조정위원회가 조정안을 작성한 경우에는 그 조정안을 지체 없이 각 당사자에게 통지하여야 한다.

② 제1항에 따라 조정안을 통지받은 당사자가 통지받은 날부터 14일 이내에 수락의 의사를 서면으로 표시하지 아니한 경우에는 조정을 거부한 것으로 본다. <개정 2020.6.9.>

③ 제2항에 따라 각 당사자가 조정안을 수락한 경우에는 조정안과 동일한 내용의 합의가 성립된 것으로 본다.

④ 제3항에 따른 합의가 성립한 경우 조정위원회위원장은 조정안의 내용을 조정서로 작성한다. 조정위원회위원장은 각 당사자 간에 금

전, 그 밖의 대체물의 지급 또는 부동산의 인도에 관하여 강제집행을 승낙하는 취지의 합의가 있는 경우에는 그 내용을 조정서에 기재하여야 한다.

[본조신설 2016.5.29.]

[시행일 : 2020.12.10.] 제26조

제27조(집행력의 부여) 제26조제4항 후단에 따라 강제집행을 승낙하는 취지의 내용이 기재된 조정서의 정본은 「민사집행법」 제56조에도 불구하고 집행력 있는 집행권원과 같은 효력을 가진다. 다만, 청구에 관한 이의의 주장에 대하여는 같은 법 제44조제2항을 적용하지 아니한다.

[본조신설 2016.5.29.]

제28조(비밀유지의무) 조정위원, 사무국의 직원 또는 그 직에 있었던 자는 다른 법률에 특별한 규정이 있는 경우를 제외하고는 직무상 알게 된 정보를 타인에게 누설하거나 직무상 목적 외에 사용하여서는 아니 된다.

[본조신설 2016.5.29.]

제29조(다른 법률의 준용) 조정위원회의 운영 및 조정절차에 관하여 이 법에서 규정하지 아니한 사항에 대하여는 「민사조정법」을 준용한다.

[본조신설 2016.5.29.]

제30조(주택임대차표준계약서 사용) 주택임대차계약을 서면으로 체결할 때에는 법무부장관이 국토교통부장관과 협의하여 정하는 주택임대차표준계약서를 우선적으로 사용한다. 다만, 당사자가 다른 서식을 사용하기로 합의한 경우에는 그러하지 아니하다. <개정 2020.7.31.>

[본조신설 2016.5.29.]

[시행일 : 2020.11.1.] 제30조

제31조(벌칙 적용에서 공무원 의제) 공무원이 아닌 주택임대차위원회의 위원 및 주택임대차분쟁조정위원회의 위원은 「형법」 제127조, 제129조부터 제132조까지의 규정을 적용할 때에는 공무원으로 본다.

[본조신설 2016.5.29.]

[시행일:2017.5.30.] 제31조(주택임대차분쟁조정위원회에 관한 부분만 해당한다)

　　부칙 　<제17470호, 2020.7.31.>

제1조(시행일) 이 법은 공포한 날부터 시행한다. 다만, 제8조의2제2항
　·제4항, 제14조제1항, 제16조제1항·제2항, 제21조제1항 및 제30
　조의 개정규정은 공포 후 3개월이 경과한 날부터 시행한다.

제2조(계약갱신 요구 등에 관한 적용례) ① 제6조의3 및 제7조의 개
　정규정은 이 법 시행 당시 존속 중인 임대차에 대하여도 적용한다.
　② 제1항에도 불구하고 이 법 시행 전에 임대인이 갱신을 거절하고
　제3자와 임대차계약을 체결한 경우에는 이를 적용하지 아니한다.

◙ 편저 **이 창 범** ◙

□ 경희대 법무대학원 졸업(법학석사)
□ 서울중앙지방검찰청 근무
□ 광주지방검찰청 사건과 근무
□ 저서 : 수사서류작성 실례집
□ 저서 : 진정서·탄원서·내용증명·
　　　　고소장·사례실무
□ 저서 : 수사해법과 형벌사례 연구
□ 저서 : 바뀐형벌법

◙ 감수 **김 태 균** ◙

□ 1989. 용산고등학교 졸
□ 1993. 고려대학교 철학과 졸
□ 1997. 고려대학교 법학과 졸
□ 제43회 사법시험(제33기 사법연수원
　수료) 현 법무법인 겨레 대표변호사
□ 인천지방법원 개인파산관재인
　(2013~2016)
□ 인천지방법원 법인파산관재인
□ 인천시 소방심사위원회(2016~2018)
□ 인천시 치과의사회 고문변호사
　(2017~2019)

새로운 임대차3법
(계약갱신 청구권, 전월세상한제,
임대차신고제)

초판 1쇄 인쇄 2020년 10월 05일
초판 1쇄 발행 2020년 10월 10일

편 저 이창범
발행인 김현호
발행처 법문북스
공급처 법률미디어

주소　서울 구로구 경인로 54길4(구로동 636-62)
전화　02)2636-2911~2, 팩스 02)2636-3012
홈페이지　www.lawb.co.kr
등록일자 1979년 8월 27일
등록번호 제5-22호

ISBN 978-89-7535-883-8
정가 24000 원

이 도서의 국립중앙도서관 출판예정도서목록(CIP)은 서지정보유통지원시스템 홈페이지(http://seoji.nl.go.kr)와 국가자료
종합목록 구축시스템(http://kolis-net.nl.go.kr)에서 이용하실 수 있습니다. (CIP제어번호 :2020042092 CIP)